大学·长江文化文库

真州梦华录

巫晨 著

河海大学出版社
·南京·

图书在版编目(CIP)数据

真州梦华录 / 巫晨著. -- 南京：河海大学出版社，
2025.3. -- ISBN 978-7-5630-9723-4

Ⅰ.K295.34

中国国家版本馆CIP数据核字第2025ZA6018号

书　　名	真州梦华录 ZHENZHOU MENGHUALU
书　　号	ISBN 978-7-5630-9723-4
责任编辑	周　贤
特约校对	吕才娟
封面设计	徐娟娟
出版发行	河海大学出版社
网　　址	http://www.hhup.com
地　　址	南京市西康路1号(邮编:210098)
电　　话	(025)83737852(总编室)　(025)83722833(营销部)
经　　销	江苏省新华发行集团有限公司
排　　版	南京布克文化发展有限公司
印　　刷	南京迅驰彩色印刷有限公司
开　　本	710毫米×1000毫米　1/16
印　　张	22
字　　数	402千字
版　　次	2025年3月第1版
印　　次	2025年3月第1次印刷
定　　价	128.00元

序一

历史是城市文化的重要组成部分,是一个地方的软实力。一个城市的文化繁荣:一靠历史积淀,二靠名家大师,三靠精品力作,四靠文化实践。我来到仪征工作后,感受到仪征的历史文化底蕴深厚,但"古城不见古",文脉的传承与弘扬有着较大的挖掘和提升空间。为此,我提出打造仪征名城、名人、名故事和美景、美食、美文章的"三名三美"名片,召开社科文艺工作座谈会、盐运文化融合发展论坛等一系列会议,用好本土文化名人,鼓励文艺创作,推动文化建设。

巫晨同志是一名优秀的文化工作者,他始终以一颗赤子之心和一种文化情怀,潜心研究仪征的历史文化,先后出版了多部专著。记得2021年在党史学习教育期间,他为我们市四套班子作了题为"仪征地下交通线"的党史讲座,精彩生动;2022年,他撰写的《仪征运河》出版,弥补了系统研究仪征运河的空白;等等。作为一名物理学专业毕业、在仪征工作的外地人,能够把仪征的历史讲得这么好、研究得这么深,非常值得我们学习和敬佩。

巫晨同志笔耕不辍,近期完成了40余万字的《真州梦华录》,这本书是对仪征"三名三美"的又一生动注脚。真州是宋、元时期仪征的地名,时辖扬子、六合两个县,主管南方漕运的江淮发运司就建在真州,世界上第一座复式船闸也诞生于此,欧阳修、苏轼、米芾、文天祥等都曾留下笔墨,素有"风物淮南第一州"的美誉。然而时至今日,系统描述真州的著述却不多见,巫晨同志的这本书,再现了璀璨的真州,为研究宋、元真州历史文化增添了新内容,为传承仪征历史,研究长江文化、运河文化提供了重要参考。

习近平总书记在党的二十大报告中指出,中国式现代化是物质文明和精神文明相协调的现代化,必须增强文化自信,激发文化生命力。当前,全市上下正在全面推进中国式现代化仪征新实践,没有文化的繁荣发展,就没有全面的现代化。期待巫晨同志等专家学者有更多地方历史文化专著问世,希望仪征文化建设和文化实践更具活力,各方面的精品力作不断涌现,铸就仪征文化事业发展新的高峰!

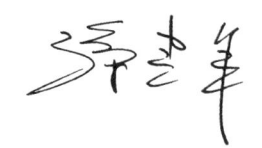

2024 年 10 月 9 日

(作者系扬州市人大常委会副主任、中共仪征市委书记)

序二

当阳光洒在案头,我的思绪不禁飘回到与仪征历史的奇妙邂逅上。

缘分始于拍摄中央电视台纪录片《大运河之歌》,我负责其中第三集《运河中心时代》。为了拍好这部纪录片,我们摄制团队历尽三年艰辛,做了大量的功课。在我查阅相关资料时,发现宋朝时期的仪征极为重要,然而在现实中,仪征似乎成为一座被遗忘了的与运河有关的城市。现有的相关材料对这座城和运河之间关系的论述少之又少。经多方查阅,仅查到了当地博物馆存有一座"建安仓记碑阴"石碑,但对于碑上的内容,却无处探寻。我带着疑问前往调研,由此结识了巫晨先生。经过巫晨先生的详细介绍,才得知,原来此碑详细记录了当地在宋朝时修建转般仓的过程。与巫晨先生交流,感受到他对仪征的历史熟悉得犹如掌上观纹,信手拈来。在纪录片拍摄的后续阶段,有关运河在当地的流经路线,巫晨先生不辞辛劳帮我逐一标注确认,在此,再次表示感谢。

仪征,宋代称真州,是连接隋唐宋运河北段与长江之间的一个中转站。在岁月的长河中回溯,当我们的目光聚焦于宋朝时期的仪征,一幅辉煌灿烂的历史画卷便徐徐展开。

宋朝,是一个经济繁荣、文化昌盛的时代,而仪征在其中扮演着至关重要的角色。

北宋时期,由于当时的首都开封四周无山川险隘,被称为"四战之地"。这样的地势,在外敌入侵时,几乎是致命的缺陷。开国皇帝赵匡胤为破解这一困局,将全国半数以上的军队,抽调到京师驻守。而大量部队及其家属的涌入,导致军需物资急剧增加,当时开封地区的人口已达百万,粮食需求巨大。

为了解决这一问题，当时的统治者将目光投向了江南。而想要让江南地区的粮食顺利到达京师，就必须依靠运河，这使得运河沿线的城市逐渐兴盛起来，其中就包括真州。当时，江南的漕粮要想运抵开封，必须跨越长江，而通往开封的汴河水浅，不足以支撑吃水深的江船航行。于是北宋政府沿用了唐代的运输方法，陆续在漕运要地设立了转般仓，并设置发运司来管理这些仓库。

转般仓是宋代实行转般法时在真州、楚州、扬州、泗州四个地方所设的仓库，但在宋人留下的记述中，真州是最为重要的一个转般地点。

北宋漕运量最高时达到了年 800 万石，相当于现在的 50 万吨，每年的运量是唐朝的三倍之多。仪征凭借其独特的地理优势，从江边小镇迅速崛起为重要的州治。

繁忙的漕运不仅带来了经济的腾飞，更孕育了世界首座复式船闸。乔维岳、陶鉴、张颉等能人的智慧结晶，不断完善着船闸的结构，提升运输效率，在世界航运史上留下了璀璨篇章。

经济的繁荣催生了文化的蓬勃发展。真州东园因众多文人雅士的加持而名垂千古，欧阳修的《真州东园记》传颂不衰；苏轼的足迹与"慧日泉"遗迹，许叔微的仁心医术与著作，陈旉的《农书》，皆为仪征文化宝库增添了耀眼的光芒。

元承宋制，虽统治时间不长，但仪征依然在历史上留下了深刻印记。赵孟𫖯的书法、李道纯的道家经典、马可·波罗笔下的真州，都见证了其独特的魅力。

从北宋大中祥符六年（1013）至明洪武二年（1369），真州在这 357 年的高光时刻，留存了无数值得传承的历史文化元素。本书悉心梳理遗存与史料，力求全面展现宋、元时期真州的独特魅力，让世人领略仪征那曾经的辉煌灿烂。

本人并非史学专业研究者，只是因工作之故，对仪征稍有了解，在专业人士面前，不敢妄言。该书全方位且有条理地梳理了仪征与运河的深厚渊源，以及由此催生的繁华胜景，让我再次对这座因运河而崛起的城市有了全新的认知。

愿读者能在这些书页之间，穿越时空，感受仪征昔日的辉煌，汲取历史的智慧与力量。

2024 年 7 月 30 日于北京
（作者系中央电视台《中国通史》导演）

序三

江苏仪征,隶属扬州,地居江淮之间,处于长三角之顶端;东连邗江(扬州市下辖区),西接六合(南京市下辖区),北向陆邻天长(今属安徽),南向跨江,则望丹徒(镇江市下辖区),不仅当水陆之要冲,而且物阜人杰,为经济文化名市。然溯其历史,仪征曾经更为辉煌,此便是独为真州之时,尤以两宋为甚。

仪征之地,在唐为扬子县,隶属扬州。五代吴顺义四年(924),扬子县之白沙镇改称迎銮镇。北宋太祖乾德二年(964),朝廷在迎銮镇设置建安军,脱离扬州,成为与州平级的地方建置。宋太宗雍熙二年(985),将扬州永贞县(原扬子县,927年南唐时改称永贞,1022年,北宋又恢复扬子县名)划归建安军;至道二年(996),又将扬州六合县划入。真宗大中祥符六年(1013),改建安军为真州(治所在扬子县)。徽宗政和七年(1117),赐郡名为仪真。真州建置一直沿用到明洪武二年(1369)。

建安军、真州在宋代先后设置,而脱离扬州,皆因运河之故。唐代,运河入江口扬子津江口涨出了巨大的沙洲,导致运河入江水道被迫西移,沿北汊江延伸到白沙。宋代,随着运河地位的进一步提升,运河与长江连接之处,成为至关重要的交通枢纽。建安军与真州的建置,便是这一交通形势变化的结果。宋代的真州因而取代扬州,成为长江沿线最为耀眼的州郡。

如果将两宋称为"运河中心时代",那么真州则是这一时代的转运中心。宋代以后,中国历史正式结束了建都长安、洛阳的时代,王朝政治重心经历了东移、南移与北移的变迁过程。与此同时,中国的经济重心亦已转移到南方,除南宋立国的150多年,在相当长的时期内,呈现北方政治重心与南方经济重心分离的状态。在这种形势下，政治重心的稳定，越来越需要经济重心的支撑，而连接政治重心与经济重心的通道，便是南北大运河。这一形势虽自唐代便已呈现，但在宋代，尤其是北宋，最为极致。元明以后，运河对于整个国家仍然很重要，但因为有海运相济，运河之重难与宋代相比。

北宋时，以都城汴京（今河南开封）为中心，形成了各地向中央集运物资的交通网络，但物资运输量最大的交通线是纵贯南北的大运河和横亘东西的长江。大运河自北向南，分御河、汴河、淮南运河、江南运河、浙东运河诸段，连接河北、京西、京畿、京东、淮南和两浙诸路；长江自上游至下游，连接四川、荆湖南北、京西、淮南、江南东西及两浙诸路，交织成连通南北、东西的物流大动脉。而此间运输量最大的又是大运河之汴河、淮南运河、江南运河段，以及长江中下游，淮南东西、荆湖南北、江南东西及两浙地区的粮食、盐茶等大宗物资，分别经过长江、运河，抵达汴京。为保证物资运输的效率，亦是按照长江、运河的水情合理分运，北宋在真州、扬州（治江都，今江苏扬州）、楚州（治山阳，今江苏淮安）、泗州（治盱眙，今江苏盱眙）分别设置转般仓，受纳诸路粮米等物资，再经淮南运河和汴河运抵汴京等地，又储存淮南之盐，以便诸路粮船搬载回返。其中，真州无疑是运河和长江两大水运交通线的核心交汇点，成为南北东西物资运输的中转站。

然而，在北宋时，真州最突出的作用是连通南北，成为南北间大宗物资，特别是粮米与茶盐的流通中转站。南宋时，行都定于临安府（今浙江杭州），短期形成政治重心和经济重心的合一。此时，汴河的运输功能丧失，淮南运河的物流量大为降低，但两淮作为战争的前沿地区，长期需要来自长江中上游和江南、两浙地区的物资供应，而作为政治重心的临安也仍然依赖远方物资支撑。此间，处于淮南运河、江南运河与长江连接中心点的真州，其连通南北的作用虽有减弱，但仍然发挥着巨大的运输中转作用，只是其中转作用更为突出地表现在连通东西方面。

真州的转运中心地位，自然也提升了其政治、经济和人文的影响力。从北宋初年开始，统领江淮六路粮米及茶盐等物资转运京师的淮南江浙荆湖都大发运司，便是置司真州，体现了真州的政治地位，而真州的经济地位也有其显著标志。如熙宁十年（1077），真州城的商税数额居全国第5位，仅次于汴京、杭州、秦州、楚州。在这种情况下，真州自然吸引了众多官员和文人纷至沓来，他们留下了诸多诗篇墨迹，亦诞育出多位历史文化名人。其辉煌盛于宋代，亦影响及元明以后，乃至今日。

正是因为真州在宋代的重要地位，所以一说到宋代的物资流通，特别是大运河，自然就无法避开真州。中央电视台拍摄《大运河之歌》系列节目第三集《运河中心时代》（宋代），所选拍摄点除开封、杭州南北两个端点，便是真州之今地仪征了。2022年6月18日至20日，我应中央电视台编导滕忠彬先生之邀，自广州赶赴仪征，协助《大运河之歌》节目的拍摄，仪征方面有文史学者巫晨先生负责导引，并担任顾问。

我研究宋代交通史，运河问题自然是个中之意。然而相关知识多是纸上得来，并未走遍运河流经地域，仪征还是第一次来。书上知识和现场所见，完全无法对应。我也曾多次踏访宋代交通旧迹，每每感叹，坐在书斋想象与实地所见差异之大。到了仪征，此感尤甚！幸有巫晨先生引导、讲解，才得徘徊于真州古运河边，略寻穿越千年之感。令人惊奇的是，每有问询，巫晨先生都能从容应对，娓娓道来，颇有见解。我曾接触过不少研究地方文史的学者，但如巫晨先生这样学识渊博、学养丰厚者却不多见，而巫晨先生大学学的却是物理学。应是物理学的缜密与严谨，作用于文史之学，不止于读书广博，更能思虑精审。

巫晨先生不仅博览群书，对仪征史事、掌故谙熟于胸，而且笔耕甚勤，著述颇丰，已出版《阮元与仪征》《阮元仪征事》《仪征运河》《千年古井》《江苏省仪征市标准地名录》《仪征红色交通线》《仪征道教史》等多部著作，发表专题论文多篇，参编地方文史著作更多。得巫晨先生相赠《仪征运河》，读来获益匪浅。我在仪征，有幸得见宋碑《建安仓记碑阴》，并据之撰出考证之文，相关端绪，不仅得巫晨先生的提示，而且受《仪征运河》相关论断的启发。

著述如此丰富，已为很多人无法企及，不意巫晨先生又撰成《真州梦华录》一书，篇幅竟40余万言，读来令人惊叹、欣喜。全书从交通地位、诗文墨迹、祠庙信仰、战争忠义等几个方面，阐述真州的胜迹、景观、人物与史事，追叙真州的繁盛，内容丰富，文辞隽雅。凡叙一人一事、一景一物，皆能古今结合，物文相证，评说自如，略无滞碍。取孟元老追怀东京之意，名曰真州梦华，效王象之总叙舆地之法，实纪仪征之胜。书成，来函嘱序，我不敢辞，聊述术语，权充添足之赘。

曹家齐

2024年7月26日于中山大学永芳堂

（作者系中国宋史研究会原副会长，中山大学教授）

前言

宋朝是仪征历史上最辉煌的时代。

由于首都汴京的空前繁荣,京师百万人口倚仗漕运保障粮食供给,北宋的漕运量远超唐朝,宋仁宗时期曾创下年漕运量800万石的峰值,其后世元、明、清诸朝,都没能越过这个高峰,可谓空前绝后。随着漕运量的急剧攀升,有着运河入江口地理优势的仪征,从一个江边小镇(迎銮镇),迅速发展成为管辖扬子、六合两个县的真州州郡,朝廷设置在真州的江淮发运司,承担着东南六路漕粮征调和运输保障任务。

繁忙的漕运催生了世界首座复式船闸。乔维岳的二斗门、陶鉴的通江木闸(真州复闸)、张颉的石闸,不断完善着复闸的结构,提升着船闸的运输效率。北宋的真州船闸,在世界航运史上留下了浓墨重彩的一笔。

伴随着经济的腾飞,仪征的文化事业也得到蓬勃发展。发运司官员修建的真州东园,由于欧阳修、梅尧臣、王安石、苏轼、黄庭坚、蔡襄、米芾、陆游等人的加持,确立了其在中国园林史上"千年名园"的地位。欧阳修《真州东园记》为千古名篇;苏轼八至真州,有"慧日泉"遗迹;许叔微仁心行医,著有《伤寒百证歌》《伤寒发微论》《普济本事方》,被韩世忠誉为"名医进士";陈旉总结多年躬耕实践,撰成《农书》,该书是中国第一部谈论水稻栽培种植方法的专著,被列为中国古代五大农书之一;文天祥三到真州,留下《真州杂赋》等三十多首诗篇。

元承宋制,还是真州建制。元朝统治真州的时间并不长,仅仅81年,但仍在历史上留下了不可忽视的一页。著名书法家赵孟頫,为住在真州、葬在真州的江东宣慰使珊竹介书写了神道碑,其拓片为故宫博物院所藏;著名道教思想家、内丹中派创始人李道纯,在真州长生观留下了

《三天易髓》《全真集玄秘要》《中和集》《清静经注》《道德会元》等道家经典著作；马可·波罗在其游记中说，大城镇真州，从这里出口的盐，足够供应所有的邻近省份。大汗从这种海盐所收入的税款，数额之巨，简直令人不可相信。

真州的建制，从北宋大中祥符六年(1013)起，到明洪武二年(1369)止，存在了357年。这三百多年，是真州经济繁荣、文化发达的高光时期，值得传承的历史文化元素多若繁星，本书将遗存和史料相结合，力图充分展示宋、元时期真州的独特魅力，让世人了解曾经灿烂辉煌的真州。

为论述方便，所引用的《(隆庆)仪真县志》、《(道光)重修仪征县志》和1994年版《仪征市志》，简称为《隆庆志》《道光志》《仪征市志》，后不赘述。

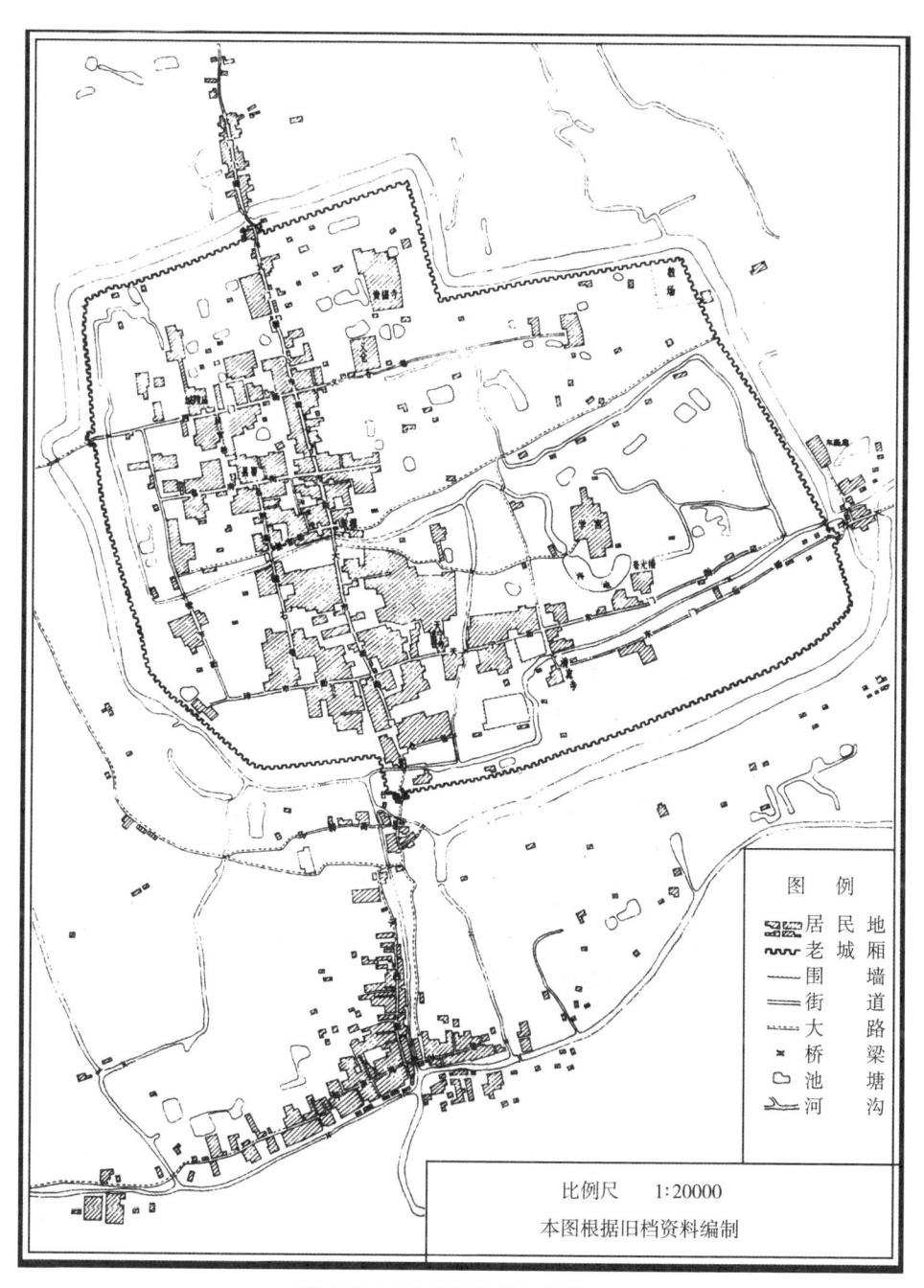

《仪征市志》民国年间仪征县城厢图

目录

第一章　东南水会 / 001

运河源头在真州 / 002
艺祖发迹銮江口 / 004
万里长江架浮桥 / 007
历代城池今何在 / 009
沧海桑田话鼓楼 / 022
发运漕盐转般仓 / 034
世界首创二斗门 / 047
造像有功赐真州 / 049
称钉定额许子春 / 056
状元为人颇非议 / 061
恭爱无偏陈公塘 / 066
水稻栽培有农书 / 070
名医进士许叔微 / 076
千株梅花雪作堆 / 081
盐所税课天下半 / 085

第二章　文章锦绣 / 089

冯延巳　风乍起吹皱池水 / 090
徐鼎臣　月下春塘且听歌 / 091
王禹偁　止戈偃武文轨同 / 095
范仲淹　半日不食当何如 / 098
胡武平　舟引无滞通江闸 / 106
欧阳修　莼菜鲈鱼美东园 / 108
曾南丰　真州监仓有众亲 / 113

王安石	十年历遍人间事	/ 116
梅尧臣	吴楚艘泊常流连	/ 128
沈梦溪	笔谈留章真州闸	/ 129
柳屯田	浅斟低唱归真州	/ 131
苏东坡	一枕清风值万钱	/ 136
黄庭坚	白沙江口倚帆樯	/ 148
米元章	壮观亭上指江山	/ 149
蔡君谟	颜体褚笔显遒媚	/ 157
李梁溪	一纪重来若隔生	/ 159
刘漫塘	风物淮南第一州	/ 161
杨万里	北望神州思击楫	/ 164
辛弃疾	神鸦社鼓佛狸祠	/ 166
陆放翁	入蜀途中游真州	/ 171
方信孺	使金口舌折强敌	/ 173
刘克庄	学贯古今追骚雅	/ 177
郝伯常	穷海累臣有帛书	/ 179
文天祥	今朝骑马入真阳	/ 186
赵孟頫	东园草木因人胜	/ 195
许白云	卧看明月过真州	/ 197
萨都剌	满江风浪晚来急	/ 197

第三章　精神家园　/ 199

报楚徇吴伍相祠　/ 200

鸡留山下浣女庙　/ 208

僧伽建塔镇白沙　/ 211

诏赐宝钞东岳庙　/ 218

晚钟悠扬资福寺　/ 225

福地诏分天庆观　/ 233

吴楚皋舟佐安王　/ 237

少宰奉祠永庆寺　/ 239

太祖赐葬文彬师　/ 243

祷雨有应白龙庙　/ 248

传承有序隆觉寺　/ 251
皇华接诏山光寺　/ 253
五老峰人师通真　/ 256
中和集出长生观　/ 260
孚惠变身都天神　/ 263

第四章　慷慨悲歌 / 269

黄天荡鏖战兀术　/ 270
韩世忠大仪大捷　/ 274
三将军胥浦喋血　/ 277
郭殿帅带汁诸葛　/ 281
唐总辖决水却敌　/ 283
丘忠实强弩射王　/ 285
挞扒店淮东抗元　/ 289
宋末真扬抗元表　/ 292
冯都统折戟珠沙　/ 296
赵孟锦乘雾出击　/ 298
苗再成孤城尽忠　/ 300
大厦倾忠义难支　/ 301

附录 / 305

乔维岳二斗门位置考　/ 306
真州复闸位置考　/ 315
运河园林文化比较研究——以北宋真州东园为例　/ 322

后记 / 332

第一章
东南水会

欧阳修《真州东园记》开篇即说:"真为州,当东南之水会,故为江淮、两浙、荆湖发运使之治所。"

所谓水会,是指长江与运河交汇。对北宋朝廷而言,真州这个地理位置乃要害之所在,京师百万军民的口粮供应,倚仗东南六路,尤其是宋初,南唐、吴越、福建尚未归顺,南方漕粮尽出湖广,只由真州调运,更显其重要。

真州在宋初是征讨南唐的前进基地,后又成为漕粮进京的调度、转运中心,开始有了自己的城池。朝廷在真州设置了江淮发运司,负责东南六路(相当于省)的漕粮征调、运河维护等。在真州城外的运河之滨,建有转般仓、盐仓、榷货仓等设施。为东京玉清昭应宫铸造金像的政治任务,也交给真州来完成,这也催生了"真州"这一千古地名。

真州人在中国科技发展史上做出了自己的贡献:世界第一座复式船闸——乔维岳二斗门,诞生在真州;许叔微的"伤寒三论",丰富了中医理论和经方宝库;陈旉的《农书》,首次总结了江南地区水稻栽培的技术要领,被列为中国古代五大农书之一。

运河源头在真州

真州，是两宋及元代的州级行政单位，州治的所在地位于今天的仪征市区。宋、元真州所管辖的区域，不仅包含今天的仪征市，还包含南京市六合区和浦口区。

仪征地处长江三角洲的顶端，从仪征青山镇到扬州湾头镇有一条延绵隆起的丘陵，称为蜀冈，实为古长江北岸，蜀冈之上为丘陵地，俗称"后山区"；蜀冈之下为长江冲积平原，俗称"圩区"。

蜀冈仪征段密集分布着甘草山、荷叶地、赵墩、曹山、虎山、磨盘山、永庵、郭山等商周聚落遗址，而新城镇破山口出土的成套青铜器，南京博物院专家认为是西周邗国国君墓葬中的器物，原件现藏于南京博物院（图1-1）。

图1-1 西周四凤纹铜盘（仪征新城镇破山口出土）

春秋鲁哀公九年（前486），吴王夫差为北上争霸，开邗沟、通江淮，这是大运河的"里运河"段。里运河是反"L"形的，以湾头为界，南北向部分称湖漕，东西向部分称江漕，运河入江口在原西周邗城附近，今仪征市新城镇东北；汉武帝元狩六年（前117），设置广陵国，在广陵城西南四十六里（今仪征市新城镇附近）设置江都县治，在运河入江口建"江水祠"，以祭祀水神伍子胥。

在设置广陵国江都县的同时，还设置了直属中央政府临淮郡的舆县，县治在胥浦河西（原仪征市胥浦镇，今属仪征市真州镇），舆县于南北朝宋文帝元嘉十三年（436）并入江都县，存世553年。

东晋永和年间（345—356）曾经发生过"江都水断"，为了保证运河畅通，挖掘延伸了入江水道，称为"欧阳埭"，在入江口建小城欧阳戍（新城）；隋炀帝扩展、浚深大运河，欧阳埭延伸为扬子津（新城南），在江口建扬子宫，发展成为扬子镇。

唐朝初年，还没有仪征这个地名，更没有仪征县。今天的仪征市域属于江都县，今市区为江都县白沙镇，今市区东十里的新城镇则为江都县扬子镇。

唐高宗永淳元年（682），将江都县西部析出，成立扬子县，仍属扬州。扬子县所辖范围，大致为今仪征市域，但县治不在今市区（白沙），而在扬子镇（新城）。

扬子津江口涨出了巨大的沙洲，导致运河入江水道被迫沿北汊江向西延伸，到达白沙，白沙的航运枢纽地位日益凸显。景龙三年（709），著名高僧僧伽（泗州僧）在江口建七级浮图，"以镇白沙"，宋代称为天宁寺塔，明初重修。

《风流宛在：扬州文物保护单位图录》云：

仪征天宁寺塔位于仪征市真州镇工农南路近水楼台北苑西侧。塔始建于唐景龙三年（709），南宋初年寺塔毁于兵火，明洪武四年（1371）重建。清光绪三年（1877）遭寺内炊火之灾，塔刹、腰檐、外廊、平座等被毁，仅存塔身。塔为七层八面砖身木檐楼阁式塔，逐层渐收，内部为正四方形，塔高约42米，塔身占地面积54平方米，底层附阶占地面积约372平方米。天宁寺塔是仪征的一座标志性古建筑，塔室内有几层抹角底部采用先进的扁铁过梁技术，在江苏境内古塔中属首次发现。错层相对而开的壶门，自下而上的收分，显得天宁寺塔造型秀丽、气势壮观。

2002年10月，天宁寺塔被江苏省政府公布为第五批省级文物保护单位（图1-2）。

五代时期，南吴睿帝杨溥于顺义四年（924）到白沙检阅舟师，升州刺史徐温自金陵来白沙建安渡谒见。太学博士王谷上书建议，为了纪念这件事，把白沙镇改名为迎銮镇。

南吴顺义七年（927），徐温病死，养子徐知诰建立南唐，恢复原姓，改名李昪，即南唐烈祖。他"恶扬子之名"，将扬子县改名为永贞县，县治仍在扬子镇（新城）。

宋仁宗于乾兴元年（1022）即位后，因避赵祯之讳，将永贞县改回扬子县。永贞县之名从南唐烈祖李昪始至北宋仁宗赵祯止，使用了95年。

北宋建立后，漕运量大增，为了加强对运河的管理，于宋太祖建隆三年（962）升迎銮镇为建安军。新成立的建安军只是将迎銮镇的行政级别提高，疆域并未扩大。

图 1-2　天宁寺塔（彩图见封三）

宋太宗雍熙二年（985），朝廷将永贞县划归建安军；淳化三年（992），在建安军设置了江淮制置发运司，管理淮南、两浙、荆湖南、荆湖北、江南东路、江南西路（东南六路）的漕粮征调和运道维护；至道二年（996），又将六合县划归建安军。

建安军成立51年后，宋真宗大中祥符六年（1013），因铸造金像有功，建安军升格为真州，仍领扬子、六合两县，将永贞县县治迁往州治，成为附郭县。真州隶属淮南路［熙宁五年（1072）始划为淮南东路、淮南西路］。

真州的建立，从表面上看，源自建安军为宋真宗的玉清昭应观铸造金像有功，以军升州，实际上，建安军重要的航运枢纽地位才是其升格为真州的重要原因。巨大的漕运量维系着京师的正常运转，宋太宗曾说："天下转漕，仰给在此一水，朕安得不顾。"他说的虽是东京的汴河，但汴河与淮南运河是连为一体的。

南宋诗人刘宰，在写诗描述真州时，有"风物淮南第一州"之句，这是真州千年辉煌的闪亮名片。

艺祖发迹銮江口

文天祥于德祐二年（1276）三月初二从元营逃脱来到真州，与知州苗再成商议抗元大计时曾说："真州号迎銮，艺祖发迹于此。"

艺祖，即宋太祖赵匡胤。

艺祖一词出自《尚书·舜典》："归，格于艺祖，用特。"原意为有德才的祖先。顾炎武《日知录·艺祖》云："人知宋人称太祖为艺祖，不知前代亦皆称其太祖为艺祖……然则'艺祖'是历代太祖之通称也。"也就是说，宋及前代皆称其太祖为艺祖，如唐朝也有称唐高祖李渊为艺祖的，艺祖不是庙号。

为什么说艺祖发迹于迎銮？

《旧五代史》卷一百一十八记载：

（显德五年二月）丁卯，（周世宗柴荣）驻跸于广陵……癸酉，幸扬子渡观大江……（三月）辛卯，幸迎銮江口……癸巳，帝临江望见贼船数十艘，命今上（宋太祖赵匡胤）帅战棹以追之，贼军退去，今上直抵南岸，焚其营栅而回。

《道光志》卷四十六《杂类志·祥异》：

宋太祖建隆元年，真州有龙异。初，宋主从周世宗征淮南，战于江亭。有龙自水中向宋主奋跃，识者以为出潜之兆。

《宋史》卷一记载：

（建隆元年九月）己未，淮南节度李重进以扬州叛，遣石守信等讨之……（冬十月）丁亥，诏亲征扬州……十一月丁未，师傅扬州城，拔之，重进尽室自焚。戊申，诛重进党，扬州平。命诸军习战舰于迎銮，南唐主惧甚。其臣杜著、薛良因诡迹来奔，帝疾其不忠，斩著下蜀市，配良卢州牙校。

《道光志》卷三记载：

建安渡，在县西南。宋太祖斩南唐叛臣杜著于此。

上述资料记载了宋太祖在真州的三件事：

第一件是周世宗柴荣征南唐，在迎銮镇江边视察时，发现江上有南唐的数十艘舰船，命令手下大将赵匡胤率水军攻击。赵匡胤果然神勇，追杀直到江南，并且焚毁了南唐军的营栅，得胜还朝。

蹊跷的是，赵匡胤作战时，有龙在水中向他奋跃，有人解释这个景象：这是真龙要出世啊！

第二件是宋太祖刚刚黄袍加身，李重进在扬州举兵反叛，太祖亲征扬州，剿灭了李重进。

这件事与真州有什么关系呢？王禹偁的《扬州建隆寺碑记》记载，宋太祖征李重进，驻跸在大仪驿，即今仪征市大仪镇。

王禹偁（954—1001），字元之，巨野人。太平兴国八年（983）进士，官至知制诰、翰林学士。他在至道二年（996）任扬州知府时，所撰《扬州建隆寺碑记》中有一段文字，确认宋太祖确实驻跸过大仪，这段文字是这样的：

我太祖皇帝受禅于周，启封在宋，朱旗所指，黔首乂安。惟李重进作帅江都，婴城构逆，时建隆元年九月也。乃命故中书令石公统王师以讨之……是月十一日，太祖至大仪驿，距广陵六十里。

这段文字清楚地记载了宋太祖确实曾经驻跸大仪驿，时间准确到建隆元年(960)九月十一日。

第三件是平定扬州后，太祖立即到迎銮镇江口演习水军，南唐君臣都很恐惧，其臣子杜著、薛良偷偷来投，太祖觉得他们不是忠臣，于是斩杀杜著、发配薛良。

宋太祖在真州的这段日子，正是他从后周大将到大宋皇帝华丽转身的关键时期，先是作为大将，奉命追杀南唐军，有人看到有龙从水中向他奋跃，这是潜龙出水的大好征兆；再来时已是大宋皇帝，亲征不服的李重进，也大获全胜；接着兵临銮江口，吓得南唐君臣惊恐万状，还有人悄悄来投。所以文天祥说，真州原来叫迎銮镇，宋太祖就是从这里发迹的。

清代林溥的《扬州西山小志》，记载了一则宋太祖与仪征有关的故事，道是"野老"们传说，宋太祖千里送京娘，到过仪征。这段记载是：

东林寺，在(陈集)集北八里，宋时为朱仙观。基址广阔，柱础石狮，犹有存者。宋太祖征李重进时，驻跸于此。今野老傅会《飞龙传》小说，以为千里送京娘处，可一大噱也。诗曰：

野寺东林烟树笼，谁寻莲社旧宗风？宋时仙观留遗迹，傅会何须话建隆。

《飞龙传》是清代吴璿的传奇小说，以赵匡胤行侠仗义、终成大业为主线，其中第十八回"卖华山千秋留迹，送京娘万世英名"描述了"赵太祖千里送京娘"的故事。说是宋太祖赵匡胤未发迹之时，在西岳华山神丹观发现了被强盗劫掳的京娘，遂行侠仗义，打败强盗，救下京娘，二人一路以兄妹相处。赵匡胤千里送京娘回蒲州解良县小祥村的老家，京娘父母、兄长都愿将京娘嫁给赵匡胤，京娘本人也愿意。赵匡胤大怒，说他是为了义气才送他们女儿回家，他要是娶了她，与那两个强盗不是一样了吗？要娶京娘，他路上就娶了，还送来作甚！掀翻酒桌，拔腿就走。京娘当夜自缢明节。这是个以悲剧结尾的故事。

查"赵太祖千里送京娘"的故事，最早出自明代冯梦龙《警世通言》第二十一卷，故事情节与清代《飞龙传》一样，但强盗囚禁京娘的地点是太原清油观，将京娘从太原送回老家蒲州解良县小祥村(今山西运城)，距离约400千米，折合成古代的华里，再加上小说演绎需要，说成"千里"并不为过。

华山神丹观也好，太原清油观也罢，与仪征陈集的东林寺(朱仙观)本来就八竿子打不着边。其实，无论是明代冯梦龙的《警世通言》，还是清代吴璿的《飞龙传》，都是小说，小说本来就不可作为历史考证依据，且不说正史上没有"宋太祖千里送京娘"的记载,就常理而言,从华山或太原到蒲州,就不可能经过仪征,华山神丹观、太原清油观,也不是仪征朱仙观。林溥认为,这只是"野老傅会","可一大噱也",即只是老百姓附会,作为茶余饭后津津乐道的谈资而已。

万里长江架浮桥

在北宋初年征服南唐的战争中,有一位真州人立下了奇功,他向宋太祖献计,在长江上架起了浮桥,使得宋军得以渡江灭唐,他的名字叫樊若水。

《宋史》卷四百七十八记载:

初,将有事江表,江南进士樊若水诣阙献策,请造浮梁以济师。

《宋史》卷二百七十六有樊知古的传。

樊若水(943—994),字叔清,宋太宗赐名樊知古,字仲师。

樊若水的祖上是京兆长安人,世代为官,曾祖樊俶是濮州司户参军,祖父樊知谕是南吴金坛县令,父亲樊潜先后任南唐汉阳、石埭县令,因而他家在池州。樊若水曾参加南唐科举考试,没有考上,决心归附北宋,另谋出路。

樊若水以钓鱼为名,在长江采石矶附近暗中测量江段水文资料,他用几个月的时间,乘着小船来回测量,船上载着丝绳,绳子一头系在南岸,然后开船驶向北岸,这样就知道了江面的宽窄、江流的缓急。开宝三年(970),樊若水上疏宋太祖,献计取江南。宋太祖让他参加学士院考试,后赐本科及第,任舒州军事推官。

樊若水再上疏,说自己的老母及亲属数十口都在江南,担心南唐李煜加害,请求将他们接到舒州来,太祖即下诏给李煜,李煜随即给了樊母很多礼物,护送他们来到舒州。

开宝七年(974),宋太祖发起平南唐战争,樊若水升任太子右赞善大夫,做向导随军征南唐,任池州知州。当地军民抵抗,樊若水连拔三砦,将首领抓获献给朝廷。

朝廷命高品、石全振前往湖南,打造黄黑龙船,用大船载着巨大的竹编缆绳从湖南顺江而下,派遣八作使郝守浚等人带领工匠们练习连接浮桥。有人怀疑长江风大浪险,恐怕不能成功,樊若水建议先在安庆上游怀宁县石牌口试验,成功后将浮桥各葜船部件运抵当涂采石矶,如法炮制。三天时间,浮桥架设完毕,居然不差尺寸,显示了樊若水高超的设计、制造和指挥协调能力。

樊若水作为中国历史上长江中下游第一座浮桥的设计、建设者,被永载史册。

宋军通过浮桥,顺利渡江,拿下金陵,南唐灭亡。樊若水因功升为侍御史,不久任江南转运使。他后来变换过多个工作岗位,在出任西川转运使时遇上了王小波、李顺起义,虽然成都失陷他不负主要责任,但还是受到了太宗的责备。事情过去后,他改任均州知州,到任一个月后病逝,享年五十二岁。

樊若水又叫樊知古。有一次,太宗问他:"你的名字樊若水,出自哪个典故啊?"樊若水回答说:"唐朝有位尚书右丞,名叫倪若水(亮直),臣很仰慕,所以取的这个名。"太宗笑道:"你可以改名叫樊知古。"樊若水很高兴,顿首奉诏。其实倪若水实名"若冰",樊若水学识不深,回答有误,大家都取笑他。

樊若水死后,太宗念及他以往的功劳,赐予他儿子樊汉"同学究出身"。

很多资料都记载,樊若水指挥架设的浮桥是有史以来万里长江第一桥,我起先也觉得应该是这样的。直到2022年3月16日,我在整理家父巫祖才遗作《井泉名桥联话》时,发现其中有一篇《荆门长江浮桥》,介绍东汉初年,光武帝刘秀发兵征蜀,蜀地割据势力公孙述(自称白帝)在荆门长江上建了浮桥拒敌,得知一些资料中的说法可能有误。我特意查阅了《资治通鉴》卷四十二,有明确记载:

公孙述遣其翼江王田戎、大司徒任满、南郡太守程泛将数万人下江关,击破冯骏等军,遂拔巫及夷道、夷陵,因据荆门、虎牙,横江水起浮桥、关楼,立攒柱以绝水道,结营跨山以塞陆路,拒汉兵。

由此可知,公孙述的浮桥才是万里长江第一桥,樊若水的浮桥只能是长江中下游第一桥。

《(嘉庆)扬州府志》卷五十三记载,樊若水有个后代名叫樊明英。

樊明英(1615—1667),字君培,是北宋樊若水之后。樊若水从江南投奔宋太祖平定南唐,就居住在仪真,当地人将他居住的地方称为樊家店,他的后人后来移居到了扬州。明朝末年,总理淮扬盐课太监杨显名坐镇扬州,樊明英以"指挥官生"的身份考试得中,被授予标员。他提出的浚城壕、筑外堤、缮廪囷等建议,都被杨显名采纳。当时流贼(张献忠)已经烧了凤阳,之所以不敢来犯扬州,樊明英功不可没。

樊明英后来升任凤阳铁骑营分协寿州,官至中都留守司都司金书。杨显名回京时,将他带到北京,兵部尚书陈新甲接见了他,并与他谈论湖北河南经略。江北总督朱大典派他镇守寿春、舒城,流贼畏他威名,大呼"樊二郎"来了,离他远远的。崇祯十五年(1642),命他移镇霍邱,到任才半天,城陷,只好投奔了掘港营水师守备。

明末霍邱还有倪可大的故事:崇祯八年(1635),农民军罗汝才部围攻霍邱,知县逃走,教谕倪可大毅然组织守城,城破后与妻、女一起殉难,被赠"国子监学录",

《明史》卷二百九十二《忠烈四·卢谦》有其名。倪可大是仪征朴席人。

　　清朝建立时，樊明英才三十岁，决意不仕，自号"逸安老人"，当起了明朝遗老，直到五十三岁去世，别人都不知道他是前明的将军。

　　樊明英有三个儿子。樊庶，官至湖广安仁县知县；樊经，字书山，有诗名，官至内府光禄寺署正；樊大纲，康熙三十三年(1694)进士。

　　樊若水在仪征居住的地方，《(嘉庆)扬州府志》称为樊家店，《(嘉靖)天长县志》称樊公店。樊公店是仪征市月塘镇的一个地名，曾是樊公村村部所在地，该行政村2000年已被撤销，合并到了铁坝村。

　　樊公店又叫樊公殿，因有祭祀樊公的祠宇而得名，樊公传为樊哙，实为樊若水，殿已不存，原址上现建有慈山寺(图1-3)。樊公店位于今仪征市月塘镇政府(原谢集乡政府)以北6.6千米，在谢集、月塘合并之前，属于仪征市谢集乡樊公村，樊公村向北2千米即达安徽天长市境，5千米到达天长市金集镇谕兴社区。樊公店曾经归天长市管辖。

图1-3　樊公殿慈山寺

历代城池今何在

　　今仪征市区在汉代为白沙村，唐代为扬子县白沙镇，五代杨吴为扬子县迎銮镇，都没有城池。北宋建隆三年(962)，升永贞县(南吴徐知诰恶"扬子"之名，改扬子县为永贞县)迎銮镇为建安军,乾德二年(964)开始修建城池。其后,历经南宋、明初、明中期三次较大的改造,形成了仪征古城的形制。

北宋筑建安军城

城池始建于北宋乾德二年,因五代后周之永贞县迎銮镇(永贞县即扬子县,县城不在迎銮镇,而在扬子镇,今新城附近)升格为建安军而建,筑城一千一百六十丈,形似"凸"字。其东门(行春门)约在今解放路资福东巷以东,南门(宁江门)为今鼓楼,西门(延丰门)在今老干部局以西,北门(来远门)在今国庆路步行街北首。建安军于大中祥符六年(1013)升格为真州,在整个北宋及南宋初年,真州城的范围基本上没有变化。

北宋城池的建设者为刘载。查《道光志》卷二十四《职官志》,乾德年间(963—968)建安军知军叫刘载。经查资料,刘载(923—983),字德舆,涿州范阳人,后唐清泰年间(934—936)进士,后周拜右谏议大夫,入宋后历建安军知军、襄州知州,官至工部侍郎。

北宋为中国漕运史上的巅峰时期,由于运河入江口在真州,真州复闸、发运司、榷货务、都酒务、都醋务、建安驿、转般仓、盐仓、酒库等设施和机构都在宁江门外,保证航道船闸正常运转的兵卒,从事航运的船民纤夫、搬运脚力,都在宁江门外活动,为官商工旅服务的店铺、居民住宅也大量集中在这里,"城内居民,比城外仅十分之一"。刘宰诗云:"沙头缥缈千家市,舻尾连翩万斛舟。"真州被誉为"风物淮南第一州"。

2024年10月,仪征市区实施雨污分流管道改造,在大庆路与人民街交叉口南约50米处,发现不少城墙砖。江苏电视台城市频道"南京零距离"对此做了报道,这篇报道是记者根据仪征历史文化研究者彭毅提供的信息采编的。经市文广旅局文博科科长胡乔确认发现的城墙砖是北宋州城城墙砖。彭毅是仪征水利局的职工,对研究仪征历史遗迹很痴迷,经常骑自行车在各工地现场查看,宝能西边的老沟、金瓯大酒店运河故道、铝器厂工地三坝河道等都是他发现的,我对他充满敬意。

南宋建东西翼城

北宋末年及南宋初年,宋金战争频发,真州为双方多次交战之地,城外运河设施屡遭毁坏,"漕使奔窜坠水",因此,保护运河沿线设施,就成了迫切需要解决的问题,建设东、西翼城就是发运司和真州主官们提出的最佳方案。

将建设东、西翼城设想具体化的,是真州知州李道传。《道光志》卷一《建置志》:"(嘉定)六年秋,郡守李道传以州当水陆要冲,转运司、商民繁会,居城南者十倍城中,乃建议请筑东、西翼城,先立规制,俟可继筑。"

嘉定六年(1213),李道传在向上级的申报中说:"淮东陆程,自滁州取六合,自盱眙取天长,两路会于真州,两昼夜可到。既到真州,四十里可渡镇江,六十里可渡建康,实为陆路要冲。城内居民,比城外仅十分之一。自转运司以及富商大贾之家,交易繁会之处,皆在城南。前人尝欲筑两翼城,但费大,非仓卒可成。道传当先立规模,使后来可继。欲从朝廷借会子十六余万贯,付本州作本,以其利息充版筑之费。历以岁月,渐见次第。所有城砖,且从本州增窑烧办。一二年后,版筑稍成,砖数亦积,后来者为之不辍,不患不成。道传若不罪去,二三年间,决可偿足。若岁间遂得去官,则不问日月久近,但朝廷欲取本钱,即当起发申解。或朝廷欲付之后守,亦整齐足数,听候详酌施行。"

李道传在申报中论述了真州地理位置之重要性,指出"前人尝欲筑两翼城",可见不是他先想到这个主意的,但李道传提出了解决经费问题的办法,就是向朝廷借款十六余万贯,给真州作为本钱,把通过运作这笔资金产生的利息,用于建筑东、西翼城。他说,如果他二三年间还在真州做知州,事情就能完成,如果他另有任用,希望后来者为之不辍,不愁不得成功。

朝廷部分同意了李道传所请,但没给拨十六余万贯,"准借交会共五万贯,付真州作本营办"。

嘉定七年(1214),李道传又上书"六议",针对工程重大、拆迁民房、土质不美、城大难守、敌不久留、沙上无城等困难,一一做了对应。他表示,从前历任守臣之所以没有申报,主要是因为工程重大,用钱很多。而且这件事是郡守分外的责任,做好了,后任坐享其成;做不好,自己受罔功之责,是吃力不讨好的事,但是为了真州人民的安全,这件事必须要做。

李道传的这次申报,"伏乞朝廷详酌施行",估计是继续请求拨款,然而不久他就调走了。

嘉定八年(1215),知州丰有俊到任,他很赞同前任李道传的观点,上书请筑东翼城。他在申报中说,将古城壕拓宽、浚深,一直通到潮河,挖出来的土堆在城壕里岸,大壕既成,土城亦就。东翼城之南"前既临江,彼不敢轻蹈万死一生之地"。

朝廷对丰有俊也很支持,"诏许之"。是年夏,"有俊凿隍河,并事筑城。东城仅筑九十二丈八尺,河才百丈,而西城殊未及也"。丰有俊任职真州知州一年多,刚完成了东翼城九十二丈,河挑浚了百丈,西翼城还没有提上议事日程,就另有任用了。

继任郡守洪偲,上任后也打了报告,请修翼城,然而他任职不到一年,也调走了。

嘉定十年（1217），发运司运判兼真州知州方信孺"再议兴筑"，"会朝议惮于支费，不果"。朝廷觉得花费较大，没有同意。

嘉定十一年（1218），知州袁申儒再具申报，请求支持真州增筑东、西翼城。他在给上级申请翼城经费的申报中，列举了建设翼城的十二大好处（十二疏），从中可以看出建设翼城的迫切性：

每次金国或盗贼来袭，老百姓都仓皇逃窜。他们带着箱箧包裹跑不快，遭到摽掠，不仅财物损失，还往往骨肉分离、妻离子散。翼城建成后，有十二大好处：

第一，有了翼城，老百姓有了城墙和护城河的保护，遇事就不需要逃跑了。

第二，从前老百姓逃走，房屋被烧毁，回来后要费钱重盖。有了翼城，敌寇、盗贼不易进入，房屋财产保住了。

第三，老百姓逃跑时，都是往江边去，争抢上船，常常会淹死弱者和小孩。有了翼城，老百姓不再奔逃，争舟溺死的事情就不会发生了。

第四，州城很小，百姓大多生活在城外，州城与百姓事实上是分离的，老百姓都逃走了，州城就是一座孤城，很难独守。有了翼城，老百姓聚居在城内，州城就不是孤城。

第五，发运司衙门、漕粮财货都在州城之外。开禧元年（1205），金兵来袭，沿运河房屋、物资悉成弃物，数十万贯钱锱散落在大路上，发运使在奔窜时居然掉进了水里。有了翼城，发运司等机构都包入城内，就安全了。

第六，盐仓是淮东重地，亦在城外。有了翼城，盐仓也能包入城内。

第七，护城河与运河水是相通的，为防止护城河的水流失，运河入江水道上筑有数座水坝，敌人如果掘坝，护城河的水就会流尽。有了翼城，这些坝包进了城内，不易被敌人破坏。

第八，州城与发运司之间隔着护城河，相距较远，敌人如果在运河以南，那么在州城上放箭射程是不够的。州城的东、西护城河是古河道，分别入江，在城外也建有水坝，敌人如果掘坝，那么河水就会干涸。有了翼城，水就藏在了城中。

第九，真州境内，因秋旱歉收、失收的情况颇多，老百姓生活艰难，容易铤而走险去当盗贼。兴建翼城工程较大，老百姓可以在工程实施过程中得到实惠，违法犯罪的人就少了。

第十，州城之内井泉不多，老百姓都是饮用河水，但河流尽在城外。一有警报，州城关闭，城内井泉无法满足军民之需。有了翼城，河水就包进了城内，没有了缺水之患。

第十一，州城之外没有屏障，居民闻警即逃，敌人如入无人之境，放纵摽掠。而州城是个孤岛，想向朝廷、上司报告求援都没有通道。有了翼城，州城就直达江边，求援的信息可以从长江送出，没有了道梗之患。

第十二，盐商大贾的货船过去都停泊在城南运河，如今因为担心一旦有警报来不及撤离就都停泊到江边的河汊中，城南街市没有了贸易。有了翼城，再浚深潮河，客船、商船都能在城里停泊，商人和百姓能安心交易，不仅经济繁荣，而且城池也能固守愈坚。

袁申儒的十二疏得到了朝廷批准，工程得以实施。"得请拨本州寄桩卖钞、借支会子诸费，先筑西城一百四十八丈，属于汤家渡；继筑东城一百九十四丈，属于运河；建朝宗门于河之南，而东城之未毕者，尚十之四也。"

从上述十二疏可以看出，南宋的东西翼城是直插江边的，并不闭合。《道光志》卷一《建置志》载孙德舆《修城记》云："西翼城南浸于潮河，北浸于南濠；东翼城南浸于潮河。城自北而东，东浸于东濠。闸河之南，沮洳之地，不任版筑，则凿大河八十丈，以道江流。"可见，东西翼城都到达潮河，城南潮河边尽是泥沼，运河入江口开挖了八十丈（按宋制，八十丈为250米）河道就直通大江了。

尚未完全竣工的东西翼城，在嘉定十一年（1218）的抗金作战中发挥了作用。孙德舆《修城记》记载："是春二月，金兵肆掠淮甸，驰骑而来，将趋阛阓，纵火迫翼城。睥睨犹豫不敢前，民悉安堵，皆翼城力也。"

袁申儒于嘉定十三年（1220）调走，离别之日，真州人民夹道相送，大家说："翼城还没有修完，您可不能走啊！"袁申儒说："我非常愿意与你们一道，共同努力，完成翼城的修建工程，可我是朝廷的官员，要听从调遣啊。大家放心，继任的人必定是一位贤太守，肯定会把翼城工程做完的。"

嘉定十三年，发运司判官兼真州知州吴机到任，恰如袁申儒所说，这位继任的贤太守上任伊始便做了调研："（翼城工程）距今七八年，阅三四守，厥功未半。沿翼城而濠之，西虽浚而东未就也。"他狠抓翼城工程，"尽筑东城及马面，共一百九十余丈，西城、马面共十五丈。合两翼城甓之睥睨，悉皆有法。为楼橹十八，为屋二百一十九。城外接州城，筑羊马墙四百五十余丈，逶迤遮蔽，莫测其内。复于城西南筑弩台，高一丈五尺，周回十有七丈，立女墙其上，以护濠水。又以西翼城距江尚远，凿河为限，因土为城，约五百丈。于河之右，北接翼城，南抵江，作护水曲台于江浒"。

吴机的这次修建，使得东西翼城基本定型。

宝庆元年（1225），发运司判官兼真州知州上官癸酉到任，调研后说："西城倚西南之偏，旷不可守；东城临潮闸之上，险不足恃。有三面之城，无以御一朝之患,奂酉实寒心焉。"他觉得东西翼城尚未完工,防御功能还需进一步提高,于是,向朝廷上报,并得到了批准。

此次工程"改筑西翼城三百二十丈,自州城小南门之西,直距潮河,城门一,炮台四,马面三,楼橹八,总计屋一百五十一间。开濠河三百四丈五尺,为吊桥、拖板桥各一。又为石坝,以限潮河。筑羊马墙三百四丈,上覆以瓦,中植以柳。而西北之势乃固。东接筑翼城九十有三丈,南亦距潮河,为城门一,炮台一,楼橹四,总计屋六十三间。跨运河为水门,上增筑土四尺,建楼曰'壮观'。寻浚旧濠,展其南一百一十一丈五尺,为吊桥、木闸以限运河,而两翼之形始备矣"。

上官奂酉的这次修筑,使东西翼城具备了完整的形态,完善了真州城防御体系。尤其值得一说的是,在城东运河入城的地方修建了水门,建楼五间,匾曰"壮观"。这是真州城第一座水门,与紧邻其南侧的东门、瓮城、吊桥、城壕组合使用,组成了一套完整的防御体系。

真州城东西翼城的建成,凝聚了七任知州的心血,他们这种一心为民、不计个人荣辱得失、一张蓝图绘到底、一任接着一任干的作风,成为仪征历史上的千古佳话。

2007年3月,仪征市区在实施清真寺河道截污整治工程时,发现了东门水门遗址。次年3月扬州市文物考古研究所和仪征市博物馆对其进行了抢救性考古发掘,发现了南北两厢石壁、东西四摆手(其中西北角摆手被施工破坏)、门道、石底板、木桩及北侧城墙等遗迹,出土了一批宋元遗物(图1-4、图1-5)。

图1-4 东门水门遗迹

图 1-5　东翼城瓮城遗迹

《风流宛在:扬州文物保护单位图录》云:

仪征东门水门遗址位于仪征市区前进东路东岳庙东南 50 米处,东门水门始建于南宋宝庆元年(1225),元、明、清三代在此基础上进行了修缮和加固,一直沿用到民国。现存水下石工建筑基础,其上半部砖砌券顶建筑已毁。经发掘清理,水门的平面呈")("形,东西走向,主体部分由南北两厢的石壁、进出水口两侧的四摆手、门道及残存的夯土城墙等组成。水门全长 17.5 米,西面进水口宽 12 米,东面出水口宽 11.5 米。南北两厢石壁长 13.4 米、宽 2.2 米、高 3.8 米。摆手长 3.16 米,与厢呈 45°夹角。水门门洞宽 7.7 米,过道地面用青石板平铺而成,下为密集的木桩。水门上券顶及墙体与主城墙连为一体。2011 年被省政府公布为第七批江苏省文物保护单位。

我 1985 年到仪征县政府办公室工作时,东翼城城墙还在,但只有土基,没有包砖。我去过时任副县长丁在禄、政府办公室主任詹存林的家,他们的住房就在东西向的东翼城城墙上。图 1-6 是 1985 年我为妻子董非拍摄的照片,远景为气象局,近景为东西向东翼城城墙。

2023 年 12 月 5 日,我陪同三河片区开发设计单位、东南大学建筑学院李新建教授一行,考察东门水门、旱门、瓮城、吊桥、护城河、东关闸、东岳庙等处。同行的仪征文体旅局文博科科长胡乔告诉我,即将实施的东门三河片区改造,可能要在仪城河上建一座桥,将河南的三河片区连接到河北的解放东路,而河北的路基很可能就利用仅存的东翼城城基。我一听着了急,7 号赶到玉河苑小区西侧

图 1-6　东翼城(东西向)城墙遗迹

的现场,用 1.8 米自拍杆拍下了东翼城仅存的遗迹(夯土),目测高度在 3 米以上,顶宽 20 米,整个残墙长度约 120 米(图 1-7)。

我赶紧发了公众号,呼吁有关部门参照北京皇城根遗址公园和北土城遗址公园的做法,打造仪征东翼城遗址公园。市委常委、宣传部部长杨昕看到后,立即给我打电话,说我的想法很好,让我给政协写一个社情民意,上报市领导,他来促成。我当晚就写成了《关于打造东翼城遗址公园的建议》,由政协形成书面《社情民意》,报市委、市政府领导同志。

图 1-7　东翼城(南北向)遗迹

明初封闭南城

从南宋到明初,中间隔着元朝,不到一百年的时间,但是江滩涨起来不少,元代学者许谦有《夜过黄泥滩渡》诗,就是证明。明初时城南已不是泥沼,真州知州营世宝等人将东西翼城的南端连接起来,这就形成了闭合的真州城池和新的南门,北宋时期老的南门(宁江门)已经到了市中心,建为鼓楼。因洪武二年(1369)真州降为仪真县,所以营世宝担任明代真州知州的时间为洪武元年(1368),这就是仪征南城墙、南门、城中鼓楼(图1-8)的建设时间。

图1-8 鼓楼(彩图见封三)

从"城隍坊巷图"可见,明南门与宋东门相似,也有水门、旱门、瓮城、吊桥,只是东门的水门和旱门都向东,朝向一致;而南门的水门向西、旱门向南,朝向不一致,呈90度。

2012年5月,扬州市文物考古研究所、仪征市博物馆在海德花园项目工地发现明代古城墙和古河道遗址。《仪征文博》在2014年第1期《真州城水系及水工遗迹考古工作报告》中称:

城墙遗存基础宽度约12米,残高0.8米,基础上遗存四层夯土,每层夯土厚度约20厘米。墙基的南侧有沟槽,槽宽1.2米,槽内平铺长条石,为城墙外包砖的基础槽。

这就是营世宝修筑的南城墙(图1-9、图1-10)。

《风流宛在:扬州文物保护单位图录》云:

明清真州城城墙遗址包括海德花园内南城墙遗址和东门水门东城墙遗址。南城墙遗址位于仪征市真州镇奎楼社区工农南路18号海德花园小区内,经过考古发掘,遗存基础宽度约12米,残高1.6米,每层夯土厚度约20厘米,城基的南侧有沟槽,槽宽1.2米,槽内平铺长条石,为城墙外包砖的基础槽。东门水门东

图1-9 海德花园明代南城墙遗址

图1-10 明代南城墙文保碑

城墙遗址位于东岳庙东南50米处,因发掘东门水门而发现,没有发掘。

明清真州城城墙遗址现为仪征市文物保护单位。

2019年底,城中小学拆迁工地上暴露出巨型水闸石构件,于是停工开始南门考古发掘。2020年6月1日,我随市政协调研组在考古工地现场查看,看到南门城墙直角弯正在清理并出现。

南门封闭后,由致仕在仪真养老的兵部尚书单安仁,领导并实施了运河入江水道再造工程。南门外形成了五坝围成的巨大水面——天池,天池西侧建立了淮南批验盐引所(盐所),清代增建了巡盐御史署(察院)。天池用于运载淮盐的盐船候验掣验，周边形成了以盐运为主、百业兴旺的繁华商圈。清代画家诸乃方《真州八景图》有"天池玩月"一景(图1-11)。

明中期拟建外城

明朝嘉靖年间(1521—1566)，仪真的城池差一点又要扩建，当时倭寇猖獗，仪真经历了三件事。

一是嘉靖二十五年(1546)，倭寇将至，因城内有准备，未犯境。二是嘉靖三十五年(1556)四月份，倭寇窜至何家港(土桥)、朴树湾(朴席)，在这些地区大肆杀掠、放火烧房，老百姓半夜惊慌逃难。三是同年七月份参加征讨倭寇的永、保二司的土兵(土司带的兵)，军纪松弛，四处抢掠，导致仪真本地军民深受其害。

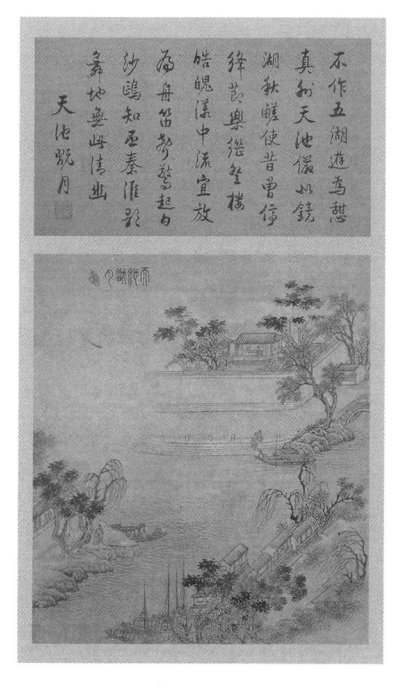

图1-11 真州八景之天池玩月

在抗倭的大背景下，当时的漕督、巡盐御史和地方长官曾设想建设仪真外城，将外运河四闸全部保护起来，但因工程浩大，没能实现。嘉靖三十七年(1558)，知县张鸣瑞创建了东门外的挡军楼。2016年，市政府在新东园内，于原址复建了挡军楼(图1-12)。

图1-12 挡军楼

石猴子

《道光志》卷四十七《杂类志》记载：

北城门外墙嵌一石，横直二尺许，俗呼为"石猴子"。大雨后，卸落，水势顿长。城守王公嘉福急命安旧位。及细视之，乃神像三尊，有铠甲，有鳞，模糊不甚了了。或云：神禹锁巫支祈像也。门对高家堰，盖置以制水患云。

大水时，亲友多在水中。城外悬釜沉灶，家家如是。船可从桥顶过，贫困因此而毙者，不计其数。伤心惨目，莫此为甚。以上，陈泰《真州所知记》。

在北城门的外墙上，有一"石猴子"，不知是哪年嵌入的，也不知有什么作用。王嘉福(长洲人，世袭云骑尉)于道光七年至十六年(1827—1836)担任仪征营守备。道光年间(1821—1850)石猴子因大雨掉落。仔细看，石猴子其实是三尊神像，有铠甲，有鳞，但已模糊不清，时人猜测，可能是"神禹锁巫支祈像"。

巫支祈是淮涡水神。

唐代李肇《唐国史补》载：

楚州有渔人，忽于淮中钓得古铁锁，挽之不绝，以告官。刺史李阳大集人力引之。锁穷，有青猕猴跃出水，覆没而逝。后有验《山海经》云："水兽好为害，禹锁于军山之下，其名曰无支奇。"

北宋李昉《太平广记》卷四百六十七《水族四·李汤》，引《岳渎经》第八卷：

禹理水，三至桐柏山，惊风走雷，石号木鸣；五伯拥川，天老肃兵，不能兴。禹怒，召集百灵，搜命夔、龙。桐柏千君长稽首请命，禹因囚鸿蒙氏、章商氏、兜卢氏、犁娄氏。乃获淮涡水神，名无支祁，善应对言语，辨江淮之浅深，原隰之远近。形若猿猴，缩鼻高额，青躯白首，金目雪牙，颈伸百尺，力逾九象，搏击腾踔疾奔，轻利倏忽，闻视不可久。禹授之章律，不能制；授之鸟木由，不能制；授之庚辰，能制。鸱脾桓木魅水灵山妖石怪，奔号聚绕，以数千载，庚辰以战逐去。颈锁大索，鼻穿金铃，徙淮阴之龟山之足下，俾淮水永安流注海也。庚辰之后，皆图此形者，免淮涛风雨之难。

仪征运河(江漕)通江达淮，明中期之前，都是以江水作水源，明万历后黄河夺淮情况愈演愈烈，终于沿运河、廖家沟南下入江，仪征开始遭受淮水之患。将大禹治淮、锁降石猴的神像嵌放在北城墙，面向高家堰(洪泽湖)，或许能起到镇水妖、保平安的作用。

仪征城里的宝塔、北门的石猴子、沙漫洲的铁鹞子，都是镇水的神器。

有趣的是，巫支祈的猿猴形象、翻江倒海的神力、被大禹锁拿后镇在龟山之下，不少学者认为是《西游记》中孙悟空的原型。

民国破城开路

《仪征文史资料》第十三辑中孙聆波《张宏业主政仪征轶事》一文记载,民国二十二年(1933),政府开始修筑扬州至六合的公路,这条东西向的公路贯通仪征全境,从县城北门外沙岗(今真州路)通过。新任仪征县县长张宏业,考虑将仪征大码头与将要建成的扬六公路连接起来,水陆衔接,更利于货物运输和人员往来,振兴已经衰落的县城工商经济。这个想法得到了仪城绅商、市民的拥护,于是决议,从泗源沟码头修建一条公路至北门,与扬六公路连接,并且商定保留老城内的古迹,破开城墙,另辟新路。

1936年秋末,政府动员民工万余人,采取以工代赈的办法,利用城内大量的废墟碎砖为材料,筑起一条南自江边泗源沟、北到北门外,长约5华里的公路。这条路就是今工农路的前身。现在看,这么短的一条路是微不足道的,但在当时的财力、物力和技术条件下,却是一项大工程。全靠民工手挖肩挑,还要破开南、北城墙,新开南北两个城门。每个城门宽16尺,有两扇厚3寸、高15尺、各宽8尺的木质城门。仪征人称其为新南门和新北门,城门每天早上6时开,晚上9时关。城门外护城河上又各建两座木桥。此外,还在泗源沟新造了一个码头(即江边浮桥)。

《罗炳辉将军在淮南抗日根据地》记载,1942年7月1日,为支援苏中地区反"清乡",驻扎在淮南抗日根据地的新四军二师,发起天、仪、扬战役。原计划由六旅攻打仪征县城,但根据侦察,发现"1.城墙均高1丈余,并无便于攀登之处。2.环城河底靠近城畔,前传距城二里许,不确。3.该城警备极严,每夜对城外巡查不息"。于是改变作战计划,由六旅十七团夜袭十二圩、新城打援,取得了歼灭日军200多人,其中全歼日军一个小队的战绩。

《新希望》周刊第十期刊登镇江特约通讯员南徐的文章《孤城易手话仪征》,报道1949年4月7日拂晓仪征城"易手",文章配有四幅照片,其中一幅是易手前夕镇江记者拍摄的"仪征北门外的前线"(图1-13),可以看到北门、北山(今皆已消失)。

仪征的古城墙是什么时候拆除的?《仪征市志》第十三篇《城乡建设》记载:"1951年4月,县人民政府决定拆除多处城墙险段(1953年全部拆除)。"据此,可理解为当时只是拆除了部分险段。

我询问过很多人,并没有准确说法。玉河苑居民、1946年出生的沈先生(在东翼城城基上种菜)说,他原来住在大庆桥北侧,从前是石拱桥,桥名通县桥。他见过西门城门门楼,见过都会桥。过去大家都穷,有扒城砖建房子的情况,砖没

图 1-13　北门

了,但土坯还在。1971年3月,他从部队复员,回仪征后参加生产队劳动,曾经参加过扒城墙土坯填荷花塘(今实小)的劳动。

古城真州历代城池变迁如图 1-14 所示。

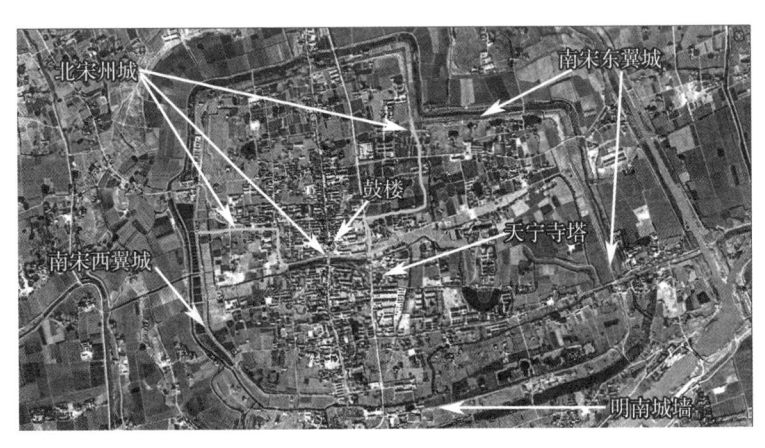

图 1-14　真州城池变迁图

沧海桑田话鼓楼

鼓楼,位于仪征的市中心,从前鼓楼是对公众开放的,我曾上去过,后来政府为了保护古迹,关闭了。但是下面的门洞,允许市民穿行。20世纪90年代,几乎每天下班后,我都要带着只有几岁的巫大家从门洞里穿来穿去,边走边让她喊爸爸,门洞里的回声听起来十分有趣,现在门洞也拦起来不让走了。为了写好本书,我于2019年10月25日特意去鼓楼拍了十来张照片,并选了一张最为满意的以飨读者(见封三《鼓楼》)。

鼓楼正南面竖立着江苏省文物保护单位的文保碑,正面碑文:

江苏省文物保护单位

仪征鼓楼

时代:明代

江苏省人民政府

2002年10月22日公布

仪征市人民政府立

背面碑文:

仪征鼓楼始建于明代成化二十三年(1487),历经清代及建国后多次维修,2000年又对其进行了大修,恢复了明代风貌。台基上部建有两层楼,楼面阔三间8.2米,进深5米,重檐歇山顶,鼓楼通高28.6米,占地面积518.86平方米,为江苏省现存三大鼓楼之一。

28.6米前两字辨识不清,我拍照后在网上请网友帮忙,黄轩儒网友特意去鼓楼细看,确认为"通高"二字。

可是,我认为碑文有误。28.6米有九、十层楼高,但实际观感,鼓楼只有三、四层楼高。我研判,文保碑28.6后面的长度单位应是尺,若换算成米,则应为9.5米。

为什么应该是28.6尺?估计此碑的撰写者参照了《道光志》卷二《建置志·官署》"县治"条,这里收录了南京工部分司主事夏英的《建鼓楼记》,其中有"台本高一丈二尺,四面相距一十三丈六寸,楼高一丈六尺六寸",台高加楼高正好是二丈八尺六寸(28.6尺)。

碑文中最后一句"为江苏省现存三大鼓楼之一",通常的解读是:仪征鼓楼是江苏省现存的三座鼓楼之一,其他两座,一座在南京,一座在淮安。

鼓楼周边原来是有建筑物的,2019年在仪征东区综合体育馆举办"仪征市庆祝新中国成立70周年大型图片展",其中有1967年的老照片,可以清楚地看到鼓楼前的附属平房。

现在的鼓楼周边,拆除了东南方向原有的"水果大楼"等建筑,让出了空间,鼓楼广场成为仪征市举办各种活动的首选之地。我于2004年至2016年担任仪征市信息办主任,几乎每年的"5·17"世界电信日,都要举办信息化宣传周活动,其中一项就是在鼓楼广场"摆摊儿",做宣传展示。

2018年8月24日,我参加中央电视台《中国影像方志·江苏仪征篇》节目的拍摄,有幸又一次登上了鼓楼,得以沿着平台绕城楼一圈,端详城楼建筑的细节,如屋脊、木柱、斗拱、雀替;在平台南面用全新的视角看看鼓楼桥和国庆路。

城楼北墙上嵌有三通石碑,碑前贴着拓印的纸,再用玻璃罩起来。

第一通碑,碑额、碑文标题及文中关键处,都被人有意凿坏,文中依稀有"二十六……海夷犯……司马……征剿奏捷有功遂……千夫之长……神行风动……江防……是而景仰其人焉矧(shěn)关祠……"的字样。碑文毁损较严重,不能连贯阅读,落款是"嘉靖四十四年岁次乙丑仲冬长至吉旦仪真卫指挥朱嘉谟(共85人)"。我推测,此碑与关王祠有关。

第二通碑,碑额是"鼓楼关神碑记",碑文题为"仪征鼓楼关王祠记",字迹尚能辨认约六成,落款是"嘉靖三十七年岁次戊午孟春月　日　邑人周学易撰"。因为标题清晰,可知此碑是为关王祠而立。

鼓楼上怎么会有关王祠呢?

《道光志》卷十九《祠祀志》记载,关王庙在城南一里,十字河东北岸(大码头),永乐二年(1404)由巡检郭义倡建。弘治乙丑(十八年,1505)秋,江中有几尊木像,漂近帅臣张瑾(时任仪真守备)的官船,打捞起来一看,是关王及侍从的塑像,张瑾就在小校场另建了一座关王祠,将神像供奉在此。

正德年间(1506—1521),有江盗刘贼(刘六、刘七)来袭,仪真守军列阵守江,江盗们看见岸上阵中"有巨人红袍若王者",吓得不敢登岸,逃跑了,这是关老爷显灵啊!

嘉靖甲申(三年,1524),小校场的关王祠倒塌了,都指挥毛纬将关王等诸神改祀于鼓楼。鼓楼上的关王祠也很神奇,百姓来拜时,殿堂里的回声如同关老爷在回应,大家都肃然起敬,纷纷捐资增修。

鼓楼上的关王祠,就是这么来的。

《道光志》该条目还记载了鼓楼上关王祠的两次修葺。清雍正十年(1732),卫守备武亮重修。乾隆四十五年(1780),知县程宗洛率众重修,工程没有完成,住持陈从易募捐化缘,终于修成。但是县志上并没有提到鼓楼上两通碑文记载的修葺情况,分别是明代嘉靖三十七年(1558)和四十四年(1565)的事情。可见,县志并不能做到每次修缮都有记载,史料和文物不一定都能相互印证。

第三通碑是现代碑,碑额为"重修鼓楼记",是仪征市人民政府立的,繁体字。为传承历史,我特录全文如下:

仪征鼓楼建于明代成化二十三年,即公元一四八七年,向为城区中心,历五百一十三秋,屡经战火摧残,长期风蚀雨剥,失去原貌,梁木腐朽,结构紊乱,已成危楼。适盛事、顺民心,修鼓楼,为市人民政府重要实事工程,积德于民,造福后人。市文化局具体承办,江苏省文物管理委员会办公室测绘设计,市广告公司负责施工,城建、供电、电信诸部门合理改善周围环境。现楼已修成,恢复明代建筑风格,正脊为古钱吉祥纹,内镶"风调雨顺、国泰民安"涂金字,东西大吻为螭龙,四条垂脊,八条戗脊为抱鼓叠涩做法,瓦当、滴水为盘龙、宝相花图形组合。二层回廊扶手做美人靠栅栏,地板用新木铺就,门窗隔扇为卧蚕满天星纹,两层回廊枋梁之下增铺丁字斗拱、雀替、斜撑,装饰香草卷叶纹图。一层室内至外回廊平铺罗地砖,四周坪台为青石铺成,外围女儿墙,墙下为八条石龙首排水;楼墩台脚沿做石须弥座,券门内及南北通道为石阶踏步,配一周青砖路面,外围砖石护坡。外环境为绿色草坪,内排水用电力机械。登楼四顾,景物悦目,天高地阔,怡情畅怀。楼无华丽之姿,古朴庄重,人怯傲惰之气,勤劳朴实,市贸繁荣,祥和升平,游人如织,贤智聚集,俊杰争雄。群心振奋,共绘古城新篇。

仪征市人民政府　立

公元二〇〇〇年九月

重修鼓楼是一件好事,但是新鼓楼屋脊上的小兽不见了,我记得从前是有"五脊六兽"的,1967年的照片可以证明。

2020年5月26日,我陪同到仪征调研"历史文化名城名镇名村"的扬州市住建局副局长刘泓一行,又一次登上了鼓楼。随行的扬州名城研究院的邱正锋发现某柱础上有刻字,拍下来后分享给我和扬州古迹爱好者谢文逸细看,字样为"真州城南关通",其中"关"字不太清楚。我分析,该柱础很有可能是宋代遗物,鼓楼在北宋时是真州南门(宁江门),这个柱础是北宋南门的。

2022年6月19日,我陪同中央电视台《大运河之歌》导演滕忠彬、中山大学教授曹家齐拍摄宋代运河专题,再一次登上鼓楼。我在鼓楼北侧的东二柱,找到了有字的柱础石,用矿泉水洗了一下,然后干湿对比,拍了几张照片,仔细辨认看出该柱础上有两处有字,共十二个字:东北角的字为"真州城南厢通",东南角的字为"漕城王文庆舍",其中"城、王"只剩左半部分,"城"字不能确认。

2023年1月9日,文体旅局窦忠根副局长请我为即将开放的鼓楼写展词,文博科胡乔科长看过我的展词初稿后,反复研究柱础照片,提出看似"城"的字,应该是"坊"字,十二个字连起来应该是"真州城南厢通漕坊王文庆舍"。通漕坊是县志上有记载的坊巷地名,我深以为然。

《道光志》卷二《建置志》上有"户部赡军酒库,在通漕坊后""排岸厅,在城外通漕坊"的记载,著名的"真州复闸",其建设者陶鉴,官衔就是"监真州排岸司、右侍禁"。

既有"王文庆"之名,我试着查阅县志,居然有王文庆此人。《道光志》卷四《舆地志》记载:

旧《志·铸金像本末》云:"大中祥符元年四月,诏建玉清昭应宫。五年,诏名玉皇殿曰'太初',圣祖殿曰'明庆'。初议铸太初、明庆圣像。令李溥访巧匠,得杭州民张文昱、王文庆,就建安军西北小山置冶,溥领视之。"

可见,王文庆原本是杭州人,乃能工巧匠,小山冶炼金像两位技术负责人之一。

推测王文庆铸造金像工程完工后,在真州通漕坊定居或居住了一段时间,建安军于大中祥符六年(1013)升格真州后,重修南门,王文庆出资赞助,这十二个字即留在柱础上了(图1-15)。

2022年11月19日,我陪同上海工业协会的同志参观鼓楼,看到鼓楼开始搭建脚手架,正准备维修,赶紧打电话提醒文体旅局副局长窦忠根,北侧东二柱下面的柱础有字,一定要妥善保护。原文化局老同志孙庆飞看到我的朋友圈后打来电话,说2000年7月维修鼓楼时,这个柱础是在鼓楼东北角台面下近一米深的泥土中被发现的。

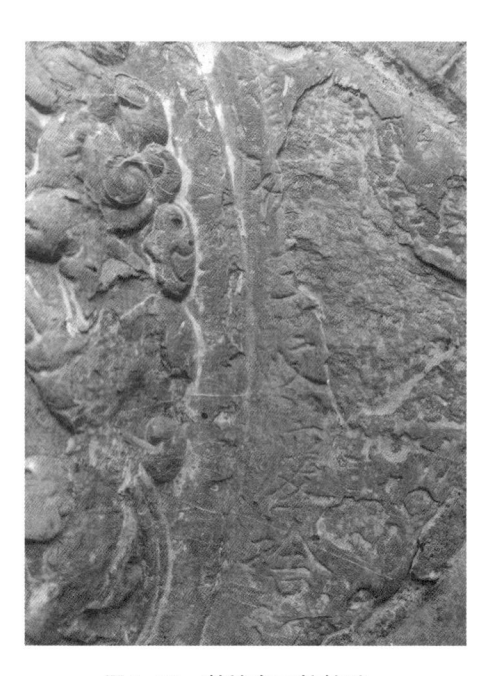

图 1-15 鼓楼东二柱柱础

按理说,政府立碑已经讲得很明白,县志上也有明确记载,我照抄一下就可以了,这篇介绍仪征鼓楼的文章,就可以画上句号了。可是,我一直有疑问,并且随着我对县志的深入研究,这个疑问越来越强烈:

明成化二十三年(1487)知县陈吉所建的鼓楼,不是今天的鼓楼!

《道光志》卷二《建置志·官署》"县治"条下记曰:

成化二十三年,知县陈吉创鼓楼三檐于仪门直道前,(胡、陆《志》"直道前"作"仪门外"。)而县治重门之制始备。(先是,县治厅事,唯仪门横其前,而门外纵横衢道,人无屏蔽。自吉建楼于前,即以其下为正门。)

这段记载讲得很清楚,这个鼓楼位于县治的仪门直道前。

这段信息后面还收录了成化年间(1465—1487)任南京工部分司(位于仪真东门外,厂东)主事的夏英(东关闸创建者)为陈吉修建鼓楼撰的记,记中说道:

有些事情,看起来很急,其实可以缓一缓;有些事情看起来拖了很久,但需要马上解决。作为一方领导,应该分清轻重缓急。

仪真县的县治,在县城的西隅,原来是有鼓楼的,时间长了圮废,县衙办公厅堂前面就是大街。

从前的县官就把漏鼓放置在县衙厅堂里,也不按时打鼓,使得居民们不知时间,常常误事。

成化丁未(二十三年,1487)夏五月,武城陈吉来做知县后说:"大明朝郡县遍天下,哪个县没有鼓楼?仪真是个交通发达的地方,来往军民商旅常有夜间出发或到达的,没有报时的鼓楼,大家都不方便啊!"这是件"看起来拖了很久,但需要马上解决(嫌于缓而实急)"的事情。于是,他着手准备修建鼓楼。选址、方圆、高度、用时、用工、预算等,考虑周密后,开始实施。

建成后的鼓楼,台本高一丈二尺,四面相距一十三丈六寸;楼高一丈六尺六寸。开工时间是成化二十三年(1487)秋七月,竣工时间是戊申(弘治元年,1488)春三月。

过去在这里主政的,常说仪真人口少、财力差,往来大人物多,既要催收税费,又要忙于应酬,时间不够用,哪能顾得上其他事?陈吉是个有建树的人,没有兴师动众、劳民伤财,就把鼓楼修好了。

我是南京工部分司主事,既驻仪真,就该为地方办好事。我修建了东关闸、大忠节祠、济民桥,行春、迎喜等坊,还有些街道,这些工程在实施过程中,陈吉都给予了协助和支持。我很赞许陈吉的,如果当知县的都像他那样,这个地方必然政通人和。

从夏英这篇记的内容中,可知修建鼓楼的目的是为往来军民商旅提供报时服务;鼓楼的具体位置,就是县治已圮鼓楼的位置。

《隆庆志》和《道光志》都有县署图,从图中可见,鼓楼位于县署仪门外的中轴线上。

明清县署的位置,《道光志》卷二《建置志·官署》"县治"条下记曰:"县治,在城内西北隅,即宋真州治也。"

明清的仪征县治,即为两宋的真州州治,位置在城内西北。明朝《隆庆志》"国朝城隍图"和清朝《道光志》的"城隍坊巷图"上,县署的位置都在城池的西北角,与城隍庙毗邻。《仪征市志》中的"民国年间仪征县城厢图"是用现代测绘技术绘制的,明确标注了城隍庙的位置,据此可推知宋元州治、明清县治的位置,位于今解放路北外贸大楼一带。

《仪征市志》的"民国年间仪征县城厢图"显示的县署位置，不在城市西北角、解放路以北，而是在解放路以南、人民街以北，今剧场附近。这个位置不是宋元州治、明清县治的位置，《隆庆志》"国朝城隍图"上，这个位置是"仪真卫"；《道光志》"城隍坊巷图"上，这个位置是"监掣署"。可见，民国的县署并不在明清县署的位置。

《仪征文史资料》第十三辑中孙聆波《张宏业主政仪征轶事》一文，有"张宏业来仪征时，仪征的'钱粮柜'在县政府（今人民剧场）西边"之句，可见民国时县政府不在明清县治的位置。

从"民国年间仪征县城厢图"看，民国县署正南的南北向街道，叫县前街，向南过河后叫糙石巷，这就为定位民国县署提供了坐标。县前街对应今浴堂巷，民国县署位于今人民街剧场。

明清县治的位置与位于市中心的鼓楼不在同一个地方，说明明清时期，仪征起码存在两个鼓楼，一个在县治门前，一个在市中心。为表述方便，我把这两个鼓楼，分别叫作县治鼓楼和城中鼓楼。

县治鼓楼

县治鼓楼是明朝成化二十三年（1487），知县陈吉在已经圮废的鼓楼原址上建成的，原来的鼓楼何时建成？已不可考，合理推论应为与北宋建立州署（或建安军署）同期。陈吉是监生出身，不是进士也不是举人，《道光志》上只有职官表中有"弘治，陈吉，武城人，监生。陆《志》'武城'作'城武'"的记录。

我的论述在网上发布后，北京农学院的王建文博士给我发来了《城武县志》截屏图片，显示在进士、举人、贡生三栏人物中，陈吉确实位列"贡生"，但这是城武县，不是武城县。我查了一下，2013年简体版《道光志》、光绪十六年（1890）版《道光志》在叙述（县治）鼓楼时，皆作"武城"，但在职官表中，有"陆《志》'武城'作'城武'"字样。陆《志》是康熙五十七年（1718）知县陆师主修的，我手头没有陆《志》，但有仪征最早的《隆庆志》，是明代隆庆年间（1567—1572）知县申嘉瑞主修的，宁波天一阁藏刻本，上面是"城武"。可见，《道光志》错把城武当武城了。城武县今属山东省菏泽市，武城县今属山东省德州市。陈吉是城武县人，不是武城县人。

《道光志》记载，在县治鼓楼附近，有以下建筑：

申明亭、旌善亭。这两座亭子在（县治）鼓楼外左、右，是洪武十三年（1380）知县谢文隆所建。成化二十三年（1487），知县陈吉新建鼓楼时，两个亭子也改建到新鼓楼前。清乾隆十四年(1749),知县李鹏举大搞精神文明建设,采访、收集好人好事,表彰优秀市民,将他们的姓名和先进事迹展示在两个亭子里,邑举人伍超,生员张元进,职员方嶦、黄起杰位列其中(黄起杰后人在陈家湾住宅花园中复建申明亭,拙著《仪征探古录》之《真州镇·申明亭》有详述)。

忠廉牌坊。在(县治)鼓楼正南有牌坊,是明嘉靖三十五年(1556)知县师儒所建,他题匾原为"保障"。三十七年(1558),师儒犯了事,被逮捕入京。朝廷另择忠廉者继任,为颖上知县张鸣瑞。这两位知县都有德政,仪真人民对他俩都很崇敬,因此将牌坊朝外的南面额题为"忠廉",朝内的北面额仍保留"保障"二字。

《道光志》卷二十六《职官志》有两位知县的小传。

师儒,山西蒲州人,举人。嘉靖乙卯(三十四年,1555),由滦城调补仪征,他是一位廉官,能把握住自己。刚到仪真上任,赶上倭寇来犯,师儒昼夜督查、维修城墙、增添武器、筹备粮饷、积极练兵,整日在城墙上与士卒同处。倭寇分道而来,一路烧杀掠抢,很快逼近。正值盛夏雨季,江河滥溢,城门水深三尺。百姓仓皇逃命聚集在城外,大声呼号要求进城避难,师儒毅然决定打开城门,放逃难百姓入城。他严饬军令,维持秩序,并亲自提剑站在水中指挥,使得秩序井然、道不拾遗,倭寇见仪真城井然有序,防备甚严,未敢入犯。仪真人一直念叨着他的保全捍御之功。对他后来因故得罪了上司而被捕入京的遭遇,大家时常议论:"太可惜了。"

张鸣瑞,泸州人,进士。嘉靖戊午(三十七年,1558),自颖上调任仪真。他性情清恪,不喜欢繁文缛节、迎来送往。在仪真三年,经他经营,各项事务井井有条,政通人和。他对待子民,以保爱为本;对待读书人更是友善,士子们都希望向他讨教。他后来升任兵科给事中,百姓给他立了去思碑。

照壁。明万历三十四年(1606),知县李一阳设照壁于县治鼓楼外,临街。万历四十二年(1614),知县王伉改照壁为牌坊,匾曰"天南保障"。

如此说来,县治鼓楼前面曾有过两座牌坊,一座是"保障""忠廉",一座是"天南保障"。

急递铺。急递铺相当于邮政局。总铺在县治鼓楼西,县衙门前有一位官吏、五位司兵。

那么城中鼓楼,县志上有记载吗?有的。不仔细研读,就会把两个鼓楼混为一谈。

城中鼓楼

《道光志》卷一《建置志·城池》记载:

宋乾德二年，升迎銮镇为建安军，筑城一千一百六十丈，形类"凸"字。四门，东曰行春，西曰延丰，南曰宁江，北曰来远。寻增济川、通阓，共为六门。周回凡五里三十步。胡《志》云："按，今鼓楼圈，即宋宁江门。"

明洪武初，知州营世宝、同知戈文德，即建安军城，合两翼城增筑之，凡九里十三步有奇。为堞三千六百二十有奇，高二丈四尺，顶阔五尺五寸。修四门楼橹，各以方名，东、南各水门一，以通外河，是为今城。鼓楼中踞，则建安军宁江门也。

"城池"条两次提及，鼓楼即宋建安军宁江门。可见，城中鼓楼就是北宋建安军城的宁江门，始建年份明确，为北宋乾德二年（964），建设者为刘载。

这里还有一个问题，即城中鼓楼的前身是始建于北宋乾德二年的建安军南门，但改建为鼓楼服务大众应是明洪武元年（1368），改建者为营世宝。

县志还记载，明弘治年间（1488—1505），知县徐淮在鼓楼题联曰："长江南绕形真胜，蜀岭西来地最灵。"

我在《仪征运河》一书中多次论及，仪征城池的发展，是因运河入江水道不断演变、延伸而变化的，随着运河入江口的延伸，仪征城区也形成了"城中有河、城随河移"的独特景观。城区现存的唐、宋、明、清各个时期的运河入江口水道遗存，次第南进、层级分明，恰如天然的巨大沙盘。而天宁寺塔、鼓楼，都是运河入江水道变迁的历史见证。北宋时宁江门还临江，明初时长江已经南移到了大码头，宁江门已是市中心，改建为鼓楼，见证了运河入江口的再一次延伸。

城中鼓楼的附近，有以下建筑：

鼓楼桥。"望江桥，在城内南，即今鼓楼桥。洪武中，知县谢文隆建。"

《道光志》卷二十六《职官志》有谢文隆的传，他是四川人，洪武十三年（1380）任仪真知县。在任期间，他有诸多德政，如合理安排赋役、关心百姓疾苦、兴建养济院；他还新建、重建了多处公共建筑，如县衙的公廨、仪门前的申明亭和旌善亭、社稷坛、风云雷雨山川坛、邑厉坛、胥浦桥等，鼓楼桥也是他修建的。

鼓楼桥下，曾发掘出古镜一面，状似菊花瓣，背镌"湖州照子"四字。泾川郑相如为此事创作《古镜歌》：

真州古河环成市，淤塞历来数十纪。李侯今之夏司空，力任疏浚塞者启。谁人掘出古异物，陆离斑驳知何似？赤帝蛇剑穿户飞，周衰神鼎沦泗水。鲸翻鳌转总陵谷，怪底此鉴泥涂里。土花晕碧清光蚀，何自能别嫫与美？神物出市讵偶然？摩挲莫辨铜青紫。背文盘屈隐龙蛇，拂拭分明古照字。呜乎！万物显晦出没时，循环气数本常理。使君得此作何用？燃犀照彻蜃宫底。君不见，古称秦镜悬当空，野魅山精几回死？

细读此歌,其创作时间当为李侯疏浚鼓楼桥下市河之时。郑相如的文章在县志中多有载录,其中《重开仪征市河碑记》中明确记载,疏浚鼓楼桥下市河的时间是康熙五十七年(1718),李侯即仪真知县李昭治。

惠民药局。"惠民药局,在城内鼓楼大街。"

县志援引《元史》的记载:"太宗九年初,始于燕京十路立惠民药局,官给钞本,月营子钱,以备药物。仍择良医主之,以疗贫民。至元二十五年,以陷失官本,悉罢革之。大德三年,乃准旧例,遍置于诸路。其局以正官提调,所设良医,府、州或二名,或一名。所给钞本,亦验民户多寡,以为等差。"县志的结论是真州设立惠民药局应当是元大德年间(1297—1307),明初还存在的。

鼓楼桥坊。相当于社区居委会。

姜官巷。在鼓楼西(县前街与浴堂巷之间)。

观音院。在鼓楼西街。

凌霄庵。在鼓楼东,后更名福胜庵。

珍珠桥。在城内东南,鼓楼西。桥北有石碣,曰"长春桥"。

从《道光志》"城隍坊巷图"和"民国年间仪征县城厢图"看,珍珠桥位于鼓楼桥西,民国时县衙正南,连接市河之北的县前街和市河以南的糙石巷,是沟通市河南北交通的又一座桥梁。如今在古代珍珠桥以西58米处复建了珍珠桥。由于仪城河(市河)两岸都已建成商业区,新珍珠桥已失去车辆通行功能,成为仪城河上的景观拱桥,仅供步行。

通县桥。"在县照壁南。嘉庆三年,申淑泮浚市河,重建。"

《道光志》卷四十七《杂志类》记载,康熙六十一年(1722),知县李昭治开浚市河时,在县治西部的河道中,发掘出三段"巨长铁"构件。一件在河心,身、尾藏于土中,仅露其顶,约尺余围;另两件则横埋在岸侧,截面方阔八寸许,不知有多长,也不知这是什么时期、由何人所为、有什么作用,猜测是古人用于镇水的物件,未敢发掘。

在通县桥附近,从沙泥中掘得一巨船,能看得清舱房,深广均有好几丈,桅杆大如七八拱(两臂合围曰拱)。可见,此地历史上曾为江河巨浸,今成城郭,沧海桑田,变更难测啊。往前追溯,舟楫往来出没时,朝代何止数千年?大船的板木如故,不见腐朽,这可是一件奇异的事情。

从《道光志》"城隍坊巷图"和"民国年间仪征县城厢图"看,通县桥的位置在鼓楼桥、珍珠桥以西,县治西南,今大庆桥附近。

除了县治鼓楼和城中鼓楼,仪征古代还有其他鼓楼。

城东鼓楼

《道光志》卷二《建置志》记载：

南京工部分司，在县东南三里，创自景泰间。成化二十年，主事施恕请于漕抚都察院，改辟砖厂建署厅，创仪门，吏皂旁舍、衙宇庖室并增饰之。又建楼亭河滨，匾曰"运览"，礼部郎中周英撰《记》。嘉靖十一年，毁于火，重建。弘治十五年，主事吴综于仪门东隅建鼓楼，立土地祠，重修后堂，匾曰"公余"，翰林编修徐穆撰《记》。堂东侧门，为便坐、轩亭。

弘治十五年，主事吴综继修。左为鼓楼。

吴综是浙江长兴人，"一门四进士"之一（吴琼、其弟吴珵、其子吴综、其堂弟吴珍）。南京工部分司是明朝的南都六部之工部设在仪真的机构，职能类似于宋代的发运司，但没有发运司权力大。原来负责江南砖瓦的存储、转运，后来也管理运河河道，仪真运河的闸坝和城市建设，南京工部分司都曾积极参与。

这段史料证明，南京工部分司衙署门前也建有鼓楼，因工部分司位于东门外，该鼓楼可称为城东鼓楼。

受此启发，我进一步排查，历代在仪征建设的大衙门，上级垂直管理的，除明代有工部分司外，唐代有扬子院，宋代有发运司，清代有巡盐御史署、淮南监掣同知署（南掣厅），晚清有十二圩盐务总栈，这几个衙门有没有建鼓楼呢？

关于唐扬子院和宋江淮制置发运司，县志上的记载很少，没有衙署建筑的相关描述。

关于清代巡盐御史署（察院），《道光志》卷二《建置志》援引《（乾隆）两淮盐法志》载："今院廨，东、西辕门各一，左、右列鼓亭、旗杆及门吏房。"该志上的《仪征察院图》，所绘确实是鼓亭，不是鼓楼。

关于淮南监掣同知署，《道光志》卷二《建置志》载："在县治东南，旧卫治也。乾隆十五年，裁仪征卫守备，以其署为监掣官公馆。三十二年，同知青助率两淮商人重修，规制悉如府治。"没有衙署建筑的描述。查《（嘉庆）两淮盐法志》，内有《淮南监掣同知署图》，从图上看，照壁后七进都是平房，未见鼓楼。

关于十二圩盐务总栈，《（光绪）两淮盐法志》卷十九《图说门》载：

栈在仪征之十二圩，自东门直入。凡七正，正各三间，并左右厢，凡四十间，东前为盐捕营房，在仪门外，内则望江楼，又内为东花厅，又内为厨，又内为余屋，约七正，正皆相隔，凡东大小屋四十七间。西前为巡勇房，连内六正，又西前为筹房，司筹码者居之，连内六正，又西五正，后置更棚，凡倚后者为内宅，中除厅事外皆幕友委员及司事者居之，凡西大小屋九十四间，都共一百八十一间。

其中没有关于鼓楼的记载。从《淮盐总栈图》上看,亦未绘有鼓楼。

综上所述,鼓楼在一个城市中并非唯一,以仪征为例,古代就有县治鼓楼、城中鼓楼、城东鼓楼,现存的古代鼓楼只有一个,即城中鼓楼。

现在的仪征陈集地藏寺亦建有鼓楼,泰州复建的学政衙署也建有鼓楼。那么,省级文物保护单位文保碑上说仪征鼓楼为"江苏省现存三大鼓楼之一",有没有道理呢? 我觉得有道理:如果鼓楼是为某单位(如衙门、寺庙)服务的,那就排不上号;如果鼓楼是为全城人民服务的,那就能名列其中。南京、淮安和仪征三例,就是这样的鼓楼。

2022年11月10日,仪征市委书记孙建年在龙山森林公园召开"仪征市社科及文艺界座谈会"(龙山竹叙),我有幸参会。会上,楹联学会高扬会长建议在鼓楼悬挂对联,孙书记认为建议很好,说正在酝酿鼓楼重新对公众开放,届时搞征联。2023年1月17日(腊月二十六日),鼓楼南北城墙上挂出了两副春联。

南城墙上的春联:江水河水湖水,水水润春城,风调雨顺;龙山捺山铜山,山山迎玉兔,国泰民安。瞿生伟(生态环境局工会主席)作,涂君(仪征文联原主席、中国书法家协会会员、扬州市书法家协会副会长)书。

北城墙上的春联:江潮如鼓涌明楼,唤起一城春色;海日似金照宝塔,引来万道霞光。孔繁仓(人大常委会人事代表工作委员会原主任)作,朱翔龙(仪征市书法家协会会长)书。

市文体旅局从善如流,采纳了我的保护建议,制作了一个有机玻璃罩,将鼓楼北二柱础保护了起来,这样2023年1月19日鼓楼正式开放后,游客前来参观,就不会踩踏柱础了。

鼓楼开放和挂春联的消息,还登上了中央电视台《新闻联播》节目。

修葺一新的鼓楼,20多年后重新开放了,还设置了两面鼓,市民们纷纷登楼,打鼓祈福。为了让大家更好地了解鼓楼历史,市文体旅局事先让我写了鼓楼简介和北二柱础简介,做成展示牌、二维码供公众查看。

开放的鼓楼引来众多无人机俯瞰,大家发现了一个奇怪的现象:鼓楼与台基不平行,鼓楼朝向偏西南,台基面向正南,俯视图看起来别扭。我打电话请教原文化局的老同志孙庆飞,他告诉我,新中国成立后鼓楼经历过1965年、1985年、2000年的三次大修。第二次大修时,将台基改为正南向,后来发现与楼身不平行,但木已成舟,只能将错就错了。

发运漕盐转般仓

真州地处运河入江口，是长江、运河之间漕粮、淮盐转运的重要枢纽。北宋建都汴京，非常倚重漕运供给，为了保证京师的粮食供给，在真、扬、楚、泗这四个运河重镇，建造了转般仓。

关于转般仓，《道光志》卷二《舆地志·废廨附》记载：

转般仓，在州城宁江门外西南。宋天圣七年置，转漕诸路米达于汴，以发运司主之。

天圣是宋仁宗的年号，天圣七年(1029)真州建了转般仓。转般仓的任务是"转漕诸路米达于汴"，就是将各路运到真州的漕粮囤积起来，再将这些漕粮有序运往汴京。

然而仪征市博物馆收藏的"建安军仓记碑阴"，将仪征建立转般仓的时间向前大幅提至宋初的开宝年间(968—976)。

该碑原在仪征东岳庙，1974年，仪征市文化局老同志孙庆飞先生接到群众报告，说东岳庙旧屋(酒厂)里有两通石碑保管不善，请文化局运走并妥为保护。孙庆飞去后发现，一个是"建安军仓记碑阴"，另一个是"宋文丞相画像赞"，于是向新华书店借了板车，将两碑运回，现都在仪征市博物馆展出。

该碑呈圭形，高153.4厘米、厚18厘米、宽82厘米，有拓纸覆面，字迹清晰(图1-16)。碑额篆刻

图1-16 建安仓记碑阴

"建安仓记碑阴"6字,碑文首句为"建安军仓记碑阴",比碑额多出一个"军"字,估计是为了美观,碑额少刻一字。碑文为楷书,共17行,计512字,采用平阙书仪格式。内容记述了刘夷吾所言,其祖父于宋初在建安军建造转般仓、其父担任沿淮发运,他们父子寻访祖父建仓石刻,并请姚辟撰写碑阴之事。碑文如下:

建安军仓记碑阴

供备库使刘君按察淮南之二年,尝顾予而言曰:"吾大父司空开宝中以监察御史为沿江都大提点。是时,诸郡困于馈挽,而储蓄至于露积而不可计数,遂即维扬、建安、楚、泗等州作大仓,号为转般,岁漕中都,以备大计。今独建安有刻而概叙其事。后乾兴元年三月,吾父又以工部为沿淮发运,乃欲推求大父营建之因,而筹计积年经费之实,而石刻埋没,故老无能知者。今予不腆获承祖父遗庇,而叨被朝廷烦使,按刑淮上,而转般皆在属部。予欲卒父之志,力求营造之始,一日果得遗记于泥涂间。洗濯刮磨,莹然如昔。君其为我显书其阴,以著吾父子之志,岂独刘氏幸耳!"予曰:"若君之志,是可书者也。夫册书杯圈,气泽之所存,古之人以吾亲尝保乎此,犹叹息而不忍弃,况祖宗受命之初,法度未甚备,而司空能造端经始,以东南大费为己任,而当时材略粗存乎是。为之后者,庸得忽而不究耶?然予尝观昔之名儒能臣,有大功伟业可以传示来世,当时享之,至其子而无足任者多矣。幸其子能任,至乎其孙,则污败毁弃,固亦不少。《经》曰:'惟言行能守宗庙,惟忠顺能保禄位。'若司空而来,三使淮南矣。贵名显爵,爪绵而胤缀;清忠素业,本深而末茂,是非能践乎古人之为耳!《传》曰:'盛德百世祀'。繇君而下,欲源流深长,有司空之法在,若予言乌足为君重耶。"熙宁四年正月初九日尚书都官员外郎姚辟记。

同提点淮南路诸州军刑狱兼本路劝农事及提举河渠公事、供备库使刘夷吾立石并书篆额。邹裔　刻

我曾释读此碑,撰写、发布过公众号文章,并将主要内容写入《仪征运河》一书中。通过释读碑文,再结合发运司历官资料可知,此为宋神宗熙宁四年(1071)正月初九日,尚书都官员外郎姚辟所撰,他是受朋友刘夷吾(时任供备库使)的委托撰文的。刘夷吾的祖父刘蟠(曾任工部郎中,故称司空)于宋太祖开宝年间(968—976)在淮南任监察御史,当时漕运物资"露积而不可计数",他首倡在维扬、建安、楚州、泗州建转般大仓。宋真宗乾兴元年(1022)三月,刘夷吾的父亲刘锴任江淮发运使(《道光志》卷二十五《职官志》未录,疑为盐铁副使),为刘蟠当年在建安军建仓之事立碑纪念。到刘夷吾来真州时,在"渥涂"间寻得此碑,他觉得这是祖荫,决心再立新碑(其实是刻在原碑背面,所以叫碑阴),记述这件奇事,也颂扬其祖父"受命之初,法度未甚备,而司空能造端经始,以东南大费为己任"

的开拓创新精神。此碑不仅为研究刘氏三代提供了素材，更是宋太祖开宝年间建安军始建漕米转般仓的见证，是研究大运河漕运的重要文物。

2022年6月18—21日，中央电视台《大运河之歌》摄制组导演滕忠彬（曾导演《中国通史》）、特邀嘉宾曹家齐（中山大学教授，时任中国宋史研究会副会长），来仪征拍摄宋代运河的内容，我全程陪同三天，其间去博物馆拍摄了此碑。《大运河之歌》2023年8月9日在中央电视台9套首播，共六集，每天播出一集，11日播出的第三集中有此碑内容。之后，曹家齐还撰写了《仪征博物馆藏〈建安仓记碑阴〉释证》，发表在《江苏师范大学学报》（哲学社会科学版）上，其中引用了我《仪征运河》书中的内容。

曹家齐考证，刘蟠，字士龙，滨州渤海人，后汉乾祐二年（949）进士，于宋太祖开宝七年（974），"以监察御史受诏于淮南巡茶，并同知淮南诸州转运事，后改转运使"。

这就将仪征始建转般仓的时间，定位在了开宝七年，此时仪征还没有升格为真州，地名叫"建安军"。

建隆元年（960），宋太祖黄袍加身，扬州李重进不服，太祖亲征，驻跸大仪驿，剿灭李重进。建隆三年（962）设立建安军。乾德元年（963），宋军出兵两湖，先后平定荆南与湖南两个弱小政权，荆湖南北始入北宋版图。

乾德二年（964），平定后蜀，是年建安军开始筑城，同时在建安军设立折博务，禁止商旅过江到南唐贸易。"乾德二年秋八月，太祖于江北置折博务，禁商旅过江。"（《南唐书》卷二）建安军成为商货（尤其是茶叶）积聚和商人出入之所。

《宋会要辑稿》卷一百八十九《食货三六·榷易》记载：

太祖乾德二年八月，诏京师、建安、汉阳、蕲口并置榷场。开宝三年八月，诏建安军榷货务：自今客旅将到金、银、钱、物等折博茶货及诸般物色，并止于扬州纳下，给付客旅博买色件数目凭由，令就建安军请领，令监榷务职方郎中边珝赴扬州，与本州岛同共于城内起置榷货务，其同监殿直郑光表即止在建安军监当管勾务货，兼权知军务事。每有客旅折博，据数仰边珝出给凭由，给付客旅将赴建安军请领。仍仰郑光表见本务公凭验认色数，便仰逐旅支给，不得邀难停滞商旅。

可见，在北宋初年，建安军已经成为金融和物流中心城市，经济地位日渐重要。

中国国家博物馆藏有一件北宋早期的五十两银铤，两边高翘卷曲，在银铤侧面錾刻有铭文"建安军榷务"（图1-17）。

开宝四年（971），宋军平定南汉。开宝八年（975），南唐归降。太平兴国三年

图1-17 国博建安军榷务银铤

(978),福建漳泉陈洪进和吴越钱俶相继纳土归宋,南方之地尽入宋朝版图。

开宝七年(974),在建安军设置转般仓时,南唐尚未归降,福建、浙江尚未纳土归宋。此时的大宗漕运,漕粮来自上江湖广,即今湖南、湖北、江西、安徽(扬子四岸)等地,这也是淮盐形成传统销岸的重要因素。

其实,隋唐时期就已实行转般法,清康熙仪真知县陆师《重建广实仓记》云:"唐都关中,宋都汴,转漕东南,皆于扬子置仓,行转般之法。"《仪征市志》云:"唐广德二年(764),在白沙(今仪征市区)设扬子仓。"所以,仪征始建转般仓的时间远早于北宋开宝七年。

县志载转般仓位于"州城宁江门外西南",宁江门即今鼓楼,因而转般仓的位置当在宋运河(市河)北岸、糙石巷两侧。

设在真州的转般仓,规模有多大？县志和"建安仓记碑阴"碑文都没有记载,查《宋会要辑稿》卷二百《食货四七·水运》：

(崇宁)三年九月二十九日,户部尚书曾孝广言："东南六路岁漕六百万硕输京师,往年南自真州江岸、北至楚州淮堤堰,潜水不通,重船般剥劳费,遂于堰旁置转般仓,受逐州所输,更用运河船载之入汴,以达京师,虽免推舟过堰之劳,然侵盗之弊,由此而起。天圣中,发运使方仲荀奏请废真、楚州堰为水闸,自是东南金帛、茶布之类直至京师,惟六路上供犹循用转般法。今真州共有转般七仓,养吏卒靡费甚大,而在路折阅,动以万数,良以屡载屡卸,故得咤缘为奸也。欲将六路上供斛米并依东南杂运直至京师,或南京府界卸纳,庶免侵盗。其转般七仓所置吏卒,及造船场、春料场、排岸司、工匠、吏额等及汴河二百纳额船共六百艘,逐路破兵梢、火夫等,亦当减省,既免侵盗乞贷之弊,亦使刑狱少清。"从之。

可见,真州转般仓规模很大,有七个仓,有配套的造船场、春料场、排岸司、吏卒、工匠等机构和人员。

转般仓的作用,《宋史》中有阐述。

《宋史》卷一百七十五《食货上三·布帛、和籴、漕运》:

江南、淮南、两浙、荆湖路租籴,于真、扬、楚、泗州置仓受纳,分调舟船溯流入汴,以达京师,置发运使领之。

政和二年……谭稹上言:祖宗建立真、楚、泗州转般仓,一以备中都缓急,二以防漕渠阻节,三则纲船装发,资次运行,更无虚日。自其法废,河道日益浅涩,遂致中都粮储不继,淮南三转般仓不可不复。乞自泗州为始,次及真、楚,既有瓦木,顺流而下,不甚劳费。

转运判官向子諲奏:转般之法,寓平籴之意。江、湖有米,可籴于真;两浙有米,可籴于扬;宿、亳有麦,可籴于泗。坐视六路丰歉,有不登处,则以钱折斛,发运司得以斡旋之,不独无岁额不足之忧,因可以宽民力。运渠旱干,则有汴口仓。

《道光志》援引明代吏部尚书邱濬的《奏疏》云:

宋朝岁置漕于真、楚、泗三州,转运至京,而三仓常有数年之储。臣按,昔人谓宋人以东南六路粟,载于真、楚、泗转般之仓,江船之入,至此而止,无留滞也;汴船之出,必至此而发,无覆溺也。江船不入汴,汴船不入江,岂非良法欤?

转般法起源于隋,大业元年(605)洛阳即建有著名的含嘉仓。唐中期之前,京师对南方漕运的依赖性并不大,随着人口增加、西北用兵等形势的变化,中晚唐时期越来越依赖南方漕运,从长江经扬子县进入运河到楚州,经淮河到泗州,经汴河到开封,经黄河到洛阳,在三门峡"中流砥柱"附近走陆路绕过天险后再下黄河到潼关,经渭河到长安。由于漕路较长,且分为不同河段,通航条件不一样,漕船只能等候通航时机,走走停停,还增加了粮食损耗。

开元年间(713—741)裴耀卿改革漕法,于汴口设仓,"江南船至河口即却还本州,更得其船充运"(《旧唐书》卷四十九),江南漕船便不用进黄河、渡洛水。宝应年间(762—763),刘晏进一步完善转般法,把转运的中转点从大梁以西向东推进到扬州。漕运路线变为"江船不入汴,汴船不入河,河船不入渭;江南之运积扬州,汴河之运积河阴,河船之运积渭口,渭船之运入太仓"(《新唐书》卷五十三)。"其间缘水置仓,转相受给"(《资治通鉴》卷二百二十六),形成了"江船不入汴,汴船不入河,河船不入渭"的局面。

北宋建都开封,漕运路线较唐代大为缩短,继续推行转般法,在真、扬、楚、泗等州都建了转般仓。

谭稹讲了转般仓有三个作用:一是可以调节京师粮食供应的缓急,不受丰、灾影响;二是可以防止因运河阻滞导致漕粮无法运达;三是漕船编组(纲)发运,使漕运常态化,不至于忙时突击、闲时虚度。

其实,转般仓还有一个优势,即真州复闸被发明之前,漕船要多次过坝,在坝址附近设仓,可免去过坝的麻烦。

管理转般仓的机构是发运司。发运司唐代就有了,唐玄宗先天年间(先天年号只用一年,即712年)就设置了发运机构;唐僖宗广明初年(广明年号只用一年,即880年),淮南节度使高骈奏请将扬子院改为发运司,发运司的首长称为发运使。北宋太宗太平兴国八年(983),朝廷在汴京设置水陆发运司,机构名称即为江淮制置发运司,管理水陆船车、物资运输。宋太宗淳化三年(992),朝廷于建安军置司。发运司的权力高于各路("路"为宋代行政单位,类似于今天的"省")。

设在真州的江淮发运司,主管的航道是长江、真楚运河、淮河、汴河,实施转般法时,"江船不入汴,汴船不入江",这就保证了江船无滞留、汴船无覆溺。

由于转般法的实施,江淮发运司负责的东南六路漕运工作取得了辉煌的成就。《宋史》卷一百七十五《食货上三·布帛、和籴、漕运》云:

宋都大梁,有四河以通漕运:曰汴河,曰黄河,曰惠民河,曰广济河,而汴河所漕最多……太平兴国六年,汴河岁运江、淮米三百万石,菽一百万石;黄河粟五十万石,菽三十万石;惠民河粟四十万石,菽二十万石;广济河粟十二万石;凡五百五十万石。非水旱蠲放民租,未尝不及其数。至道初,汴河运米五百八十万石。大中祥符初,至七百万石。

……

诸河漕数岁久益增,景德四年,定汴河岁额六百万石。天圣四年,荆湖、江、淮州县和籴上供,小民阙食,自五年后权减五十万石。庆历中,又减广济河二十万石。后黄河岁漕益减耗,才运菽三十万石,岁创漕船,市材木,役牙前,劳费甚广;嘉祐四年,罢所运菽,减漕船三百艘。自是岁漕三河而已。

……

治平二年,漕粟至京师,汴河五百七十五万五千石,惠民河二十六万七千石,广济河七十四万石。

《宋史》卷三百三十一《孙长卿传》:

(嘉祐初)提点益州路刑狱,历开封盐铁判官,江东、淮南、河北转运使,江、浙、荆、淮发运使。岁漕米至八百万,或疑其多,长卿曰:吾非欲事美赢,以备饥岁尔。

查《道光志》卷二十五《职官志》,孙长卿于宋仁宗嘉祐初年任江淮发运使。在他的领导下,年漕运量达到了八百万石,结合上下文看,八百万石应是江淮发运司的发运量,不是全国的漕运量,保守起见,我将此值视为全国漕运量,这是中国历史上漕运量的峰值,其中江淮发运量占全国的85%(表1-1)。

表 1-1　汴京四河漕运量统计表　　　　　　　　　单位:万石

	汴河	黄河	惠民河	广济河	江淮占比
太平兴国六年(981)	300+100	50+30	40+20	12	72%
至道二年(996)	580				
景德四年(1007)	600				
大中祥符二年(1009)	700				
天圣五年(1027)	650				
庆历二年(1042)		30		−20	
嘉祐四年(1059)		0			
治平二年(1065)	575.5		26.7	74	85%

注:数据取自《宋史》卷一百七十五《食货上三·布帛、和籴、漕运》。

汴河的漕运即为东南六路沿长江、真楚运河、汴河一线的漕运,是江淮发运司负责的漕运,占全国漕运量的85%。

转般仓有"平籴"职能,粮食丰收的时节,官家将粮食收购入仓,湖广的粮食储存到真州,两浙的粮食储存到扬州,淮河沿岸宿州、亳州的粮食储存到泗州。如果有的地方粮食歉收,可以交钱折合粮食,这样发运司斡旋的余地就大了,即使某些地方有困难,也能保证京师粮食的供应,不至于让老百姓负担太大。《宋史》卷一百七十五《食货上三·布帛、和籴、漕运》:

转般,自熙宁以来,其法始变,岁运六百万石给京师外,诸仓常有余蓄。州郡告歉,则折收上价,谓之额斛。计本州岁额,以仓储代输京师,谓之代发。复于丰熟以中价收籴,谷贱则官籴,不至伤农;饥歉则纳钱,民以为便。本钱岁增,兵食有余。

转般法的特点是漕运、平籴与盐法相结合,有配套的运盐机制,因此,转般仓既有粮仓,也有盐仓。

《宋史》卷一百七十五《食货上三·布帛、和籴、漕运》:

江、湖上供米,旧转运使以本路纲输真、楚、泗州转般仓,载盐以归,舟还其郡,卒还其家。

《宋史》卷一百八十二《食货下四·盐中》

凡盐之入,置仓以受之,通、楚州各一,泰州三,以受三州盐。又置转般仓二,一于真州,以受通、泰、楚五仓盐;一于涟水军,以受海州涟水盐。江南、荆湖岁漕米至淮南,受盐以归。东南盐利,视天下为最厚。

......

唐乾元初，第五琦为盐铁使，变盐法，刘晏代之；当时举天下盐利，岁才四十万缗。至大历，增至六百余万缗。天下之赋，盐利居半。元祐间，淮盐与解池等岁四百万缗。比唐举天下之赋已三分之二。绍兴末年以来，泰州海宁一监，支监三十余万席，为钱六七百万缗，则是一州之数，过唐举天下之数矣。

《隆庆志》卷七《食货考》：

宋建安军置盐仓，令发运使转米入仓，以回船载盐，散江、浙、荆、湖六路，维时盐为重货，系民食，然非扬子所产，特寄径转般，榷征足国而已。

《道光志》卷十五《食货志》：

宋初，盐钞未行，于建安军置盐仓，令真州发运。时李沆为发运使，运米转入仓，空船回，皆载盐，散于江浙、湖广。诸路各得盐，以资船运。

按，宋黄履翁曰：盐者，吾民之日用不可有缺，所以天地间无地无之。然大农国计所仰，惟淮海最资国用。我宋盐钞未行，置仓建安，江浙、湖广以船运米入真州，因船回载盐，而散江浙、湖广。此之发盐得船为便，彼之回船得盐为利。国不匮而民亦足，费益损而利益饶。漕盐统于一人，转运资其两便。此李沆之立法善也。

仪征并不产食盐，却是榷盐重地。唐代已在扬子县设置盐铁留后，宋真宗大中祥符年间（1008—1016），发运使李沆［947—1004，字太初，河北肥乡人，太平兴国五年（980）进士，官至同平章事］将漕运和盐运紧密联系起来，在建安军建盐仓，将产自海边的食盐经运盐河送到建安军盐仓收储，待漕船送粮到达后，卸货入米仓，再从盐仓装盐，运回荆湖六路，粮船不至回空，还给国家带来了榷盐的税收。

盐仓的位置，"在小南门外西洲，废于兵火。隆兴初，郡守曾怀请复之。后江沙涨塞，舟行艰滞。淳熙间，徙于运河北，在翼城之东"。与转般仓位置基本相同（转般仓位于"州城宁江门外西南"），盐仓应当在转般仓附近。

转般是个好办法，为北宋的繁荣做出了突出贡献，然而在执行的过程中逐渐走了样，最终转般法被废止，漕运也随着北宋王朝一同走向衰落。

《宋史》卷一百七十五《食货上三·布帛、和籴、漕运》：

崇宁初，蔡京为相，始求羡财以供侈用，费所亲胡师文为发运使，以籴本数百万缗充贡，入为户部侍郎。来者效尤，时有进献，而本钱竭矣；本钱既竭，不能增籴，而储积空矣；储积既空，无可代发，而转般之法坏矣。

……

政和二年，复行直达纲，毁拆转般诸仓。谭稹上言："……自（转般）其法废，河道日益浅涩，遂致中都粮储不继，淮南三转般仓不可不复。乞自泗州为始，次及真、楚,既有瓦木,顺流而下,不甚劳费。俟岁丰计置储蓄,立法转般。"淮南路转运判官向子諲奏:"……今所患者,向来籴本岁五百万缗,支移殆尽。"

宋徽宗崇宁二年(1103),蔡京做宰相(尚书左仆射兼门下侍郎),让他的亲信胡师文做江淮发运使。胡师文将发运司用于做籴本的数百万缗资金上缴,被提拔为户部侍郎,后继发运使有样学样,都拿籴本去进贡。这样一来,籴米的资金就没有了,转般仓就没有米了,发运司也就失去了调控能力,转般法从此失效。

政和二年(1112)曾有过恢复转般法的动议,宦官谭稹(内客省使、保大军节度使观察留后)、淮南路转运判官向子諲,都曾建议恢复转般法,最终未能实现。

转般法被废,我认为不仅是"蔡京贪腐"这么简单,还有以下原因:

首先,蔡京有增加中央财政的动因。蔡京上任后推行市易法、方田均税法、钞盐法、新币制、市舶制等,增加的财政收入用于设立居养院、安济坊、漏泽园等社会福利机构;兴办教育,设立县学、州学、太学,设立医学,创立算学、书学、画学等专科学校等。废除转般法,可将发运司和各地控制的籴米资金收归中央。

其次,转般法存在缺陷。宋初,复闸尚未面世,运河依靠筑坝保持水位,这就给航运造成过坝的麻烦。在坝堰附近设置转般仓,可以减少船舶过坝,但也增加了配套人员和仓储管理成本,增加了粮食损耗。

最后,复闸技术的应用。真州建成二斗门、通江木闸(真州复闸)等设施后,其他河段也陆续废堰改闸,船舶过闸运输效率大大提高,有条件实现江汴直达。

但是转般改成直达后,事与愿违,并没有提高运输效率,反而出现了更大的问题。

运河的水源是长江,但需要涨潮才能补充,船闸的缺点是泄水,通行船舶时开启闸门,河水就会流失。在实行转般法时,执行严格的"三日一放闸"制度,或等满一百艘船才能开闸通航,如果不满一百艘船,就必须等满三天才放水通航。实行直达法后,进京的船舶不能在路上耽误时间,押运人员仗着皇命要求开闸放行,守闸的人不敢违抗,于是只要有船来,就会打开闸门,这样一来,运河的水越来越少,航道最终浅涩。

运河是最大的受害者。运河需要定期清淤,实行转般法时,每道水闸都设有一个闸官和几十名闸丁,他们负责航道清理和水闸的开合,依靠漕运过活。实行直达法后,特别是进入冬季,漕运停止后,他们的生活都没了着落,不得不转行。闸道失修,漏水严重,沙石淤积,河道变浅,形成了恶性循环。

地方政府也是受害者。漕运的"油水"没了,维护运河的责任压给了地方,百姓是最终的受害者。实行转般法时,一个地方收成不好,它的税赋可以由收成好的地方代为支出;实行直达法后,收成再不好,税赋照收不误,各地之间无法调度,地方经济纷纷陷入困境。

直达法使漕运成了负担,负责押运的漕民在归来时已近破产,于是经常会发生劫掠其他漕船的事件。

转般法和直达法各有优缺点,明廷对此也颇为纠结。

明朝初年实行支运法(百姓送粮到转般仓,漕卒运至京师),再行兑运法(百姓送粮到卫所,漕卒运至京师),后实行长运法(漕卒直接收粮后再运至京师)。

永乐元年(1403)冬,"命都督佥事陈俊运淮安、仪真仓粮百五十万余石赴阳武"(《明史》卷八十七《河渠五·卫河》),表明此时仍然在使用仪真转般仓。

《道光志》援引明代吏部尚书邱濬的《奏疏》,认为宋代使用民夫、明代使用漕卒,漕卒其苦比宋代民夫尤甚。

宋朝岁置漕于真、楚、泗三州,转运至京,而三仓常有数年之储。臣按,昔人谓宋人以东南六路粟,载于真、楚、泗转般之仓,江船之入,至此而止,无留滞也;汴船之出,必至此而发,无覆溺也。江船不入汴,汴船不入江,岂非良法欤?臣窃以为,宋人都汴,漕运比汉、唐为便易。前代所运之夫,皆是民丁,惟今朝则以兵运。前代所运之粟,皆是转递,惟今朝则是长运。今日江、湖之船,各远自岭北、湖南,直达于京师;唐、宋之漕卒,犹有番休,今则岁岁不易矣。夫宋人漕法,其便易也如此。而其日船也,又有载盐之利。今之漕卒,比之宋人,其劳百倍。一岁之间,大半在途,无室家之乐,有风波之险。洪闸之停留,舳舻之冲激,阴雨则虑浥漏,浅涩则费推移。沿途为将领之科率,上仓为官攒之阻滞。及其回家之日,席未及暖,而文移又催以兑粮矣。运粮士卒,其艰苦万状,有如此者。食此粮者,可不知其所自哉?臣于盐法条下,既已历陈宋人转般、载盐之法于前,伏乞九重注意,推行其法于今日,少宽士卒之一分。宽一分,则受一分赐矣。

明代漕运经历了从转般到直达的演变,清代基本实行直达法。

宋代,真州除了有服务京师的转般仓,还有用于地方稳定的**义仓、常平仓、广惠仓**。

《宋史》卷一百七十六《食货上四·屯田、常平、义仓》:

常平、义仓,汉、隋利民之良法,常平以平谷价,义仓以备凶灾。

乾德初,诏诸州于各县置义仓,岁输二税,石别收一斗。

淳化三年,京畿大穰,分遣使臣于四城门置场,增价以籴,虚近仓贮之,命曰常平,岁饥即下其直予民。

嘉祐二年,诏天下置广惠仓。初,天下没入户绝田,官自鬻之。枢密使韩琦请留勿鬻,募人耕,收其租别为仓贮之,以给州县郭内之老幼贫疾不能自存者,领以提点刑狱,岁终具出内之数上之三司。

转般仓由发运司管辖,用于京师粮食供应;义仓、常平仓、广惠仓,三者都由州府管辖,用于稳定地方,其来源和用途有区别。

义仓的粮食,直接来源于农业税,每一石收一斗,用于应对灾年。

常平仓的粮食,是州府动用财政专项资金,在丰收的年份收购的,用于应对歉收年份平抑粮价。《隆庆志》卷二《名迹考》上记载了宋漏泽园的情况:

宋漏泽园,旧志云,在胥浦西。绍熙三年,运判赵师择于北山东城子山,创东、西二阡,东以待士之无归者,西以处民庶。贫无棺者,官给之。置庵曰"普慈",以北山寺僧主其事,月给常平仓钱米,榜曰"北山阡"。

可见,常平仓的粮食还用于漏泽园的开支。

广惠仓的粮食,来源于州府雇人耕种的绝田(无主田),用于"老幼贫疾不能自存者"。

县志上并没有宋代义仓的记载,但《仪征市志》上提到了民国义仓,位置在今市政府西侧,而这个位置,宋代以来就一直是米仓。《道光志》卷二《建置志》云:

司新仓,在天庆观西。嘉定间,运判王大昌、方信孺相继建,而米料仓与物库淆焉。宝庆初,权漕上官奂酉辟地别建廨并厅事以为米仓,以旧仓为钱库。余米万余,为平籴之需。

天庆观的位置就是今市政府,其西宋代有"司新仓",该仓原来米料与物库是混在一起的,后来在别处另建米仓,此地改为钱库。清代这里改为常平仓(新仓)。《道光志》卷二《建置志》云:

常平仓,资福寺西,俗名"新仓"。康熙中,即大察院故址创建。乾隆三十七年,知县周林、方辅悟相继重葺。

清代资福寺的位置就是今市政府,其西有"常平仓",该仓又名"新仓",在民国时改名为义仓。《仪征市志》云:"(清常平仓)后改名义仓,一直沿用到民国年间,民国二十三年(1934),义仓还储粮 243 石,日军占领仪征后,义仓被占为驻地,粮食被掠夺一空。民国三十六年(1947),国民党仪征县政府恢复义仓。"

《仪征文史资料》第十四辑中孙聆波《驻仪日军投降一瞥》一文记述:1945 年 8 月 16 日,5 点 30 分左右,驻扎在义仓的 30 多名鬼子(包括伙夫、医务员)一字长蛇阵出列,为首的中尉队长高杉清,腰挂佩刀,手持小方形太阳旗,从卫市街向北门外小街出发,在北门外土沙岗上(老汽车站对面)做仪式,然后回到义仓,三天后的深夜,开到扬州去了。

义仓在中华人民共和国成立后被改建为面粉厂,高大的罐体是仪征城里高度仅次于宝塔的地标,在六扬公路新城三将一带就能看见。改革开放后,在工农路、解放路十字路口东北角临街部分建成谷茂大厦,北部的罐体部分也被拆除,重建了其他建筑(图1-18)。

图1-18　面粉厂

县志上有宋代常平仓的记载。《道光志》卷二《建置志》云：

州常平仓,旧在附郭扬子县西南,即旧船厂。居前有大池,天宁寺塔影倒浸于其中。靖康后废。淳熙间,运判钱冲之奏徙于竹架巷。开禧间,尽毁于兵火。陆《志》云:"与广惠仓对。"

撰写"风物淮南第一州"的刘宰,有《题仪真常平仓壁》诗云：

苦被微官缚此身,汗衣亭午亚红尘。维舟醉卧垂杨下,输与江湖自在人。

县志上有关于宋代广惠仓的记载。《道光志》卷二《建置志》云：

宋广惠仓,旧在扬子县西南,靖康后废。淳熙间,运判钱冲之奏徙竹架巷,即旧船场地。开禧间,毁于兵火。又云:"广惠仓,即故船场,在南楼及天宁寺后,中有大池,塔影浸其中。"

刘宰在广惠仓也有题壁诗,即《题真州广惠仓》：

渐渐风摇丛苇,霏霏雨弄新晴。坐对江南山色,往来无限离情。塔影参差波面,歌声宛转楼头。已负少年行乐,更输衲子清幽。

常平仓和广惠仓,两者相距很近,都在扬子县西南,旧造船厂(唐扬子县十个造船厂之一)旧址,常平仓和广惠仓隔河相对,隔着南北市河(宝塔河)。《道光志》卷三《舆地志》云:"广惠桥,在城内东南。洪武初,贾彦良修。即今仓桥。"仓桥的位置是清楚的,跨建在南北市河上,因此可以确认,常平仓和广惠仓位于宋运河(市河)北岸,常平仓在仓桥以西,今仓桥花苑位置;广惠仓在仓桥以东,今近水楼台南区位置。

转般仓和盐仓是受发运司直接管辖用于京师漕运的,义仓、常平仓、广惠仓是州府管辖用于应对特殊情况的,其实州府还有正常使用的粮仓。《道光志》卷二《建置志》云:

州仓,旧在东门内。靖康后,徙判厅之东,为廒十五座,州守吴机增置其三。陆《志》云:神霄宫故址。

州仓的位置,北宋时在东门内,即今资福东巷人防广场一带。靖康后迁到判厅之东,即今仪中教工宿舍区一带。州仓的规模不小,有十八个廒仓。

宋代各仓位置综合表述为:

转般仓米仓、转般仓盐仓、常平仓、广惠仓、州仓,都在宋运河(市河)北岸,沿河排开。转般仓米仓约对应汽车厂厂区,转般仓盐仓约对应大市文苑,常平仓约对应仓桥花苑,广惠仓约对应近水楼台南区,州仓约对应今仪中教工宿舍区。义仓则位于今谷茂大厦一带。

明朝的漕运规模较宋朝有所缩小,但仍有与漕运有关的粮仓记载。《道光志》卷二《建置志》云:

节贮仓,在资福寺前。嘉靖四十三年,工部主事许孚远建,储漕脚余米。

所谓"漕脚余米",理解为漕运过程中跑冒滴漏的米,节贮仓"在资福寺前",则与宋代州仓在同一位置,即今资福东巷人防广场一带。

《道光志》卷二《建置志》还有明代广实仓和预备仓的记载:

广实仓,在澄江桥东南,洪武间建。澄江,即天宁桥仓,有官攒斗级,收掌卫军屯子粒。胡《志》下有"后改于纸坊桥,收贮漕、凤二米"。陆《志》云:"广实仓,旧名预备仓,在县治东、纸坊桥北河滨。明洪武三十年,知县康彦民建。嘉靖二十七年,知县雷亨重修。康熙五十六年,知县陆师重建。"

预备仓,在县东一里,纸坊桥北。旧《志》:预备仓有四:东仓在新城銮江桥,西仓在城西三里,南仓在五坝东,北仓在朴树湾河北,俱洪武二十三年知县王士亨建。今废。

按,胡《志》只载旧《志》四仓,无在纸坊桥之说,而于"广实仓"下云:"初在澄江桥,后改于纸坊桥。"则是纂修胡《志》时,纸坊桥之预备仓久废,故移澄江桥之广实仓于纸坊桥也。陆《志》云"广实仓即预备仓",本此。

洪武二十三年(1390),知县王士亨建四座预备仓,东、南、西、北仓,并不包含纸坊桥北。然而纸坊桥北也曾有一座预备仓,是洪武三十年(1397)由知县康彦民所建。该仓在嘉靖、康熙年间还得以重建,这个仓原名为广实仓,先是建在澄江桥东南,后来移建到纸坊桥北河滨,"收贮漕、凤二米",可见明初还有转般仓。广实仓的位置约在今实验中学对面的电瓶车停车场一带。

世界首创二斗门

英国人李约瑟(1900—1995)是生物化学和科学史学家,剑桥大学李约瑟研究所首任所长。1942—1946年任英国驻华大使馆科学参赞、中英科学合作馆馆长,1994年当选为中国科学院外籍院士。

李约瑟是伟大的汉学家,他对中国科技史的研究,改变了西方世界对中国文明落后的评价,他认为丝绸之路上传播的不只是丝绸、陶瓷、茶叶等物品,还有科学技术,他列举了众所周知的火药、指南针、造纸与印刷术四大发明,还有被中国人忽略的水车、石碾、水力冶金鼓风机、活塞风箱、缫丝机、独轮车等。

李约瑟于1948年开始编著《中国科学技术史》,该书对现代中西文化交流影响深远,1982年荣获中国国家自然科学奖一等奖。在该书第四卷第三分册中有这样一段表述:

最古老的中国厢闸或船闸的例子,可追溯到宋朝初年,它与乔维岳的名字有关。公元983年,乔维岳时任淮南副转运使(引述《宋史》卷三百七),这就是一切文化史上最早的厢闸。

西方世界关于水闸或船闸的资料,最先出现的是冲船闸门,1065年荷兰的鹿特河(R. Rotte)证实有冲船闸门,而厢闸肯定最早的时期是在1373年,当时荷兰的弗雷斯韦克(Vreeswijk)从乌得勒支(Utrecht)连接莱克河(Lek)的运河上的一处修建了一个厢闸。

关于乔维岳的二斗门,《宋史》卷三百七的原文是这样说的:

归朝,为淮南转运副使,迁右补阙,进为使。淮河西流三十里曰山阳湾,水势湍悍,运舟多罹覆溺。维岳规度开故沙河,自末口至淮阴磨盘口,凡四十里。

又建安北至淮澨,总五堰,运舟所至,十经上下,其重载者皆卸粮而过,舟时坏失粮,纲卒缘此为奸,潜有侵盗。维岳始命创二斗门于西河第三堰,二门相距逾五十步,覆以厦屋,设悬门积水,俟潮平乃泄之。建横桥岸上,筑土累石,以牢其址。自是弊尽革,而运舟往来无滞矣。

第二段文字解释如下:

从建安军向北直到淮澨,这段运河航道上共有五座堰(坝),漕船在这段路上要上下十次,先将船上的粮食卸下来,将空船拖过堰,再将粮食装上去。漕船损坏严重,粮食损耗很多,运粮的士卒们还乘机偷盗漕粮。乔维岳上任(淮南转运副使)后,在西河第三堰建立了二斗门,两个闸门相距五十步(约78米),闸上盖了房屋,闸室上建有横桥,整个建筑筑土累石加固。平时闸门是不开启的,保证闸室内有水,等到潮水上涨,与闸室里的水位持平时,开启闸门,放船进出。这样一来,原来过堰的弊端就被革除了,漕船通行无阻。

乔维岳,字伯周,后周南顿(今河南项城)人,太平兴国三年(978)任泉州通判,参与平叛,归朝后任淮南转运副使,进转运使。太平兴国是宋太宗年号,共使用八年(976—984),即二斗门建立时间为978—984年。

二斗门位于何处?

《隆庆志》卷七:

宋太宗朝,淮南转运使乔维岳于建安军创斗门于西河,筑三堰,以通漕船,设悬门积水,潮平乃泄之。

顾炎武《天下郡国利病书》(上海古籍出版社,2012年版,第1216页):

太宗时,发运使乔维岳于建安军创二斗门,筑三堰,设悬门积水,潮平,乃泄之,以便漕。

刘文淇《扬州水道记》卷一:

五堰未详其名,然上文云"自末口至淮阴磨盘口凡四十里",下云"建安北至淮潬,总五堰",则五堰在建安之北,淮潬之南。……北神堰在山阳,召伯堰在召伯,龙舟堰在扬子桥南,茱萸堰在茱萸湾,唯新兴堰未详所在,以龙舟、茱萸二堰例之,亦当在江都地。

仪征县亦唐以前江都地。此篇论前代事多,故统系以江都,而甘泉、仪征运河附见焉。

从《宋史》行文来看,先说末口至淮阴磨盘口的沙河,后说建安北至淮潬的里运河,层次是清楚的。原文明确讲述里运河上有五堰,漕船过堰有弊端,二斗门在西河第三堰建成后,弊端尽革,因此二斗门显然位于里运河上。

有观点认为西河是东西向的,只能是东西向的淮阴沙河;里运河是南北向的,不宜称为西河。殊不知里运河是分为两段的,从淮阴到扬州湾头是南北向,史称"湖漕";从湾头到建安军是东西向,史称"江漕"。沙河是淮阴之西,江漕是扬州之西,皆可称为西河。

因此,二斗门应当是建于里运河建安军段(江漕)。

二斗门所在的"西河第三堰",我有过详细考证(详见附录《乔维岳二斗门位置考》),这里只说结论:

乔维岳二斗门所在的"西河第三堰",是天禧改道前扬州西河(江漕)上的龙舟堰,龙舟堰的前身是东晋欧阳埭,位于今仪征市新城镇古河(引潮河)最西端。

乔维岳的二斗门树立了科技史上的一座丰碑,这是世界上第一座厢式船闸,比荷兰运河上的厢闸早390年。

造像有功赐真州

"真州"这个地名,来源于宋真宗因笃信道教而引出的一段往事。《隆庆志》卷十四《艺文考》,有《宋升州敕文并铸金像本末》,全文如下:

大中祥符元年四月,诏建玉清昭应宫。五年,诏名玉皇殿曰太初,圣祖殿曰明庆。初,议铸太初、明庆圣像,令李溥访巧匠,得杭州民张文昱、王文庆,就建安军西北小山置冶,溥领视之。六年三月,镕像成,诏丁谓为奉迎圣像使,李宗谔副之,溥为都监。四月己卯,奉玉皇、圣祖、太祖、太宗四像御大舟,设幄殿,内侍主供具,夹岸设黄麾仗三千人,骑吹四百;别列舟千艘,载门旗、弓矢、道众、幢节。经过州县,官吏出城十里,具道释、威仪、音乐,迎拜,禁屠刑。京师禁屠七日、刑二日。甲辰,圣像至。上斋于长春殿,百官宿斋朝堂。乙巳,上衮服朝拜,群臣朝服,陈玉币、册文、酌献。具大驾卤簿,自宫城东出景龙门,五使前导。上望拜奉迎。丙午,奉安,赐赦门下。

国家重熙鼎盛,席庆善之鸿基;百禄惟心,承昊穹之蕃锡。爰自绵区底定,宝箓荐臻,叶千岁之昌辰,举一王之茂典。肇营恭馆,式耀丕图。伟嘉会以元亨,荷太灵之昭格。昔者,九龙垂驭,启道德之仙源;五老告期,显唐、虞之瑞命。天人交应,古今同符。昨以炼楚越之良金,法紫清之妙像,肃陈仗卫,迎至国都。荣观焜耀,欢声沸嘈。上真高圣,凝三气之殊姿,英祖神宗,俨重瞳之粹质,属朝修之礼毕,馨恪谨之诚深。动色相趋,降祥允集。宅灵秘宇,永申崇奉之仪;赐福群伦,宜霈覃延之泽。可大赦天下。於戏!昭事上帝,惟怀永图。克己弥恭,务守盈成之业;保民在念,庶跻仁寿之乡。更资同德之臣,叶赞承平之治。建安军,升为真州;镕范之地,建为仪真观。

大中祥符元年(1008),宋真宗要在京师建玉清昭应宫,五年(1012),决定命名玉清昭应宫内的玉皇殿为"太初"、圣祖殿为"明庆"。初议铸太初、明庆圣像,后又追加了太祖、太宗圣像。命江淮发运使李溥寻访能工巧匠,找到了杭州的冶炼专家张文昱、王文庆,在建安军西北小山设置了冶炼炉,李溥亲自领导、经常视察工程。

关于杭州专家王文庆,还有个一千年后的故事,详见本书《沧海桑田话鼓楼》。

大中祥符六年(1013)三月,金像铸成,朝廷专门成立了奉迎圣像的工作班子,丁谓(参知政事)为逢迎圣像使、李宗谔(右谏议大夫)为副使、李溥(发运使)为都监。

丁谓(966—1037),字谓之,后更字公言,两浙路苏州府长洲县人,淳化三年(992)进士,参知政事。《宋史》卷二百八十三《丁谓传》记载,宋真宗要在宫城营建玉清昭应宫,有不少人上疏反对。宋真宗召问,丁谓回答道:"陛下有天下之富,建一宫奉上帝,而且用来祈皇嗣。群臣如有阻挠,我愿意与他辩论。"宰相王旦劝谏,真宗说:"辩赢了丁谓就听你的。"从此便无人再敢劝谏。真宗于是任命丁谓为修玉清昭应宫使。建安军铸金像时,又任命他为迎奉使。

玉清昭应宫工程浩大,占地480亩,包括长生崇寿殿等建筑3610间,花费白银近亿两,原计划二十五年建成,丁谓督办相关人员苦干加巧干,只用了七年便建成。

沈括在《梦溪笔谈·补笔谈》卷二《权智》中,记载了丁谓"一举三得"的佳话。说的是祥符年间(1008—1016),宫中失火,丁晋公(丁谓)奉命修缮被烧毁的宫室,但是取土距离太远是个问题,丁晋公就命令工匠在大街上挖土,没过几日,大街就成了深沟。丁晋公又命令工匠将汴河河水引进沟中,再用很多竹排和船将修缮宫室要用的材料顺着沟中的水运进宫中,宫殿修完后,再将被烧毁的器材和多出来的建筑材料填进深沟里,重新将街道填出来,这一举做了三件事(一举而三役济),节省下来的钱超过了亿万。丁谓确实是个专家,这个"一举三得"的案例,经常在现代系统管理教材中被提及。

大中祥符六年(1013)四月己卯日,将玉皇、圣祖、太祖、太宗四尊金像请上了特制的大船,船上建有幄殿,内设侍主供具。运河两岸有三千人的黄麾仪仗队、四百人的骑吹马队,装载金像的大船后面紧跟着千艘船只,各自装载门旗、弓矢、道众、幢节等礼仪用具和人员。

南宋陆游在《入蜀记》中讲述,他走访到一位老道士,老道说:"祥符年间铸的是金铜像,每座高三丈,以黄麾全仗、道门幢节,迎赴京师。"陆游点头:"与国史合故!当时乐章曰'范金肖像申严奉,宫馆状翚飞。万灵拱卫瑞烟披,堤柳映黄麾。'"

船队经过的州县,官吏要出城十里,带着道士、和尚和各自的仪仗,奏乐相迎,这一天该州县还要禁止屠宰和刑罚。

京师的奉迎仪式更加隆重。禁止屠宰七日、刑罚两日。四月甲辰日，圣像到达京师，皇帝在长春殿斋戒，百官在朝堂斋戒。乙巳日，皇帝穿上衮服（重大庆典礼服），群臣也身着朝服，并献上玉币、册文、美酒，奏乐。随后皇帝摆出大驾仪仗，经景龙门向东出宫，有五使为前导，到玉清昭应宫逢迎金像就位、拜谒。丙午日，奉安完毕，开始赏赐、敕封有关单位和人员，大赦天下。

朝廷认为，四尊金像"上真高圣，凝三气之殊姿，英祖神宗，俨重瞳之粹质"，具备神仙、帝王气质，应该"永申崇奉之仪"，决定升建安军为真州，铸造金像的地方建成天庆仪真观。《宋史》卷八《真宗三》还有"诏：圣像所经郡邑减系囚死罪，流以下释之。升建安军为真州"的记载。

天庆仪真观始建于大中祥符六年（1013），这一年建安军升格为真州，"真州""仪真"之名皆由此而来。

天庆仪真观还被赐号"瑞应福地"，地点就是设置冶炼炉的地方，在建安军的西北小山。为什么选择在建安军西北小山铸造金像？《隆庆志》卷二《山川考》记载道：

小山，在县北十五里。宋大中祥符六年，京师建玉清昭应宫，司天言，建安军西小山有王气，可以镕铸圣像，诏丁谓即其地铸之，有青鸾白鹤景云盘绕炉冶之上，仪成，迎奉赴阙，诏，即其地建天庆仪真观，赐号：瑞应福地。

建安军地处运河入江口，水路交通便捷，矿石、燃料和成品运输方便，这些应是铸造金像选址考虑的因素。再者，还因为司天说"建安军西小山有王气"，这是祥瑞，是铸造金像这一国家重点项目落户建安军的重要理由，估计这是参知政事丁谓和发运使李溥想出来的点子。

宋真宗非常需要祥瑞。

宋真宗名叫赵恒（968—1022），是宋朝第三位皇帝，他是宋太祖的侄子，宋太宗的第三子，曾用名赵德昌、赵元休、赵元侃，在位时使用过五个年号：咸平、景德、大中祥符、天禧、乾兴，真宗是他死后的庙号。

大众对皇帝的称谓基本有三种情况：

唐代以前称谥号，如称司马炎为晋武帝而不是晋世祖；

唐代以后称庙号，如称李世民为唐太宗，而不是唐文帝；

明代以后称年号，如称爱新觉罗·弘历为乾隆皇帝，很少用清高宗。

这是因为唐朝以前皇帝大多只有谥号，少数皇帝才有庙号；唐朝以后每个皇帝都有庙号，但年号经常更改；明朝以后皇帝基本上只用一个年号。

宋真宗在位二十五年，颇有建树，最著名的事件是景德元年（1004）御驾亲征，北伐大辽，与之达成"澶渊之盟"，以每年给辽银十万两、绢二十万匹（岁币），换来两国120年的和平,北宋进入经济繁荣期。

虽说"澶渊之盟"后,宋朝通过边贸获益远超岁币付出,但总有"城下之盟"的议论,宋真宗本来还很自豪,听到议论后极不自信,决意搞一次泰山封禅活动。然而封禅劳民伤财,遭到不少朝臣反对,为了举办成功,必须大造舆论,于是上有所好,下必甚焉,各地上报祥瑞,就成了政治时髦。通过封禅活动,宋真宗尝到了以祥瑞树立权威、凝聚人心的甜头,此后数年,热情不减。

宋真宗自己带头"造"祥瑞,说梦见神人将降天书"大中祥符"三篇,斋戒一个月后,果然有天书"黄帛曳左承天门南鸱尾上"。《宋史》卷七《真宗二》记载:

大中祥符元年春正月乙丑,有黄帛曳左承天门南鸱尾上,守门卒涂荣告,有司以闻。上召群臣拜迎于朝元殿启封,号称天书。丁卯,紫云见,如龙凤覆宫殿。戊辰,大赦,改元,群臣加恩,赐京师酺。

于是,宋真宗下诏大赦、改元、改左承天门为承天祥符、群臣加恩、特允京师聚饮三日以示庆祝等,又授意大臣加以附和,一时间举国上下掀起了一股"争言祥瑞"的热潮。

建安军也有祥瑞。《宋史》卷七《真宗二》、卷八《真宗三》记载:"大中祥符三年春正月丁巳,赐建安军父老江禹锡粟帛(曾献《东封诗》十五首);大中祥符五年闰十月,建安军铸圣像,龙见云中。"

《宋史》记载的建安军祥瑞是铸造圣像时"龙见云中"。《隆庆志》记载的祥瑞要多些,除了卷二"司天言,建安军西小山有王气",还有冶炼时"有青鸾白鹤景云盘绕炉冶之上"。另外,卷七记载:"灵潮堰,旧志在城南外官河,西与新河接,大中祥符间,铸金像成,将迎之京,舟至此,潮已涸,而忽溢,遂名灵潮,即今清江闸前古漕河也。"是说运河中缺水,金像铸成上船后正愁难运,江潮忽然涨起,故称其为"灵潮"。

《道光志》卷四十七《杂类志》还记载了一则祥瑞,惜无年号,且录于此:

李仙哲,真州人,任本州刺史,生男、女六十九人。缘江十余里,第宅相连,妾媵之有子者,分处其中。仙哲鸣笳导从,往来其间。子孙参见,或忘其年名,披簿以审之。虽汉陆贾、唐郭子仪子孙之盛,未有此也。

这位李仙哲刺史,有六十九个子女,多得认不过来,必须用簿子登记造册,对照审之。

建安军有这么多祥瑞,金像铸成运到京师、仪成迎奉赴阙后,获诏"即其地建天庆仪真观,赐号:瑞应福地;升建安军为真州"。仪真观得到了"瑞应福地"之号,建安军升格成了真州。

政和七年(1117),宋徽宗下旨将此地赐名仪真郡,这是"仪真"作为郡城地名的开始。

《隆庆志》卷二还记载：

二亭，在西小山，大中祥符间，铸金像成，有青鸾、白鹤翔舞之异，因建。

因铸造金像时，有青鸾、白鹤、景云，盘绕炉冶之上，所以在小山建仪真观的同时，还建了青鸾、白鹤两个亭子，而小山也得名"二亭山"。

有青鸾、白鹤盘绕冶炉之上以及建两个亭子的说法，始见于熊克[1132—1204，字子复，建阳人，绍兴二十一年（1151）进士]的《九朝通略》，府志和县志都是援引自此。

二亭山位于仪征市马集镇爱国村，至今尚存部分山体，原高约30米。20世纪70年代，因为开山采石，二亭山由高变平、由平变凹，山体大部分消失，变为水塘，南侧尚余部分山根（图1-19）。

图1-19 二亭山

《道光志》卷五《舆地志》记载了仪真观内的炼丹井。

炼丹井，申《志》云："在县西，古仪真观坛上，井深百尺。苍梧胡珵有诗：'丹井苔生天篆暗。'"胡《志》同。○陆《志》略同。引胡珵诗并序："过仪真观，坛上井深百尺，俗呼'炼丹井'。东序有石刻大篆，盖帝所赐许旌阳诏书。古松一株，立殿陛，百年物也。修廊深殿阒无人，惨淡诸仙卫玉真。丹井苔生天篆暗，独悲苍鼷后凋臣。"

胡珵是两宋交替时期的官员、诗人，他的诗序不仅记载了仪真观内有炼丹井,还记载东序有皇帝所赐表彰该观诏书的石刻,还有一株古松,不过当时已经是"修廊深殿阒无人""丹井苔生天篆暗"了。

《道光志》卷七《舆地志》还记载了仪真观(西宫)内的景点。

西宫,申《志》云:"即仪真观址,内有藏云轩、得月亭。蔡莱、吴机西宫有诗。"胡《志》同。○申《志·艺文》引蔡莱《西宫》诗:"云兴霞蔚控千山,势压江南广殿寒。风偃万松斜日晚,卧看风雨落人间。"又,《藏云轩》诗云:"山边畏景欲流金,山下浮埃几度深。水宿岩栖得真乐,可无余事到商林。"○吴机《得月亭》云:"月照乾坤岂得私?只缘近水倍光辉。况逢秋杪气犹爽,一笑从容尽醉归。"

二亭山仪真观(西宫)内,有青鸾亭、白鹤亭、炼丹井、石碑、古松、修廊、深殿、藏云轩、得月亭。

将建安军升格为真州的宋真宗,还有三件事情值得说说,一是认赵玄朗为圣祖,二是"狸猫换太子",三是"书中自有黄金屋"。

(1)认赵玄朗为圣祖

《宋史》卷一百四记载:

大中祥符五年(1012)的一天,宋真宗对大臣们说,他梦到神人传玉帝的命令:"你的先祖赵某要授予你天书,与你相见,就像唐朝供奉玄元皇帝一样。"第二天,他又梦见了神人,神人说:"你要在宫中设一坐西朝东的座位,另外斜设六个座位,等候与你先祖相见。"于是,真宗按要求在延恩殿设置了道场。

五更天后,众人闻到一股异香,接着,满殿黄光,灯烛的光亮都不足为道了,随后神仙仪仗簇拥着天尊出现了。真宗在殿下拜见,一阵黄雾散去,只见天尊坐在西侧的座位上,有六位神仙向天尊行礼后落座,真宗正欲向六人行礼,天尊止之,命他上前,说道:

"我是人皇九人中的一人,是赵氏的始祖。再一次降生时,是轩辕黄帝,世间说我为少典之子,那是误传。我母亲受雷电感应,梦见天人,因而怀孕,在寿邱生下我。后唐时,我奉玉帝之命,第三次下凡,于七月一日降生,管赵氏一族,到今天已有百年。你要好好对待百姓,不要辜负以前立下的宏伟志愿。"

天尊说完,离开座位,乘云而去。

王旦等大臣听说此事后,都来拜见称贺,真宗把他们带到延恩殿,看神仙降临的地方。随后布告天下,并命参知政事丁谓、翰林学士李宗谔、龙图阁待制陈彭年与礼官修崇奉仪注。

闰十月,确定了天尊的尊号。圣祖,号曰上灵高道九天司命保生天尊大帝;圣祖母,号曰元天大圣后。

真宗至此认定,赵氏一脉,先祖是人皇九人中的一人,后转世为轩辕黄帝,再转世为后唐赵某。

《宋史》因以真宗口吻进行描述,故未载圣祖名讳,只载"赵某"。宋人张咏在《乖崖集》中记载:"景灵宫乃为供奉十月下降之天尊——圣祖赵玄朗而建。"清毕沅《续资治通鉴》中记载:"辛未,躬谢太庙六室。诏:圣祖名上曰玄,下曰朗,不得斥犯。"可知,宋真宗宣布的后唐时期赵氏先祖(圣祖),名叫赵玄朗。

宋太祖赵匡胤的父亲是赵弘殷,祖父是赵敬,曾祖父是赵珽,高祖父是赵朓,赵玄朗已在其五辈以上。由于认定了赵玄朗为其祖,孔子"玄圣文宣王"避讳为"至圣文宣王","玄武大帝"避讳为"真武大帝"。

此外,道教神仙财神赵公元帅,姓赵、名朗、字公明,与赵玄朗不是同一个人。

(2) 狸猫换太子

《狸猫换太子》是古典名著《三侠五义》里的一个文学故事。讲述宋真宗时,刘妃与内监郭槐合谋,以剥皮狸猫调换李宸妃所生婴儿,李宸妃随后被打入冷宫。真宗赵恒死后,仁宗赵祯即位,包拯奉旨赴陈州勘察国舅庞煜放赈舞弊案。途中,包拯受理李宸妃冤案并为其平冤,迎李宸妃还朝。故事脍炙人口,还被改编成京剧搬上戏台,又被改编成评剧、豫剧、黄梅戏、吕剧、湘剧、潮剧等各种剧目,竞相传唱。

《宋史》的记载大意是:宋真宗的原配郭皇后去世后,他让自己最宠爱的刘妃当了皇后(章献皇后刘娥)。宋真宗与刘未生子,但与刘的李姓侍女(李宸妃)生下一子,刘皇后亲自抚养,这就是后来的宋仁宗。宋仁宗十三岁即位,皇太后刘娥垂帘听政十一年,她死后,旁人才敢告诉仁宗真相,仁宗得知生母是李氏,立即前往宸妃殡所,开棺亲视其遗骸,见李宸妃身着皇后冠服,棺中贮满水银,其容如生。仁宗知刘娥并未亏待李宸妃,暗自叹息说:"人言究不可尽信。"乃追尊宸妃李氏为皇太后,待刘氏恩礼如故。

(3) 书中自有黄金屋

宋真宗赵恒喜好文学,著有《御制集》三百卷,今仅存《玉京集》六卷。他还是一名诗人,有诗作《工鸟学》《七绝》《赐丁谓》《赐王钦若除太子太保判杭州十韵》及词作《西江月》等。《全宋诗》录其诗二十二首。

宋真宗制定了科举"糊名誊录制",杜绝了拉关系、拜名人的陋规,从此读书人只凭学识入仕,充分调动了全社会读书的积极性。后世假托宋真宗,编撰了流传甚广的"书中自有黄金屋"诗句,诗名《励学篇》:

富家不用买良田,书中自有千钟粟。安居不用架高堂,书中自有黄金屋。出门莫恨无人随,书中车马多如簇。娶妻莫恨无良媒,书中自有颜如玉。男儿欲遂平生志,五经勤向窗前读。

给仪征带来"真州"地名的宋真宗赵恒,他的庙号"真宗",史上独一个,原因是"真宗好玄虚",他对道教情有独钟,所以后人给他上的庙号,就叫"真"。

宋真宗与真州有天大的缘分。由于推崇道教,也因真州古代运河的枢纽地位,他留下了仪真观、二亭山等历史遗迹和"真州、仪真"地名,这些都是仪征人民引以为豪的历史名片。

也有人说因为四尊圣像"仪容逼真",所以仪征得名"仪真",这样的解释值得商榷。我认为,"仪"不是仪容,而是仪礼、仪轨、崇拜的意思。升州敕文中要求"永申崇奉之仪",《诗经》中"既见君子,乐且有仪",《尚书》中"箫韶九成,凤凰来仪",都是仪礼的意思。"真"不是逼真,而是道教中"真人"(神仙)的意思。陆游《入蜀记》云:"二十三日,过巫山凝真观,谒妙用真人祠。真人即世所谓巫山神女也。"仪真观、通真观、凝真观、玄真观、妙真观、栖真观、严真观,这些道观名中都有"真"字,应理解为"真人(神仙)",都不是逼真的意思。宋真宗的庙号"真",是基于他对道教的推崇,绝不是"逼真"。

称钉定额许子春

1993年10月,仪征化纤白沙二村工地发现了一座墓葬,出土了一批随葬器物,有刻花蓝色天球玻璃瓶、端砚、雕花石印盒和铜印、狮纹鎏金铜带扣、荷叶钮青白釉茶叶罐、银茶匙、渣斗等。从茶具可以看出墓主人饮茶的喜好;铜带扣表明其乃从四品身份;端砚显示其文化造诣;刻花蓝色天球玻璃瓶是伊斯兰风格的进口货,很少见;而端砚(图1-20)和铜印上的刻字"圣宋庚寅岁高阳子春书府记""高阳许子春私印",则让我们了解到墓主人所处年代和他的名字——北宋仁宗皇祐二年(1050),许子春。

化纤白沙二村在征地前属于原曹山乡永丰大队林业队,位置在火葬场西北角,这附近发现过三座北宋许姓人士的墓葬,分

图1-20 许元端砚

别是：

（1）1983年5月，在该地点附近出土了许世京（许元的儿子许宗孟，奉议郎、吉州太和知县）的墓志铭（许元女婿、滕子京四子滕希雅撰），载"葬于真州扬子县甘露乡义城之原"。

（2）1987年，在同一地点附近出土许恢（许元的哥哥）墓志铭，亦有"葬于真州扬子县甘露乡义城之原"的文字。

（3）1993年10月，在同一地点附近发现了许子春（许元）墓，并出土了一批随葬器物。

另外，欧阳修为许元撰写的《尚书工部郎中充天章阁待制许公墓志铭》和王安石为许平（许元的弟弟）撰写的墓志铭《泰州海陵县主簿许君墓志铭》上，皆有"葬于真州扬子县甘露乡义城之原"的文字。

"鄯"可能是仪征最古老的地名，这个说法是从许氏家族墓志铭被发现后开始的。《道光志》载宋代仪征乡都有甘露乡、太平乡、归仁乡、东广陵乡、西广陵乡、怀义乡，其中一都曰义城里，属甘露乡。《仪征市志》云"鄯是为仪征最早的地名"，是结合了孙庆飞《羲城考》中的说法，孙庆飞在文中提到的论据之一，就是许元的墓志铭中有"羲城"二字。

许子春就是许元（989—1057），许氏在真州是个大家族。王安石所撰《许氏世谱叙》中提到，许氏先祖可追溯到十六国时的典农校尉许据，其五世孙为北朝后燕高阳太守许茂（《魏书·许彦传》："祖茂，仕慕容氏为高阳太守。"），这是许氏以"高阳"为堂号之始，后裔许敬宗在唐朝龙朔年间（661—663）拜相，被封高阳郡公。

唐亡后，有一支许氏后裔迁居歙县许村（《歙县志》中说许元是歙县人）。许元父亲许逊在南唐宣城做官，许元出生在宣城（《宋史》说许元是宣城人）。许元曾在真州做发运司判官、副使和发运使，他本人和他的兄长、弟弟、儿子等的墓葬都在真州（县志仍记他为宣城人）。许元长子许宗孟生子许透，迁居绩溪云川（《绩溪县志》称许元为绩溪人）。

王安石在许元去世前为这一支许氏写了《许氏世谱叙》。

初，许氏爵邑于周，子孙播散四方，有纪者犹不乏焉。至昌邑，始大著，间兴于汝南，其后祖高阳者为最盛。然高阳之族，不见其所始，有据者，仕魏，历校尉、郡守，生允，为镇将军。允三子，皆仕司马晋：奇，司隶校尉；猛，幽州刺史；奇子遐，侍中；猛子式，平原太守；自允至式，皆知名。允后五世询，司马晋尝召官之，不起。询孙珪，为旌阳太守于齐。珪生勇慧……勇慧生懋……懋生亨……有子善心，为之卒业。

是时，有许绍者，善心族父也……爵安陆郡公。圉师、钦寂、钦明其后也；圉师,绍少子……与敬宗俱为龙朔中宰相,钦寂谓绍曾大父也……

敬宗者,善心子也,始以公开郡于高阳,与其孙令伯以文称当世。天宝之乱,敬宗有孙曰远……

唐亡,远孙儒,不义朱梁,自雍州入于江南,终身不出焉。儒生稠……稠生规……(规)生遂、逊、迥三子;

遂子俞……俞两子均、埇,为进士。

(逊)有子五人:恂……恢……怡……元……平……

(迥)有子会,为进士……

宋代真州的另一位许姓名人——名医进士许叔微,亦为许氏家族成员,辈分比许元晚三辈。许元的父亲许逊与许叔微的高祖许迥是亲兄弟,即许元是许叔微的曾祖辈的长辈。

许元生于端拱二年(989),卒于嘉祐二年(1057),享年69岁。他为官的年代,正是北宋最为繁盛的"仁宗盛治"时期。许元历任官职:明州定海县尉、剑州顺昌县尉、泰州军事推官、镇东军节度推官、润州丹阳知县、太子中舍、监扬州博盐和籴仓、泰州如皋知县、大理寺丞、国子博士、监在京榷货务、三门发运判官、江淮发运司判官、江淮发运司副使、江淮发运司发运使、赐进士出身侍御史、工部郎中、天章阁待制、扬州知州、越州知州、泰州知州。

《宋史》卷二百九十九有许元的传。《续资治通鉴长编》记载,许元于庆历三年(1043)五月为江淮发运判官,历发运副使,皇祐元年(1049)为发运使,至和元年(1054)十一月始改官,因此他在真州生活了至少12年。《宋史》载"元在江淮十三年"。滕希靖撰《许世京墓志铭》称墓主人父亲许元"自发运判官至为使凡十三载,卒为庆历名臣"。

清毕沅《续资治通鉴·宋纪·宋纪五十一》记载:

皇祐二年十一月壬辰,赐淮南江浙荆湖制置发运使、金部员外郎许元,进士出身。帝尝谓执政曰:"发运使总领六路八十八州,军之广,其财货调用,币帛谷粟岁千百万,宜得其人而久任。今许元累上章求去,朕思之,不若奖励以尽其才。"故特有是赐。

由于仪征地处运河入江口,是漕运、盐运重地,中央政府往往会在仪征设置"垂直管理单位"。唐代的扬子院,宋代的江淮发运司,明代的南京工部分司,清代的察院、南掣厅、淮盐总栈,这些机构的级别都高于本地州县。

许元任职的江淮发运司,全称是"江淮两浙荆湖六路都大发运司",有两大职权。一是行政,有刺举、对移、奏辟官吏之权,有维护治安、逐捕盗贼之责。二是经济,包括漕运、籴米、兑换、赈灾、修堤、浚河、茶盐、酒矾、坑冶。

我结合《宋史》卷二百九十九中许元传记、《欧阳修集》卷三十二的许元墓志铭，以及其他宋代史料，记述许元平生几个故事。

（1）走上仕途。许元的父亲许逖去世后，按规定可以"父荫"一人为官，兄弟五人互相谦让，许元排行第四，大家商议后一致认为，许元是个人才，最有希望干出一番事业，日后定能光宗耀祖，所以许元就出来做官了。他先成为太庙斋郎，后在真州做过江淮发运司判官、副使、发运使，入京官至天章阁待制，从四品（《欧阳修集》）。

（2）平息逃兵。许元担任泰州军事推官期间，发生了驻守海防的千余士兵逃跑回家的事件。泰州知州面对此事不知所措，许元顶上前去，边询问逃兵出逃原因边暗寻肇事者，观察到两三人应付自如的，许元立即命令左右把他们拿下，并宣布肇事者就是这几个人，其他人没有罪，可以回家。许元把其余的人遣送回去，迅速平息了这一非常事件（《欧阳修集》）。

（3）丹阳放水。许元当过润州丹阳知县。该县有个练湖，如果放水一寸，运河的水位就会涨一尺，是漕运的重要补充水源。朝廷法度：擅自盗决湖堤，以杀人论罪。当时正值大旱，许元请借湖水灌溉民田，没有等到上级批准，他就放水救田。知州派人前来查问，许元说："为了救旱灾豁出去了，给我定个'便民罪'吧。"结果案子没有再问下去。许元放水救活万余顷民田，这一年该县获得了大丰收（《欧阳修集》）。

（4）轻重之术。西夏叛宋自立，朝廷征讨劳而无功，边境上长年驻扎军队，给养保障成了大问题。由于许元管理过扬州博盐和籴仓，于是朝廷让许元筹划此事。许元说，从前商人将粮食运到边境，而朝廷付钱不足，使得商人运粮的积极性不高，运量减少、运价提高，造成"内外俱困"的局面。建议允许粮商经营南方的食盐，用贩盐的利润补偿运粮的亏损，这样一来，东南地方滞积的粮食，就可以源源不断地运往西北前线了，这叫"轻重之术"。朝廷采纳了许元的建议，依计而行，果然大收成效（《欧阳修集》）。

（5）远近相补。庆历年间（1041—1048），江淮漕粮供给不上，京师军粮不足，参知政事范仲淹推荐许元来解决此事，于是许元当上了江淮制置发运司判官。上任时，许元说："江淮六路七十二州盛产粮食，还不能满足京师的需要，我就不信了！"到任后，他组织了一千多艘江船运粮，命令沿江州县只保留三个月的存粮，其余粮食悉数上船，这些州县所缺的粮食，再由邻县补充进来（远近依次递补），未出数月，京师的粮荒问题得到圆满解决。

许元主政发运司之前，江淮岁漕京师六百万石，十多年来，仓储总是不足。许元上任后，除了保证每年六百万石粮食供应京师，还在转般仓常贮百万石粮食以备非常之需(《宋史》《欧阳修集》)。

(6)称钉定额。许元当上发运司判官后,发现官船质量很差,怀疑制造官船的人用钉量不足。由于钉子是打入船体的木头里的,没有办法核查数量,所以造船人容易偷工减料。许元来到造船厂,下令拽出一条新船当众烧毁,然后把钉子收集起来过秤,结果发现用钉量只有申报量的十分之一,许元严惩了有关人员,并将申报量作为今后造船的用钉标准数额,史称"许元定额"(《欧阳修集》)。

也有人将"许元定额"称为"许元称钉",这个说法出自《文史知识》1985年第8期第13页钟振振所写《许元称钉》。有资料说,该说法的出处是魏泰所著的《东轩笔录》,我下载后看到有"立为定额"的说法,并无"许元称钉"一词。另外,在郑克《折狱龟鉴》之《许元定额——刘晏一事附》和江少虞《宋朝事实类苑》之《许元》中也有案例记载,亦无"许元称钉"一词。

(7)建造东园。北宋文豪欧阳修写有一篇《真州东园记》,记述的是北宋庆历年间,江淮两浙荆湖发运司的三位领导——施昌言、许子春、马仲涂,发起修建了东园,并由许元将绘成的图带给欧阳修,因而文章中记载了东园的布局、建筑、景点,使真州东园成为当时全国闻名的园林和历史上著名的园林(《隆庆志》)。

许元被《宋史》评价为"为吏强敏,尤能商财利",用今天的话说,他是经济管理领域的一把好手。从轻重之术、远近相补、称钉定额这几个案例来看,许元的确很有经济头脑,能够统筹兼顾,办成大事。尤其是轻重之术,通过让为西北前线运粮的商人获得东南贩盐之利这一举措,调动了商人的积极性,增加了边境屯垦居民的数量,保证了国防粮草供给,朝廷还获得盐税,实在是一举多得。

轻重之术并非许元首创。《宋史》卷一百八十一《食货下三》中即有"乾兴以来,西北兵费不足,募商人入中刍粟如雍熙法给券,以茶偿之。后又益以东南缗钱、香药、犀齿,谓之三说;而塞下急于兵食,欲广储偫,不爱虚估,入中者以虚钱得实利,人竞趋焉。""雍熙后用兵,切于馈饷,多令商人入刍粮塞下,酌地之远近而为其直,取市价而厚增之,授以要券,谓之交引,至京师给以缗钱,又移文江、淮、荆湖给以茶及颗、末盐。""天圣以来……募人入中刍粟,以盐偿之"的记载。《中国盐业史》则认为,"宋代首次开放商人在西北边郡入中粮草而至南方算请淮盐贩卖,是在雍熙二、三年间"。许元实施轻重之术的时间应是在景祐五年(1038)李元昊称帝之后,虽然前有先例,但是弊端丛生,许元能针对疾症所在,应付自如,收效明显。"轻重之术"成为明初"开中法"的模板,"召商输粮而与之盐,谓之开中"。《明史》赞曰:"有明盐法,莫善于开中"。

如今,仪征市的东园湿地公园内有重刻的欧阳修《真州东园记》石碑,复建了《真州东园记》中记载的澄虚阁,在澄虚阁两侧是东坡榭和子春亭(图1-21)。建东坡榭是纪念当年米芾接苏东坡来东园养病并为他送来麦门冬饮子的往事,子春亭则是为了纪念东园的创建者、时任江淮发运副使的许元(字子春)。

图 1-21　子春亭

状元为人颇非议

在《道光志》卷三《舆地志》的"坊巷"中,记载了宋代真州州城一东一西两个牌坊。一个是为吴敏而立的宰相坊,位于城西;另一个是为蔡薿而立的状元坊,位于城东。

"薿"读作 nǐ,是茂盛的意思。《说文解字》中解释:"薿,茂也。"从草,疑声。《诗经》中《小雅·甫田》一诗有:"黍稷薿薿。"

《道光志》卷十六《学校志》中记载,县学明伦堂内,有状元蔡薿题名额。

南宋王象之《舆地纪胜》卷三十八《真州·人物》:"蔡薿,自元祐中,居真州塘下里。崇宁间,魁天下,后任尚书。蔡京欲通族,薿不可,京由是恶之。"

《嘉靖惟扬志》卷十九《人物志》记载:

崇宁丙戌,蔡薿,仪真人,状元。

由上述资料可知,蔡薿是真州人。

《宋史》卷三百五十四有蔡薿的传,用白话文解读一下:

蔡薿(1067—1123),字文饶,开封人。

崇宁五年(1106),参加进士考试,当时蔡京已经再次被重用,蔡薿揣摩蔡京政见,在试策中写道:

熙宁、元丰年间政绩斐然(熙丰变革),足以与史上最著名的德政媲美。可惜元祐年间(1086—1094),熙丰变革好的政策没有得到执行(元祐更化),而绍圣年间(1094—1098)对熙丰变革的继承(绍圣绍述)使大宋重新走上了健康发展之路。不幸的是,在建中靖国年间(1101),熙丰变革的好政策又中断、反复了。当今皇上两次下诏,征求治国理政的建议,元符末年(即建中靖国初年),那些反对熙丰变革的人,乘机大进奸言(元符上书),攻击变法先烈,甚至罝可能动摇国本而不顾,我觉得应该在他们刚开始冒头时坚决打击,从源头上加以杜绝。

于是,蔡薿获得了第一名,并且,朝廷将他的答卷颁布天下。

蔡薿担任的第一个官职是秘书省正字,后又任起居舍人,不久之后成为中书舍人。从布衣到中书舍人,只有九个月,这样的升迁速度,前所未有。

升任给事中后,他一心依附蔡京,为蔡京续家谱,认蔡京为族叔。后来蔡京让儿子蔡攸、蔡修与他相见时,蔡薿急忙说:"我以前续家谱辈分搞错了,您是族祖,这两位是我父辈。"并立即行礼拜见。皇上准备特赦情节较轻的元祐党人,要蔡薿上报名单,蔡薿不肯写,有人上疏指责蔡薿,说他的行为使皇上的恩泽不能推广到元祐党人,使这些久罪之人不能获得赦免。蔡薿被贬,出任和州知州,第二年,加显谟阁待制,任杭州知府。

蔡薿尚未及第时,曾经给陈瓘(左正言)写信依附,他在文中夸赞陈瓘"谏疏似陆贽,刚方似狄仁杰,明道似韩愈"。但他在进士考试的试策中所陈述的观点,与陈瓘的政见相异,所以当官以后,想找机会加害陈瓘,让他闭嘴。正好这时候陈瓘的儿子陈正汇,在杭州上书告蔡京图谋不轨,于是蔡薿就将他抓起来,押往京师。蔡薿因此官复原职,回到京师再任给事中。他又与宰相何执中谋划,让石悈(台州知州)管制陈瓘,但是石悈并没有执行到位。这件事在《陈瓘传》里有记载。御史毛注说:"陛下赦免部分元祐党人,是顺应天意的善政,然而任用了大奸臣(蔡京)管理国家,蔡薿这种人也巧言惑众,人为地制造矛盾。"但是这个上疏,没有得到皇帝的明确答复。

范柔中曾参与元符上书,崇宁改元后被列入"上邪等",建中靖国初年面临提拔。蔡薿说:"范柔中曾经诋毁皇考神宗,哲宗与他有不共戴天之仇。自今春元祐党人重新复官,士大夫们议及此事都很惊愕,有人对绍圣绍述持有异议。我请求陛下不要提升范柔中,以向天下昭示什么是好、什么是恶。"这个意见被皇帝采纳。张商英做宰相时,常安民(御史)写书信给他,激励他要行善政。蔡薿的弟弟蔡莱将这封信偷偷抄来给蔡薿看,蔡薿即以此攻击张商英。蔡薿升迁为翰林学士,后来以"妄议政事"的罪名被罢免,贬为提举洞霄宫,不久后任建宁知府。

蔡薿在兴建神霄宫时尽心尽力,皇帝下诏褒奖,升为学士承旨、礼部尚书。他暗地里巴结权贵,被人揭发,宋徽宗要他来见,想当面责问,蔡薿心虚,一个多月不敢来见,皇帝大怒,命令罢免他。御史说:"蔡薿在太学读书的时候,就施诡计钳制各位同学;担任侍从时,以揭发隐私来要挟宰相;担任门下给事中时,则借国法以发泄私愤;为郡守时,则妄自尊大而蔑视监察官员;在金陵为官时,俨然以宰相自居;后来提升为礼部尚书,仍怀不满之心。这样的人,应当严加处罚。"于是,蔡薿被贬为单州团练副使,房州安置。

宣和年间(1119—1125),蔡薿官复龙图阁直学士,再次任杭州知府。他为官喜怒无常,全凭心情,动不动就用大刑。方腊起义被平息后,参与作战的西北士兵得到了赏赐的绢布,拿到市上换钱。蔡薿禁止市民与之交易,先是人为压低价格,后来强行取缔,引起士兵激愤。他们乘蔡薿晚上与宾客饮酒的时候,放火烧了州衙,并准备在蔡薿逃出来时杀了他。蔡薿知道大事不好,翻墙逃走,留得性命。皇帝下诏免去他的职务。第二年,蔡薿被任为徽猷阁待制,不久就去世了。

《宋史》编撰者评论:自从宋太宗时期设立科考,本朝录取了很多进士,名列首位的(状元)都被委以重任,有的人不到十年就当上了宰相,多数人忠亮雅厚,成为名臣。(宋英宗)治平三年(1066)确立了三年一次的科考制度,接着王安石实施变法,士大夫的习性开始改变,哲宗和徽宗朝的"绍圣绍述"坚持王安石变法路线,不支持这个主张的考生,得不到好名次。叶祖洽迎合了当时宰相(王安石)的政治主张,获得了第一(状元)。从此以后,科举士子风气大坏,人才越来越少,能委以重任的也不多了。从熙宁到宣和,共有十八位状元,只有何㮚、马涓等五人有传,而时彦、霍端友为人谨小慎微,叶祖洽、俞栗和蔡薿是奸邪小人,由于"王氏之学"不是正经,利用和扩大了人性的弱点,使得世风日下、人心不正、物欲横流,最终导致家国倾覆,后果是惨痛的,这就是孟子提倡"必辩邪说、正人心"的道理(《孟子·滕文公下》:"我亦欲正人心,息邪说,距诐行,放淫辞,以承三圣者,岂好辩哉?予不得已也。")。

以上为《宋史》卷三百五十四《蔡薿传》的白话文,最后一段为编者的评论,将北宋的灭亡,归罪于王安石变法,而赞成变法的蔡薿,则被定义为"奸邪小人"。这也是历代官方对熙丰变革的主流观点。

蔡薿参加科举和入仕的时期,正是北宋党争十分激烈的年代,在此简述一下这段历史背景。

宋仁宗赵祯当政时期,为解决日益严重的土地兼并和"三冗"(冗兵、冗官、冗费)问题,任用范仲淹搞"庆历新政",由于既得利益集团的阻挠,新政从庆历三年(1043)始到庆历五年(1045)即中止,未获成功。

宋仁宗赵祯去世后,因其无子,传位给堂侄赵曙(宋英宗),英宗在位四年病逝,长子赵顼继位,是为宋神宗。

宋神宗锐意进取,于熙宁二年(1069)任用王安石实施变法。由于改革阻力强大,王安石两次被罢相,在二次罢相后的第二年,神宗改元"元丰",亲自推进新政。八年后,神宗病逝,他九岁的儿子赵煦继位,是为宋哲宗。

哲宗年幼,由祖母太皇太后高氏(高滔滔)临朝听政。高氏起用司马光等,恢复旧法,史称"元祐更化",称旧党领袖司马光等为"三贤",新党领袖蔡确等人为"三奸",将王安石和蔡确等支持变法的人员名单张榜公布,对大批新党成员进行贬谪清算,其极端案例是将前宰相蔡确在贬谪路上写的《夏日登车盖亭》,诬为是讥讪高太皇太后的诗,蔡确被贬死于新州。

元祐八年(1093),高氏去世,哲宗亲政,改元"绍圣",下令绍述(继承神宗熙丰新法),罢旧党、用新党。元符三年(1100),哲宗赵煦病逝,年仅二十五岁,在位十五年,实际掌权七年。

哲宗无子,向太后主张哲宗次弟端王赵佶继位,是为宋徽宗。向太后当政后曾有缓和新旧党派冲突之意,恰逢日食,徽宗下《日变求直言诏》,旧党以向太后为靠山,借机弹劾新党(元符上书),势力再占上风。

一年后向太后去世,徽宗亲政,改年号为"建中靖国",意为"本中和而立政";次年改元"崇宁",放弃中和政策,推崇熙宁新政。崇宁元年(1102),徽宗将"元符上书"的大臣分为"正上、正中、正下、邪上、邪中、邪下"六等,钟世美等41人为"正等",范柔中等500余人为"邪等"。又令中书省进呈"元祐更化"和"元符上书"中支持旧党的大臣姓名,共计120人,分别定其罪状,称作奸党。徽宗亲自书写姓名,刻于石上,竖于端礼门外,称为"元祐党人碑",这些人永不录用,并不许党人子孙留在京师,不许参加科考。后来,蔡京挟私,增加元祐党人至309人(其中还有新党的人),由蔡京手书姓名,发各州县,仿京师立碑"扬恶"。

宣和七年(1125),金兵南下直逼开封,徽宗传位给儿子赵恒,为宋钦宗。是年,太学生陈东上疏,将蔡京列为"六贼"之首;次年改元"靖康",六贼皆遭贬、伏诛。靖康二年(南宋建炎元年,1127),徽、钦二帝被掳往北方,北宋灭亡。

从庆历新政到靖康之变,新旧两党的争斗愈演愈烈,北宋王朝的覆灭与党争有极大的关系。《宋史》将蔡京列入奸臣,可见最终是旧党占了主流意识,蔡薿作为新党的一员,得到的评价也好不到哪里去。

《宋史》为元朝脱脱主编,并未记载蔡薿的生卒年,查民国唐圭璋《全宋词·

蔡嶷》，有记载："嶷字文饶，开封人，治平四年生，崇宁五年以谀蔡京，举进士第一。宣和五年卒。"据此可知，蔡嶷生卒年为1067—1123年。

《全宋词》收入了蔡嶷的三首词（诗），可惜只有一首是完整的。

第一首（只记录了四个字）：

失调名

扇开仙掌。

第二首（完整）：

《送宋朝请倅邢州》

布衣初喜得相从，淡薄情怀老更同。春酒杯盘花烂漫，夜堂灯火雪冥濛。家传辞藻喧时誉，地近乡粉识土风。早晚汉庭褒一鹗，待看霜翮上秋空。

第三首（只有一联）：

云藏北固山头寺，烟锁南徐水际楼。

宋刘克庄《分门纂类唐宋时贤千家诗选》之"时令门"，有蔡文饶的《春暮》诗：

芳草莫寻游处迹，好花空认折残枝。啼莺似怨归何速？舞蝶应怜出太迟。

《宋史》上记载蔡嶷是开封人，南宋王象之《舆地纪胜》记载其为真州人，而且居住在"塘下里"。《道光志》卷三《舆地志》记载，宋代真州有十五都，十都为塘下里，这个地名是真实存在的。蔡嶷生于宋英宗治平四年（1067），崇宁五年（1106）中状元时的年龄是39岁。蔡嶷青少年时期在真州生活过的可能性很大。

《舆地纪胜》还有一个细节也与《宋史》不同：《宋史》说蔡嶷入仕后巴结蔡京，先认其为叔父，再认其为叔祖；而《舆地纪胜》说蔡嶷当了状元，蔡京想与他"通族"认宗，蔡嶷没有同意，蔡京因此就不喜欢他了。

仪征大码头商会街上有个"状元井"，是仪征市文物保护单位，标注的时代是"宋"，依据是井栏上"高浮雕绘新科状元骑马游街的场面。人物的服饰与《宋史·舆服志》所记载的宋代服饰相同"，"状元井所雕画面是一幅不可多得的宋代风俗画"（《风流宛在：扬州文物保护单位图录》）。有的人认为这就是当年状元蔡嶷或宰相吴敏家的井，对此我一直持否定态度，窃以为，大码头地区在明初开发，北宋时尚在江中，此井的井栏系从别处移来，这口井不是宋代的井，更不可能是蔡嶷或吴敏家的井。

无论历史上对王安石变法、对蔡京和蔡嶷的评价如何，蔡嶷中状元这个事实是客观存在的，能在全国众多精英中脱颖而出当上状元，绝对是值得骄傲的事情。2018年11月11日，我参加扬州阮元文化研究所与南京中国科举博物馆组织的学术交流活动，参观江南贡院南苑时，在"历代状元名录"墙上，找到了宋代真州状元蔡嶷、清代仪征状元陈倓的名字，当时拍了照，自豪得不行（图1-22）。

图 1-22　历代状元名录墙　蔡蕬状元

恭爱无偏陈公塘

在仪征市新城镇龙河粮站,曾经有一座恭爱王庙,老百姓叫它官塘庵。恭爱王庙祀东汉广陵太守陈登,《隆庆志》卷十四《艺文考》有处士孙伻《恭爱王庙记》,可知:

恭爱王庙始建于北宋熙宁五年(1072),由江淮发运使皮公弼(宪臣)、副使罗拯(道济)所建,江淮发运司是宋代设置在真州的衙门,主管江淮六路漕运。但该文中有"视祠宇之不严,命加完饰"之句,看来在此之前,恭爱王庙已经存在,皮、罗只是重修。

修建恭爱王庙,是为了祭祀陈登。陈登(163—201),字元龙,下邳人。《三国志》卷七《吕张臧传》:

陈登者,字元龙,在广陵有威名。又掎角吕布有功,加伏波将军,年三十九卒。

在裴松之注中,有陈登的履历,他25岁举孝廉出任东阳长,"养耆育孤,视民如伤";州牧陶谦让他当典农校尉,"乃巡土田之宜,尽凿溉之利,粳稻丰积",可见他在水利建设方面早有成功实践;在任广陵太守期间,"甚得江、淮间欢心",多次取得广陵保卫战胜利;转任东城太守时,广陵吏民"佩其恩德",扶老携幼,要随陈登一起北迁。

陈登于建安二年(197)任广陵太守,建安四年(199)大破东吴军,建安六年(201)在东城太守任上去世。陈公塘应建于建安初年,在197—201年之间。

陈登死于吃生鱼导致的寄生虫病。名医华佗曾为他诊疗,第一次治愈了,后来复发时华佗不在,年仅三十九岁即去世。《三国志》卷二十九《方技传》:

广陵太守陈登得病,胸中烦懑,面赤不食。佗脉之曰:"府君胃中有虫数升,欲成内疽,食腥物所为也。"即作汤二升,先服一升,斯须尽服之。食顷,吐出三升许虫,赤头皆动,半身是生鱼脍也,所苦便愈。佗曰:"此病后三期当发,遇良医乃可济救。"依期果发动,时佗不在,如言而死。

仪征人祭祀陈登,是因为他任职广陵太守期间,修建了一个大水库,为当地农田灌溉提供了便利条件,百姓爱他、敬他,将水库称为陈公塘、爱敬陂。南宋王象之《舆地纪胜》卷三十七载:"陈公塘《广陵志》云:魏广陵太守陈登所浚也。《寰宇记》:'亦号爱敬陂,初开此陂,百姓爱而敬之,因以为名。'"

陈公塘的周广和面积有如下记载。

《(嘉庆)重修扬州府志》卷八:"陈公塘,在(仪征)县东北三十里,后汉建安中,广陵太守陈登所凿,以资灌溉。周纡九十余里,三面倚山,一面为堤,以受启闭,凡九百丈,散三十六汊,诸山之水毕汇于塘。仍开带子港,引塘水入漕河,兼资漕运,其利甚溥。塘有水门、石闸各一,又为石磨、铁碾其上。民德之,名塘曰陈公,立庙曰恭爱。"

《隆庆志》卷七《水利考》:

塘在县东北三十里。汉广陵太守陈登凿,以资灌溉。周纡九十余里,散为三十六汊,汊名具《图考》。

《道光志》卷十二《食货志》:

陈公塘,军民人等佃垦田一万一十六亩,每年额征租银三百两四钱八分一厘三毫八忽。

陈公塘起初的作用是农业灌溉,但后来其更重要的用途是给运河补水。随着长江主泓南退,江水水位越来越低,运河苦于水浅,漕船无法航行,陈公塘等沿运河设施发挥着重要的补水作用。

孙俻在《恭爱王庙记》中记载:

岁用灌注长河,增浅宣淤,渟然流通,漕转弗乏,其利弥广矣。于是官输民贾,货物粟帛,四方使客,千艘万舳,雷动而云集,故于淮之南,为州最剧。

刘文淇在《扬州水道记》中记载：

洪武初年，开平王北征，军需器械船至湾头，河浅不能前进，奏开四塘，下水三尺五寸，官河增水二尺六寸，一时得济。十四年，旱，解京御盐船至湾头浅搁，开塘放水，船始得行。是时，塘务为两淮运司专管。永乐二年，平江伯陈瑄总理漕河，全资塘水济运。十五年，钦取皇木，时值浅阻，亦开塘下水以济之。时设立塘长、塘夫，常用看守，塘内积水常八九尺，非遇至旱运河浅涩，不敢擅放。

陈公塘历代都有维护，南宋淳熙年间（1174—1189），发运司判官钱冲之发起的整修规模较大，他在上疏中说：

（陈公塘）为旱干溉田之备。凡诸场盐纲、粮食漕运、使命往还，舟舰皆仰之以通济，其利甚博。本司自发卒，修筑周回塘岸，建置斗门、石硪各一所。乞于扬子县尉阶衔内带"兼主管陈公塘"六字。

这是宋代任命的"副县级塘长"。

楚州参军李孟传《重修陈公塘记》记载，从东汉建安陈登筑塘至今（南宋），已经有一千多年，因公（钱冲之）重修而复兴。工程完工后，真州乡亲们奔走相告，扶老携幼来看新塘，他们编了颂词称赞钱冲之：

新塘千步，膏流泽注。长我禾黍，公为召父。恭爱无偏，公后陈先。甘棠之阴，共垂亿年。

陈公塘还曾直接用于战争，南宋开禧二年（1206），金兵来袭，民兵总辖唐璟挖开了陈公塘和句城塘的大堤，不一日，从广陵城南到真州、蜀冈与运河之间，一片汪洋。金兵爬上焦家山眺望，进攻真州城的道路全没有了，只好望洋兴叹，撤军而去，真州城避免了一次兵灾。

陈公塘在明嘉靖年间（1522—1566）被毁。

刘文淇《扬州水道记》援引明内阁首辅李春芳《复塘初议》记载，明朝初年，陈公塘、句城塘等都有石斗门，设有塘长、塘夫等管理人员，遇有军器、商盐、皇木等重要物资过境，如果运河水位不足，则放塘水济运。

明孝宗弘治年间（1488—1505），石斗门等设施失修，到了正德、嘉靖年间便有奸民利用塘地盗种，虽然告到官府，但是屡禁不止，尤其是薛钊和仇鸾，用财仗势，将塘田佃租出去，从中牟利。他们借口倭寇来犯，让管工官高守一将各塘之石闸拆毁，运到瓜洲修城，那些衙门滑吏、土豪劣绅纷纷向薛钊、仇鸾学习，将塘变成田，租佃给农民，从中获取私利。从此，陈公塘、句城塘不复存在。

仇鸾（1505—1552），字伯翔，号枳斋，甘肃镇原县人，扬州籍。袭封咸宁侯，官至太傅、太子太保。明世宗嘉靖三十一年（1552），仇鸾病逝，被劾谋反，开棺戮尸，传首九边。

陈公塘废弃后得塘田10016亩。今天仪征最大的水库是月塘鸭嘴桥水库，又名登月湖，是扬州地区唯一的中型水库，最大蓄水面积为6600亩，面积只有陈公塘的三分之二。

陈公塘的大堤至今犹存，百姓称之为"龙埂"。《(民国)甘泉县续志》卷三《河渠考》载：

白洋诸水皆归焉，登龙埂，望三十余汊之水，甚为广衍。

今白洋山西南地势低洼，塘田及龙埂犹存，陈公塘故址当在是。自是东流绕龙埂之南，屈曲南过吴家桥、龙河集大桥，龙河集水自东来，会迤西南，过金家大桥折而东，而南，出带子沟，入仪征运河。

由上述资料可知，"龙埂"之名至少在民国时期已经存在。图1-23为位于仪征市新城镇周营村龙埂组的龙埂。

图1-23 龙埂

恭爱王庙位于"陈公塘上"，陈公塘范围较大，除了恭爱王庙，还有五龙庙和鼉淙寺，都与陈登有关，也在"陈公塘上"。

《隆庆志》卷十二《祠祀考》记载："五龙庙，在陈公塘上。"陆《志》引旧《志》云："陈登尝役五龙以开港，故立庙以祀。宋淳熙九年，运判钱冲之重修。今废。"

五龙庙在淳熙九年（1182）重修，其始建时间不详。

《道光志》卷二十《祠寺志》："禅慧寺，在县北二十里。旧名鼉淙，汉广陵太守陈登建，先即白、黑二鼉立寺塘上，号名'鼉淙'，宋至平中，更名禅慧。"

鼉淙寺，为陈登任广陵太守时所建，时间为建安二年至六年（197—201）。有人将此寺认作"龟淙寺"，这是不对的，鼉不是龟，而是扬子鳄，古称鼉龙，俗称土龙。鼍淙寺这个词条至少告诉我们两个信息：

（1）陈登于建安二年（197）任广陵太守，建安四年（199）大破东吴军，建安六年（201）在东城太守任上去世。鼍淙寺应建于建安初年，在197—201年之间，是仪征最早的佛教寺院。

（2）东汉末年，仪征陈公塘一带生活着扬子鳄。

陈公塘废弃后，底部形成龙河。龙河因何得名？史书未有记载。关于龙河入运河的带子港（又名戴子港、太子港、带子沟），《道光志》卷五《舆地志》云："陈登常役五龙以开港，为陈公塘之下流，有二湾：一曰望儿，一曰相见。"

仪征民间小白龙的传说很多，尤其是在陈公塘北岸的白羊山，还有白龙窝。神话传说往往是从古老的故事中演化而来的，陈登役使五条龙开带子沟，显然是神话，也许就是由当初陈登驱赶鼍龙（扬子鳄）的举动演化而来，加之陈登字元龙，因此龙河的"龙"，很可能来自陈元龙驱赶鼍龙的传说。

在仪征龙河东岸、龙河集北三里，建有龙河粮库，其前身为"官塘庵"。古代陈公塘上的恭爱王庙、五龙庙、鼍淙寺，最有可能传续为"官塘庵"的，当数恭爱王庙。

我曾以市政协社情民意信息员的身份提交过《关于推进陈公塘申报江苏省水利遗产工作的建议》，得到了市领导的重视。2023年6月8日，市委常委、副市长杨庆洋，副市长殷仕宝，召集市文旅局、水利局和新城镇负责同志，由我带路，在陈公塘遗址（龙埂）召开了现场会；8月16日在市政府召开了推进会，邀请南京大学文化与自然遗产研究所研究部主任干有成副研究员到会指导。

水稻栽培有农书

《农书》，又称《陈旉农书》，真州西山陈旉所著。

史书上首次出现《陈旉农书》，是在《宋史》卷二百零五《志第一百五十八·艺文四·子类十七》中。这里记载了十七类书名，分别是儒家类、道家类（释氏及神仙附）、法家类、名家类、墨家类、纵横家类、农家类、杂家类、小说家类、天文类、五行类、蓍龟类、历算类、兵书类、杂艺术类、类事类、医书类。在农家类里有"陈旉《农书》三卷"六个字。

陈旉没有功名，《宋史》和仪征相关史志中都没有他的相关记载，他的情况只能从《农书》的序、跋中寻找。著名农业史研究专家万国鼎先生在《〈陈旉农书〉评介》一文中，有一段考证：

（陈旉）生于北宋后期熙宁九年（1076），《陈旉农书》写成于南宋初绍兴十九年（1149），那时他已经七十四岁，五年后又在书后作跋，享年当在八十以上……他的原籍没有记载。他在《自序》中自称"西山隐居全真子"，又称"躬耕西山"。他在写成《陈旉农书》后，以七十四岁高龄，从西山送到仪征给洪兴祖看，西山当离仪征不远，可能就是扬州西山……（洪兴祖）当时任真州知州，陈旉可能是因为洪兴祖是地方长官而把《农书》送给他看，但也可能是事前就认识的。就陈旉的活动地区和他的社会关系来看，他大概是江苏人。

作为仪征人，我对万国鼎先生自然是崇敬有加，但对其认为陈旉"大概是江苏人"的结论是不满意的。陈旉长期居住和躬耕于西山，七十四岁时又将毕生心血呈真州知州，当是真州人无疑。

至于西山具体是指仪征哪里，也不应以"可能就是扬州西山"带过。《舆地纪胜》云："青鸾、白鹤。大中祥符六年，司天台言：'建安军西山有旺气。'即其地铸圣像时，有青鸾、白鹤，景云盘绕炉冶之处，诏即其地建仪真观，立青鸾、白鹤二亭。"由此可知，宋代的西山建有仪真观和二亭。我曾对今二亭山和宋时"西山"做过研究，结论是宋之西山即为今之二亭山，位于仪征市马集镇爱国村境内。因此，陈旉所说的西山就是以马集镇为主的仪征中山区。

绍兴十九年（1149），陈旉七十四岁时，写成《农书》三卷，共有1.2万余字，分为上、中、下三卷。

上卷共有14篇，占了全书的三分之二，主要讲述水稻的种植技术，对高田、下田、坡地、葑田、湖田与早田、晚田等不同类型田地的整治都有具体的操作指导。其中，对高田的讲述尤为详细。书中还讲到在坡塘的堤上可以种桑，塘里可以养鱼，水可以灌田，使得农、渔、副能同时发展，很有现代生态农业的风采，十分强调传统的"因地之宜"，又显现出较强的进取性与能动性。对一些衰田，更注重的是改造。在水稻育秧技术上，书中确立了适时、选田、施肥、管理四大要点。另外，本书对中耕非常重视，特别指出，即使没有草也要耘田。书中还对"烤田"技术做了阐述，比《齐民要术》更为详明、进步。

中卷讲述水牛的饲养管理、疾病防治。

下卷讲述植桑种麻，其中特别推荐桑麻的套种。

书成之后，陈旉将其送呈父母官、真州知州洪兴祖（1090—1155）。洪兴祖连读三遍，大为赞赏，欣然为之作序。洪兴祖在序文中引陈旉所说："樊迟请学稼，子曰：'吾不如老农。'先圣之言，吾志也；樊迟之学，吾事也。是或一道也。"他很喜欢和赞同陈旉的观点。得到父母官的帮助，《农书》得以刊行并流传，此书后被收入明朝《永乐大典》，又被收入清朝《四库全书》。

由寺地遵（日本）著、曹隆恭译《陈旉〈农书〉版本考》（1982年4月2日发表于日本《史学研究五十周年论丛》）一文，对《陈旉农书》的各个版本做了详细考证，可知《陈旉农书》竟有十多种版本。

我手头的《陈旉农书》是1965年农业出版社出版的《陈旉农书校注》，由著名农学家万国鼎校注。

《陈旉农书校注》全书目录如下：

序

《陈旉农书》评介

陈旉自序

卷上：

    财力之宜篇第一

    地势之宜篇第二

    耕耨之宜篇第三

    天时之宜篇第四

    六种之宜篇第五

    居处之宜篇第六

    粪田之宜篇第七

    薅耘之宜篇第八

    节用之宜篇第九

    稽功之宜篇第十

    器用之宜篇第十一

    念虑之宜篇第十二

    祈报篇

    善其根苗篇

卷中：

    牛说

    牧养役用之宜篇第一

    医治之宜篇第二

卷下：

    蚕桑叙

    种桑之法篇第一

    收蚕种之法篇第二

    育蚕之法篇第三

用火采桑之法篇第四
　　簇箔藏茧之法篇第五
陈旉后序
洪兴祖后序
陈旉跋
汪纲跋
编辑后记

万国鼎（1897—1963），武进人，1920年毕业于金陵大学农林科，毕业后留校任教。1932年起，担任南京（战时迁重庆）中央政治学校地政系教授；1953年任河南农学院农学系教授；1954年在南京农学院（现南京农业大学）农业经济系任教授兼农业历史组主任；1955年7月，农业部批准南京农学院成立中国农业遗产研究室，万国鼎先生为主任；1957年，中国农业科学院成立后，中国农业遗产研究室列入该院建制，成为国家专门的农业历史研究机构。

万国鼎先生在序中指出：

"《陈旉农书》历来没有受到足够的重视，流传较少，《四库全书总目提要》甚至批评它"虚论多而实事少"。其实这书篇幅虽小，倒还很有些内容，在我国古代农学上表现出不少新的发展，应当列为我国第一流的综合性农书之一。作者长于文字，写得相当简练，还往往喜欢用典。"

万国鼎除了写序，还专门另写了一篇评价。

万国鼎认为，"《陈旉农书》不抄书，着重在写他自己的心得体会，即使引用古书，也是融会贯通在他自己的文章内，体例和《齐民要术》不同。他对《齐民要术》的批评未免过分（《要术》所说是黄河流域的农业，和陈旉所习见的不同；《要术》包括的范围广，自然不能全是自己的经验，但范围广自有它的用处，不能因此就说《要术》迂疏不适用），但他的这部《农书》在体例上确实比《要术》谨严，出自实践的成分比《要术》多。实践性可以说是《陈旉农书》的一个显著特色。《四库全书总目提要》批评这书'虚论多而实事少'，是不确当的"。

万国鼎总结《陈旉农书》有六大特点：

第一次用专篇系统地讨论土地利用规划。

第一次明确提出两个杰出的对土壤看法的基本原则。

不但用专篇谈论肥料，其他各篇也颇有具体而细致的论述，对肥源、保肥和施用方法有不少新的发展。

这是现存第一部专门谈论南方水稻区栽培技术的农书，并有专篇谈论水稻的秧田育苗。

具有相当完整而又系统的理论体系。

具有力求掌握自然规律的思想。

万国鼎综述:"总之,《陈旉农书》篇幅虽小,实具有不少突出的特点,可以和《氾胜之书》《齐民要术》《王祯农书》《农政全书》等并列为我国第一流古农书之一。"

《陈旉农书校注》还收录了丹阳洪兴祖作的后序、新安汪纲作的跋。

《宋史》卷四百三十三《洪兴祖》:

洪兴祖(1090—1155),字庆善,号练塘,丹阳人。少时精读《礼记》至《中庸》,深悟理学之道。政和八年(1118)上舍及第(宋代与科举并行的取士制度,太学生沿外舍、内舍、上舍路线,考试合格可直接授官),初任湖州士曹,后为宣教郎。建炎三年(1129)春,高宗驻跸扬州,召试后任职秘书省正字,专掌图书及校勘典籍,后任太常博士。时金兵已破徐州,洪进言上疏"乞收人心,纳谋策,安民情,壮国威",又论"国家再造,一宜以艺祖为法",为高宗所赏识。

绍兴四年(1134),任驾部郎官。这年春天,苏、湖地震,洪兴祖应诏进疏,得罪了当朝宰相(秦桧),被调去主管太平观,不久,调任广德知军。他任职广德期间,兴修水利、重视教育,颇有政绩,升任提点江东刑狱,不久任真州知州。

当时真州属于前线,为宋、金交兵冲要之地,疮痍满目,百业皆废。洪兴祖招抚难民,数次请奏减免民租,终于留住流民,垦辟荒地七万余亩。

后来,他转任饶州知州,在为龙图阁学士程瑀《论语解序》写序时,其中文字又得罪了秦桧,被流放到昭州(今广西平乐),不久去世,享年六十六岁。第二年,获得平反,享受原官政治待遇,并追赠敷文阁直学士。

洪兴祖好古博学,自少至老,没有一天离开书。著《老庄本旨》《周易通义》《系辞要旨》《古文孝经序赞》《离骚》《楚辞考异》行于世。

《道光志》名宦条目里也有洪兴祖的传,内容比《宋史》简单,《宋史》及县志皆未提及他为《陈旉农书》作后序之事。

《宋史》卷四百八《汪纲》记载:

汪纲(?—1228),字仲举,黟县人,是签书枢密院汪勃的曾孙,因祖荫进入体制。淳熙十四年(1187)中铨试(通过吏部的考试),任镇江府司户参军,曾上书镇江知府马大同,禁止铁钱流通,以防铜钱外泄和私铸盛行。

汪纲历任平阳、金坛、弋阳、兰溪、太平县令,提辖东西库、高邮知军,在皇帝召见时,对楚州、扬州及高邮地区的布防和兴化至范公堤一带的水运提出建议;任职提举淮东常平,提出改革"淮米越江之禁",建议调运金陵米三十万到淮西、京口米五十万到淮东,将平江米百万调往升、润储存,不至"陈陈相因,久而红腐",同时又能保证金陵、京口的转漕之需。他还对边防供给、漕粮贩运、开荒垦田、淮盐课税等方面提出建议,这些都表明他对两淮的地势民情非常熟悉。

汪纲身体不好申请休假,假满后任直秘阁、婺州知府、提点浙东刑狱、焕章阁直学士、绍兴知府,主管浙东安抚司公事兼提点刑狱,升任户部员外郎,总领淮东军马财赋。当时淮东属于前线,山东新归附的人员、真州楚州等地新招的万余弓弩手,都要仰仗其供给,浙西食盐专卖亏损七十余万缗、各州漕运不能及时运达,这些积弊都需要革除,汪纲到任后雷厉风行、举措得当,解决了问题,保证了财政供给。后兼任代理司农卿、龙图阁直学士。

理宗即位后,汪纲任右文殿修撰,加集英殿修撰,又加宝谟阁待制。绍定元年(1228),召赴行在,理宗表扬他"治行甚美",权户部侍郎。

数月后,他上书辞官,朝廷特别给他升官两级,让他在户部侍郎的职位上退休,仍赐给他金带。不久后,汪纲去世。

汪纲多闻博记,兵农、医卜、阴阳、律历诸书,无不研究。他的文章尤长于论事,援据古今,辨博雄劲。著有《恕斋集》《左帑志》《漫存录》。

汪纲对江淮地区的情况非常熟悉,他在题跋中赞赏陈旉书中"凡耕桑种植之法,几悉无遗";对真州知州洪兴祖刊行《农书》,使邦人"父兄子弟,其相于勉"的拳拳之意,甚为赞同。

如今仪征市马集镇方营村村部建了一个村史馆,里面展示了宋代《陈旉农书》、清代盐商巴光诰、民国教育家鲍勤士等资料,还有陈旉全身塑像(图1-24),他们认为陈旉的躬耕之地就在马集。

图1-24　陈旉雕塑

我不否认陈旉躬耕在马集的可能性,但总感到陈旉的影响力还可以再扩大一些,曾向市领导建议,在仪征东门外复建先农坛,除了先农坛必有的炎帝(神农氏)祭祀知识,再配列陈登(陈公塘)、陈旉(《农书》)的史料,纪念两位为农业做出重大贡献的先贤。

名医进士许叔微

走进仪征老中医院(大庆路),主楼前面有一尊汉白玉雕塑,那是为了纪念宋代真州"名医进士"许叔微而建的。雕塑基座上有碑文:

许叔微(1080—约1154),字知可,真州人,宋代著名医学家。曾为翰林学士,业儒之外,钻研医学,立志救死扶伤利天下。真州兵后大疫,遍历里巷治疗,救人不可胜计。著有《伤寒百证歌》《伤寒发微论》《伤寒九十论》《普济本事方》等书。

这座塑像是时任仪征中医院院长孙浩敬立的。孙浩(1928—2021),原名孙亮臣,是江苏省非物质文化遗产中医儿科"臣"字门第五代传人,江苏省中医药学会名誉会长、中国中医药学会儿科委员会常务理事,享受国务院政府特殊津贴专家。

在中医院门诊楼电梯里的电视上,反复播放中央电视台《百家讲坛》节目2013年3月7日播出的由北京中医药大学中医诊断学博士罗大中(现名罗大伦)主讲的《许叔微》系列:《宋朝有个许叔微》《医生的至高境界》《感动天地的大医精神》。被中央电视台做三集专题的真州人,目前没有第二个。

在2020年落成的新中医院(沿山河路)里,也有一尊许叔微的塑像,全身、铜质,塑像安置在一个精巧的园林之中。亭台廊池间,许叔微手拿书卷,仿佛正在构思他的《普济本事方》。这座园林名唤"普济园",正是用许叔微的著作来命名的(图1-25)。仪征人民对许叔微充满了崇敬之情。

《宋史》无许叔微传,但卷二百七《艺文志》载有"许叔微《普济本事方》十二卷"。《道光志》卷四十《人物志》有许叔微的传。赵兰才《许叔微医案集按》有《许叔微平生传略》,综合如下:

许叔微(1080—1154),字知可,号白沙,又号近泉,真州人。绍兴二年(1132)进士,官至集贤院学士。

许叔微是"高阳许氏"之后。高阳即河北高阳,十六国后燕慕容垂手下高阳

图 1-25　许叔微雕塑

太守许茂为高阳许氏之祖,传续到唐初宰相许敬宗,许远为许敬宗的后裔,许远与张巡共守睢阳,被誉为"双忠"。唐亡后,许远的曾孙许儒为避战乱,南迁新安黄墩(今黄山市屯溪区的篁墩),这是"高阳许氏"南迁新安的一支。

许儒有四个儿子:许知柔、许知稠、许知善、许知节。许知稠在南唐初期,迁居到安徽歙县许村,生子许规。许规生三子:许遂、许遬、许迥。

许叔微的高祖叫许迥,曾祖叫许会,祖父叫许惇(希度),始出徽州,生有许浩、许浚两个儿子,皆为武官。许浩在汴京为皇家侍卫,"随徽、钦北狩",殉难于五国城;许浚为左翊武功郎(从七品),在真州为官,他是许叔微的父亲。

许叔微自幼父母双亡,他的生活和学习受到许氏家族其他成员的帮助。从王安石写的《许氏世谱叙》可知:许元(真州东园倡建者,详见《称钉定额许子春》篇)的父亲许遬,与许叔微的高祖许迥,是亲兄弟。他们共同的祖先是许规。宋代的真州确实存在着比较显赫的许氏家族。

元祐五年(1090),许叔微十一岁,父亲去世。父亲在弥留之际对许叔微说:"一定要多读书,或为官济世,或为医活人,要做个好人啊。"母亲悲伤过度,身体日衰,两个月后的一天,突然倒地,牙关紧闭,口中流涎,请来的医生下错了药,导致他的母亲也去世了。

许叔微从此发奋学医,在学习举子课程的同时,还学习张仲景《伤寒论》等大量医书,掌握了医疗理论和不少治病方子。尤其是对导致他母亲去世的这种病症进行了研究,他遇到这类病例后先用苏合丸灌醒,然后再观察患者的虚实,用药调理。许叔微认为,暴喜伤阳,暴怒伤阴,忧愁失意,气多厥逆。暴喜、暴怒和过度忧愁,会导致此病。

许叔微稍大后就离开了真州,外出游学,寻师指点。他去过徽州、歙县、汴京、苏州、吴江、毗陵等地,行医始于何时已难考证,应不晚于大观四年(1110),因《普济本事方》卷二记载了这一年他用白附子散治愈头痛患者。

许叔微从小就刻苦读书,学习经史,走科举正途。清代古籍收藏家唐棉村为许叔微《伤寒百证歌》再版时,在书前加了题为《许叔微传》的序,其中讲了许叔微参加会试的故事:

许叔微于政和二年(1112)到汴京参加会试,当时宰相蔡京患病,请了好多医生都未治好,听说许叔微医术高明,就请他来诊治。许叔微察色按脉,只开了一服药,服后第二天就痊愈了,蔡京很高兴,要给他官做。当时正值许叔微落榜,心情郁闷,心想因给宰相看病而当官,不光彩,不是他做人的风格,就没答应,飘然离京了。大家对他都很敬重(以忤时相归,人咸高之)。

后来许叔微医名大噪,不仅是真州,远近如扬州、南京、镇江、常州、南昌、商丘等地的患者,亦赶来求医。许叔微认真给他们看病,不收分文。"无问贵富贱贫,虽瞳夜风雨,有以疾告,……所治辄应手愈,……始终不索酬,志在济人而已,人咸德之。""所活不可胜计。"

靖康二年(1127),北宋灭亡,流寇张遇乘机劫掠真州,乱兵过后,疫疾大作。许叔微逐户走访,给药治疗,遇到无家可归的患者,许叔微将其抬到自己家中,亲自治疗,救活了很多人。

《道光志》援引洪迈《夷坚志》甲志卷五,记载了"以药饵阴功,见于梦寐"的神奇故事,曾敏行《独醒杂志》亦有记载,一并整理如下:

许叔微曾经做梦,梦中有神人点化他:"你想登科,必须要积阴德。"许叔微寻思,唯有发挥自身特长,多多治病救人,才能多积阴德,所以他特别留意方书,给人治病不遗余力,时间一长,救活的人不可胜计。

后来神人又一次进入他的梦境,问他:"你平生有没有什么遗恨呢?"许叔微答道:"我有三大遗恨。一是从小没了父母,没能充分享受到天伦之爱;二是我刻苦读书,希望能科举及第、光宗耀祖,但是现在我已经年逾五十了,还没有成功;三是到现在还没有儿子继承许家香火,这是大不孝啊。"神人问他,你做过什么有功于百姓的事吗?

许叔微回答说:"我自幼父母双亡,特别是母亲为庸医所误。家乡没有良医,我就立志认真学习,刻意研究方书,以便将学到的医术用于治病救人。建炎初年,真州城中瘟疫流行,我不分富贵贫贱,挨门逐户给乡亲们察脉观色,并送药给他们。看到无家可归的患者,我将他们安置到自己家中,亲为治疗,这个似乎算微功,乡亲们对我的做法是认可的。"

神人说道:"上天已经注意到你这么多年给百姓看病的功德,正准备让你考取功名封官,让你得个儿子。至于幼失父母,则没办法补救。"接着神人给许叔微留下偈语:"药市收功,陈楼间阻。殿上呼胪,唱六得五。"许叔微醒来,对这十六字偈语不能理解,但还是将其记录在案。

绍兴二年(1132),许叔微以第六名的成绩考取进士,因他前面有一位没通过皇上的面试,许叔微升为第五名。他的前面是陈祖言,后面是楼材。这就与梦中神人的十六字偈语对上了。

上述许叔微的"自白",与他在《普济本事方》书前所作的序,异曲同工,也许曾敏行就是根据这个序,写出的故事。《普济本事方》的序中,有这么两段话:

余年十一,连遭家祸,父以时疫,母以气中,百日之间,并失怙恃。痛念里无良医,束手待尽;及长成人,刻意方书,誓欲以救物为心。

……

余既以救物为心,予而不求其报。则是方也,焉得不与众共之。

从序言中可以看出,许叔微钻研医术,为人看病分文不取,将所藏良方公之于世,这等感天动地的大医精神,源于小时候父母双亡给他带来的痛苦及由此发出的要为百姓治病解忧的宏愿,这也是他终生不渝的动力。

绍兴二年(1132),五十三岁的许叔微终于考取了进士,成绩不错,殿试第五名。他先后任徽州府学教授、杭州府学教授,绍兴十年(1140)任集贤院学士。当时秦桧当朝,主张对金议和,排斥异见者,许叔微看不惯,但又无能为力,就称病回家。

许叔微辞官后,隐居在太湖之滨,毗陵夫椒檀溪(今无锡市滨湖区马山街道),建庐"梅梁小隐",行医济人、著书立说,并与抗金名将韩世忠交往。岳飞被害后,韩世忠自请解职,移居苏州,常渡太湖来访,二人品茗饮酒,共抒忧国情怀。许叔微时常为韩世忠诊病配方,韩世忠亲身体会到他的高明医术,赠其"名医进士"匾额。

我曾亲往无锡,寻访许叔微遗迹,在许氏后裔许骄阳的安排下,由许氏后裔许晓云带领,参观了"梅梁小隐",拜谒了许叔微墓和许必胜墓(图1-26)。

许叔微有两个儿子(二嗣),一子名许必胜(1113—1197),绍兴十五年(1145)进士,一甲三名,为毗陵第一探花,官至显谟阁待制。今无锡马山许氏家

图 1-26　作者(右)与许晓云在梅梁小隐

族尊许叔微为始迁祖,其子许必胜(九三公)为一世祖。

许必胜生了四个儿子:莹、琦、玮、琮,其中许琮和三哥许玮的儿子许景时,同登乾道二年(1166)进士榜,一时传为佳话。许氏家族四世进士,荣耀非凡。

许叔微著述丰富。

许叔微在行医过程中,常常遇到他医误治的案例,深感当时医生的诊疗水平太低,亟须普及《伤寒论》知识。绍兴六年(1136)(时任常州府学教授),他对张仲景《伤寒论》中一百个症候及治法,进行整理编排,以七言歌诀体裁,编成《伤寒百证歌》,这是中国医药史上最早用"按症类证"法研究《伤寒论》的著作。这种方法便于记忆和传诵,对《伤寒论》的普及起到了很大作用。

中进士后的许叔微,将其笔耕多年的心血《伤寒百证歌》《伤寒发微论》《仲景脉法三十六图》陆续刊行。

致仕后的许叔微,将他实际使用过有效的医方以及使用该方的经验体会,编撰成《普济本事方》,全书十卷,二十三门,共 330 余方,是历史上第一部比较完备的方剂专著。该书于绍兴十三年(1143)刊行,出版后风行一时,至宝祐元年(1253),短短一百年间,再版至少三次。其后元、明、清及日本皆有刊刻,影响深远。

绍兴十九年(1149),许叔微已经七十岁,仍不废耕耘,编成《普济本事方续集》十卷。他将平生运用经方的案例整理成书,定名《伤寒九十论》,这是许叔微研读《伤寒论》并实践于临床的经验总结。这本书不仅是最早的伤寒医案专集,也是我国第一部医案专著,在医案学发展史上以及仲景学术临床应用方面均有不容忽视的开创意义。

《宋史》卷二百七《志一百六十·艺文六》载有"许叔微《普济本事方》十二卷"。《钦定四库全书》子部收录有《普济本事方》全书。

许叔微的《伤寒百证歌》《伤寒发微论》《伤寒九十论》,即"伤寒三论",奠定了其在伤寒学术领域的地位,被后世尊为经方派的代表。而《普济本事方》的许多内容更是被后世诸多医书辑录。

清代名医徐彬在《伤寒方论》中评论"古来伤寒之圣,唯张仲景,其能推尊仲景而发明者,唯许叔微为最";清代名医俞震在《古今医案按》赞曰"仲景《伤寒论》,犹儒书之《大学》《中庸》也,文辞古奥,理法精深,自晋迄今,善用其书者,惟许学士叔微一人而已。所存医案数十条,皆有发明,可为后学楷模";清代名医叶天士奉《普济本事方》为至宝,视同"枕中秘",他评论许叔微"盖士而精于医者也。观其用药制方,穷源悉委,深得古人三昧。苟非三折肱,良不易辨。盖其心存普济,于以阐发前人之秘,以嘉惠后人者,厥功伟矣"。

许叔微是宋代研究伤寒论的大家,中医经方派的奠基人之一,一生著述颇丰,辑有《本事方》(又名《类证普济本事方》)十卷、《续本事方》十卷,均收入《四库全书》;《伤寒百证歌》五卷、《伤寒发微论》二卷、《伤寒九十论》,合称《许氏伤寒论著三种》;还有《治法》《辨证》《翼伤寒论》《仲景脉法三十六图》等。[1] 这些著作对后世研究中医理论意义重大。

千株梅花雪作堆

宋代是大兴园林的时代,真州地处运河入江口,经济发达,文化繁荣,园林建设可圈可点。这些园林虽已不存,但因文人们的诗作而留存在历史的记忆中。著名的真州东园,有欧阳修《真州东园记》;范氏园,有苏轼《溪阴堂》诗;新园,有梅尧臣《寄题新园》诗;丽芳园,有萨都剌《过孙虎臣园》诗。本文所述真州梅园,

---

[1] 此伤寒非彼伤寒也!许叔微所论之"伤寒"是古人对外感病的通称,张仲景所著《伤寒论》也是该义,并不是现代意义上的伤寒症(由伤寒杆菌引起的一类急性肠道传染病)。

亦有诸多诗文可证。

《道光志》卷六《舆地志》有"梅园"的记载：

在县西十五里，内有古意亭，嘉定间吴机建。

方信孺《梅园》诗：

十里低平路，千株雪作堆。不须驱小队，只伴一筇来。

方信孺是南宋嘉定年间（1208—1224）的发运司运判兼真州知州。

袁申儒《梅园》诗：

去年梅驿下，故骑越龙堆。花落无人问，东君不解来。今岁看成别，旌旗耀锦堆。旧时空谷里，却有好音来。

袁申儒也是南宋嘉定年间的真州知州。

除县志上收录的方信孺、袁申儒梅园诗，仪征市委宣传部 2016 年出版的《仪征风雅》还收录了周端臣的《真州梅》、刘克庄的《忆真州梅园》和李龙高的《真州》，都与梅园有关。

周端臣，字彦良，号葵窗，建业人。绍熙三年（1192）寓临安，曾御前应制，未十年而卒。他的《真州梅》诗：

敧倒几株梅，粘枝半是苔。相传前代种，曾历太平来。山冷雪犹在，春深花始开。乱离无酒买，嚼蕊当衔杯。

李龙高的《真州》诗：

仪真谁种满林梅，兵后危枝半草莱。便使萧条君莫叹，也曾惯见太平来。

刘克庄（1187—1269），初名灼，字潜夫，号后村，莆田人，师事真德秀。嘉定二年（1209）补将仕郎任真州录事参军，调靖安主簿。历权工部尚书，升兼侍读。咸淳四年（1268），特授龙图阁学士。谥文定，有《后村先生大全集》。他的《忆真州梅园》诗：

当年飞盖此追随，惨淡淮天月上时。树密径铺毡共饮，花寒常怕笛先吹。心怜玉雪空存梦，尘暗关山阻寄诗。纵使京东兵暂过，可无一二研残枝。

程杰《扬州梅花名胜考》指出，刘克庄晚年在文章中回忆说，"余尝游于仪真之梅园，极目如瑶林琪树，照映十余里""极天下巨丽之观"（《后村先生大全集》卷一〇六《（跋）林灏翁诗》）。

从县志和诸多诗作可知，南宋时期，真州境内存在过梅园。

梅园的范围不小，"千株雪作堆""照映十余里"，虽说写诗有夸张的成分，但大致能反映当时的基本情况。

梅园建园的时间是嘉定年间，建园者为吴机，查县志职官表，写诗的三位知州方信孺、袁申儒、吴机任职都在嘉定年间，且吴机在后。可见，在吴机建梅园之前,那地方就已经有梅花了,要不然在他之前任职的方信孺、袁申儒,怎会吟咏梅园。

《道光志》卷二十六《职官志》有方信孺、袁申儒、吴机等知州的小传。

方信孺,字孚君,兴化军人。有隽才。嘉定间,任发运判官。陆《志》云:"以父荫补官。开禧间,以萧山丞赴召。"三使金,能以口舌折强敌。迁知真州。即北山匮水筑石堤,堤裹二十里,人莫测其故。金人薄城,守将决匮退敌,城乃获全。

这是说方信孺曾三次出使金国,口才了得。他在真州任职期间,在北山筑石堤建水匮(水库),金兵来犯时,放水退敌。

《宋史》卷三百九十五有方信孺的传,记载了方信孺三次出使全国,不卑不亢、据理力争的事迹。方信孺曾任肇庆府判官、韶州知州、道州知州、提点广西刑狱。在湖南永州九嶷山、祁阳县浯溪,广东清远金芝岩,广西柳州马鞍山、桂林七星岩等地留有摩崖石刻。

袁申儒,嘉定中,知真州。陆《志》云:"以朝请郎、将作监丞知真州。"尝上便宜十二事,作翼城,置营运库,开茆家山塘,筑堤置闸,汇诸山水溉城以防敌。是年春,金兵果至。俄,迫翼城,疑不敢前,竟遁去。

这是说袁申儒在任职期间提出了修建东西翼城的十二大迫切性并续修东西翼城,他也建了水库(茆家山塘)。这年春天金兵来犯,迫近翼城,因担心宋军放水,放弃攻城而退去。

吴机,字子发,天台人。嘉定中,以运判兼知真州。创阅武亭,设抵当库。凿横河,浚重濠,道塘水,置堰闸,穿地为网,匦濠三隅。结屋为营,分兵五等,补尺籍,备械器,画城捍御,部分井然,而翼城工费尤巨。凡前守经画未备者,咸克成之。初,漕运悉用客艘。机虑扰民,乃捐官钱,置舟数百。自是,民旅帖然。又建大成殿、由礼亭,百废具举。民立生祠。嘉庆《府志》引嘉靖《志》云:"属扬子令丁宗魏等修《州志》。去之日,民为立祠。"

这是说吴机在任职期间大力整军备战,巩固完善城防,打造漕运官船,修建文化设施,政绩突出,离职之日,百姓为之建生祠。

南宋时,北方国上已失,漕运量减少,发运司通常不设发运使和副使,主官只设运判,且兼真州知州,与北宋时期相比级别降低了。

从修建北山水匮、茆家山塘等工程,到凿横河、浚重濠、备械器、修翼城等信息和袁申儒"去年梅驿下,敌骑越龙堆"的诗句中,可知南宋嘉定年间并不太平,知州们一手抓抗金,一手抓复兴,工作量不小。

县志"城池"部分,记载了历代修建城墙的州官。

嘉定十年(1217)秋,运判兼州守方信孺再议兴筑东翼城。

嘉定十一年(1218)春,郡守袁申儒条呈十二事,先筑西城一百四十八丈,继筑东城一百九十四丈。

嘉定十三年(1220),运判兼州守吴机始尽筑东城及马面,共一百九十余丈,西城、马面共十五丈。

县志收录卢祖皋《固圉记》曰:"嘉定十二年季冬,诏以司农丞吴公守真州";又查得吴机于嘉定十五年(1222)曾为其叔父吴洪(真州知州)建吴知郡祠并撰文《祠壁记》,此时他仍在职,而嘉定年号一共十七年,吴机之后还有别之杰、陈韡、邱寿遇、汪统四位知州才到宝庆年号,故推断吴机的任职时间为嘉定十二年(1219)至嘉定十五年,这也是梅园建成的确切时间。

梅园毁于什么时候呢?在蒙古派往南宋的使臣郝经所作《陵川集·江梅行》中有相关信息:

江城画角吹吴霜,破月着水天昏黄。波澄烟妥林影澹,双梅带雪横溪塘。此时承平风物盛,家家种玉栽琳琅。朝来伴使宴江馆,银瓶乱插吹银管。霏微香雾入红袖,零乱春云绕金碗。都将和气变荒寒,锦瑟愁生燕玉暖。为言仪真梅最多,苔花古树深烟萝。一年十月至二月,红红白白盈江沱。自从天马饮江水,草根啮尽梅无柯。杨子人家楚三户,今年幸有烧残树。忽闻星使议和来,尽贮筠笼待供具。从今江梅好颜色,烂醉长吟嚼佳句。

其中"为言仪真梅最多,苔花古树深烟萝。一年十月至二月,红红白白盈江沱。自从天马饮江水,草根啮尽梅无柯。杨子人家楚三户,今年幸有烧残树"等句,说的是真州梅园花团锦簇,自从蒙古兵"天马"到来,草根都被它们啮尽、梅花连枝条都没有了,剩下的残树也被老百姓弄回家当柴火烧了。

《道光志》卷二十三《武备志》记载,蒙古兵第一次侵犯真州是端平三年(1236)冬十二月,领头的蒙古将领叫察罕,守城的真州知州叫丘岳。因城防坚固,蒙古军久攻不下,撤退时,宋军开城追击至胥浦桥,以"强弩"射死一名敌将,蒙古军退走。丘岳说:"敌军人多,十倍于我,不可力胜。"于是在真州西部设下三道伏兵,敌兵再次来犯,伏兵发炮,打死敌骁将。乘敌人军心不稳之际,丘岳组织勇士,袭击敌营,焚烧营帐。两天后,蒙古兵退走。详见本书《丘忠实强弩射王》篇。

其后,宋蒙在真州还有七次战斗记载,以这一次最为涉及真州城西部区域。因此,梅园被毁的时间应为端平三年(1236)。也就是说,梅园存世大约20年。

梅园的时间、人物清楚了,下面说位置。"县西十五里"对应哪里呢?

《道光志》卷四《舆地志》"山川"部分有县城以西诸山记载,县西十里甘草山,十五里尖山，二十五里青山、神山，三十五里鸡留山、三十五里横山、四十里方山、丫山（奶山），七十里灵岩山。

用现代地图对应，基本上准确。那么，梅园在县西十五里，就是在尖山了。尖山什么样？县志里只说了十个字："在县西十五里，山顶极锐。"

沧海桑田，县西十里的甘草山已经不见了，但根据甘草山商周遗址考古报告中描绘的地貌特征，可以考证出其原址；尖山也不知所在，从地图上看，县西十五里有山势的地方，对应着今仪征化纤西大门外的肖山，属于青山镇肖山村。

盐所税课天下半

《道光志》卷二《建置志》记载："批验盐引所，元大德间，置于本州。"

真州是运河入江口，大运河的三大功能为运兵、运粮、运盐。运盐，实为食盐官营，有着悠久的历史。

食盐官营起源于春秋时期齐国管仲，《管子》卷二十二《海王》中记载了管仲的"官山海"主张，齐国也由于盐铁官卖等措施，国富民强，成为春秋第一个霸主。

西汉吴王刘濞开挖运盐河（扬州湾头至如皋蟠溪），食盐从海边运至扬州湾头，转入邗沟入江水道（江漕），从新城附近（邗沟入江口）出江，这是仪征与盐运结缘之始。

唐刘晏于广德二年（764）任盐铁使后，在运河沿线设置了十三个巡院，其中有"白沙院"。白沙是唐代仪征市区的地名，扬子县白沙镇是大运河新的入江口，江口建有永和庵宝塔（今天宁寺塔），系泗州高僧僧伽于景龙三年（709）所建，明洪武初年复建，现为江苏省文物保护单位。

白沙巡院起初的职能是打击私盐，后逐步扩展为榷税、交易、仓储、转运等职能，名称变为扬子院，主官职务叫扬子盐铁留后。扬子院掌管的财富十分惊人，建中四年（783），淮南节度使陈少游造反，胁迫盐铁使包佶，包佶不从，逃往江南。扬子院的八百万缗公款和三千守卒被陈少游夺得。根据《资治通鉴》的统计，八百万缗相当于七十年后大唐全国财政的87%。

北宋定都汴京后，人口大增，漕运成为国之大事，鉴于白沙镇（五代南吴更名为迎銮镇）运河入江口的地位，北宋初年即将其升格为建安军，继而升格为真州。

为了加强漕运管理，淳化三年（992），朝廷在真州设立了江淮发运司，负责江淮六路漕粮督运，实行转般法，在真州设有粮仓和盐仓，漕船运粮到此，卸货入仓,"以回船装盐,散江浙、荆湖六路",这是淮盐销往扬子四岸的历史渊源。为了更好地管理茶、盐等专卖物资,朝廷在真州还设立"榷货务"(相当于专卖局),"于真州印钞,给卖东南茶盐"。

南宋建炎元年(1127),江淮发运使梁扬祖提出在真州遣官置司,给卖钞引,专营茶盐,朝廷于是任命他提领东南茶盐事,很快实现"岁入钱六百万缗","其后历三十年……东南产盐之州二十二,总为二万七千八百一十六万余斤,通收盐息钱一千七百三十余万缗,后增至二千四百万缗"(《续资治通鉴》卷一百二)。

元朝的漕运仰仗海运,大运河的南北交通并不畅通,但元廷对淮盐的盐税征收相当重视,所以对运河入江水道(江漕)和运盐河的疏浚很上心。来自湖广上江的粮船在真州卸货,转由来自浏家港的海船运走,从长江口北上走海路;湖广粮船回空时,从真州带回淮盐。

大德四年(1300),元廷在真州设置了批验盐引所,这是真州设立盐所之始。唐、宋的食盐官卖,是由巡院、发运司、榷货务、茶盐司兼管的,元代将食盐专卖单独建所,专司批验盐引和淮盐掣挚,明、清两朝也都沿用,在仪征建立盐所。

《元史》卷九十七《食货五》记载,至顺四年(1333),真州官盐年销量达到95万引。

《马可·波罗游记》载:

大城镇真州,从这里出口的盐,足够供应所有的邻近省份。大汗从这种海盐所收入的税款,数额之巨,简直令人不可相信。

明、清两朝在建有淮南批验盐引所的基础上,还在仪征设置了两淮巡盐御史署,清代还增设了淮南监掣同知署。

淮南批验盐引所建在仪征南门外的天池西岸,设大使一员。大使之职,掌验掣盐引之政令,辨引符,防矫伪,权钧石,榷余剩,守其储积,以给藩府留都百官之供亿焉。清雍正六年(1728),明确所大使为正八品,每年额支俸银四十两;雍正十二年(1734),题定养廉银七百两。

盐所具体负责验掣的流程:

(1) 盐船入里河经东关石闸进入天池后,在天池木关外等候。

(2) 运商到南掣厅(淮南监掣同知署)报到,领取底马编号,盐船凭南掣厅手续被放入木关,停泊到仪征批验盐引所东角门外的天池码头(图1-27)。

(3) 脚夫将盐包抬进盐所,进所东角门,摆马过掣,纳银。

(4) 掣验完毕,脚夫将盐包抬出盐所西角门,经一坝(向北,后河)或二坝(向南,前河)装上驳船,解捆、出江。

所大使在所内的工作完成后,还要跟踪进垣、解捆、打包、驳运、江掣等环节,

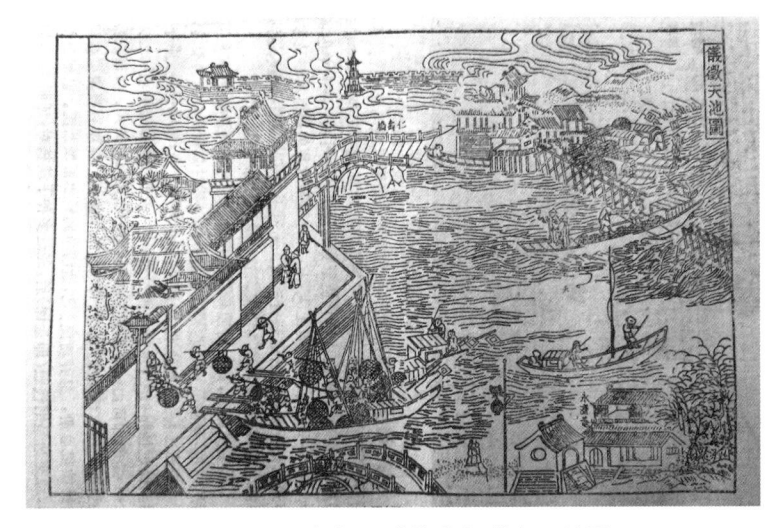

图1-27 《(嘉庆)两淮盐法志》仪征天池图

工作量很大。

盐税收入历来是朝廷财政收入的主要来源之一,仅次于田赋。清代首任两淮巡盐御史李发元在《盐院题名碑记》中说:"两淮税课当天下租庸之半,损益盈虚,动关国计。"清末盐税每年约4500万两,占预算总收入的14.9%。清初全国九个主要产盐区岁额行盐总数为540万引,而两淮盐产即达160万引,占31%;康熙年间(1662—1722)全国盐课982万两,其中两淮盐课竟高达607万两;清乾嘉时期仪征天池的淮盐掣验储运量达到134万引,为历代盐运之最,淮南批验盐引所功不可没。

第二章
文章锦绣

真州地处运河入江口,乃漕运重地,朝廷在这里设置江淮发运司。发运司和真州本地的官吏、来真州视察的官员、南来北往途经真州的文人墨客,留下了大量的诗词和文章。欧阳修的《真州东园记》记载了东园的景点,使东园成为仪征历代必须复建的文化地标;沈括的《真州复闸》将真州通江木闸载入世界复式船闸建造的史册;苏轼题名的慧日泉和《睡起闻米元章冒热到东园送麦门冬饮子》诗,至今还在向人们讲述着他八到真州的故事;米芾的《壮观帖》,将真州景物永远定格在他的书法作品中;刘宰的"风物淮南第一州"诗句,成为仪征千年来闪亮的名片;文天祥真州脱险,留下了《真州杂赋》等三十多首诗,是其《指南录》中最为精彩的篇章。

还有一些著名文人与真州有一定关联,如晏殊后裔晏端书(署理两广总督)世居仪征城南陈家湾,包拯四世孙包文龙为仪真包氏始迁祖,富弼外孙范之才曾贬谪真州,司马光有《送吴驾部知真州》诗,李清照有"春归秣陵树,人客建安城"句,姜夔有《送左真州还长沙》诗,因史料较少,不足以成篇,本章未录。

冯延巳　风乍起吹皱池水

冯延巳(903—960),字正中,一字仲杰,南唐吏部尚书冯令頵之长子。其先彭城人,唐末避乱南渡,祖父迁居于歙州(新安)休宁冯村。其父令頵追随南唐烈祖李昪,南唐建国后出任吏部尚书,安家于广陵。

冯延巳是五代十国时期著名词人、宰相,仕于南唐烈祖、中主二朝,三度拜相。保大三年(945)灭闽,第一次拜相;保大十年(952)三月平楚,第二次拜相,十一月因楚地复叛,罢相;保大十一年(953)第三次拜相。官终太子太傅,卒谥忠肃。

冯延巳多才多艺,他的政敌孙晟曾经当面说道:"君常轻我,我知之矣。文章不如君也,技艺不如君也,诙谐不如君也。"(《钓矶立谈》)冯延巳有词集《阳春集》传世,他的词多写闲情逸致,文人的气息很浓,对北宋初期的词人有比较大的影响。

《道光志》卷三十六《人物志·文学》将冯延巳收录在仪征本地文人类别之中并有小传,陆游《南唐书》卷十一《冯孙廖彭列传》载其为广陵人。南唐时,扬州(江都府)为东都,仪征当时在江都府下属永贞县,《道光志》将其列为邑人类别,有一定道理。徐铉《稽神录》记载"陶俊在广陵江口看守战船,因而常在白沙市中",就是将白沙(永贞县迎銮镇)视同在广陵。再说,冯延巳经常往返于金陵与广陵,途径永贞县銮江口是必然的。

史虚白《钓矶立谈》记载:

宋太祖征讨李重进获胜后驻跸扬州,南唐派冯延巳前往拜见。太祖说:"我想乘胜扩大战果,渡江直下江南,你们南唐国主将何以相待?"冯延巳对曰:"李重进也算是名将,但在您面前一战就擒。我们江南小国,在您眼里根本就不烦神虑。但是我们江南士庶,眷念国主厚恩,大家都有必死之志,如果您天威暴临,恐怕也不会那么顺当。大宋朝如果不惜数十万将士的生命,硬要来攻,我也没有办法。"太祖笑道:"我跟江南国主大义已定,刚才是跟你开玩笑的。"

我阅读此处,感觉时间不对。《南唐书》卷十一《冯孙廖彭列传》记载冯延巳于"建隆元年,五月乙丑卒,年五十八";《钓矶立谈》记载冯延巳拜见宋太祖是征李重进之际;《宋史》卷一记载"建隆元年十一月丁未,师傅扬州城,拔之,重进尽室自焚"。推测是《南唐书》记载有误,冯延巳去世时间当在北宋建隆元年

(960)十一月拜见太祖之后。

冯延巳是有名的词人,他的词集《阳春录》有126篇词作。其中《谒金门·风乍起》还有一段故事:

风乍起,吹皱一池春水。闲引鸳鸯香径里,手挼红杏蕊。斗鸭阑干独倚,碧玉搔头斜坠。终日望君君不至,举头闻鹊喜。

《南唐书》卷十一《冯孙廖彭列传》记载,元宗(南唐中主李璟)曾经在内殿曲宴,席间对冯延巳戏谑说:"吹皱一池春水,何干卿事?"冯延巳回答:"我这个句子,哪里比得上陛下'小楼吹彻玉笙寒'之句。"可见,君臣二人对吟诗填词都很有造诣。不仅中主,南唐后主李煜更是填词高手,那句"问君能有几多愁,恰似一江春水向东流",乃千古绝唱。

徐鼎臣　月下春塘且听歌

徐铉(917—992)是北宋初期的著名文人,有《寒食宿陈公塘上》诗:

垂杨界官道,茅屋倚高坡。月下春塘水,风中牧竖歌。折花闲立久,对酒远情多。今夜孤亭梦,悠扬奈尔何。

陈公塘是东汉广陵太守陈登所建的一座水库,位于仪征市新城镇龙河社区以北。徐铉作《寒食宿陈公塘上》诗,是他到过仪征的证据。

《宋史》卷四百四十一《文苑三》有徐铉的传。

徐铉,字鼎臣,原籍浙江会稽,父亲徐延休在江都做官(少尹),迁居广陵,所以徐铉是广陵人。徐铉十岁就能写文章,不乱交朋友,长大后与韩熙载齐名,江东谓之"韩、徐"。

徐铉原在南吴做官,任校书郎,南唐烈祖李昪登基后,徐铉又在南唐做官,任知制诰。他与宰相宋齐丘不和,军中有文书来,徐铉和弟弟徐锴都指出文书援引不当,这文书是汤悦写的,汤悦就向宋齐丘告状,说徐氏兄弟泄露机密。徐铉被贬为泰州司户掾,徐锴被贬为乌江尉,不久二人又官复原职。

南唐中主李璟命内臣车延规、傅宏营屯田于常州、楚州,他们待下人刻薄,手下人纷纷逃离,以致盗贼群起。朝廷命徐铉巡抚楚州,徐铉上奏建议停止屯田,车延规等畏罪潜逃,徐铉搜捕甚急,抓到人犯后生怕夜长梦多,于是先斩后奏,结果被参擅自杀人,流放舒州。

周世宗南征时,中主李璟将徐铉调往饶州,接着召为太子右谕德,重任知制诰，再迁中书舍人。李璟死后，南唐后主李煜任徐铉为礼部侍郎，通署中书省事，历尚书在丞、兵部侍郎、翰林学士、御史大夫、吏部尚书。

北宋军队即将围攻金陵，李煜派徐铉去谈判，请求宋军暂缓出兵。李煜同时还想命令朱令赟带兵十余万从上江赶来救援，考虑到徐铉即将出使北宋，准备收回让朱令赟东下的命令。徐铉说："我此行未必能够让宋军停止，我们江南还是要倚仗上江的援兵，不能收回东下命令。"李煜说："一边派你去求和，一边调援军来京，这对你可不利啊！"徐铉说："要以社稷为计，怎能顾及一个小小的信使！不要考虑我个人的安危。"李煜"泣而遣之"。徐铉到了宋营，不卑不亢，虽然没有说服宋军，但也保持了南唐使节的尊严。

南唐覆灭后，徐铉随李煜入觐宋太祖，太祖大声斥责徐铉。徐铉说："我是江南国的臣子，国家已经亡了，我罪当死，还说其他什么话！"太祖赞叹道："徐铉是个忠臣！留在本朝做事，一定会如同在南唐一样。"于是任命他为太子率更令。

北宋太平兴国初年，徐铉任职直学士院，跟随大军从征太原，军中需要的文告、诏令，都由徐铉起草，他起草的文书等词理精当，大家都赞叹他的才华。班师还朝后，徐铉任给事中。八年（983），任右散骑常侍，迁左散骑常侍。

淳化二年（991），庐州女僧道安，状告徐铉曾与道安的嫂嫂通奸，虽然道安因证据不足获罪，但徐铉也因此被贬为静难行军司马。

徐铉是南方人，当初到京师工作时，不适应北方的气候。现在被贬到了苦寒之地——邠州（陕西邠州），徐铉又不喜欢皮毛衣服，终于病倒了。一天早起，他穿戴好衣冠，就让下人拿来纸笔，交代后事，最后写道："道者，天地之母。"写罢就去世了，年七十六。

徐铉无子，门人郑文宝护其灵柩到汴京，胡仲容将他归葬于南昌之西山。

徐铉简淡寡欲，直无矫饰，不喜欢佛教，对神怪感兴趣。有人来献神怪故事，徐铉总是奖励来人。徐铉精于小学，喜欢李斯小篆，隶书亦很好。

徐铉受诏与句中正、葛湍、王惟恭等人同校许慎《说文解字》，所撰《序》被《宋史》卷四百四十一《徐铉传》全篇收录。徐校本《说文解字》于太宗雍熙三年（986）完成并雕版流布，世称"大徐本"。

徐铉的弟弟徐锴，也精于小学，为了查检方便，他据《切韵》分韵次序将《说文解字》所收字按韵重编，依四声谱次为十卷，作《说文解字篆韵谱》。徐铉为之所撰《序》亦被《宋史》卷四百四十一《徐铉传》全篇收录。

徐锴，字楚金，四岁时父亲去世，母亲此时大部分精力用于教育徐铉，没有精力再教他，好在小徐锴能自学、知书。李璟见到徐锴的文章，很是赞赏，任命他为秘书省正字，累官内史舍人。后来宋军围金陵，徐锴忧惧而亡，年五十五。著有

《方舆记》《古今国典》《赋苑》《岁时广记》等。

李穆出使南唐的时候,见到了二徐的文章,感叹地说:"二陆不能及也!"(二陆指陆机、陆云,西晋文学家)

徐铉有文集三十卷,《质疑论》若干卷。所著《稽神录》,里面的故事大多数来自他的门客蒯亮。

除上述《宋史》所载内容,徐铉还有以下轶事。

尔谓父子者为两家可乎

李焘《续资治通鉴长编》卷十六记载:

南唐派徐铉出使北宋,意在保住南唐,北宋大臣们素知徐铉才思敏捷,报告宋太祖要有思想准备,太祖说:"你们放心,朕自有办法。"徐铉在阶下觐见后说:"李煜没有罪过,您出师无名啊!"太祖说:"你到殿上来,把你想说的都说出来。"徐铉说:"李煜对待您交代的事情,都尽心完成,就像儿子对父亲一样,从没有过失行为,你为什么还要讨伐他?"接着,徐铉滔滔不绝说了数百言。太祖说:"你说说看,既然是父子关系,还能分为两家吗?"(尔谓父子者为两家可乎?)徐铉顿时语塞。回馆舍后,徐铉给太祖写信,太祖看了后说:"李煜说的话,我不同意。"但他对徐铉却礼遇有加。

卧榻之侧岂容他人酣睡

李焘《续资治通鉴长编》卷十六记载:

徐铉回江南后不久,后主李煜又一次派他出使北宋。他在便殿见到了太祖。徐铉说:"李煜对陛下您非常恭顺,这次您召见,他不是有意不来,确实是生病了。我受李煜委派前来向陛下请求不要进兵,以保全我一邦百姓的性命。"徐铉言辞恳切,太祖与他反复交谈,徐铉越说越来劲,太祖终于不耐烦了,一把按住宝剑,厉声说道:"江南哪里有什么罪过?但是天下必须统一,卧榻之侧岂容他人酣睡!"

以愚困智

冯梦龙《智囊全集》第一部《上智》云:

南唐派徐铉出使北宋。按照惯例,北宋朝廷须派官员监督陪伴,朝中大臣都以自己的口才不如徐铉而胆怯,宰相很难处理,便向太祖请示。太祖说:"你且退下,朕自己选人。"一会儿,宦官传宣殿前司,报上十名不识字的殿前侍者名单,太祖看后,御笔点中其中一个,说:"此人即可。"朝中上下都惊诧不已。宰相也不敢再请示,就催促被御笔点中的人立刻动身。被御笔点中的殿侍者不知何故派他做陪伴,又得不到任何解释,只好硬着头皮陪。起初,徐铉词锋如云,旁观者惊愕不已,殿侍者更是无以应对,只好不住地点头,徐铉不知他的深浅,硬撑着与他交谈。几天后,徐铉已疲惫,再也不吭声了。

岳珂评价:艺祖之遣殿侍者,以愚困智也。

庐州妖尼道安诬告徐铉奸事

《宋史》卷二百九十三《王禹偁传》:

淳化二年(991),庐州妖尼道安,在开封府状告其兄嫂姜氏不养父母,开封府判她败诉,给道安戴上枷锁送回庐州老家。道安不服,又跑回开封府鸣冤告状,除了状告姜氏不孝,还状告了受理此案的开封府判官张去华,说他官官相护,更状告徐铉曾写信给张去华求托,且曾与姜氏通奸(姜氏是徐铉妻子的侄女)。

此案到了大理寺评事王禹偁手里,经过他的调查,徐铉、张去华无罪,道安以反坐罪论处。

开封府尹为赵元僖(太宗次子,死后追封太子),他很器重张去华,徐铉此时也已七十六岁,声望很高。道安再度上访,太宗决定接见她,听闻哭诉,太宗大怒,下令即刻捉拿徐铉、张去华,并调来枢密院李昌龄重审此案。李昌龄审案后认为:

通奸一事,当事人拒不承认,不过,徐铉多年来和姜氏来往密切,这是有目共睹的。姜氏夫妇接受徐铉的金银财帛,也是有账可查的。请托一事,即使没有徐铉与张去华书信来往的证据,以徐铉的名气,张去华也完全有可能帮徐铉遮掩作假。而他作为开封府判官,本应公平执法,却碍于人情关系。王禹偁等审理此案的几人站在徐铉一方,也是为了讨好张去华和徐铉。

结果:徐铉、张去华被贬为行军司马,王禹偁被贬为商州团练副使。王禹偁连番上书抗议,认定自己一干人等无错,还要求惩治妖尼道安。可太宗根本不予理会,直接下令催促王禹偁出京。数年后,张去华、王禹偁调回京城,七十六岁高龄的徐铉,因耐不住陕西邠州的寒冬,又不肯穿胡人的皮衣,最终病死在贬谪地。

除本文开头的《寒食宿陈公塘上》诗与仪征有关,徐铉还在其《稽神录》中多次记载仪征的神异故事。《道光志》卷四十七《杂类志》援引《稽神录》:

陶俊是南唐吉州刺史张曜卿的部下,为人谨直。当年从军征江西,被飞石所伤,有腰足之疾,需要扶杖而行。张曜卿命陶俊在广陵江口看守战船,因而常在白沙(今仪征市区,南唐时为永贞县白沙镇)。一次在酒肆避雨,有两位书生也站在里面,看到陶俊后说道:"这个人有好心,可以帮他治疗。"于是就招呼陶俊过来,给了他两枚药丸后就不见了。陶俊吃下药丸后腹痛,随后痛止,腰足之疾全无,干起操篙理缆的活儿感觉很轻捷。从白沙去广陵城有八十里,一天往返也不以为劳。有心寻访、报答两位书生,却再也没有遇到。

王禹偁　止戈偃武文轨同

王禹偁(954—1001),字元之,(山东)巨野人。太平兴国(983)八年进士,官至知制诰、翰林学士。至道二年(996)任扬州知府,曾为建隆寺撰写碑记,建隆寺位于扬州西山大仪乡,今为仪征市大仪镇。

《宋史》卷二百九十三有王禹偁的传。

王禹偁世为农家,九岁就能作文,毕士安(官至宰相,谥文简)发现后大加赞赏。太平兴国八年擢进士,先后任成武县主簿、长洲知县,与同年生罗处约(吴县知县)经常赋咏,其作品被大家传诵。端拱元年(988),太宗听闻他的名声,召试,擢升为右拾遗、直史馆,赐绯(绯色官服)。通常,赐绯一般是给涂金银带,太宗特命给文犀带,以示其宠。王禹偁即日献《端拱箴》,寓意皇宫的生活不可奢侈。

北方尚未安定,朝廷要求群臣建言献策。王禹偁献《御戎十策》,建议效仿汉朝文景,外任人、内修德,受到太宗嘉许。他又与夏侯嘉正、罗处约、杜镐一同校正《三史书》,纠正了不少错误。

端拱二年(989),太宗亲试贡士,王禹偁面试时,不假思索即完成《应制皇帝亲试贡士歌》。太宗很高兴,说:"不用一个月就会传遍天下了。"升他为左司谏、知制诰。该年冬,京城大旱,王禹偁上疏,请求皇室、百官皆减俸禄,直至下雨再恢复,并愿意减俸,以示从自己做起。

王禹偁任大理寺判官时,审理了"庐州妖尼道安讼徐铉"案。王禹偁判道安诬告,当反坐,但太宗直接过问此案,要别人重审。王禹偁上疏认为自己无错,要求惩治道安,结果被贬往商州做团练副使,一年多后移解州。

淳化四年(993),王禹偁调回京城,任左正言。太宗觉得他的性格太直,不能容人,让宰相告诫他。他任职直弘文馆,觉得京官收入低,不够奉养开支,请求外放,于是任单州知州,并获赐钱三十万,到任才十五天,又接到调回京城的诏令,任礼部员外郎、知制诰。

王禹偁屡次上疏,献讨李继迁(西夏太祖,李元昊祖父)之策,建议不必兴师动众,可以智取,只要列数李继迁罪恶,通告西北各族,悬以高官厚禄,那么李继迁就会被擒。后来李继迁果然中了吐蕃首领潘罗支诈降之计,中箭身亡,西夏人归附,应了王禹偁的预见。

至道元年(995),王禹偁任翰林学士,知审官院兼通进、银台、封驳司。朝中有些比较难写的诏命,由他斟酌措辞。孝章皇后(宋太祖赵匡胤皇后)驾崩,太宗将其梓宫停放于故燕国长公主(太祖妹)府邸,并不让群臣服丧。王禹偁私下说:"她是前朝皇后,曾经母仪天下,应当遵用旧礼。"结果获了个谤讪罪,以工部郎中衔任滁州知府。

王禹偁起草《李继迁制》的时候,李继迁送他五十匹马作为"润笔费",希望他起草的政策对西夏有利,王禹偁没有收。到滁州上任后,福建人郑褒,步行来拜谒,王禹偁很欣赏他的儒雅,买了一匹马送他,买马的时候,跟人讲价钱,成交后还懊恼说买贵了。太宗听说这件事后说:"他能拒绝李继迁的五十匹马,却为了一匹马斤斤计较。"后让他任扬州知州。

咸平元年(998),真宗即位后,王禹偁调回京城,到刑部任职。他建言献策,上疏言五事:谨边防,通盟好;减冗兵,并冗吏;艰难选举,使入官不滥;沙汰僧尼,使疲民无耗;亲大臣,远小人,使忠良謇谔之士,知进而不疑,奸佞倾巧之徒,知退而有惧。王禹偁还就上述"五言"按轻重缓急排出了实施的先后顺序,认为应先议兵,然后议吏,再艰选举、禁僧尼,这样自然就"国用足而王道行矣"。

真宗看了奏疏,让他复任知制诰,并让他参与撰修《太祖实录》。王禹偁直书其事,宰相张齐贤、李沆本就不和,对王禹偁所书文笔轻重意见不一,导致王禹偁再次被贬出京,出任黄州知州。在黄州他撰写了《三黜赋》,文章最后说:"屈于身兮不屈其道,任百谪而何亏!吾当守正直兮佩仁义,期终身以行之。"表达了他守正直、佩仁义之志。

咸平三年(1000),濮州发生夜盗事件,盗贼居然劫掠了知州王守信、监军王昭度的家。王禹偁闻讯后上了奏疏:"自从太祖、太宗一统天下,实行强干弱枝政策,各地都收缴了兵器,以至于城防虚设。我原在滁州,城关没有士兵守御,只好用'白直';到了扬州,号称重镇,只拿得出三十副铠甲,弓弩是十损四五;现在在黄州,还不如滁州、扬州。江淮诸州,有三大隐患——城池堕圮、兵仗不完、军不服习,濮州事件就是其恶果。建议各地根据人口多寡、城池大小,设置防卫、治安机构,平时要训练兵士、修葺城池、完备甲胄,这样才能长治久安。"真宗赞许,采纳了他的建议。

咸平四年(1001),黄州境内出现怪异现象:两只老虎争斗,其中一只被咬死并被吃掉了一半;雄鸡夜鸣一个月不停;冬天电闪雷鸣等。王禹偁上疏自劾,引用了《尚书·洪范》中箕子向周武王陈述的"洪范九畴",认为这是天象警示,请求处分。真宗派内官去问主管祭祀的官员,回答说,守土的地方官要负责。真宗爱惜其才,只让他转任蕲州。

王禹偁上表谢恩,有"宣室鬼神之问,不望生还;茂陵封禅之书,止期身后……岂期游岱之魂,遽协生桑之梦"之句。生桑之梦的典故是说,三国时蜀国何祗梦见井中生桑(桒),"桑(桒)字四十下八,君寿恐不过此"。真宗得此表十分惊诧,没有想到竟一语成谶,王禹偁到达蕲州便亡故,时年恰是四十八岁。真宗闻其死讯,很伤感,对他的家室给予抚恤,并赐他一个儿子当官。

王禹偁才思敏捷,遇事敢于直言,以直躬行道为己任。他曾说:"我要是生在(唐)元和年间,在宰相李绛、崔群手下做事,那该多好啊!"他为文著书,多有嘲讽当朝之处,颇为流俗所不容,因此他屡遭贬斥。他的交游,都是儒雅之人,对有词艺的年轻人,他总是极力赞扬,孙何、丁谓等人,都在其列。

王禹偁著有《小畜集》二十卷、《承明集》十卷、《集议》十卷、诗三卷。他的儿子王嘉祐、王嘉言,也很知名。

除上述《宋史》资料,邵博《邵氏闻见后录》还记载:

王元之(禹偁)年七八岁已能文。毕文简公(士安,时为济州太守门客)听说他家以磨面为生,就让他作《磨诗》。王元之脱口而出:"但存心里正,无愁眼下迟。若人轻着力,便是转身时。"毕文简非常惊奇,把他留在自己身边学习。

有一天,太守在酒席间出上联:"鹦鹉能言争似凤?"大家都未能对出下联。毕文简把上联写在屏风间,王元之见了,写出下联:"蜘蛛虽巧不如蚕。"毕文简叹息道:"经纶之才也!"于是与他结成忘年交,呼为小友。后来毕文简当上了宰相,王元之也拜左司谏、知制诰。

济州太守有一次和众人赏白莲时,让人去传唤王禹偁,命他以白莲为题,作诗一首。王禹偁目视白莲,移步俄顷,口占一首《咏白莲》诗:

昨夜三更后,姮娥堕玉簪。冯夷不敢受,捧出碧波心。

王禹偁是宋初作家中成就较高者,他在诗、文两个方面的创作都较为突出,促进了宋初诗风、文风的变革。他是北宋初期首先起来反对唐末以来浮靡文风,提倡平易朴素的优秀作家之一。在诗歌方面,他推崇杜甫和白居易,语言平易流畅,风格简雅古淡。他第一次被贬商州时,两年内写了180多首诗。他的《点绛唇·感兴》,寓情于景、因情绘景、风格清丽、感情质朴,在一定程度上开拓了词境,其影响及于两宋词家,被视为掀开两宋词坛帷幕的重要词篇。

《点绛唇·感兴》

雨恨云愁,江南依旧称佳丽。水村渔市,一缕孤烟细。

天际征鸿,遥认行如缀。平生事,此时凝睇,谁会凭栏意。

与仪征大仪建隆寺有关系的《扬州建隆寺碑记》,其中有一段文字,确认宋太祖确实驻跸大仪,这段文字是这样写的:

我太祖皇帝受禅于周,启封在宋,朱旗所指,黔首乂安。惟李重进作帅江都,婴城构逆,时建隆元年九月也。乃命故中书令石公统王师以讨之……是月十一日,太祖至大仪驿,距广陵六十里。

这段文字清楚地记载了宋太祖曾经驻跸大仪,是否定"大仪之名源于韩世忠大仪大捷"之说的有力证据。王禹偁于至道二年(996)任扬州知府,次年奉调入京任知制诰,碑记成文时间为至道三年(997)。

王禹偁的碑记中记述了建隆寺的由来:就在宋太祖驻跸大仪驿的当晚,传来了攻破江都城、击败李重进的捷报,于是太祖就指定宣徽北院使李公接管当地军政,并指示将驻跸的地方改建成寺庙,找有德行的高僧来主持。此地有位叫道晖的僧人名声不错,众人推荐,李公就将他上报,太祖同意,并将道晖改名为道坚,用纪年"建隆"来做寺名,将四顷良田划为庙产,将附近的一个庄子划归庙属。从建隆元年(960)延续到至道二年(996),主持代代相传,现有僧众六十多人。太祖当年的御榻至今尚存。

《扬州建隆寺碑记》最后有碑铭,不是通常的四字,而是七字。文字较多,在此不录,最后几句是"四十余年僧憧憧,止戈偃武文轨同。三叶重光自建隆,佑我圣祚垂不穷"。歌颂太祖平定扬州,止戈偃武,建隆寺是天下太平的见证。

建隆寺在建炎初年被毁,嘉熙年间(1237—1240)在扬州城的寿宁街重建,位置在今天扬州天宁寺的后面。宝祐、洪武、嘉靖、乾隆等年间都有重建或修缮。

《扬州建隆寺碑记》记载:"太祖至大仪驿,距广陵六十里。"这正是扬州城到大仪镇镇区的距离。宋初由大仪驿改建的建隆寺,在今仪征市大仪镇无疑。林溥《扬州西山小志》则记载:"东林寺,在(陈集)集北八里,宋时为朱仙观。基址广阔,柱础石狮,犹有存者。宋太祖征李重进时,驻跸于此。"是把今大仪镇泗涧村的东林寺认作建隆寺了。

范仲淹　半日不食当何如

范仲淹(989—1052),字希文,北宋杰出的政治家、文学家。《道光志》卷二十六《职官志》有范仲淹小传,之所以在《职官志》中有范仲淹之名,是因为他在"天

禧中,任发运使"。小传的全文:

范仲淹,字希文,苏州人。进士。天禧中,任发运使。时,濒江有湾数里,风涛为险。乃开长芦西河以避之,漕者利焉。明道初,江淮旱、蝗。仲淹请遣使循恤,遂命安抚其地,开仓赈贷。条陈救弊十事,其八,则请罢真州长芦寺役,阴以土木为戒。其八曰:"真州建长芦寺,役兵粮已四万斛;栋宇塑像之资,又三十万缗。施之于民,可以宽重敛;施之于事,可以增厚禄;施之于兵,可以拓旧疆。愿以土木之劳为戒。"

发运使是江淮荆湖两浙发运司的长官,发运司衙门即设在真州纸坊桥,既然范仲淹任过发运使,那他与真州就有关系。

《宋史》卷三百一十四有范仲淹的传。

范仲淹先祖是唐朝宰相范履冰,世居邠州,后来定居江南。

淳化元年(990),父亲范墉因病卒于任所,母亲谢夫人带着两岁的范仲淹,改嫁淄州长山人朱文翰,范仲淹也改从其姓,取名朱说。

大中祥符四年(1011),二十三岁的范仲淹得知家世,伤感不已,毅然辞别母亲,前往南都应天府(今河南商丘)求学。他勤奋学习,昼夜不息。冬天疲惫时,"以水沃面"(用冷水洗脸);食物不够时,"以糜粥继之","划粥断斋"(把冻粥分成几块充饥)。别人受不了的罪,范仲淹不觉得苦。

大中祥符八年(1015),范仲淹以"朱说"之名参加会试,中乙科第九十七名,成为进士,被任命为广德军司理参军,并把母亲接来奉养。天禧元年(1017),升文林郎、集庆军(亳州)节度推官。随后他便归宗复姓,恢复范仲淹之名。

天禧五年(1021),三十三岁的范仲淹调任监泰州西溪盐仓;天圣二年(1024)升大理寺丞,仍在西溪盐仓任职。天圣三年(1025),因发运使张纶推荐,出任兴化知县。天圣四年(1026),徙监楚州粮料院。这一期间,范仲淹上书张纶,奏请朝廷,整修唐时海堤,张纶命范仲淹"总其役",全面负责修堤工程,此次修成的捍海堤,被后世称为范公堤。

天圣五年(1027),范仲淹因守母丧去官,住南都应天府(商丘)。当时晏殊正出守应天府,便邀范仲淹到府学任教,其间范仲淹曾给朝廷上万言书,内容是"请择郡守,举县令,斥游惰,去冗僭,慎选举,抚将帅"。

天圣六年(1028)底,范仲淹守丧期满后,经晏殊推荐,召为秘阁校理。天圣七年(1029)底,因上书谏仁宗率百官行拜贺刘太后寿仪,后又疏请刘太后还政,未被采纳,范仲淹自请外放,到河中府当了通判。次年,调任陈州通判。

明道二年(1033),刘太后驾崩,仁宗亲政,召四十五岁的范仲淹入京,拜为右司谏。当时江淮地区发生蝗灾和旱灾,范仲淹请求朝廷派人去救灾抚民,没有得到回应,他进一步谏道:"如果宫中有半天断食,皇上您会怎么办?"宋仁宗被触动,于是,派遣范仲淹出使江淮,安抚灾民。范仲淹到达后,开仓赈灾,禁止过多地从事祭祀活动,减免茶、盐赋税,并且上疏提出"救敝十事"(《宋史》记载十事,但无全文,曾巩《隆平集》卷八收录了全文,实为八事)。

该年冬,尚美人恃宠以言语冒犯了郭皇后,郭皇后怒不可遏,举手要打尚美人的耳光,仁宗来救,结果郭皇后一巴掌打在了仁宗脸上。宰相吕夷简乘机提出废后,范仲淹等人强烈反对,第二天就被调任睦州知州。

景祐元年(1034),范仲淹调任苏州知州。时苏州水灾,范仲淹命疏通五条河渠,导引太湖水流入大海。工程还未完成,他就接到了调明州的诏令,转运使奏请留范仲淹完成工程再走,得到批准。次年,范仲淹被调回京师,判国子监,很快又转升为吏部员外郎、天章阁待制,权知开封府。

景祐三年(1036),范仲淹因用人问题再次得罪了宰相吕夷简,被贬为饶州知州,后又徙润州、越州。景祐四年(1037),吕夷简罢相后,为范仲淹辩白的与反对范仲淹的互相辩驳,朋党争论四起。仁宗下诏禁止互结朋党。

康定元年(1040)三月,范仲淹被召回京师,担任天章阁待制、知永兴军,改任陕西都转运使。七月,夏竦出任陕西经略安抚、招讨使,升范仲淹为龙图阁直学士,担任副使,八月兼知延州。此时,吕夷简重任宰相,仁宗要求范仲淹不要计较从前的事,范仲淹顿首谢曰:"臣所奏之事都是国家公事,对吕夷简个人并没有意见。"

范仲淹到任后,更改军队旧制,分部训练,轮流御敌。派兵夺回塞门、承平诸寨,兴筑青涧城、鄜城,一边营田实边,一边开放边民互市,节省了边费,保障了供给。仁宗为军队赐名"康定军"。

庆历元年(1041)正月,朝廷要出兵伐夏,范仲淹说:"现在是冬季,不如等到春季,他们马瘦人饥时再说。给我时间,把周边的民族团结到我们这边来,如果不见效,则举兵先取绥、宥,占据要害后屯兵营田,做持久打算,这样茶山、横山的边民,必然全族来归,这是拓疆御寇的上策。"仁宗采纳了。于是,范仲淹修筑承平、永平等十二要塞,流亡的羌汉百姓纷纷回归。

西夏李元昊派原宋军降将高延德给范仲淹送信议和,范仲淹回信晓以大义。此时,宋军任福等十六名将领及万余人战败于好水川,于是李元昊给范仲淹的回信就"书语不逊",范仲淹当着来使的面,把李元昊的信烧了。此事传到朝廷,有大臣认为与李元昊通信已是不当,当面烧掉就更不妥了。宋庠(参知政事)建议斩范仲淹,仁宗没有采纳,但降范仲淹为户部员外郎,贬知耀州,随即转知庆州,迁左司郎中,为环庆路经略安抚、缘边招讨使。

李元昊起兵时，曾联络羌族，与环庆路酋长六百多人有互助盟约。范仲淹到任后，即以朝廷名义犒赏羌族各部，并约定：遇到斗殴伤人、负债争讼、财产纠纷等情形，都要按大宋法律，送官判决。遇到西夏入侵时，羌人老幼都可进入城堡避难，官家给予伙食；不进城堡的，每家罚两只羊，全族不进城堡的，唯酋长是问。从此，这些羌人站到了大宋一边。

庆历二年（1042），朝廷任范仲淹为邠州观察使。范仲淹上表说："臣守边数年，羌人颇亲爱臣，呼臣为'龙图老子'。我要是一走，只怕对边疆不利。"所以没有去上任。

庆州西北的马铺砦，位于后桥川口，虽在西夏内部，但位置十分重要。范仲淹决心在那里建城，考虑到夏兵必来争夺，他派儿子范纯祐与番将赵明先悄悄地占据其地，然后带兵跟进，诸将不知去哪里，走了很远才知道。大军带着建材，立即筑城，很快完工，这就是大顺城。西夏兵发觉后，以三万骑兵来战，还佯装战败，范仲淹一眼看穿，告诫将士不要追杀，后来得知果然有伏兵。大顺城建成后，白豹、金汤有了策应，夏兵也不敢来犯，环庆路自此得以平安。

明珠、灭臧两个部族拥有劲兵数万，官军想要征讨他们，范仲淹建言："这两家居住的地方，道路艰险，易守难攻，从前高继嵩（知镇戎军）就吃了败仗。平时他们或宋或夏，现在去征讨，就把他们推到西夏一方去了。我建议在他们的北部山区细腰、胡芦众泉等地方，修建堡垒作为屏障，切断他们与西夏的联系，这样这二族就安心事宋，而环州、镇戎之间的道路也贯通了，可长治久安。"朝廷采纳了这个建议，修建了细腰、胡芦诸砦。

庆历二年（1042）闰九月，李元昊大举攻宋，泾原路经略安抚招讨副使葛怀敏在定川寨迎敌，大败，葛战死，丧师九千。李元昊进逼潘原，关中地区震动惊恐，老百姓奔逃于山谷之间。范仲淹率军六千，从邠州、泾州出发援救，西夏退军。定川战败的消息传到朝廷时，仁宗手按地图对左右说："若仲淹出援，吾无忧矣。"奏报一到，仁宗大喜道："吾固知仲淹可用也。"范仲淹加封枢密直学士、右谏议大夫，任鄜延路都部署经略安抚招讨使。

范仲淹为将帅，号令清楚，爱护士兵，对于前来归附的各部羌人，诚恳接纳，信任不疑。李元昊讨不到便宜，于是遣使求和。

庆历三年（1043），西线平安后，五十五岁的范仲淹被召回京城，升任枢密副使。欧阳修等谏官上书，说王举正（参知政事）不称职，建议任用范仲淹。于是，朝廷任其为参知政事，范仲淹说："执政官（即参知政事）哪里能由谏官的几句话而任命的？"坚辞不受。范仲淹要求去当陕西宣抚使，仁宗不同意，于是他就任参知政事。

当时正值王伦造反，所过州县有不少地方官不能守城，朝廷准备严惩，诛杀一些人。范仲淹说："本朝国策修文抑武，平时都忌讳谈论武备，强盗来了守不住城，怎么能让守臣承担全部责任呢？"于是，朝廷没有杀地方官。

王伦可能是《水浒传》中梁山泊第一代领导人的原型，但没有小说中那么不堪。《宋史》中陈执中、王珪等人的传记中有王伦的信息。

《宋会要辑稿》兵十《讨叛四·王伦》：

仁宗庆历三年五月，京东安抚司言："本路捉贼虎翼卒王伦等，杀巡检使朱进，叛。"遣东头供奉官李泂、左班殿直曹元喆、韩周往彼击之。伦，初起沂州，安抚使陈执中遣京东都提举巡检、左班殿直、合门祗候傅永吉追讨之。伦率其党弃淮南，所过巡检、县尉，皆畏避不敢出。至扬州，出兵与山光寺南，永吉等踵至和州，合击，败其众。历阳县民张矩等得伦首级。

《欧阳修文集》卷九十八《论沂州军贼王伦事宜札子》：

臣近闻沂州军贼王伦等杀却忠佐朱进，打劫沂、密、海、扬、泗、楚等州，邀呼官吏，公取器甲，横行淮海，如履无人。比至高邮军，已及二三百人，皆面刺天降圣捷指挥字号，其王伦仍衣黄衫。据其所为，岂是常贼？

《续资治通鉴长编》卷四十六"庆历三年十一月辛巳"条：

谏官欧阳修言：……只如淮南一带官吏，与王伦宴，率民金帛献送，开门纳贼，道左参迎。……初，群盗剽劫淮南，将过高邮，知军晁仲约度不能御，谕富民出金帛，具牛酒，使人迎劳，且厚遗之。盗悦，径去，不为暴。

王伦造反短短两个月即告失败，他在转战途中，高邮军知军晁仲约让城内富户出钱，备酒、送牛。王伦"盗亦有道"，没有抢掠。各地这样做，虽是缓兵之计，但也显示出地方武备松懈到了何种程度。

本书《王禹偁　止戈偃武文轨同》中也有描述地方武备松懈的内容，此不赘述。

可见，从真宗咸平到仁宗庆历，这五十年左右的时间内，各地武备松弛状况并未改变。

仁宗非常想实现太平盛世，多次询问范仲淹治国方略。范仲淹对别人说："皇上这么重用我，我是有方略的，但陈弊积久，非一朝一夕所能改变。"仁宗赐他诏书，又打开天章阁，召二府（东府中书门下、西府枢密院）问政，范仲淹诚惶诚恐，退朝后作《答手诏条陈十事》，有"明黜陟、抑侥幸、精贡举、择官长、均公田、厚农桑、修武备、减徭役、覃恩信、重命令"十件事。

除第七项兵制外，仁宗都予以采纳，以诏书颁布天下，即"庆历新政"。

范仲淹又建言在二府之外，仿周制设立三公六官，受到以章得象（同中书门下平章事，即宰相）为代表的诸臣反对。后来，朝廷让范仲淹分管刑法，另一位参知政事贾昌朝分管农田。

范仲淹曾因得罪吕夷简,被放逐数年,当时就在士大夫中引起议论,形成两派(朋党)。后来范仲淹在陕西用兵,颇有政绩,声望更高,仁宗提拔重用他。范仲淹以天下为己任,出台新政十条,裁冗员、考官吏、强推恩,殚精竭虑。然而推进太急,涉及面太广,引起众多既得利益者不悦,于是毁谤新政的言论逐渐增多,指责范仲淹等是"朋党"的议论再度兴起。

庆历四年(1044)二月,"上从范仲淹之言,诏州县皆立学"。六月,边事再起,范仲淹和枢密副使富弼请求外出巡守,仁宗任命范仲淹为河东、陕西宣抚使,赐黄金百两。麟州刚刚遭到兵燹,很多人建议放弃此地,范仲淹令重修城墙,招还流亡三千余户,免除税赋,开放市场,又奏免府州商税,边境又恢复了安定。

范仲淹离京巡边,针对他的言论越发增多。庆历五年(1045)正月,他自请罢去参知政事。仁宗任命他为资政殿学士、陕西四路宣抚使、邠州知州。他倡导的新政,历时仅一年有余,即逐渐被废止。

庆历五年(1045)冬十一月,范仲淹因病上表请求解除四路帅任,以给事中出知邓州。不久朝廷调他去荆南,邓州人民不舍,请求他留任,范仲淹自己也愿意留在邓州,仁宗最终批准了这一请求。庆历六年(1046)九月十五日,五十八岁的范仲淹应挚友滕子京之邀,在邓州花洲书院写下千古名篇《岳阳楼记》。

皇祐元年(1049)正月,范仲淹调任杭州,七月擢礼部侍郎;皇祐二年(1050)十一月,调任青州;皇祐四年(1052)正月,调任颍州,此时范仲淹已病,行至徐州病重而卒,年六十四岁。

范仲淹去世后,赠兵部尚书,谥文正。他患病期间,仁宗常派人送药和询问病情,得知他去世的消息,叹息、哀悼许久;又遣使问候家属,并亲书"褒贤之碑"。

我对范仲淹的印象,以划粥断齑、范公堤、《岳阳楼记》最为深刻。至于范仲淹与真州的关系,我在撰写《仪征运河》时,研究了《宋史》卷九十六《河渠六》、《宋会要》、《道光志》和范仲淹年谱,发现范仲淹并未担任过江淮发运使。

县志在记载范仲淹"天禧中,任发运使"时是这样说的:

天禧间,范仲淹为江淮发运使,以真州大江,湾折多险,凿长芦西河,以避其患。(《道光志》卷十《河渠志》)

查徐松《宋会要》方域十七《水利》:

三年六月,淮南制置使张纶请开真州长芦口河道,从之。

这段记载说张纶开长芦运河,时间是天圣三年(1025),不是天禧年间(1017—1021)。

宋仁宗天圣三年(1025),淮南制置使(兼发运使)张纶,奏请开浚真州长芦口河道(仪征县志称之为长芦西河)。长芦在六合,时六合为真州下辖两县(扬子、六合)之一。这段运河位于六合县大江北岸,沿江而开,与真州运河并不相连,漕船在六合长芦镇附近入河,在仪征青山礁板矶以西重新入江,绕过青山后,在真州江口进入运河。开凿长芦西河的目的是避开黄天荡大江风涛。

县志记载"天禧间,范仲淹为江淮发运使",查《道光志》卷二十五《职官志》可知,范仲淹任发运使排在贾宗之前,贾宗于天禧二年(1018)任,继任是鲁宗道,则范仲淹任职必为天禧元年(1017)。然而,查范仲淹年谱,该年范仲淹二十九岁,两年前才中进士,时任集庆军(今安徽亳州)节度推官。我认为,这等资历尚不足以担任发运使,县志记载恐有误。

那会不会是县志把天圣笔误成了天禧,范仲淹在天圣年间(1023—1032)当过发运使呢?

查年谱,范仲淹于天禧五年(1021)至天圣二年(1024),从亳州调任监泰州西溪盐仓;天圣三年(1025)由张纶推荐,任兴化知县;天圣五年(1027)在应天府守母丧;天圣七年(1029)供职秘阁,年底出为河中府通判;天圣八年(1030)转宫殿中丞;天圣九年(1031)迁太常博士,移陈州通判。

整个天圣年间都没有范仲淹出任发运使的记载。

范仲淹没有担任过江淮发运使,但他的儿子(第三子)范纯礼,元祐年间(1086—1094)在真州做过发运使。这个信息,《宋史》卷三百一十四有明确记载,可惜县志没有收录。

范仲淹没有做过发运使,那他与真州有没有关系呢?当然有!

先说间接关系。

欧阳修为发运使许元撰写的墓志铭曰:"是时,京师粟少,而江淮岁漕不给,三司使惧,大臣以为忧。参知政事范仲淹谓公独可办,乃以公为江淮两浙荆湖发运判官……不数月,京师足食。"

在本书《称钉定额许子春》里,述及许元为能吏,在发运司先后任判官、副使和发运使,创造了"轻重之术""远近相补""称钉定额"等著名经济管理案例,而推荐许元到发运司任职的,就是范仲淹。

再说直接关系。

《宋史》卷三百一十四记载:

岁大蝗旱,江、淮、京东滋甚。仲淹请遣使循行,未报。乃请间曰:"宫掖中半日不食,当何如?"帝恻然,乃命仲淹安抚江、淮,所至开仓振之,且禁民淫祀,奏蠲庐舒折役茶、江东丁口盐钱,且条上救敝十事。

明道二年(1033),范仲淹四十五岁,在京任右司谏。当时江淮地区发生蝗灾和旱灾,宋仁宗派遣范仲淹出使江淮。范仲淹到达后,开仓赈灾,禁止淫祀,减免茶、盐赋税,并且上疏提出"救敝十事"。

曾巩《隆平集》卷八收录了范仲淹《救敝十事》(实为八事)全文:

岁饥出使江淮,体量安抚。所至除淫祀,赈乏绝,民有食乌昧草者,撷草以进,示六宫贵戚,戒其侈心,因陈八事以谏。

其一曰:"祖宗时,江淮馈运至少,而养六军取天下;今东南岁漕米六百余万石,府库财帛又皆出于民,而饥年艰食如此,愿下裁造务后苑,作文思院、粮料院,取祖宗岁用之数,则奢俭可见矣!"

其二曰:"国家太平垂三十年,暴敛未除,滥赏未革,近年赦宥既频,赏给复厚,聚于艰难,散于容易,国无远备,非社稷之福也!愿无数赦推赏;且祖宗欲复幽、蓟,故谨内藏,庶行师之时,不扰于下。"

其三曰:"江淮诸路,岁已馈粮,于租税之外,复又入籴。两浙七十万,以诸路计之,不下二三百万,虽丰年谷价亦高。官以伤财,民且乏食;今宜销冗兵,削冗吏,禁游惰,省工作。既损京师用度,然后减江淮馈运。以租税上供外,可罢高价入籴,则岁省数百万缗钱。或上京师实府库,或以给还商旅,商人既通,则榷货务,入便渐广,而入中之法,可以兼行矣。"

其四曰:"国家重兵,悉在京师。仰给度支,则所养之兵,不得不精也。一卒之费,岁不下百千,卒万人则百万缗矣!至七十岁放停,是未停之前,大橐国用,及其羸老,归复何托?咸平中,拣乡兵,人无归望,号怨之声,动于四野。大中祥符间,选退冗兵,无归之人,大至失所,此近事之鉴也。请下殿前、马军司,禁军选不堪披带者,别立本乡州军,就粮指挥。至彼有田园骨肉者,许之归,则不至失所矣。"

其五曰:"缘边市马,岁费不赀。罢之,则绝戎人;行之,则困中国。自古骑兵,未必为利:开元、天宝间,牧马数十万匹;禄山为乱,王师败绩于函谷,曾何救焉?然西北戎马不可牧,既至京师,宜多鬻于民间,或有边用,一呼可集;重税以禁江淮小马,使不至近里州军,则西北之马可行,外慰戎心,内减刍秣以亿万计。"

其六曰:"发运司岁漕六百余纲,省员殿侍,以岁劳改班行,若纲运可减,则岁改职者,止赏以缗钱。诸州都知兵马使,满岁如实廉干,须知州、通判同罪保举,方与班行。武臣荐子弟,并令引见试验。若无所取及年幼者,止与奉职,至殿侍而已。"

其七曰:"百司流外,日以增冗,请罢招置,三五年可去其半。旧二百人者,以百人为额,余并移补诸司。"

其八曰:"真州建长芦寺,役兵粮已四万斛。栋宇塑像,金碧之资,又三十万缗。施之于民，可以宽重敛；施之于士，可以增厚禄；施之于兵，可以拓旧疆矣。"

上嘉纳之。

范仲淹安抚江淮，上疏八事，针对的是时政弊端，涉及江淮发运司漕运的占了三事，第八事更是具体到真州建长芦寺的巨大耗费。这么详细的调查报告，是范仲淹到过真州、调研过发运司的证据。

我推测，县志撰者是将范仲淹此次江淮安抚及长芦寺请命，与长芦西河的开凿联系起来，以至于出现"天禧间，范仲淹为江淮发运使……凿长芦西河"之误。

还有一个直接关系。

《宋史》卷二百九十九记载：

（施）昌言为发运使时，召范仲淹后堂，出婢子为优，杂男子慢戏，无所不言。仲淹怪问之，则皆昌言子也，仲淹大不怿而去。其治家如此。

施昌言担任发运使时，有一次范仲淹来访，施昌言将他请到后堂，看戏子演出，其间施昌言的儿子们与戏子相互调戏，言语轻狂，范仲淹很不高兴，觉得施昌言家教不严。

施昌言于庆历年间（1041—1048）担任发运使。发运司设在真州，因此范仲淹庆历间到过真州是毋庸置疑的。

庆历三年（1043）四月，范仲淹从西夏前线奉调回京，任枢密副使；八月任参知政事，开始实施"庆历新政"。因反对势力甚大，于庆历五年（1045）被罢参知政事之职，改为资政殿学士、知邠州，兼陕西四路缘边安抚使，继而改知邓州；三年后的皇祐元年（1049），范仲淹调知杭州。

范仲淹到施昌言家的具体时间，当为庆历三、四年"庆历新政"期间。

总之，范仲淹虽未担任过江淮发运使，但他至少在明道、庆历年间，两次到过真州。

胡武平　舟引无滞通江闸

《道光志》卷十《河渠志》收录北宋真州扬子县县尉胡宿的《通江木闸记》，摘要如下：

乾兴中，侍禁陶侯鉴，寅奉辟命，掌临岸局……经始二闸之谋……时制置发运使、工部方公仲荀，文思使张公纶，咸以硕望，注于上心……时太守都官曾公乾度、前倅职方王公汝能，咸秉心勤瘁，协志赞勤……

……扼其别浦,建为外闸。砻美石以礬其下,筑强堤以御其冲,横木周施,双柱特起,深如睡骊之窟,壮若登龙之津,引方舰而往来,随平潮而上下。巨防既备,盘涡内盈,珠岸浸而不枯,犀舟引而无滞。用力浸少,见功益多。即其北偏,别为内闸,凿河开奥,制水立防。……木门呀开,羽楫飞渡,不由旧地,便即中河。……

自天圣纪号,三年之冬,庀徒皆作。越明年孟夏,僝工大毕。

通江木闸,即后来被沈括《梦溪笔谈》记载的、大名鼎鼎的真州复闸。胡宿的《通江木闸记》详细记述了由陶鉴主持、建成于天圣四年(1026)的通江木闸,后被沈括摘录部分内容,加上他自己的见解,写成了《真州复闸》,收录在《梦溪笔谈》卷十二《官政二》中。

胡宿的《通江木闸记》是最早记录真州复闸的文献,记载的复闸建设领导者有五人,他们是建设者发运司监真州排岸司右侍禁陶鉴,支持者工部郎中发运使方仲荀、文思使发运副使张纶,协助者真州知州曾乾度、真州通判王汝能。工程于天圣三年(1025)冬季开工,第二年(1026)孟夏(四月份)竣工。

该文对真州复闸的闸室、上下游闸门、调整闸室的水位、船舶在上下游水位之间做垂直的升降等要素记载得非常清楚。真州复闸完全具备现代船闸的要素,这就奠定了其在世界航运史上的重要地位。

《宋史》卷三百一十八有胡宿的传。

胡宿(995—1067),字武平,常州晋陵县人。天圣二年(1024)进士,任真州扬子县县尉,历任宣州通判、湖州知州、两浙转运使、修起居注、知制诰、翰林学士、枢密副使、观文殿学士,以太子少师致仕。逝世后,赠太子太傅,谥文恭。著有《胡文恭公集》七十卷。欧阳修为之撰写墓志铭。

胡宿有三个儿子:宗炎、宗愈、宗回。《宋史》上都有传。

胡宗炎,字彦圣。哲宗驾崩时,辽使来吊祭,胡宗炎以鸿胪少卿的身份到边境迎接。辽使没穿祭服,胡宗炎晓之以理,辽使从之。外交使命完成后,升职为卿。当初,胡宗炎的父亲胡宿也曾出使辽国,辽人对他很是折服,后来胡宗炎的女婿邓忠臣亦承担迎接辽使的任务,来宾问:"你对接待外宾很在行,看来你家里曾经有人做过这项工作?"邓忠臣说:"是的,我妻子的祖父胡宿就曾接待过辽使;他的儿子鸿胪胡宗炎,也是。"来宾赞叹:"胡氏世不乏人。"

胡宗愈(1029—1094),字完夫,进士,任同知谏院时,屡次反对王安石,被贬真州任通判。元祐年间(1086—1094)适御史中丞,官至吏部尚书。《道光志》卷二十六《职官志》有他的传,胡宗愈被列入仪征县学名宦祠。

胡宗回,字醇夫,用荫登第,官至枢密直学士。

《宋史》在小结胡氏家族时说，胡氏自胡宿开始逐渐发达，到胡宗愈做得更好，其后子孙官至侍从、九卿者有十多人，胡氏于是成为晋陵望族。

胡宿诗作颇多，清四库馆臣从《永乐大典》辑出胡宿诗文1500余首，编为《文恭集》五十卷，又搜集散见他书者为《补遗》一卷。收入《四库全书》和《武英殿聚珍版丛书》时，删去其中青词乐语十卷，并将《补遗》编入，定为四十卷。

胡宿的《城南》诗：

昨夜轻阴结夕霏，城南十里有香泥。初闻山鸟惊新晴，遥见林花识旧蹊。荡桨远从芳草渡，垫巾还傍绿杨堤。罗敷正苦桑蚕事，惆怅南来五马蹄。

真州扬子县是胡宿步入仕途的第一站，作为扬子县县尉，他恪尽职守。《道光志》卷二十六《职官志》和卷四十六《祥异》记载，天圣二年（1024），真州发大水，漂溺民居。知州急得没有办法，胡宿说："抢救溺水百姓，是我的职责！"于是，他动员、征集了公家和私人的大小船只，立即实施营救，救活了数千人，被大家赞为"清谨忠实"。胡宿和胡宗愈父子俩都被列入仪征县学名宦祠。

欧阳修　莼菜鲈鱼美东园

欧阳修是"唐宋八大家"之一，他的《真州东园记》是仪征千古第一名文，由于该文的记录，北宋时期真州文化繁荣的象征——真州东园，得以在历次兵燹后重建。文中记载的拂云亭、澄虚阁，成为历代复建东园的标志性建筑，而《真州东园记》则成为新东园的必刻之碑（图2-1）。

《真州东园记》全文如下：

真为州，当东南之水会，故为江淮、两浙、荆湖发运使之治所。龙图阁直学士施君正臣、侍御史许君子春之为使也，得监察御史里行马君仲涂为其判官。三人者，乐其相得之欢，而因其暇日，得州之监军废营，以作东园，而日往游焉。

岁秋八月，子春以其职事走京师，图其所谓东园者，来以示予，曰：

"园之广百亩，而流水横其前，清池漫其右，高台起其北。台，吾望以拂云之亭；池，吾俯以澄虚之阁；水，吾泛以画舫之舟。敞其中，以为清宴之堂；辟其后，以为射宾之圃。

芙蕖芰荷之的历，幽兰白芷之芬芳，与夫佳花美木，列植而交阴，此前日之苍烟白露而荆棘也。

高甍巨桷，水光日影，动摇而下上。其宽闲深靓，可以答远响而生清风，此前

图 2-1 《真州东园记》石碑

日之颓垣断堑而荒墟也。

嘉时令节,州人士女,啸歌而管弦,此前日之晦冥风雨、鼪鼯鸟兽之嗥音也。

吾于是信有力焉。

凡图之所载,盖其一二之略也。若乃升于高以望江山之远近,嬉于水而逐鱼鸟之浮沉,其物象意趣,登临之乐,览者各自得焉。凡工之所不能画者,吾亦不能言也。其为我书其大概焉。"

又曰:

"真,天下之冲也。四方之宾客往来者,吾与之共乐于此,岂独私吾三人者哉？然而池台日益以新,草树日益以茂,四方之士无日而不来,而吾三人者,有时而皆去也,岂不眷眷于是哉？不为之记,则后孰知其自吾三人者始也？"

予以谓三君子之材,贤足以相济,而又协于其职,知所先后,使上下给足,而东南六路之人,无辛苦愁怨之声,然后休其余闲,又与四方之贤士大夫共乐于此,是皆可嘉也。乃为之书。

庐陵欧阳修记。

解读该文:

真州是运河入江口,漕运重地,朝廷在真州设有江淮两浙荆湖发运司,而发运司的三位领导,发运使施正臣(施昌言)、副使许子春(许元)和判官马仲涂(马遵)相处甚欢,在工作之余,利用真州监军的废地,建起了东园。

这年秋天八月,许子春因公出差到京城,带着真州东园的绘图来找我,指给我看:

整个园子有百亩,前面有流水,右边有清池;北面是高台,上面建有拂云亭;池边建有澄虚阁;水中有画舫,水边有清宴堂,堂后有射圃;园中遍植荷花、菱叶、幽兰、白芷,佳花美木,列植交阴,这些都是在从前的荆棘荒墟中精心打造出来的美景啊!

这幅图只能粗略表现真州东园美景之一二。如果您登上制高点,能看到江南诸山;泛舟水上,能看到鱼闲游、鸟惊飞。那种意境,只有亲临才能体验,图画是表达不出来的。

真州这个地方交通发达,四方宾客往来不绝,大家都说东园是个好去处。我今天带来东园的图,就是请您帮忙把东园写出来,让更多的人知道。

我听了许子春的介绍,觉得三位领导都是君子之才,相处融洽和谐,工作做得也好。他们管辖的东南六路各级官吏没有辛苦愁怨之声,来真州的四方贤士大夫纷纷交口称赞。所以,我愿意满足许子春此行的愿望,为他们撰写《真州东园记》。

欧阳修的这篇《真州东园记》,为我们留下了北宋真州的繁华,记载了真州东园内的拂云亭、澄虚阁、清宴堂、画舫、射圃等景点,形成了仪征人的千年文化记忆。

《真州东园记》中提到的江淮两浙荆湖发运司,是个大衙门,级别比州高,具有刺举、对移、奏辟官员和维护治安、逐捕盗贼等行政职能,漕运上供、籴米代发、变易轻货、赈济灾荒、修堤浚河,以及茶盐酒矾坑冶之事等经济职能。"发运之权,比诸路为重矣",发运司在北宋大规模的漕运活动中有着举足轻重的地位,其遗址位于市河纸坊桥北,详见本书《发运漕盐转般仓》。

《真州东园记》中提到送图并请欧公撰文的发运司副使许子春(许元),后升任正使,继而上调中央,详见本书《称钉定额许子春》篇。

东园的始建时间,县志记载为皇祐四年(1052),经查《道光志》卷二十五《职官志》和《续资治通鉴长编》,对照发运使任职时间可知,施昌言于庆历年间(1041—1048)任发运使,许元继任为皇祐元年(1049),因此真州东园的建设时间应为庆历年间,而皇祐四年(1052)推测为欧阳修写成《真州东园记》的时间。

我撰有真州东园研究专文,详见本书附录《运河园林文化比较研究——以北宋真州东园为例》。

东园多次复建。毁于靖康兵火后,南宋嘉定初年,运判林拱辰、郡守潘友文再刻《真州东园记》,复建澄虚阁、清宴堂、共乐堂,并将苏东坡《睡起闻米元章冒热到东园送麦门冬饮子》诗刻在共乐堂北窗上(《道光志》"东园"条目中,前文为其乐堂,后文为共乐堂,经我查阅光绪刻本影印版、《隆庆志》(影印版),再对照欧阳修《真州东园记》文意,应为共乐堂),而拂云亭就在翼城之巅。宝庆初年,权漕上官凫西复建拂云亭于翼城之上,"增土为台而鼎新之",制置使赵善湘还题了匾。

明代隆庆初年,知县申嘉瑞在宋东园故址新建"东园书院",有四合院、门房、池塘、木桥,后面还有小楼。万历年间(1572—1620),欧阳修后裔欧阳照到仪征做知县,得小教场圃地,建屋三楹,石刻"东园"二字于壁。

清代康熙年间(1662—1722),邑人吴照吉中翰,在城东复建东园。《道光志》卷六《舆地志》载:"(真州东园)在邑城东,有池、有亭、有堂、有阁,俱仿欧阳《记》中所载,邑中翰吴照吉筑……康熙中,吴文垄继葺(东园),内有澄虚阁,额为两淮盐政曹寅书。"

阮元《广陵诗事》卷六记载:"仪征之东园为山褐老人吴文垄别墅,有休闲堂、拂云亭、澄虚阁、峡雨娇露沁肌处、酸风庵、青晓一山楼、万柳池,内多古木成荫,高耸摩霄,层榭窈窕,回接廊檐,几十曲始见。山基虢睐,方池如鉴,万柳离披,北敲风榍,时送邻寺残钟,幽静移人情境。"

根据方晓伟的《曹寅和歙县盐商》考证,吴照吉,字尚中,世居真州城东,曾为曹寅校勘《楝亭五种》,在真州东园为曹寅刊刻《楝亭诗钞》。曹寅于康熙五十一年(1712)去世时,吴文垄仅十岁,据此推断,曹寅乃是为吴照吉修建的真州东园题写"澄虚阁"匾额。

作为宋东园制高点的拂云亭故址,在明代万历元年(1573)建成了文昌祠。供奉文昌帝君(梓潼帝君),所以文昌祠故址叫文墩,又称梓潼墩。晚清仪征画家诸乃方所作《真州八景图》,其中就有一景叫"文墩积雪"(图2-2)。

2013年,仪征市人民政府在石桥河东,复建了东园,与宋东园故址隔河相望。新的东园里复建了澄虚阁(图2-3),著名书法家尉天池题匾,澄虚阁成为城市书房,仪征市

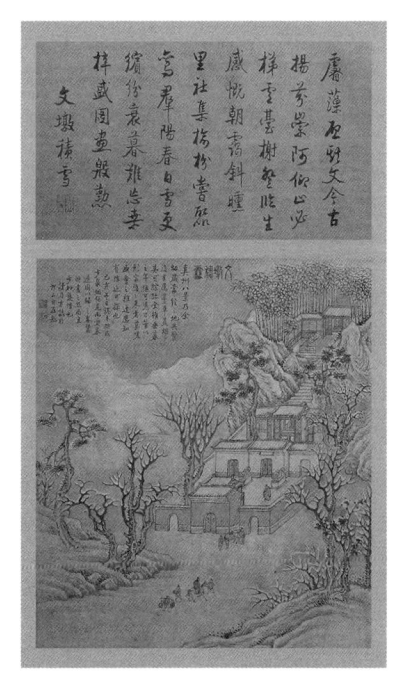

图2-2 真州八景之文墩积雪

楹联学会主席高扬撰联;在新老运河之间复建了明代挡军楼,仪征文联主席涂君题匾;在明代响水闸遗址处竖立"仪征市文物保护碑";在澄虚阁南北建造了东坡榭和子春亭,并以两条曲廊相连,曲廊分别为仪征名人廊、仪征名著廊。

图2-3 澄虚阁(彩图见封三)

欧阳修(1007—1072),字永叔,号醉翁,晚年又号六一居士,吉州庐陵人。天圣八年(1030)进士,宦海浮沉,三遭贬谪,官至参知政事,谥文忠,世称欧阳文忠公。《宋史》卷三百一十九有传。

欧阳修在中国文学史上具有重要地位。他诗文创作和学术著述成就卓著,在政治上也有很高的声望。在当时著名的文学家中,尹洙、梅尧臣、苏舜钦是他的密友,苏洵、王安石也曾受到他的引荐,而苏轼、苏辙、曾巩更是他一手识拔的后起之秀。

欧阳修是一代文豪,曾主修《新唐书》,并独撰《新五代史》。他的名作《醉翁亭记》之"醉翁之意不在酒",既是千古名句,又是滁州醉翁亭的绝佳广告词。对扬州人来说,他的《朝中措·送刘仲原甫出守维扬》是扬州著名景点"平山堂"的最佳宣传词。而《真州东园记》,则是融化在仪征人民血液中的文化基因。

真州东园有"三绝",详见本书《王安石 十年历遍人间事》和《蔡君谟 颜体褚笔显遒媚》。

欧阳修撰写《真州东园记》时,并未到过东园,但他曾于景祐三年(1036)来过

真州(那时候还没有东园),并写下《初出真州泛大江作》:

孤舟日日去无穷,行色苍茫杳霭中。山浦转帆迷向背,夜江看斗辨西东。潋田渐下云间雁,霜日初丹水上枫。莼菜鲈鱼方有味,远来犹喜及秋风。

景祐三年(1036),权知开封府范仲淹上《百官图》,讽刺宰相吕夷简,被罢黜,欧阳修撰《与高司谏书》,责备高若讷身为谏官,对范仲淹被贬之事一言不发,讽刺他"不复知人间有羞耻事",高若讷上疏请仁宗戒谕欧阳修。最终,欧阳修被贬为夷陵县令,此诗系欧阳修自京师沿汴绝淮溯江,奉母夫人赴贬所,路过真州而作。

曾南丰　真州监仓有众亲

曾巩(1019—1083),字子固,建昌军南丰(今江西抚州)人,世称南丰先生。嘉祐二年(1057)进士,官至中书舍人。

曾巩仕途的发展并不理想。《宋史》卷三百一十九《曾巩传》记载,资政殿大学士吕公著曾经对神宗说:"曾巩的为人不如其从政理事,而处理政事又不如他的文章。"大家都认为这是曾巩不被重用的原因。

曾巩的文学成就是有口皆碑的。《宋史》记载,他从小就很聪明,数百字的课文,脱口就能诵读。才十二岁,写作文《六论》,一气呵成,用词华丽而恰当。二十岁就已经名闻四方。欧阳修看到他的文章,大为赞赏。

曾巩的文章,上下驰骋,越写越好,其文立论都源自"六经"(《诗》《书》《礼》《易》《乐》《春秋》),笔法则借鉴了司马迁、韩愈,与他同时代的人写的文章,很少有超过他的。

曾巩留下的各类文体,包括记、序、议、书信、墓志铭等,都是文以载道(儒家思想)的典范。著名儒学大家朱熹说:"我不到二十岁的时候,就读南丰先生的文章,我喜欢他文章词严而理正,我平常经常诵习,我们写文章就应该这样,就应该像曾巩这样来写。"

我们来看看曾巩的《墨池记》原文:

临川之城东,有地隐然而高,以临于溪,曰新城。新城之上,有池洼然而方以长,曰王羲之之墨池者,荀伯子《临川记》云也。羲之尝慕张芝,临池学书,池水尽黑,此为其故迹,岂信然邪?

方羲之之不可强以仕,而尝极东方,出沧海,以娱其意于山水之间。岂其徜徉肆恣,而又尝自休于此邪?羲之之书晚乃善,则其所能,盖亦以精力自致者,非天成也。然后世未有能及者,岂其学不如彼邪?则学固岂可以少哉!况欲深造道德者邪?

墨池之上,今为州学舍。教授王君盛恐其不章也,书"晋王右军墨池"之六字于楹间以揭之,又告于巩曰:"愿有记"。

推王君之心,岂爱人之善,虽一能不以废,而因以及乎其迹邪?其亦欲推其事以勉其学者邪?夫人之有一能,而使后人尚之如此,况仁人庄士之遗风余思,被于来世者何如哉!

庆历八年九月十二日,曾巩记。

文章开头简要介绍墨池的位置、形状、由来;接着写王羲之怡情山水,追求闲适自在的生活;然后又说王羲之到了晚年的时候,书法精妙绝伦,是由长期练习所致,不是天生的;后突然设问"况欲深造道德者邪?"由书法转到道德修养上来了。接着说抚州教授王盛请他写这篇《墨池记》的本意是担心这个古迹消失,需要文章将其流传下来。进而引出文章主题:人有建树,就要让后人知道。仁人庄士的品德遗风,更应该彰显出来,让其传于后世,做后人的榜样。

朱熹说曾巩的文章"词严而理正",《宋史》说他的文章"纡徐而不烦,简奥而不晦",意思是迂回曲折而不烦琐,简单深奥却不令人觉得晦涩。《墨池记》正是这样,不到270个字,峰回路转,理正词严,引出了儒家思想倡导的做人道理。

明代唐宋派茅坤,对曾巩推崇备至,编了《唐宋八大家文钞》,从此,唐宋八大家成为一个固有名词,把包括曾巩在内的唐宋散文八位大家定格在中国文学史上。

曾巩所在的南丰曾氏家族为耕读世家。从曾巩的祖父曾致尧于太平兴国八年(983)举进士起,七十七年间曾家出了十九位进士。进士中,曾致尧辈七人,其子曾易占(曾巩的父亲)辈六人,其孙曾巩辈六人。此外,曾巩的妹婿王安国、王补之、王彦深等人也都是进士。

曾巩的祖父曾致尧(947—1012),字正臣,又字正屋,其八世祖曾略为抚州节度使,曾祖曾洪立唐乾符二年(875)为南丰县令。曾致尧在南唐后主李煜时曾中进士,但未就仕,至宋太平兴国八年(983)复中进士,官至户部郎中。曾致尧生有七子,其中曾易从、曾易占都是进士。

曾巩的父亲曾易占(989—1047),字不疑,天圣二年(1024)进士,先后娶了三位夫人,周氏生子曾晔;续弦吴氏生曾巩、曾牟、曾宰与一女;再续娶朱氏,生曾布、曾肇与八女。曾家除长子曾晔进士落选、病逝于归途,其他五子先后考取进士。曾布官至尚书右仆射,相当于宰相。

曾易占于天圣六年（1028）到真州做官，任江淮六路发运司的监仓，官位不大。据《道光志》卷二十五《职官志》所载，"垂直单位"发运司有发运使、副使、判官、提举、属五个档次，曾易占在"属"档，是个小官。大书法家米芾也曾在发运司任"管勾文字"，米芾任职时间为元符三年（1100）到崇宁元年（1102），官位更低，都没能在职官表中排上号。

曾巩与真州关系比较密切，《道光志》卷八《舆地志》记载，他为两位真州人撰写过墓志铭。

宋尚书屯田郎中沈玉墓。该墓还附了三个人的墓：沈玉的儿子、贵池主簿沈播，沈播的夫人元氏，沈播的儿子、国子直讲沈季长。墓葬在真州扬子县甘露乡三里北山之原。王安石有《贵池主簿沈君墓表》，曾巩有《池州贵池县主簿沈君夫人元氏墓志铭》。

从两篇墓志可知，沈家是从杭州钱塘迁来的，先世居湖州武康，唐代时三代为官，到了宋朝，沈玉以尚书屯田郎中知真州军事。沈播出生在真州，天圣二年（1024）进士及第，任楚州司法参军，后调任贵池县主簿。沈播的儿子沈季长是王安石的妹婿，所以王安石为沈播写了墓表。

王育济《宋代王安石家族及其姻亲》一文考证《梦溪笔谈》作者沈括，与沈播同宗，为钱塘沈氏。

曾巩的父亲曾易占与沈播是同年好友，曾巩与沈季长也有交游，所以他为沈播夫人元氏写了墓志铭。其中说，元氏是钱塘人，祖父叫元德昭，在吴越国王钱元瓘朝里为相，宋朝赠太保衔［查王安礼《资政殿学士太子少保致仕赠太子少师谥章简元公墓志铭》可知，元德昭的孙子元绛，官参知政事，元丰四年（1081）以太子太保致仕］。元氏的父亲叫元好文，乃尚书比部员外郎。

元氏十七岁嫁进了吴兴沈家，其舅（公爹）为尚书屯田郎中，其夫为池州贵池县主簿，叫沈播。沈播去世得早，没有兄弟，太夫人年高，元氏三十来岁守寡，侍奉姑（婆母）能尽其孝，教养子女都能成才。这么多年的艰辛，一般人做不到，这段家世必须让后世知道。元氏于治平二年（1065）七十岁时去世，葬真州扬子县北山之原。

贵池君（沈播）与曾巩的父辈是同年好友，沈播的几位儿子与曾巩交游，所以曾巩为元氏写了这个墓志铭。

宋太常博士吴祥墓。该墓也是曾巩为之撰写的墓志铭。吴祥四十岁始中进士，官至太常博士，清贫自守。从墓志铭文中可知，吴祥的夫人朱氏，是曾巩的姨，所以他为吴祥写了墓志铭。

曾易占在真州任职期间，续弦朱夫人。朱夫人是天长朱齐卿（官至高邮军主簿)的女儿,排行老三。她兄弟姊妹七人,小弟朱延之(曾巩舅舅)与曾巩年龄相仿。

朱夫人并非曾巩的生母,嫁到曾家时,曾巩十岁。朱氏对所有孩子一视同仁,关心备至,督促学习,除老大曾晔进士落选病逝于归途,其他五子先后都成进士。曾巩对朱夫人一生感恩,元丰元年(1078),他写《福州上执政书》:"诚以巩年六十,老母年八十有八,老母寓食京师,而巩守闽越,仲弟守南越。二越者,天下之远处也。"请求让他调动,靠近母亲。

曾巩为天长朱氏撰写过多篇墓志铭,包括外祖父朱齐卿、舅舅朱延之、舅母沈氏、朱延之的姊姊戴氏。朱夫人所在的天长朱氏家族,非同一般,朱齐卿与他的堂叔朱巽年龄相仿,朱巽家贫,朱齐卿大力扶持,日后朱巽果然中进士。朱家最出名的人物,是朱巽的儿子、二十四孝"辞官寻母"的朱寿昌。我曾两次前往天长秦栏,寻访朱寿昌手植的白果树(孝子树)(图2-4)和朱寿昌墓。

曾巩与王安石有亲戚关系。他的三妹婿是王安石的弟弟王安国。他在《仁寿县太君抚州吴氏墓志铭》(吴氏,王安石母亲)中记载,吴氏生七子,安仁、安道、安石、安国、安世、安礼、安上。女三人,长适尚书虞部员

图2-4 朱寿昌手植的孝子树

外郎、沙县张奎;次适前衢州西安县令、天长朱明之;次适扬州沈季长。前文已述,沈季长是王安石的妹婿,而王安石另一个妹婿朱明之,则为朱夫人的亲堂弟、曾巩的堂舅。

王安石　十年历遍人间事

宋代著名地理学家祝穆在《方舆胜览》中介绍,真州东园"欧阳永叔记,王介甫诗,蔡君谟书,时谓三绝"。欧阳永叔就是欧阳修,他撰写了千古名篇《真州东园记》,是真州东园第一绝;蔡君谟就是蔡襄,他取颜真卿的笔法、褚遂良的风格,用中楷书写了《真州东园记》全文并刻成了石碑,是真州东园第三绝;东园"三绝"的第二绝,是王介甫的《真州东园作》诗。

王介甫就是王安石。关于真州东园的诗作很多，不乏苏轼、黄庭坚、梅尧臣、洪兴祖等名人的作品，祝穆将王安石的诗选为真州东园"三绝"之一，是赞赏其忧国忧民的情怀。下面是《钦定四库全书·别集类·王荆公诗注》卷四十七记载的王安石《真州东园作》全文，括号内是原文加注。

《真州东园作》（欧公尝为许元作记，即此处）

十年历遍人间事（《汉书·张良传》：愿弃人间事），却绕新花认故丛（杜诗：药残他日裹，花发去年丛）。南北此身知几日，山川长在泪痕中。

王安石（1021—1086），字介甫，号半山，抚州临川人，庆历二年（1042）进士，熙宁二年（1069）任参知政事，次年拜相，主持变法。因守旧派反对，熙宁七年（1074）罢相。一年后，宋神宗再次起用他，不久又罢相，退居江宁。元祐元年（1086），保守派得势，新法皆废，王安石郁然病逝。

王安石近十五年的变法，实现了熙河开边两千里，国库充裕可供朝廷二十年财政支出，但得罪了既得利益者，被两次罢相。《宋史》卷三百二十七有其传。

王安石诗词、文学造诣深厚，名列"唐宋八大家"。他的"春风又绿江南岸"诗句，先后推敲过"到""过""入""满"等十多个字，最后确定为"绿"，成为千古佳句。

王安石与真州有着特别的关系，他的叔祖王贯之（王安石祖父王用之的弟弟，临川王氏第一位进士）、叔父王师锡、妹婿沈季长（钱塘沈氏，与沈括同宗），都葬在真州扬子县。

县志记载，王安石除了撰有《真州东园作》，还有《寄沈道原》、《入瓜步望扬州》、《题致政孙学士归来亭》、《京兆杜嬰大醇能读书其言近庄其为人旷达而廉清自托于医无贵贱请之辄往卒也以诗二首伤之》（其一）、《真州马上作》、《舟过长芦》、《送吴仲纯守仪真》等与真州有关的诗。

《寄沈道原》

城郭千家一弹丸，蜀冈拥肿作蛇蟠。眼前不道无苍翠，偷得钟山隔水看。

《入瓜步望扬州》

落日平林一水边，芜城掩映只苍然。白头追想当年事，幕府青衫最少年。

《题致政孙学士归来亭》

彭泽陶潜归去来，素风千载出尘埃。明时隽老心无累，故里高门子有才。更筑园林负城郭，长留花月映池台。却寻五柳先生传，薪水区区但可哀。

《京兆杜嬰大醇能读书其言近庄其为人旷达而廉清自托于医无贵贱请之辄往卒也以诗二首伤之》（其一）

萧瑟野衣巾，能忘至老贫。避嚣依市井，蒙垢出埃尘。接物工齐物，劳身耻为身。伤心宿昔地，不复见斯人。

《真州马上作》

身随饥马日中行,眼入风沙困欲盲。心气已劳形亦弊,自怜于世欲何营。

《舟过长芦》

木落草摇洲渚昏,泊船深闭雨中门。回灯只欲寻归梦,儿女纷纷解笑言。

《送吴仲纯守仪真》

江上斋船驻彩桡,鸣笳应满绿杨桥。久为汉吏知文法,当使淮人服教条。拱木延陵瞻故国,丛祠瓜步认前朝。登临莫负山川好,终欲东归听楚谣。

王安石还有一首《陶缜菜示德逢》,与真州一种著名的特产有关,这个特产就是紫菜苔,诗中称为"紫芥",这也是仪征特产紫菜苔号称有千年历史的源头。

江南种菜漫阡陌,紫芥绿菘何所直?陶生画此共言好,一幅往往黄金百。北山老圃不外慕,但守荒畦斸荆棘。陶生养目渠养腹,各以所能为物役。

王安石还为贵池主簿沈播,尚书主客郎中、知兴元府、赠谏议大夫王贯之、王贯之子王师锡,尚书司封郎中孙锡,右领军卫将军王乙,荆湖北路转运判官、尚书屯田郎中刘牧,真州司法参军杜涣,海陵主簿许平,秘书丞张某等真州人撰写了墓表或墓志铭,收录在《道光志》卷八《舆地志》中,以下为各墓志主要内容(铭未录入)。

尚书屯田郎中沈玉墓。王安石在沈播墓表中记述,我父亲〔王益(994—1039),字舜良,祥符八年(1015)进士,官至尚书都官员外郎,卒于江宁府通判任上,葬牛首山〕生了三个女儿,最小的嫁给了沈播的儿子(沈季长),有人曾问我父亲:"女婿都有谁呀?"跟他说有沈播的儿子沈季长,他说:"哦,知道,沈季长的父亲沈播文学很好的。"我去沈季长所在的池州贵池,谈到沈季长,人家都说:"哦,知道,沈季长的父亲沈播政绩很好的。"我曾经向沈季长索要他父亲的作品,他说:"先君走得仓促,作品都被人拿走了,没有了。"我向沈季长打听他父亲从政的故事,他说:"听祖母说,先君做贵池主簿,知县能力一般但贵池县井然有序,那都是先君之力啊。先君曾代理铜陵知县,有弟兄争家产,先君明辨是非,促使他们幡然醒悟,礼让和睦。离任的时候,两个县的百姓都含泪相送,直到先君远去了他们才回去。但是先君是怎样施政的,我并没有详细的了解。"

沈季长对我说:"先君生前对自己要求很严格,对亲友帮助很尽心,一生喜欢读书,没有一天不看书的,从不浪费时间在喝酒、游戏上;做官时,对上不谄谀,以至于上级不喜欢,所以他有辞官的念头。他留下的文章不多,只有知心人才知道;他做好事不宣扬,只有好友才了解;他行的善政传不远,只有本县的人才记得。我担心时间一长就失传了,所以请您帮忙写个墓表。"

我说:"这是应该的,先君是个贤人,你也不错啊,你们沈家后世必将发达,不把家世写清楚是不行的。我愿意帮你写。"

王安石在墓表中记述，沈家是从杭州钱塘迁来的，先世居湖州武康，唐代时三代为官，史书上有记载，又过了四世，到了大宋朝，沈玉以尚书屯田郎中知真州军事，沈播出生在真州，天圣二年（1024）进士及第，任楚州司法参军，后调任贵池县主簿。36岁那年在赴京途中不幸因病去世。

沈播的夫人元氏，生子伯庄、季长、叔通、次通，都是进士，而季长是我父亲的女婿。

《道光志》在同一词条下，还记载了曾巩［1019—1083，字子固，南丰人，嘉祐二年（1057）进士，官至中书舍人，谥文定，位列唐宋八大家，曾巩之妹嫁给王安石之弟王安国］为沈播夫人元氏撰写的墓志铭，详见本书《曾南丰　真州监仓有众亲》。

尚书主客郎中、知兴元府、赠谏议大夫王贯之墓。墓在扬子县广陵乡铜山原，其子王师锡墓也在这里，王安石为王贯之、王师锡父子都撰了墓志铭。

铜山又名大铜山，海拔149米，是苏中第一峰。东侧原有小铜山，20世纪七八十年代开山取石，小铜山被挖平；马集的二亭山、月塘的乌山、龙袍的小帆山，都是这样被挖平的；大铜山和捺山，因有驻军，得以幸免。

铜山得名于西汉吴王刘濞"即山铸钱"，发源于此的西溪因春秋时期伍子胥在此渡江而得名胥浦河。铜山是风水宝地，在此入葬的名人很多。除王贯之、王师锡，明代南京兵部侍郎黄瓒、广西参政蒋山卿、《（嘉靖）两淮盐法志》撰者张榘、抗战期间成长起来的仪征本地干部魏然将军，皆葬于此。

2024年11月10日，宁波市鄞州区王彭维（1964年生，王安基26世孙）来仪征寻访先祖遗迹，我陪他去大铜山寻访（图2-5）。王安基是王贯之之孙，王益（字舜虞，号师锡）之子，宁波王氏迁鄞一世祖，为王安石族弟。根据王彭维提供的《抚州临川王氏总谱》可知，王贯之的次子王舜先，舜先长子至甫（安祥）、舜先次子仲甫（安定），皆葬铜山；王贯之四子舜洪，舜洪之子尧甫（安蓄），皆葬新城。

王安石在王贯之的墓志铭中记述，王贯之先世居太原，他的祖、父都葬在抚州临川县。咸平三年（1000）中进士后，他历任汉州军事推官、大理寺丞、大名知县、忻州通判、真定府判。主官王嗣宗［944—1021，字希阮，汾州人，开宝八年（975）进士、状元，历事三朝，官终静难军节度，谥景庄］盛气凌人，王贯之不与他计较，有礼有节，王嗣宗觉得王贯之值得信赖，对他言听计从，于是政通人和，大家都说王贯之有长者风范。

有一位与王贯之同榜的进士，做他的下属，王贯之举荐他升迁，有人说他以德报怨。王贯之说："举荐官员是朝廷交给的任务，哪来以德报怨之说？再说，我和他之间从来也没有什么怨啊。"一年后，王贯之任知保州、深州、齐州，这三州的百姓都说，王贯之爱民啊！

图 2-5　作者（左）与王彭维在大铜山合影

王贯之调任淮南提点刑狱，兼劝农事。他管理刑狱，注意宽民；管理农事，以田桑为要务，积极组织农田渠陂建设，使良田增至一万九十顷，受到皇帝赐书嘉谕。后来宰相丁谓要派两个人到他手下做事，王贯之不要，丁谓非常不高兴，找机会将他排挤到池州去监酒税，好多人都说他应该复用。宋仁宗即位后，他任职滁州、知兴元府，官至尚书主客郎中，可惜因病去世，享年62岁，葬在和州之历阳县。若干年后，他夫人去世，而王贯之的墓也塌陷了，于是重新找人卜地，夫妇俩合葬到真州铜山之原。

王贯之有六个儿子，其中一个任殿中丞，还有一个是进士。王贯之逝后被赠右谏议大夫。王安石是王贯之哥哥（王用之）的孙子，受叔父之命撰写这个墓志铭。王安石以前没有与王贯之在一起生活过，而他去世时叔父年纪尚小，所以对王贯之的事迹不能详尽，但大体上就是这样的。

王师锡墓。墓主人王师锡是我的叔父，年少时父亲就去世了，他服侍照顾母亲、兄弟、姑母等尽心尽力，约束自己和妻子，乡亲们都觉得他为人很好，37岁不幸早逝。他考了几次进士，没有录取。叔父娶的朱氏，有一个儿子、一个女儿，都在幼年。叔父于治平四年（1067）葬于真州其父墓旁。

尚书司封郎中孙锡墓。墓在扬子县怀义乡北原，孙锡儿子翰林学士孙洙墓附近，位于县西四里，六都，王安石撰墓志铭。（明）张桀曰："二墓今皆不可识"。县志云，王安石为孙锡写的墓志铭与县志孙锡传内容一样，所以县志没有收录这篇墓志铭，但对照《王临川集》卷九十七，墓志铭与孙锡传还是有些区别的，现将《道光志》卷三十《人物志·孙锡传》，结合王安石《宋尚书司封郎中孙公墓志铭》和邓桂安《天下长者孙锡》，整理如下：

孙锡（991—1068），字昌龄，曾祖孙钊，祖父孙易从，父亲孙再荣，都没有做官。孙锡当官后,其父孙再荣获赠尚书兵部侍郎。

孙锡自天圣二年(1024)中进士起,任历阳、无为、巢县主簿,镇江军节度推官,杭州仁和知县。他办案精准,罪犯必究,对胁从者宽恕,百姓都爱戴他。调兵部,父丧,回籍丁忧。

天圣三年(1025),孙锡父丧服除,以集庆军节度掌书记的身份任国子监直讲,豫校《史记》、前后《汉书》《南北史》,修《集韵》。又任蓟王宫伴读,因教导有法,升为著作郎、国子监丞。天圣七年(1029),任集贤校理、同知太常礼院、判吏部南曹、登闻鼓院,为开封府推官,赐绯鱼。因为在进士资格考核中有两个不合格的没有发现,被降职为和州清酒务。当时庞籍是枢密使,推荐孙锡为侍讲禁中,刚准备任命,发生了这件事,孙锡被贬谪而去。

不久,朝廷降诏将他召回,担任同判尚书刑部。从前刑部多将事务提交中书省决定,孙锡到任后,独立依法判决,不再提交中书省。戎州向吉等人拿着兵器经商贩货,倚仗他们人多,不缴纳物税,州县衙门抓捕他们,他们就四散而逃。成都钤辖司奏请朝廷将他们的亲属抓去,遇到两次大赦都没有释放。有人到朝廷上诉,刑部的详覆官认为,从前请示过朝廷的,这些人即使遇到大赦也不能赦免,还是应该按照原来的法令执行。孙锡独自上奏朝廷,最终将这些人释放,共释放了123人。孙锡执行法令多数就像这样。

后来,孙锡担任开封府推官,当时跟随开封府尹上朝奏事,宋仁宗告诫他们谨慎使用死刑,要爱惜人命。孙锡趁机启奏,说开封府有几件事做得不妥,比朝廷的法律更严苛,应当改正,仁宗赞同孙锡。有一个贵戚女眷上诉的案子,仁宗想减轻她的罪,就交给孙锡处理,并且说,这个人公平、仁恕,交给他没问题。

道士赵清贶出入庞宰相[庞籍(988—1063),字醇之,成武人,大中祥符八年(1015)进士,官至宰相,谥庄敏]家中,有共同受贿的嫌疑,御史弹劾庞籍,开封府调查后认为,是赵清贶受贿,庞籍并不知情,判了赵清贶"坐杖,配沙门岛",结果行了两日,在路上死了。御史又弹劾开封府帮宰相开脱,杀人灭口,仁宗也怀疑,于是将开封府知府、推官都罢免,孙锡转任太平州知州。其实,这个案子是王砺单独判决的,孙锡也不辩解。时间不长,仁宗醒悟了,改任孙锡为淮南路提点刑狱。

孙锡在淮南两年,使13名死囚活了下来,朝廷考核,他政绩第一,由他推荐的人多为贤良之士,从未接受别人的请托。他回京做三司户部判官,请求到宣州做知州,皇帝答应了,给了他"秩禄视转运使"衔。他到了宣州就召集五个县令说,鉴于州下达文件县里不能及时反馈,各县可独立行政,结果宣州相安无事。任期满后,宣州向上请求,让他以转运使、提点刑狱的身份留下来。

他后来任舒州知州,打开常平、广惠的粮仓赈灾,救活了陈、许、颍、蔡各县许多饥民。他按照饥民的数量、路途远近，分发粮食后，让他们回乡，饥民们聚钱买香，在府衙门前烧香流泪，感谢孙锡。当初，提点刑狱害怕聚集的饥民会成为盗贼，不敢开常平、广惠仓，多次发公文制止孙锡，又写亲笔信给他，下属官员也都说不能开仓，但孙锡还是坚持开仓赈灾，百姓们非常感动。离职时，舒州百姓关闭城门不让他走，直到傍晚，与百姓争抢着才出了城门。

孙锡官至尚书度支郎中，散官至朝奉郎，勋至上柱国。神宗登位，调任司封，赐金紫(金鱼袋、紫服)。熙宁元年(1068)正月十二日，孙锡去世，享年七十八岁。

孙家原来是广陵大家族，兵部(孙再荣)有兄弟五人，小弟媳妇带着孩子守寡，要求分家，孙再荣不与其计较，将自己名下的家产全部分给兄弟们，自己带着孙锡迁居到建安军，后来建安军升格为真州，所以孙锡就成了真州人。

孙再荣迁居真州扬子县后，发展成了大姓。他为孙锡从千里之外聘请名师，建了私塾，藏书六七千卷。孙锡也很争气，受到激励而发愤，诵读学习、废寝忘食，十九岁就考中了进士，列开封府首场第二，第二场得第一[查天圣二年(1024)甲子科，登进士第207人，状元是宋庠、榜眼是叶清臣、探花是郑戬]，于是孙锡的文章天下知名了。

孙锡在官场上以忠厚、正直著称，从来不贪名逐利，告老还乡后家中甚贫，但他从未后悔，乡亲们尊他为长者。

孙锡有文集二十卷行世。他的原配夫人庄氏早卒，继配为裴氏、刁氏，刁氏后来被封为寿安县君，她也在孙锡之前去世。孙锡有子湜、澄、泳、洙、渊、济、淑、湘、溱、渐。溱，太庙斋郎，在孙锡去世后数月也去世了；澄，楚州宝应县主簿；洙，秘书丞、集贤校理；渐，太庙斋郎。孙锡有十个女儿，一人嫁，三人未嫁，三人嫁而卒，三人未嫁而卒。熙宁元年(1068)九月十六日，孙锡葬于扬子县怀民乡北原。

孙锡儿子孙洙的墓，和孙锡的在一起。《宋史》卷三百二十一《孙洙传》和《道光志》卷三十《人物志》的内容综合如下：

孙洙(1031—1079)，字巨源，孙锡第四子，从小就很聪明，不到二十岁就中了进士，任秀州法曹，母丧服除后，任于潜县知县。包拯、欧阳修、吴奎举荐他参加制科考试，孙洙进策五十篇，指出当前政治的优势和弊端，分析得很有道理。韩琦看了他的文章后，大为赞叹："恸哭流涕，透彻论述天下事，这是当今的贾谊啊。"后来由陈襄推荐，孙洙到祠部(礼部)工作，历馆阁校勘，与苏轼、苏辙、李邦直同在推荐的名单上。后再任集贤校理，知太常礼院。

治平年间(1064—1067)，朝廷下诏求言，孙洙上书，指出时弊要务十七事，后多被采用。兼史馆检讨，同知谏院，建议增加谏官，广开言路。但凡他上奏的文书，都焚毁底稿，即使是亲人子弟也不让他们知道。王安石实行变法，放逐了多位谏官,孙洙觉得自己的想法不便表达,就申请外放,做了海州知州。

孙洙尽力减轻民众负担。常平使者想要多征收民钱,当作政绩,孙洙竭力争辩,不让征收。正逢春旱,发运使征调民工疏浚运河,方便盐船通行,孙洙与他对抗不让步,三次上书,请求停止这项徭役。因旱,蝗灾严重,孙洙到朐山祈祷,祭祀刚结束,天降大雨,蝗虫都飞到海中死了。

任职三班院。这个衙门人数过万,职责不清,人浮于事,孙洙革除了最为严重的八件事,定为制度。

任职同修起居注,晋知制诰。在此之前,百官职务变动都用固定的考核文辞,孙洙建言:"官员晋升品级,原因各不相同,却同用一套辞令;以致有时一门之内,数人晋升,名位身份各不相同,却格式一律。看起来简便,但不能体现皇上的旨意。"皇帝采纳了他的意见,下诏:以后封赠、荫补,考核文辞可以统一格式,遇到国家大礼,更改一下,其他的都要因人而异,有针对性。

元丰初年,孙洙兼任直学士院。澶州黄河水患平息,朝廷修建灵津庙,下诏命孙洙撰写碑文,神宗称赞他写得好。晋翰林学士,才月余,就染了病。当时参知政事职位空缺,皇帝想要任用他,屡次派遣中使、尚医慰问。离入朝的时间很近了,孙洙病稍好了些,就在家练习跪拜之礼,仆倒不能起来,病情渐重最终死去,终年四十九岁。皇帝在朝堂上嗟叹惋惜,除常例丧金外,赐钱五十万。

孙洙博闻强识,通晓典章旧制,讲述古今事例都很有条理,随口说话都自成文章,即使对亲昵的人也未曾说一句粗鄙的话。他的文辞典雅华丽,有西汉之风。士大夫们都期许他能成为丞相辅臣,他却不幸早逝,一时人们都为他怜悯、伤感。

孙洙著有《宗庙》《择使》《选举》《监司》《守宰》等文章。

右领军卫将军王乙墓。墓在扬子县蜀冈后。王乙,字次公,大名元城人。王安石有墓志铭,内容如下:

王乙(978—1050),字次公,祖上原在太原,后来迁居到大名元城,不知何时迁去的。他的父亲叫王奉湮,右班殿直,赠左武卫大将军。

王乙也曾考过进士,但没有考中,他将珍藏的书籍献给朝廷,皇帝了解后,任他三班借职,后来升迁为内殿崇班、阁门祗候、淮南东路都巡检使。皇祐二年(1050)以右领军卫将军职衔去世,享年七十三岁。嘉祐二年(1057)葬于扬子县蜀冈,他的夫人去世后也葬在这里。

王乙强记博闻,刚毅而聪明。他乐于和穷人贱士交往,讲究义气;与富贵之人交往,如果不对脾气,不做朋友。他曾经上书建言,切中时弊,但是多数未被采纳。他曾建议楚州可去堰为闸,也曾建议运河之南可以茶、盐换购粮食,而粮食直接进入运河之北,但是当权者只顾眼前利益,没有采纳。王乙起步贫贱,但胸怀古人建功立业之志,独抒己见,可惜生不逢时,不能实现。呜呼!甚是可悲啊。那些小人,都很畏惧他的耿直,庆幸他的建议不被采纳,而君子都感到悲哀。

王乙的长子叫王越石,乃秦州观察判官;次子叫王仁杰,为进士。我(王安石)曾经是王乙的下属,和他的长子越石是同年进士。

荆湖北路转运判官、尚书屯田郎中刘牧墓。墓在蜀冈西。刘牧,字先之,衢州西安人。王安石作墓志,内容如下:

治平元年(1064)五月,荆湖北路转运判官、尚书屯田郎中刘君(刘牧),年五十四,在任上去世。治平三年(1066)卜葬扬子县蜀冈,刘牧的儿子刘洙,拿着写好的行状来求我帮撰墓志铭,这是我故人啊,我愿意为他写墓志铭。

刘牧(1011—1064),字先之,衢州西安人。少年时就很聪明。十六岁时,他参加进士考试,可惜没考中,于是多买书,闭户攻读。再次参加考试,名列前茅。任饶州军事推官,为了公事与同僚争辩,被排挤。后范仲淹来了,刘牧高兴地说:"这是我老师!"范仲淹则勉励他不断学习。刘牧为人仁恕,助人于危难之际且不计财物。范仲淹赏识他,年底时要举荐他做京官。刘牧说:"这个机会,让给有父母家小在京的同僚吧。"范仲淹感叹,答应了他的请求。

后来朝廷需要人安抚河东,刘牧又受到举荐,任兖州观察推官。他拜孙复(992—1057,字明复,平阳人,官至国子监直讲,居泰山授徒二十年)为师学习《春秋》,与石介(1005—1045,字守道,号徂徕先生,兖州奉符县人,与孙复、胡瑗并称"宋初三先生")为友。兖州发生蝗灾,他上书十余条建议。

刘牧任大理寺丞,馆陶知县。他追捕、剿灭盗贼,上级夸他有办法,举荐他任广信军(今河北保定)通判,他说年纪大了,不去。改任建州(今福建建瓯)通判,当时富公[富弼(1004—1083),字彦国,洛阳人,天圣八年(1030)举茂才异等,官至宰相,累赠太师,谥文忠]以枢密副使身份出使河北(契丹),推荐刘牧掌机宜文字。保州(今河北保定)兵士闹事,富弼请调刘牧前往处置,刘牧经长垣乘坐驿马来到保州城下,三天后事态平息,拜会富弼后,回到建州。在建州,他注意平衡徭役,百姓心服。

他任庐州通判,上奏的事情都能得到朝廷认可;再任广南西路转运判官,兴利除害;转任荆湖北路,在任上去世。

刘牧没有家产,丧事都办不起来,棺椁等物品还是南方的朋友们置办的。他有五个儿子,其中刘洙、刘沂、刘汶是进士。刘洙因父亲的缘故,试任将作监主簿。当初,刘牧被范仲淹、富弼所赏识,士大夫们都赞誉刘牧的才华,但刘牧却安然自得,以至于一直没有大的进步,待到朝廷准备重用时,他却去世了,他的朋友们深为之惋惜。

真州司法参军杜涣墓。墓在州城北。杜涣，字济叔，京兆人。王安石写有墓志，内容如下：

真州司法、京兆杜涣（1015—1052），字济叔，以节自强，庆历六年（1046）进士，皇祐四年（1052）四月辛酉去世，享年三十七岁。杜涣有个儿子，但年龄尚小，下属们出钱出力将他葬于真州北城之野，并帮助他的妻儿在真州生活。杜氏世居永宁军的博野县，杜涣的父亲杜询曾任江宁府司录参军，他有五个儿子，济叔（杜涣）是最小的。临川王某（王安石）为他撰写墓志铭。

海陵主簿许平墓。墓在城北十五里。王安石写有墓志铭，称其与兄友爱，多智略。范文正公尝荐之，诏试为太庙斋郎，已而除泰州海陵主簿。卒，葬扬子县甘露乡之原。墓志铭的内容大致如下：

许平，字秉之。我（王安石）曾经编过他的家谱，他就是家谱上所载的泰州海陵县主簿。许平和他的哥哥许元相处融洽，感情深厚，天下人都知道。许平从小才智就超出常人，不受约束，擅长辩论，与他兄长都因才智谋略而被大人物所器重。仁宗宝元年间（1038—1040），朝廷开设方略科，招纳天下人才，当时陕西大帅范文正公（范仲淹）、郑文肃公（郑戬）争相写信推荐许平，因此他被征召进京应试，任为太庙斋郎，后又任泰州海陵县主簿。推荐他的人觉得他有大才，应该任更重要的岗位，不该把他放置在州、县做一般官吏。许平也慷慨自信，想有一番作为。但终究没能等到显示自己才智的机会，就去世了，真令人哀伤啊。

许平享年五十九岁，在嘉祐某年某月某日甲子，葬于真州扬子县甘露乡某原。夫人李氏。长子许瑰，没有做官；次子许璋，真州司户参军；三子许琦，太庙斋郎；四子许琳，进士。五个女儿，已经出嫁两个，一个嫁于进士周奉先，一个嫁于泰州泰兴县令陶舜元。

处士征集墓。集事母至孝，有子五人，举进士者三人。处士世居扬子，与杜婴、徐仲坚相友善。杜寓于医，徐寓于筮，因此多为贤士大夫所知，而征君独不闻于世。年七十七而殁，王安石为表其墓石于西原。墓址未详所在。墓表内容如下：

淮南有三位善士，都居住在真州的扬子县。

杜君（杜婴，字太和）行医，不管病人是贫是富，一喊就去，给他钱财，只取应得的部分，给多了坚决不要，以致生活比较窘迫，家里甚至有时候揭不开锅，但他却处之泰然。他觉得过日子就要这样心宽，不必为财富所拖累，我（王安石）曾经和他交谈，时间再长也不感到厌倦。

徐君（徐仲坚），忠信笃实，遇人至谨，以占卦为业，有时候生病在家，有人请他占卦,他必定穿戴整齐,否则不见客户。他每天只要挣得百数十钱就下班,不再接新的业务。徐仲坚能作诗,也能写文章,有集若干卷。

因职业的缘故,杜婴、徐仲坚这两位知名度较高,而征集则默默无闻。

征集全心侍奉母亲,是个孝子,与乡邻相处友善、客气,经常接济穷急,不与人斤斤计较。他喜欢收藏书籍,能写诗。他有五个儿子,三个是进士。征集与杜婴、徐仲坚是莫逆之交,这两位都在征集之前去世,征集七十七岁时在家中去世。

唉!自古的道理,乡村的善士,必然会造福乡村;国家的善士,必然会造福国家!这个规律,好久没有事例来证实了。我特别欣赏这三位善士,也乐于为他们宣传,正好征集的儿子请我帮忙给他父亲写墓表,所以我就写了,让他们刻在墓碑上。

秘书丞张某墓。墓址未详所在,王安石写有墓志铭,内容如下:

张君的先世是成都新繁人。他的曾祖没有做官,祖父在太宗时,以富豪身份迁居内地,任三班奉职。但他祖父不喜欢做官,就辞去官职,定居到真州扬子县,去世后葬在扬子县。他的父亲是进士,官至登州军事判官,赠太常博士;生了三个儿子,墓主人张君是长子。

张君宽和厚重,兄弟相处友爱甚笃。对待朋友有信义,乐于散财以救人之急。他七岁时,就能每天诵书数百言,拿起笔立即就能作文章。他成年后,参加科举,考中进士,是开封府第一,于是进入仕途,任宣州宁国县主簿。南陵县知县暂缺,知州让他代行知县职责,在任期间有能干的名声。后来他被推荐,任颍州沈邱县知县,转著作佐郎、江宁府上元县知县,能干的名声更大了。又任职英州知州,升秘书丞。嘉祐二年(1057)十二月在州衙去世,享年四十七岁。皇帝任命他的一个儿子张师轲为太庙斋郎。

张君患病期间,英州的同僚和百姓为了治好他的病,奔走请命,甚至有人愿意自己生病来代替张君,可见他在英州深得民心。他的夫人,河南县君、丹阳吴氏,生了三个儿子,长子就是张师轲。我(王安石)与张君是朋友,又是同年进士,所以为他撰写墓志铭。

县志上还记载了王安石与真州的官吏有交集的十多个故事。

江淮制置发运司是中央设在真州主管漕运的大衙门,张靖(京兆人)和薛向(字师正,长安人,官至龙图阁直学士)先后在真州做过发运使。在此之前,薛向在陕西任转运使,盐、马、刍、粟任务完成得很好,还没增加百姓负担,因帮名将种谔(1027—1083,字子正,洛阳人,官至延州知州、龙神卫四厢都指挥使)说话,被贬。张靖到任陕西后,上书指责薛向变更盐法,神宗把两人招到汴京,让他们当面辩论。钱公辅[1021—1072,字君倚,武进人,皇祐元年(1049)进士,官至天章阁待制]、范纯仁(1027—1101,字尧夫,吴县人,范仲淹次子,皇祐元年进士,官至尚书右仆射兼中书侍郎)都说薛向有罪,王安石独排众议,认为张靖是错误的。

胡宗愈(1029—1094),字完夫,胡宿之子。嘉祐四年(1059)进士,官至吏部尚书,多次与王安石唱反调,被贬往真州任通判。

刘述,字孝叔,湖州人,熙宁年间(1068—1077)曾任真州知州。主管审官院的胡宿说他为人沉静有操守,特地提拔他任兵部员外郎,后来任刑部郎中。王安石做参知政事时,与他争论谋杀的刑罚名称,刘述认为王安石说得不对,等到诏书下达,刘述把诏书封好还给中书省,坚持自己的意见。王安石汇报给神宗皇帝,皇帝下诏让开封府推官王克臣给刘述定罪。在这种情况下,刘述带领御史刘琦(字公玉,宣城人)、钱顗[字安道,无锡人,庆历六年(1046)进士]共同上疏神宗皇帝。王安石奏报皇帝贬谪御史刘琦、钱顗去监管处州、衢州的盐务。曾公亮认为对刘述的定罪太重了,司马光和范纯仁也替他说话,最终将他贬为通判,神宗皇帝没有允许,改为江州知府。刘述七十二岁时离世。

沈铢,字子平,扬子人,熙宁六年(1073)进士。父亲沈季长是王安石妹婿。沈铢少年时跟着王安石学习,考中进士后,任国子直讲。绍圣初年,任太学博士、秘书省正字、崇政殿说书,讲《小雅·南山有台》至"万寿无期",以为这就是太平之基,按照这个做,可长久太平,哲宗多次点头肯定。沈铢的弟弟沈锡,字子昭,拜兵部侍郎,以通议大夫致仕。县志有"龙图阁待制沈铢、兵部侍郎沈锡墓"词条,载两兄弟的墓皆在黄池北山,位于县西十五里。

孙侔(1019—1084),字少述,吴兴人。四岁时,他父亲去世,跟着母亲胡氏来到其扬州娘家,七岁时就能够写文章,庆历、皇祐年间,与王安石、曾巩等交游,知名于江淮间。孙侔很孝敬母亲,想考中进士给母亲争光,然而屡举不第,母亲病故后,终身不求仕进,卜居扬子,以读书、鼓琴自娱。孙侔年轻时与王安石关系很好,王安石当上宰相后,到真州来,与孙侔相见,仍然像从前布衣时一样。

王令,字逢原。少年时候,如果他白天和小伙伴游戏,夜晚必读书。由于家贫,他后来徙居高邮。王安石觉得他是个人才,将自己妻子家的亲戚嫁给他。王安石曾对他说:"我看到足下的文章,很爱足下之才,与足下见面之后,看到足下衣服磨破了、鞋子穿坏了,跟我交谈时,却从不提及自己的窘况;我后来得知,足下一年到头吃不上几次荤菜,但从来不给别人添麻烦,当今世上,能像足下这样自立的人,能有几个啊?"

王令后来移居江阴,三十八岁就去世了。王安石前来吊唁,对他的妻子吴氏(临川人)说:"王子才高,有妇同义。"把她比作"黔娄之妻"(典出汉代刘向《列女传·鲁黔娄妻》)。"黔娄死,曾子往吊,见以布被覆尸,覆头则足见,覆足则头见。

曾子曰：'邪引其被，则敛矣。'黔妻曰：'邪而有余，不如正而不足也。'"后以"黔娄妻"指安贫乐道的贤德之妻）。后来吴氏带着独女回娘家孀居三十二年，朝廷旌表，赐绢十匹、米十石。

杜峼（？—1105），字自明，以父荫累官秘书省校书郎，转朝奉郎。少年时，与王雱是好朋友。后来王安石执政变法，杜峼不赞成王安石、王雱父子的《三经新义》，不再跟王雱来往。

吕希哲（1036—1114），字原明，吕夷简孙、吕公著子，东莱人，以荫入官，官至光禄少卿，人称吕荥阳，晚年居真、扬间十余年。吕希哲初为官时，王安石要举荐他当讲官，他推辞说："感谢相公知遇，但万一我从政后，理念与您不一样，岂不是辜负了您的美意。"王安石只好放弃这个念头。

王安石的叔祖王贯之、堂叔父王师锡、亲妹婿沈季长皆葬于真州，他至少为九位真州人撰写过墓志铭，县志记载与他交往的真州人有十多位，可知王氏家族至少有一支生活在真州，王安石与之常来常往，实属正常。他的弟弟王安礼，在任润州知州期间，将柳屯田葬至真州胥浦，是顺理成章的事情（详见《柳屯田 浅斟低唱归真州》）。

梅尧臣　吴楚艘泊常流连

真州东园是文人墨客的雅聚之所。诗人梅尧臣曾到东园，有诗两首。

《真州东园》

国赋有常计，计者岂不贤。日夜疲精神，自鉴膏火前。新春力有余，锄荒东郭偏。垒土以起榭，掘沼以秋莲。竹柏为冬荣，桃李为春妍。役使吴楚艘，来泊常留连。下江忘其险，入漕忘其遭。许公作此意，吾亦见其权。不独利于己，愿书棠树篇。

《依韵和许发运真州东园新成》

疏凿近东城，萧森万物荣。美花移旧本，黄鸟发新声。曲阁池傍起，长桥柳外横。河浑远波涨，雨急断虹明。云与危台接，风当广厦清。朱鬐看自跃，翠柏种初生。香草犹能识，山苗未得名。南峰及西岭，长共酒杯平。

上面两首诗提到的许公、许发运，应是指皇祐年间（1049—1054）江淮发运使许元。查梅尧臣年谱，皇祐元年（1049）正月，尧臣父卒于宣城，二月他奔丧守制，皇祐三年（1051）二月离宣城赴汴京。这两首诗为梅尧臣赴京途经真州时所作。

《宋史》卷四百四十三有梅尧臣的传。

梅尧臣(1002—1060),字圣俞,宣城人。宣城古称宛陵,世称宛陵先生。初试不第,以荫补河南主簿。五十岁后,于皇祐三年(1051)始得宋仁宗召试,赐同进士出身,为太常博士。以欧阳修荐,为国子监直讲,累迁尚书都官员外郎,故世称"梅直讲""梅都官"。曾参与编撰《新唐书》,并为《孙子兵法》作注,所注为孙子十家著(或十一家著)之一。有《宛陵先生集》六十卷,《四部丛刊》影明刊本等。存词二首。

梅尧臣有推荐苏轼的故事。嘉祐二年(1057),礼部省试,欧阳修为主考官,国子监直讲梅尧臣为点检试卷官。定策论的题目为"刑赏忠厚之至论",出自《尚书·大禹谟》之"罪疑惟轻,功疑惟重"。梅尧臣负责文章初审,发现了一篇优秀的文章,推荐给欧阳修。欧阳修颇惊其才,但是试卷糊名,欧阳修认为很有可能是弟子曾巩所写,为了避嫌,将此卷取为第二。拆封后才发现,不是曾巩,是苏轼。

梅尧臣是北宋著名诗人,他的诗歌与欧阳修的古文、蔡襄的书法代表了庆历、嘉祐年间文学艺术的最高成就。欧阳修称梅诗"譬如妖韶女,老自有余态"。刘克庄称他为宋诗的开山祖师(《后村诗话》)。龚啸说他去浮靡之习,超然于昆体极弊之际;存古淡之道,卓然于诸大家未起之先(《宛陵先生集附录》)。胡仔《苕溪渔隐丛话后集》称"圣俞诗工于平淡,自成一家"。钱锺书称他:"主张'平淡',在当时有极高的声望,起极大的影响。"

梅尧臣的《陶者》一诗,是家喻户晓的名诗:

陶尽门前土,屋上无片瓦。十指不沾泥,鳞鳞居大厦。

除文前两首东园诗,梅尧臣还有《寄题朱表臣职方真州新园》诗,也是描写真州景物的。

青葱江上树,杳蔼宫前道。道侧有新园,园中无恶草。松陇方在望,茅屋闻已考。朝廷正急才,何得言归老。

沈梦溪　笔谈留章真州闸

北宋沈括所著《梦溪笔谈》,是记载中国古代自然科学、工艺技术的著作,其中对磁偏角、毕昇活字印刷、胆矾炼铜、盐井、石油等的记载,具有特别重要的意义。该书被英国科学家李约瑟评为"中国科学史上的坐标"。

在《梦溪笔谈》卷十二《官政二》中，记载了"真州复闸"，全文如下：

淮南漕渠筑埭以蓄水，不知始于何时。旧传召伯埭谢公所为。按李翱《来南录》，唐时犹是流水，不应谢公时已作此埭。天圣中，监真州排岸司右侍禁陶鉴始议为复闸节水，以省舟船过埭之劳。是时工部郎中方仲荀、文思使张纶为发运使、副，表行之，始为真州闸。岁省冗卒五百人，杂费百二十五万。运舟旧法，舟载米不过三百石。闸成，始为四百石船。其后所载浸多，官船至七百石，私船受米八百余囊，囊二石。自后北神、召伯、龙舟、茱萸诸埭相次废革，至今为利。予元丰中过真州，江亭后粪壤中见一卧石，乃胡武平为《水闸记》，略叙其事而不甚详具。

沈括在文中记载了真州复闸的建设时间（天圣年间，1023—1032）、建设者（发运司监真州排岸司右侍禁陶鉴）、支持者（工部郎中发运使方仲荀、文思使发运副使张纶）、单船载重量（始四百石；后官船至七百石；私船受米八百余囊，囊二石）、效益（岁省冗卒五百人，杂费百二十五万，废诸堰至今为利）。

沈括的记载参考了胡宿的《通江木闸记》，详见本书《胡武平　舟引无滞通江闸》。由于《梦溪笔谈》的影响力巨大，真州复闸得以扬名于世。真州复闸是史载最早的复式船闸之一，比西方最早记载的荷兰厢闸（1373）早347年，但它比乔维岳的二斗门要晚42年。

真州复闸建成于北宋天圣四年（1026），其后还经历了几次重大的维修，如南宋嘉泰二年（1202）真州知州张颉将其改建为石闸，明洪武十六年（1383）在仪真致仕的兵部尚书单安仁重建宋三闸等。由于记载有序，所以我考证史料，撰成《真州复闸位置考》，详见本书附录。

《宋史》卷三百三十一有沈括的传。

沈括（1031—1095），字存中，号梦溪丈人，钱塘人，祖父沈曾庆任大理寺丞，父亲沈周、伯父沈同均为进士。至和元年（1054）以父荫入仕，任沭阳县主簿；嘉祐八年（1063）进士及第，授扬州司理参军。他仕途几经沉浮，曾出使辽国、戍守西夏，官至龙图阁学士，晚年隐居润州梦溪园。

沈括著作颇丰，《宋史》卷二百七《艺文志》记载沈括的著述有22种，155卷。

本书在叙述王安石和曾巩时，考证钱塘沈氏沈玉，以尚书屯田郎中知真州军事，其子沈播出生在真州，天圣二年（1024）进士及第，任楚州司法参军，后调任贵池县主簿。沈播的儿子沈季长是王安石的妹婿，所以王安石为沈播写了墓表。沈季长是曾巩的好友，曾巩为沈播夫人元氏写了墓志铭。王育济《宋代王安石家族及其姻亲》一文考证，沈括与沈播同宗，为钱塘沈氏。

沈括到过真州，是毫无疑问的，他在《真州复闸》一文中说"予元丰中过真州"就是证据。

《梦溪笔谈》卷二十《神奇》中还记载了"彭蠡小龙显灵"的故事。熙宁年间（1068—1077）王师南征，船队离开真州下江时，有小蛇登船，水手们都认识它，说："这是彭蠡小龙，是来护佑我们的。"由于它的到来，船队顺风而行，一路波澜不惊。这件事情上报神宗后，朝廷降诏，封小龙为顺济王。礼官林希（子中）来宣诏时，小龙很配合，斋戒三日（径入银香奁中，蟠三日不动）。林希还朝时，小龙还来送行。

柳屯田　浅斟低唱归真州

仪征现存最早的县志，完成于明隆庆元年（1567），即《（隆庆）仪真县志》（本书简称为《隆庆志》），在其卷二《名迹考》中，有"柳耆卿墓"条，内容是：

柳耆卿墓，在县西七里，近胥浦。宋仁宗朝，耆卿为屯田员外郎，尝以词调应制。

柳耆卿即柳永，为北宋著名词人。

柳永（984—1053），原名三变，字景庄，后改名柳永，字耆卿，因排行第七，又称柳七，福建崇安人，生于山东费县（其父柳宜任所）。景祐元年（1034）成进士，官至屯田员外郎，所以时人称他柳屯田。

柳永的词作成就很高，如著名的《望海潮·东南形胜》：

东南形胜，三吴都会，钱塘自古繁华。烟柳画桥，风帘翠幕，参差十万人家。云树绕堤沙，怒涛卷霜雪，天堑无涯。市列珠玑，户盈罗绮，竞豪奢。

重湖叠巘清嘉，有三秋桂子，十里荷花。羌管弄晴，菱歌泛夜，嬉嬉钓叟莲娃。千骑拥高牙，乘醉听箫鼓，吟赏烟霞。异日图将好景，归去凤池夸。

这首词上片写杭州繁华，下片写西湖美景，波澜起伏，乃千古绝唱。

柳永有"奉旨填词"的趣闻。

柳永在真宗朝三次落第，第一次落榜时写下《鹤冲天·黄金榜上》，有"忍把浮名，换了浅斟低唱"之句。天圣二年（1024），仁宗即位后，柳永第四次参加进士考试。据说从前仁宗很喜欢柳永的词，但他好作艳词，仁宗对此不满意，等到进士放榜时，也不想录取他，就说："既然想要'浅斟低唱'，何必在意虚名。"刻意划去柳永之名。直到景祐元年（1034）仁宗亲政，特开恩科，柳永才及第，此时他已经51岁了（吴曾《能改斋漫录》卷十六）。

据说柳永被仁宗"且去填词"不予录取后，郁郁不得志，出入娼馆酒楼，自号

"奉圣旨填词柳三变"(严有翼《艺苑雌黄》)。

柳永一生漂泊,经常沿运河往返。淳化五年(994),柳永才十岁,其父柳宜到扬州做官,柳永即随往,还写过习作《劝学文》,有"学,则庶人之子为公卿;不学,则公卿之子为庶人"的见识。他的前半生漂泊于汴京、扬州、杭州等地,成为进士后官虽不大,但也宦游在江浙一带,多次逗留和经过江淮。

真州在北宋时是漕运枢纽、江淮发运司所在,达官贵人、文人雅士众多。范仲淹有《安抚江淮疏》,欧阳修有《真州东园记》,王安石有《真州东园作》,苏、黄、米、蔡都在真州留下了诗作和印记。柳永死后归葬真州,是很有可能的。

柳永在《宋史》无传,他的葬地,有四种说法。

襄阳说

宋代祝穆《方舆胜览》:"(柳永)卒于襄阳,死之日,家无余财,群妓合资葬于南门外。每春日上冢,谓之'吊柳七'。"

枣阳说

宋代曾达臣(敏行)《独醒杂志》:"耆卿(柳永)墓在枣阳县花山,每岁清明词人集其下,为吊柳。"

元代陈元靓《岁时广记》:"(柳耆卿)掩骸僧舍,京西妓者鸠钱葬于县花山,其后遇清明日,游人多狎饮坟墓之侧,谓之'吊柳七'。"

丹徒说

明正德《丹徒县志》:"屯田郎柳永墓在土山下。"

真州说

明《隆庆志》:"柳耆卿墓,在县西七里,近胥浦。宋仁宗朝,耆卿为屯田员外郎,尝以词调应制。"

从古到今,各地都存在着"抢名人"现象。赵翼[1727—1814,号瓯北,阳湖人,乾隆二十六年(1761)进士,官至贵西兵备道;乾隆五十二年(1787)后主讲仪征乐仪书院、泰州安定书院]有诗:

一邱两地各争高,只为填词绝世豪。汉上有坟人吊柳,漳南多冢客疑曹。金茎名竟移沙渚,铁板声休唱浪淘。我趁晓风残月到,纵无魂在亦萧骚。

柳永墓究竟在哪里?清代文人王士祯曾有《真州绝句(其五)》,考证了柳耆卿墓在真州。

王士禛(1634—1711),原名王士禛,字子真,一字贻上,号阮亭,又号渔洋山人,世称王渔洋,山东新城人。顺治十五年(1658)进士,官至刑部尚书,谥文简。

王士禛于顺治十六年任扬州府推官,十七年春到任,康熙四年(1665)七月离扬赴京任职礼部。他在扬州有五年时间,所以曾诗曰"自怜五载真州客"。

王士禛在扬州期间,有督修高邮文游台题《文游台记》、扬州红桥修禊、如皋水绘园修禊等文化活动。他是高产诗人,"昼了公事,夜接词人",诗作四千余首,与仪征有关系的有顺治十八年(1661)的《鋆江倡和集》、康熙元年(1662)的《真州绝句》等。而《真州绝句(其五)》,还考证了柳耆卿墓在真州。

《道光志》卷八《舆地志》上是这样记载的:

柳耆卿墓。申《志》云:"在县西七里,近胥浦。宋仁宗朝,耆卿为屯田员外郎,尝以词调应制。"胡、陆《志》同。陆《志》又云:"今失所在。按,王士禛《分甘余话》云:'柳耆卿卒于京口,王和甫葬之。然今仪真西,地名仙人掌,有柳墓,则是葬于真州,非润州也。'余少在广陵,有诗云:'江乡春事最堪怜,寒食清明欲禁烟。残月晓风仙掌路,何人为吊柳屯田?'"今仙人掌,仪真无此地名,不知其何所据也。

《道光志》援引了申《志》、胡《志》、陆《志》的记载。申《志》就是明隆庆元年(1567)知县申嘉瑞监修的县志,胡《志》是清康熙七年(1668)知县胡崇伦监修的,陆《志》是康熙五十七年(1718)知县陆师监修。陆《志》在记载柳耆卿墓时,增加了王士禛的考证内容,比《隆庆志》多了几句话:"然今仪真西,地名仙人掌,有柳墓,则是葬于真州,非润州也。"

王士禛说柳永墓在仪真西仙人掌,并说他年轻时在扬州曾写过《过真州仙人掌吊柳耆卿墓》诗,说的就是这件事。

不仅王士禛说柳永墓在真州,其他文人也这么说。2016年,广陵书社出版的由仪征市委宣传部所编《仪征风雅》一书中,收录了有关仪征的诸多古诗,其中有:

沈德潜[1673—1769,字碻(què)士,号归愚,长洲人。乾隆四年(1739)以六十七岁高龄得中进士,官至礼部侍郎]《过真州》:

扬州西去真州路,万树垂杨绕岸栽。野店酒香帆尽落,寒塘渔散鹭初回。晓风残月屯田墓,零露浮云魏帝台。此夕临江动离思,白沙亭畔笛声哀。

郑板桥[1693—1766,原名郑燮,字克柔,号理庵,又号板桥,兴化人,乾隆元年(1736)进士,官至潍县知县]《真州八首,属和纷纷,皆可喜,不辞老丑,再叠前韵》:

伍相祠高百尺楼,屯田遗墓也千秋。溪边花落三春雨,江上潮来万古愁。无主泥神常趁庙,失群才子且低头。画船半破零星板,一棹残阳寂寞游。

柳屯田墓是文人心目中非常有分量的仪征古迹。

然而,王士祯说柳永墓在仪真西仙人掌,即便是编撰县志的人也不能确定位置,"今仙人掌,仪真无此地名,不知其何所据也"。

仪征有没有柳永墓、仙人掌?我走访、请教过许多人。

关于柳永墓,有人说仪征化纤研究院所在地原来有座古墓,可能是柳永的,这倒是符合"在县西七里,近胥浦"的记载,但可惜这座古墓早就被推平建房子了。

关于仙人掌,仪征确实没有这个地名。清代诗人黄文旸(1736—1809,字时茗,号秋平,甘泉人)有《过仙人掌吊柳屯田墓》诗:

歌哭无端杂醉醒,金仙掌上露冷冷。晓风残月花间泪,红袖青衫地下灵。天子怜才容放旷,才人到此感飘零。竹西路近皆歌吹,檀板销魂不忍听。

这首诗出现了"仙人掌"地名,从诗句中的"竹西路近"来看,似乎仙人掌在扬州附近。

古代园林研究专家、北京农学院王建文博士对此也很有兴趣,他在研究陈文述〔1771—1843,钱塘人,字云伯,号退庵。嘉庆五年(1800)举人,道光二年(1822)任江都县令,迁淮南监掣同知〕诗时看到一段话:

余春日道经甘泉山下,林冢相望,询其地,仙人掌也。岂昔隶真州、今隶甘泉耶?问耆卿墓,亦无有知者。

可见,陈文述也对柳永墓、仙人掌有兴趣。王博士托我方便时找找"仙人掌"。

甘泉山在邗江,紧邻仪征大仪,我请教过大仪镇的刘通主任,并请他向邗江甘泉的朋友打听,我也曾请教扬州文史专家韦明铧先生,皆曰不知"仙人掌"地名。

2020年底,我撰写《千年古井》一书,查阅古井资料时,看到民国十年(1921)《甘泉续志·山川卷》,在描述铁牌、古井地势之后,接着出现了"仙人掌":

胡家场发脉者,东为杨家庙,杨家庙之东为郑庄,其南为十三里庙,庙之西北为双墩,其南为仙人掌,迤西曰仓基山,折北为洪恩寺,胡家场东南为华严庵,其南为席帽山,俗名帽儿墩。

2021年3月11日,我去山东泰安六中寻访吴筠孙碑,后来在写探访记的过程中,查阅《扬州文库》第3辑第59册中的《吴引孙自述年谱》,发现吴筠孙去世后,葬于扬州西山仙人掌,并注明"距城十二里",这就基本确定,仙人掌在扬州府城西十二里,而不在真州城西,估计是王士祯搞错了。

我立即将这个信息通报了王建文博士,他很快在网上找到了一篇《扬州西郊地名史话》,作者为扬州市邗江区杨庙镇的赵瑞智(《扬州晚报》2015年4月29日曾发表《九旬翁整理仓颉资料30年》,其中介绍赵瑞智时年91岁)。赵瑞智在西郊地名一文中介绍了仙人掌、长绳杠、双墩子、帽儿墩四个地名,在介绍仙人掌时说:

仙人掌掌山位于今邗江区山河林场徐庄组东端。山形像五个手指肚形,呈莲花瓣状,山体上有五座塌墩子,墩子分主副墩,主墩墩高六至七米,副墩墩高四至五米。清末民初,阴阳先生在这块掌山上摆过罗盘,说掌山是风水宝地,其理由:"掌"字有掌权之意,又代表手掌能抓住钱,祖茔葬于此,后辈必然爵禄掌权,此语一出,一传十、十传百,来掌山葬祖茔的达官贵族蜂拥而至。据《甘泉县志》卷十三《墓冢》载,在湖北任荆宜道的江都李万故后,葬于西乡仙人掌。

从陈文述诗注、《甘泉续志》、《吴引孙自述年谱》和赵瑞智文综合分析,扬州西门以西十二里与山河林场相交的地方,在今扬州火车站附近,就是仙人掌的位置,不在真州。

1984年,仪征名人厉以宁回故乡时,曾向人们打听柳永墓何在,但无人知晓。感叹之余,写了一首七绝《仪征,拟吊柳永墓未能如愿》:

冷落清秋江上洲,半生漂泊一生愁。柳坟何在谁知晓,天际长江无语流。

柳永墓是一个文化符号,一直在仪征人民心中占有重要位置。

清代县志的编撰者,因"今仙人掌,仪真无此地名,不知其何所据也"。对柳永墓到底在不在仪征,自己先没了底气。我认为,柳永墓在仪征,是有证据支撑的,与"仙人掌"在不在仪征无关。

首先,《隆庆志》记载的柳永墓,并无"仙人掌"地名,只说"在县西七里,近胥浦",将柳永墓与"仙人掌"地名绑定的,是王士禛。

王士禛早年在扬州生活了五年,并不是在真州生活了五年,对扬州、真州城外的地名,印象不会很深。真州西的胥浦和扬州西仙人掌都位于蜀冈之上,都是墓葬的风水宝地,葬有诸多名人。王士禛说"余少在广陵",可见该诗是多年后对年轻时候的回忆,把扬州西门外的地名"仙人掌",回忆成真州西门外,是完全有可能的。胥浦附近有地名"荷叶地",与"仙人掌"的寓意相近,很可能被混淆。

其次,从王士禛、沈德潜、郑板桥等人的诗中可知,柳永墓确实存在,且与东巡台、伍相祠相近。

最后,安葬柳永的人是王和甫(王安礼)。叶梦得《避暑录话》:"永终屯田员外郎,死旅,殡润州僧寺。王和甫为守时,求其后不得,乃为出钱葬之。"

王安礼(1034—1095),字和甫,抚州临川人,嘉祐六年(1061)进士,官至尚书左丞。王安礼是王安石四弟。

王安石家族与真州有特殊的关系,他的叔祖王贯之(王安石祖父王用之的弟弟、临川王氏第一位进士)、叔父王师锡、妹婿沈季长(钱塘沈氏,与沈括同宗),都葬在真州扬子县。王安石为葬在真州的贵池主簿沈播,尚书主客郎中知兴元府、赠谏议大夫王贯之,王贯之子王师锡,尚书司封郎中孙锡,右领军卫将军王乙,荆湖北路转运判官尚书屯田郎中刘牧,真州司法参军杜涣,海陵主簿许平,秘书丞张某等人撰写了墓表或墓志铭。真州有王氏家族的墓地,有王家的诸多故交、好友,王家与真州有非常密切的联系。王安礼将柳永葬到真州,是有可能的。

我认为,柳永为王安礼所葬,明代县志记载其墓在仪征县西七里近胥浦,清代文人王士禛、沈德潜、郑板桥有诗证,可靠性很高。谢桃坊《柳永事迹考述》《柳永事迹补考二题》、杨娟《柳永生年及卒葬地考辨》,都对"襄阳说""枣阳说""丹徒说"有明确的否定,特别是对"丹徒说"最有利的证据"柳永墓志铭"的否定,"铭文漏洞百出,所述内容与柳永生世有异,此墓志铭不可信",有理有据,他们支持真州说,我深以为然。

柳永去世后没有下葬,停厝于寺庙,王安礼任润州知州的时间是熙宁三年(1070),距离柳永去世(1053)已有17年,在找不到柳永后人(求其后不得)的情况下,王安礼出资安葬了这位风流词人,下葬的时间(即柳永墓始建时间)应为熙宁三年(1070)。

苏东坡　一枕清风值万钱

在仪征市区天宁寺塔下,有一处仪征市文物保护单位——慧日泉(图2-6)。《风流宛在:扬州文物保护单位图录》云:

慧日泉位于仪征市真州镇天宁社区工农南路东侧,天宁寺塔以北70米处,清代古井。据《隆庆仪真县志》记载,原在天宁禅寺中。世传苏子瞻尝于寺中写经,名其泉为"慧日"。井栏质地为石灰岩,平面为不规则八角形,四个长边每边长27厘米,四个短边每边长20厘米,中间泉孔径33厘米,井栏高33厘米,南侧有隶书题字"古慧日泉"和楷书题字"仪征知县李清谨志,光绪戊子年(1888)嘉平月王志义镌"。

《道光志》卷五《舆地志》记载慧日泉的信息:

慧日泉,申《志》云:在天宁禅寺。世传苏子瞻尝于寺写经,名其泉为"慧日";

图 2-6　慧日泉

颜《志》云：在天宁禅寺藏经楼下。

《道光志》卷二十《祠祀志》：

天宁万寿禅寺，申《志》云：在县治东南，澄江桥西。始自唐景龙三年，泗州僧建佛塔七级，以镇白沙，创永和庵于塔后。宋崇宁中，僧道坚复建，赐名报恩光孝禅寺。政和中，改天宁禅院。后有楞伽庵，苏子瞻尝于此写经，故名。绍兴中，更今名。西有井，名慧日泉。

天宁寺全称是"天宁万寿禅寺"，始建于唐景龙三年（709），开始叫永和庵。宋崇宁年间（1102—1106），僧人道坚复建，朝廷赐名"报恩光孝禅寺"。政和年间（1111—1118），改为天宁禅院，后面有僧房，因为苏轼曾在这里写经，得名"楞伽庵"。绍兴年间（1131—1162），更名为天宁万寿禅寺。

始建于唐景龙三年（709）、复建于明洪武四年（1371）的天宁寺塔，现为江苏省文物保护单位。

关于慧日泉，王士祯有《江深阁》诗：

秃鬓先生六百年，波光不改旧山川。自怜五载真州客，初试东坡慧日泉。

清代仪征文人厉惕斋有《慧日泉》诗：

分明此水未澄鲜，茗饮犹夸慧日泉。不是世人不知味，为留题客是坡仙。

苏轼（1037—1101），字子瞻、和仲，号铁冠道人、东坡居士，世称苏东坡，眉山人。嘉祐二年（1057）进士，官至礼部尚书，追赠太师，谥号"文忠"。《宋史》卷三百三十八有苏轼的传。

苏轼是书法家,乃"宋四家"之一;苏轼是文学家,位列"唐宋八大家";苏轼是诗词大家,诗名与黄庭坚并称"苏黄",词名与辛弃疾并称"苏辛"。"不识庐山真面目""淡妆浓抹总相宜""老夫聊发少年狂""大江东去,浪淘尽""一蓑烟雨任平生",都是脍炙人口的千古名句,仪征能有苏轼遗迹,值得自豪。

我详读孔凡礼《苏轼年谱》,结合程元基《慧日泉记》、刘毓崧《苏米往还踪迹考》、帅国华《苏东坡三到真州》、喻世华《苏轼途经润州次数考辨》、宋漆园《东坡八过真州》等文章,梳理出"苏轼八到真州"列表(表2-1)。

表 2-1　苏轼八到真州列表

时间	事项
治平三年七月	扶父苏洵之柩由京返蜀
元丰七年八月	自黄州赴汝州,应知州袁陟之邀,住州学,晤发运使蒋之奇
元丰七年九月	往返真州京口之间,在真州写信向王安石推荐秦观
元丰八年五月	离南都赴常州,在真州写信给宜兴知县李去盈
元丰八年六月	从常州赴登州,游真州溪阴堂,在报恩寺写《楞伽经》
绍圣元年六月	从定州赴英州,写信给庄希仲"少留仪真,旦夕出江"
靖国元年五月	外州军任便居住,从海南北归,"已到真州少干"
靖国元年六月	从镇江回真州,知州傅质邀苏轼、程之元为会,米芾送药

第一次过真州

嘉祐元年(1056),苏洵带着二十一岁的苏轼、十九岁的苏辙,出川赴京参加科考,走的是陆路。次年正月考试,阅卷官梅尧臣将苏轼的试卷推荐给主考官欧阳修,苏轼获第二名,兄弟俩都中了进士,然而他们的母亲程夫人却在四月份病逝,父子三人回川奔丧,走的还是陆路。丧期届满后三苏再次出川,走水路,沿江到江陵,再沿汉水北上,陆路到京师,都没走运河。

治平三年(1066)四月,五十八岁的苏洵病逝,朝廷应苏轼之请,"赠光禄寺丞,并敕有司具舟载丧归蜀"。苏轼和苏辙扶柩上船,船上还载有去年五月病逝的苏轼的妻子王弗的灵柩,这次走运河入长江到四川。路过泗州时,苏轼还写了《泗州僧伽塔》诗。僧伽是唐代高僧,真州永和庵(宋为天宁寺)宝塔即为僧伽所建。

《苏颍滨年表》:"辙兄弟自汴入淮溯江归,十二月入峡。"苏轼路过真州当为七月。从汴河到泗州,经淮河到楚州,经里运河到扬州汊河,经真扬运河到真州,从这里入江。由于缺少经过真州的直接记载,是否有可能从瓜洲入江?在此做如下推论。

(1)由于瓜洲位于真州下游四十余里,从里运河往返长江上游湖广走真州、往返长江下游苏杭走瓜洲,是正常走法。刘文淇《扬州水道记》引唐朝陈鸿《庐州同食馆记》,记载了这个走法;《明太祖实录》也重申了这个走法。宋代的案例就更多了,不胜枚举。

(2)退一步说,即使从瓜洲入江,也必须逆行四十余里经过真州江段才能继续上行。

(3)苏轼在绍圣元年(1094)贬往惠州的途中,写过《书卓锡泉》,其中说道:

予顷自汴入淮,泛江溯峡归蜀。饮江淮水盖弥年。既至,觉井水腥涩,百余日然后安之。以此知江水之甘于井也审矣。今来岭外,自扬子始饮江水,及至南康,江益清驶,水益甘,则又知南江贤于北江也。

这次入江他是从里运河往英州去,出江后逆行至九江,然后过鄱阳湖沿赣江去广东英州。其自汴入淮出江的线路,与治平三年(1066)是一样的。"自扬子始饮江水",可知是从真州扬子县入江的,扬子县是真州的附郭县。

第二次过真州

元丰七年(1084),因乌台诗案被贬黄州的苏轼处境得到改善,"移汝州团练副使,本州安置",前往汝州途中,他于七月到达金陵,拜会王安石,八月十四日离金陵、过长芦、到真州。

苏轼在金陵时,真州知州袁陟"多简劳问",苏轼有《与袁真州》四篇回信。

其一

某罪废流落,不复自比数缙绅间。公盛德雅望,乃肯屈赐书问,愧感不可言也。比日履兹新凉,尊体佳胜。某更三五日离此,瞻望不远,踊跃于怀。更乞以时保练,区区之祷。人还,布谢。不宣。

其二

某到金陵一月矣,以贱累更卧病,竟卒一乳母。劳苦悲恼,殆不堪怀。渴见风采,恨不飞去。公仁厚愍恻,劳问加等,无状,何以获此,悚息!悚息!无人写谢书裁谢,多不如礼。惟加察。

其三

某启。叠辱手教,具审比来起居佳胜,感慰兼怀。某虽已达长芦,然江流湍驶,犹当相风而行。瞻奉不远,欣抃可量。人还,复谢。不宣。

其四

某再启。承示谕,胜之少驻,恨不飞驰,然须风熟乃敢行尔。太虚书已领,却有一书,乞送与太虚,不在金山,即在润州也。不罪。频烦不一。

苏轼到达真州后,袁陟将苏轼安置在州学学舍。苏轼《赠袁陟》诗:

是身如虚空,万物皆我储。胡为强分别,百金买田庐。不见袁夫子,神马载尻舆。游乎无何有,一饭不愿余。官湖为我池,学舍为我居。何以遗子孙,此身自蘧蒢。薰风暗杨柳,秋水净芙蕖。应观我知子,不怪子知鱼。

关于袁陟,陶成《雍正江西通志》卷六十六《人物》:

袁陟,字世弼,南昌人。抗之子,少有才名,与王介甫、苏子瞻、曾子固善。未冠,登庆历进士,知当涂县。王介甫居金陵,尝手写陟诗一轴,以遗其友。陟读书最苦,竟以癯瘠不起,自为墓志挽章。有诗文十卷,号《遁翁集》。

苏轼在真州还见了江淮发运使蒋之奇,蒋有诗,苏轼有次韵答之。

《次韵蒋颖叔》

月明惊鹊未安枝,一棹飘然影自随。江上秋风无限浪,枕中春梦不多时。琼林花草闻前语,鄠画溪山指后期。岂敢便为鸡黍约,玉堂金殿要论思。

蒋颖叔,名之奇,宜兴人,嘉祐二年(1057)与苏轼同登进士第。

苏轼写《与滕达道》第三十二简:

某启。叠蒙遣人赐书,忧爱厚甚,感怍不已。比日履兹新凉,台候胜常,深慰下情。丧子之戚,寻已忘之矣。此身如电泡,况其余乎?闻今日渡江,恨不飞去。风逆不敢渡,又与一人期于真州,有少急切之干,度非十九日不可离真。早发暮可见,公以二十日行,犹可趁上官日也。不知能少留否?若得略见,喜幸不可言也。余冀为时自重。

苏轼在真州度过中秋。八月十九日,苏轼前往润州,与滕元发、许仲涂、秦少游在金山僧了元(佛印)处相会。

第三次过真州

元丰七年(1084),从润州回到真州的苏轼,给王安石写信,推荐秦观。信中说住真州"又已二十日",推测是从八月十四日离开金陵起算,故此信写于九月五日。王安石回信说:"得秦君诗,手不能舍。"随后苏轼去了常州、宜兴。

第四次过真州

元丰八年(1085),苏轼去汝州的途中,上书请求回宜兴隐居,在南都得到了批复,"蒙恩放还阳羡",于是调头南归,四月底到扬州,在给苏颂的第二封信中写道：

　　某顿首。广陵令侄出所赐教，劳问备至，感戴无量。兼闻比来台候康胜，以慰下情。某欲径往毗陵，而河水未通，留家仪真，轻舟独行耳。未即伏谒门下，岂胜驰仰。乍热，伏冀为道自重。谨奉手启。不宣。

　　这次苏轼原来准备直接从瓜洲过江，但是"河水未通"，不得已"留家仪真"，自己轻车独行。

　　五月四日，苏轼在真州给宜兴知县李去盈写信：

　　某启。近奉状，必达。比日，伏计起居佳胜。旱势如此，抚字之怀，想极焦劳。旧见《太平广记》云，以虎头骨缒之有龙湫潭中，能致雨，仍须以长绳系之，雨足乃取出，不尔雨不止。在徐与黄试之，皆验，敢以告。不罪！不罪！某家在仪真，轻骑到此，数日却还般挈，须水通乃能至邑中拜见。倾企之甚。毒热，千万为民自爱。不宣。

　　运河浅涩是唐宋以来一直困扰漕运的大问题，我在《仪征运河》一书中曾述北宋运河苦于水浅，漕运时常不通，极端年份甚至使用人工车畎助运，苏轼此信亦可为证，他把家眷留在真州，只身前往宜兴。

第五次过真州

　　元丰八年（1085）六月，苏轼在常州接到了"复朝奉郎，起知登州军知事"的任职通知，于是动身北上，由于家眷都留在真州，所以他从润州过江没有走瓜洲，而是到了真州。他在真州游览了溪阴堂，有诗：

　　白水满时双鹭下，绿槐高处一蝉吟。酒醒门外三竿日，卧看溪南十亩阴。

　　《舆地纪胜》卷三十八记载："溪荫亭，在县东范氏园，东坡尝游，有诗。"

　　溪阴堂疑似位于旧港紫竹林。《道光志》卷二十《祠祀志》：

　　紫竹林，颜《志》云：在旧港。坡公尝寓此。

　　苏轼在润州时，与金山寺了元（佛印）相晤，向佛印说起，自己受张方平（1007—1091，字安道，号乐全居士，官至参知政事，谥文定。张方平是苏轼遇到的第一个贵人，苏氏父子赴京赶考时，益州知州张方平写推荐信给韩琦、欧阳修）所托，请印施《楞伽经》。佛印说："印施有尽，若书而刻之则无尽。"于是，苏轼就在真州报恩寺和润州金山寺书写《楞伽经》。

　　《舆地纪胜》卷三十八记载："东坡写经之所，在报恩寺。"又云："报恩寺，在城南，东坡尝于此写经。"

　　苏轼会晤了仇博。

　　《道光志》卷三十九《人物志》：

仇著，字仲约。其先蓟人。唐贞观间，游宦江淮，葬于上沛，子孙遂占籍新安。著由庆历进士，历官朝散大夫，知梓州。退居仪真私第，建至乐堂。子博，字彦文，年十三，作《至乐堂记》。苏轼奇之，拊其背曰："后生可畏。"博数举不利，慨然泛舟溯采石，以酒馔谒太白祠，与之对饮，诔之以文，终篇有曰："不知我者，谓我狂且逸；知我者，谓我与君同辈不同时。"又尝作《雪中失白马》诗，云："丝缰误解玉龙飞，满地琼瑶衬粉蹄。愁杀塞翁寻不见，月明风静只闻嘶。"时人多传诵焉。

十三岁的仇博作《至乐堂记》，苏轼惊奇地抚摸他的后背说："后生可畏。"

苏轼会晤了崔子方。

孔凡礼《苏轼年谱》卷二十四援引《永乐大典》卷二千七百四十一引《仪真志》：

崔子方，字彦直，涪陵人也。举家居于县南远城之西，通《春秋》学，与东坡、山谷诸名士交游。

元祐四年（1089）六月，苏轼从京城赴任杭州时，给密州知州王巩写信："东武小邦，不烦牛刀。实无可以上助万一者，非不尽也。虽隔数政，犹望掩恶耳。真州房缗，已令子由面白，悚息、悚息。轼又上。"

可见，苏轼曾经想在真州购房居住。

第六次过真州

绍圣元年（1094），宋哲宗恢复新法，苏轼再次遭贬，落两职（取消端明殿学士、翰林侍读学士的称号）、追一官（罢定州知州任），以左朝奉郎（正六品上散官）责知由定州改任英州。并遭"三改谪命"，贬往惠州。

苏轼六月到达真州。江淮发运副使庄公岳（希仲）派士兵送苏轼。苏轼先后给他写了四封信，表达对庄公岳"差借三卒"津送的谢意。

其一

某启：山阳恨不得再见，留书告别。重烦遣人答教，具审弇节已还，起居佳胜。某少留仪真，旦夕出江，瞻企逾邈，怅焉永慨。尚冀顺时为国自重。不宣。

其二

某辄有少烦，方深愧悚，遽承差借三卒，大济旅途风水之虞，感戴高谊，无以云谕。书信已领，人回日，别上状。适暑毒，不佳，布谢不详谨，悚息！悚息！仲光承非远赴阙，是否？因会，乞致区区。

其三

某启：甫上奉违，忽已累月，思咏可量！比日窃惟履兹秋暑，起居佳胜。罪废之迹,曲荷存眷。差人津送,感愧无已。未期瞻奉,伏冀以时为国自重。不宣。

其四

某启:罪大责薄,重罹窜逐,迁去海上,益远左右,但深依恋。途次,裁谢草草,恕悉,幸甚。

庄公岳的儿子庄绰在他的《鸡肋编》中,也记载了绍圣元年(1094),他父亲与苏轼的这次交往,不但"率假身兵以送其行",而且"东坡书《白纻词》,与四学士各写其诗词,凡二十轴,悬之照耀堂宇"。

苏轼随后经过真州长芦(今六合长芦寺),晤僧思聪(闻复),并有诗。

《仆所至未尝出游,过长芦闻复禅师病甚,不可不一问,既见则有间矣,明日阻风复留,见之作三绝句,呈闻复并请转呈参寥子,各赋数首》

亦知壹子不死,敢问老聃所游。瑟瑟寒松露骨,眈眈病虎垂头。莫言西蜀万里,且到南华一游。扶病江边送客,杖挐浦口回头。老去此生一诀,兴来明日重游。卧闻三老白事,半夜南风打头。

第七次过真州

元符三年(1100)正月,徽宗即位,元祐旧党被重新起用。十一月,"授苏轼朝奉郎、提举成都府玉局观、外州军任便居住。授苏辙太中大夫、提举凤翔府上清宫、外州军任便居住"。苏轼与弟弟苏辙同获自由,他离开海南岛,开始北归。

建中靖国元年(1101)五月,苏轼到达真州,他在给杜与(子师)的信中说:

某启。泗上为别,忽已八年,思企深矣。专人辱手书,承起居佳福,至慰。某已到仪真少干,当留旬日。舍弟欲同居颍昌,月末遂北上矣。非久会面,欣悚之极。人还,谨奉启。不宣。

随后,苏轼前往润州,与程之元(德孺)、钱世雄(济明)在金山寺相会。在金山龙游寺,苏轼看到了自己的画像,自题了一首六言绝句:

心似已灰之木,身如不系之舟。问汝平生功业,黄州惠州儋州。

第八次过真州

建中靖国元年(1101)六月,苏轼从润州又回到真州。他在给弟弟苏辙(子由)的信中写道:

子由弟:得黄师是遣人赍来四月二月二十二日书,喜知近日安胜。兄在真州,与一家亦健。行计南北,凡几变矣。遭值如此,可叹可笑。

兄近已决计从弟之言,同居颍昌,行有日矣。适值程德孺过金山,往会之,并一二亲故皆在坐,颇闻北方事,有决不可往颍昌近地居者。(事皆可信,人所报,大抵相忌安排攻击者众,北行渐近,决不静尔。)今已决计居常州,借得一孙家宅,极佳。浙人相喜,决不失所也。更留真十数日,便渡江往常。逾年行役,且此休息,恨不得老境兄弟相聚。此天也,吾其如天何！然亦不知天果于兄弟不相聚乎？士君子作事,但只于省力处行,此行不遂相聚,非本意,甚省力避害也。候到定叠一两月,方遣迈去注官,迨去般家,过则不离左右也。

葬地,弟请一面果决。八郎妇可用,吾无不可用也。更破千缗买地,何如？留作葬事,千万勿徇俗也。林子中病伤寒十余日,便卒,所获几何？遗臭无穷,哀哉！哀哉！

兄万一有稍起之命,便具所苦疾状力辞之,与迨、过闭户治田,养性而已。千万勿相念,保爱！保爱！今托师是致此书。

苏轼原来准备此番北归,最终到颍昌(许昌)与弟弟苏辙相聚,但在润州与程之元(苏轼表弟)、钱世雄(苏轼挚友扬州知府钱公辅的儿子,吴越王钱镠后人,常州孙氏宅就是他帮苏轼所订)等交流后,得知朝中新旧两党争斗的情况,决计不去颍昌,而是去常州养老。

真州知州傅质,邀请苏轼、程之元相会,苏轼答曰：

某启。再辱示手教,伏审酷热,起居清胜。见谕,某何敢当,徐思之,当不尔。然非足下期期之远,某安得闻此言,感愧深矣。体中微不佳,奉答草草。

"体中微不佳",可见苏轼六月初已经病了。与傅质会晤结束后,苏轼和程之元写信邀请米芾(元章)到船上会晤：

傅守会已罢而归矣,风止江平,可来夜话。德孺同此恳。

六月初,苏轼与米芾相会于真州东园,并同游西山。逭暑在米芾的"西山书院"南窗松竹下,苏轼向米芾讲述他遇见赤猿的故事。米芾《宝晋英光集》卷四《苏东坡挽诗》五首(尤其是小注)回忆了这次与苏轼相见、相别的情形：

辛巳中秋,闻东坡老以七月二十八日毕此世。季夏相值白沙东园,云"罗浮尝见赤猿,后数入梦"。

其一

方瞳正碧貌如圭,六月相逢万里归。口不谈时经噩梦,心常怀蜀俟秋衣。可怜众热偏能舍,自是登真限莫违。书到乡人望还舍,晋陵吊鹤已孤飞。(梓路使者薛道祖来云,乡人父老咸望公归也)

其二

淋漓十幅草兼真,玉立如山老健身。梦里赤猿真月纪,兴前白凤似年辰。将寻贺老船虚返(余约上计回过公),欲近要离烈可亲。忍死还来天有意,免称圣代杀文人。

其三

小冠白氎步东园,元是青城欲度仙。六合著名犹似窄,八周御魅讵能旋。道如韩子频离世,文比欧公复并年。我不衔恩畏清议,束刍难致泪潸然。

其四

平生出处不同尘,末路相知太息频。力疾来辞如永诀(公别于真闸屋下曰:待不来,窃恐真州人道,放着天下第一等人米元章不别而去也),古书跋赞许犹新(公立秋日与其子过书中批云:谢跋在下怀)。荆州既失三遗老(是年苏子容、王正仲皆卒矣),碧落新添几侍晨(公简云:相知三十年,恨知公不尽。余答曰:更有知不尽处,修杨许之业,为帝宸碧落之游,异时相见,乃知也。今思之,皆诀别之语)。若诵子虚真异世,酒佣尸佞是何人。

其五

招魂听我楚人歌,人命由天天奈何。昔感松醪聊堕睫,今看麦饭发悲哦(见公送麦饭诗)。长沙论直终何就,北海伤毫忤更多。曾借南窗逃蕴暑,西山松竹不堪过。(南窗乃余西山书院)

苏轼此时发现自己的病情日重,于是给弟弟苏辙写信,遗嘱归葬嵩山。苏辙为兄长撰写的墓志铭:

公始病,以书属辙曰:"即死,葬我嵩山下,子为我铭。"

苏轼瘴毒发作,他给米芾写信诉苦:

某食则胀,不食则羸甚,昨夜通旦不交睫,端坐饷蚊子尔。不知今夕如何度?示及古文,幸甚。谢帖既未可轻跋,欲书数句,了无意思,正坐老谬耳。眠食皆未佳。无缘遂东,当续拜简。

米芾送麦门冬饮料至东园,因苏轼正在午睡,没有打扰,放下饮料就走了。苏轼醒来后,很是感动,有诗:

《睡起闻米元章冒热到东园送麦门冬饮子》

一枕清风值万钱,无人肯买北窗眠。开心暖胃门冬饮,知是东坡手自煎。

这首诗在南宋嘉定初年被运判林拱辰刻在了复建的东园"共乐堂"的北窗上。今仪征东园内有东坡榭(图2-7),即为纪念苏轼与米芾在东园的这段交往而建。

病情有增无减,闸河内"河水污浊不流,熏蒸成病",苏轼只好迁舟过通济亭,找个活水快风处。他在写给米芾的信中说:

某两日病不能动,口亦不欲言,但困卧尔。承示太宗、草圣及谢帖,皆不敢于病中草草题跋,谨具驰纳,俟少愈也。河水污浊不流,熏蒸成病,今日当迁过通济亭泊。虽不当远去左右,且就活水快风,一洗病滞,稍健,当奉谈笑也。

在闸外停泊时,他读了米芾的《宝月观赋》,相见恨晚,又给米芾写信:

图 2-7　东园东坡榭

岭海八年,亲友旷绝,亦未尝关念。独念吾元章迈往凌云之气,清雄绝世之文,超妙入神之字,何时见之,以洗我积岁瘴毒耶! 今真见之矣,余无足言者。

苏轼病重,要赶往常州,临行前与米芾在闸屋道别。米芾在苏轼挽诗自注云:

公别于真闸屋下曰:待不来,窃恐真州人道,放着天下第一等人米元章不别而去也。

苏轼于六月十二日离开真州,前往润州,"昏不知人者累日"。他十五日到常州,入住孙氏宅,七月二十八日,溘然长逝,享年六十六岁。

《扬州古港史》(人民交通出版社,1988 年版,第 67 页)云:"宋哲宗(赵煦)元祐七年(公元 1092 年),苏轼以龙图阁学士知扬州兼知江淮制置发运司。"我查阅《续资治通鉴长编》《宋朝诸臣奏议》《苏轼年谱》等文献,得知苏轼在此期间有《论纲梢欠折利害奏状》,论述漕运弊害,是以扬州知州身份上奏的,未发现其兼发运使。虽然苏轼任扬州知州一年半时间(元祐七年二月至元祐八年九月),期间很有可能到过真州,但未找到直接证据,故元祐这次不算,苏轼到真州就按八次计。

苏轼在真州,除了慧日泉遗迹,还有紫金砚和石铫子的故事。

紫金砚是米芾送给苏轼的,苏轼去世后,米芾觉得这等传世之物,怎可埋没? 硬是从苏家人手中要回。详见本书《米元章　壮观亭上指江山》。

石铫子是清代仪征画家尤荫的家传之物,尤荫因家藏苏轼石铫子,称自己的房子为"石铫山房"。

尤荫(1727—1807),字贡父,一作贡夫,号水村,居住在仪征城里的仓巷。

《道光志》卷八《舆地志》：（尤处士宅）在仓巷，处士尤荫所居。宅后临半湾，题曰"半湾草堂"，太守伊秉绶题曰"青石庵"，又赠楹帖云："露从今夜白，人与此堂高。"

尤荫擅长诗画，曾经跟随果亲王出塞，著有《出塞集》。李斗评价他"虹桥游咏，诗多绝唱，当代文士重之。画以兰竹擅名，偶一泼墨，皆成传作"（《扬州画舫录》卷十"虹桥录上"条）。礼亲王爱慕其才，延请为幕宾。他后来隐居在仪征的半湾，以卖画为生（果亲王和礼亲王不是同一个人）。

尤荫是仪征著名的诗人、画家，山水、花鸟、兰竹皆入逸品，尤其擅长写竹，得文、苏法。"其苍古沉厚，如挟风雨之势。书法从画竹中来，有金错刀遗意。"

尤荫在礼亲王府中切磋画艺，估计他喜欢显摆，经常把家传苏轼石铫子拿出来把玩，又时不时地吹嘘，一不小心传到了乾隆帝耳朵里。这下乐极生悲，石铫子于乾隆四十五年（1780）被皇帝"指索"了去，尤荫无可奈何，家传宝物没了，思念至深，无以寄托，只好将石铫子画下来，"追忆作《石铫图》"。此恨绵绵无绝期，嘉庆八年（1803），尤荫又辑《坡仙石铫题咏》（图 2-8），记所失东坡煎茶器，画面上有东坡诗《次韵周穜惠石铫》：

　　铜腥铁涩不宜泉，爱此苍然深且宽。蟹眼翻波汤已作，龙头拒火柄犹寒。姜新盐少茶初熟，水渍云蒸藓未干。自古函牛多折足，要知无脚是轻安。

诗后的跋文：

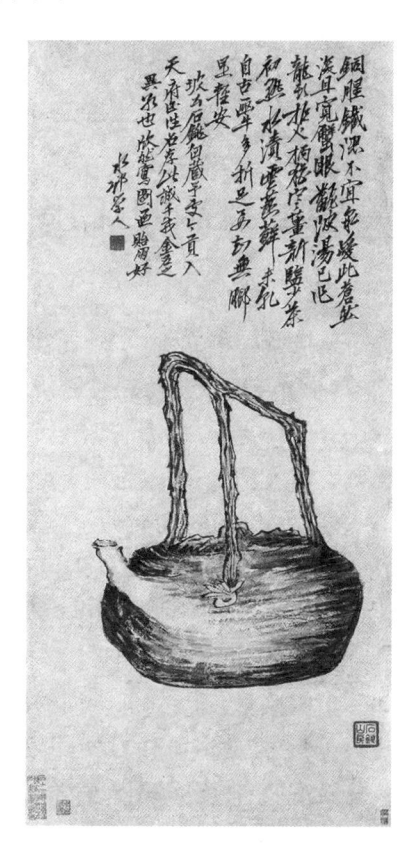

图 2-8　东坡石铫图

　　坡公石铫旧藏予处，今贡入天府，迹往名存，此诚千年金石之异能也，欣然写图，画贻朋好。

落款：水村学人

尤荫在另一幅石铫图上自跋卷末云：

　　旧藏坡仙石铫，乾隆庚子，得归天府，成希世之珍矣。自抱足挛，不出七载。偶检诸公后先题咏，荟萃成帙。外孙吴少镛为写一通，存于巾笥，以志仰止前贤之意。嘉庆八年癸亥闰月，春雪快晴，蓬门未扫。竹轩司马携茗过，询及往事，出以商订,遂付刻梓,贻诸海内博雅君子,少资谈助云尔。

尤荫所画《东坡石铫图》不止一幅,题跋也不尽相同,市面上有多种版本。2020年9月,故宫文华殿举办了"千古风流人物——故宫博物院藏苏轼主题书画特展",亦有石铫图,旁边有两淮盐运使曾燠题跋。

我曾根据尤荫《随园馈节图》顺藤摸瓜,在国家图书馆《冯其庸辑校集》第五卷找到收藏于南京博物院的《萧糕唱和诗集》影印照片,从而撰写了《〈随园馈节图〉图解详释》一文,对仪征萧美人糕进行了深度挖掘,该文在《曹雪芹研究》总39期发表。

黄庭坚　白沙江口倚帆樯

黄庭坚曾于元丰三年(1080)十月十三日在真州江口泊舟,并有诗:

《十月十三日泊舟白沙江口》(真州,唐永正县之白沙镇也。)

岸江倚帆樯,已专北风权。飞霜挟月下,百笮直如弦。绿水去清夜,黄芦摇白烟。篙人持una析,相语闻并船。平生濯缨心,鸥鸟共忘年。风吹落尘网,岁星奔回旋。险艰自得力,细故可弃捐。至今梦汹汹,呼禹济广川。

黄庭坚(1045—1105),字鲁直,自号山谷道人,晚号涪翁,又称豫章黄先生,洪州分宁人。治平四年(1067)进士,官至秘书丞兼国史编修官,故后人尊他为"太史"。《宋史》卷四百四十四有他的传。

黄庭坚早年以文章诗词受知于苏轼,与张耒、晁补之、秦观并称"苏门四学士";他是"江西诗派"的开山之祖;其书法与苏轼、米芾、蔡襄并称为"宋四家"。

黄庭坚有"涤亲溺器"的故事。

《宋史》记载的黄庭坚的孝行比较笼统:

庭坚性笃孝,母病弥年,昼夜视颜色,衣不解带。及亡,庐墓下,哀毁得疾几殆。

元代郭守正《二十四孝》记载就具体化了:

宋黄庭坚,元符中为太史,性至孝。身虽贵显,奉母尽诚。每夕,亲自为母涤溺器,未尝一刻不供子职。

宋朝的黄庭坚,元符年间(1098—1100)做太史。他是个非常孝顺的人,虽身为显贵,侍奉母亲却竭尽孝诚。每天晚上,他都亲自为母亲洗涤溺器(马桶),没有一天忘记儿子应尽的职责。

黄庭坚还是中国历史上第一个震旦角石化石的收藏者,南京古生物博物馆保存着黄庭坚题诗、题款的震旦角石化石。该石方方正正,像一本书,长19厘米、宽11.4厘米、厚2.5厘米,整体呈现黑褐色。正面是像竹笋一样的震旦角石化石,左侧清晰地刻着四句诗:

南崖新妇石,霹雳压笋出,勺水润其根,为竹知何日。

诗后有署名"庭坚",并附带了印章。就目前的认知来看,它应该是世界上第一块被人类所收藏的化石标本,弥足珍贵。

黄庭坚还有几首关于东园的诗:

《次韵答斌老病起独游东园二首》

其一

万事同一机,多虑乃禅病。排闷有新诗,忘蹄出兔径。莲花生淤泥,可见嗔喜性。小立近幽香,心与晚色静。

其二

主人心安乐,花竹有和气。时从物外赏,自益酒中味。斸枯蚁改穴,扫箨笋迸地。万籁寂中生,乃知风雨至。

《又和二首》

其一

西风鏖残暑,如用霍去病。疏沟满莲塘,扫叶明竹径。中有寂寞人,自知圆觉性。心猿方睡起,一笑六窗静。

其二

外物攻伐人,钟鼓作声气。待渠弓箭尽,我自味无味。宴安衽席间,蛟鳄垂涎地。君子履微霜,即知坚冰至。

从这几首诗的内容来看,并不能确认诗中的东园就是真州东园,但仪征市委宣传部所编《仪征风雅》(广陵书社,2016年版)是"遴选历代吟咏仪征风物的诗作",书中收录了《次韵答斌老病起独游东园二首(其二)》。

米元章　壮观亭上指江山

真州在宋代被誉为"风物淮南第一州",该句来自真州司法参军刘宰的《送邵监酒兼简仪真赵法曹呈潘使君》诗,全诗如下:

仪真来往几经秋,风物淮南第一州。山势北来开壮观,大江东下峙危楼。沙头缥缈千家市,舻尾连翩万斛舟。此去烦君问耆旧,几人犹得守林丘。

诗中"山势北来开壮观,大江东下峙危楼",说的是进出真州的两个必经景点——壮观亭和俯江楼（鉴远亭）,都由著名书法家米芾题匾。

古人来往真州,有陆路和水路两个通道——壮观亭和俯江楼,就建在进入真州的必经地点,壮观亭在北山之巅,俯江楼在大江之畔,是迎来送往的好去处。

壮观亭位于北山之巅,米芾楚辞《壮观》:"壮观在真州城北原上。"杨万里《真州重建壮观亭记》说:"亭在城之北三里所,曰城子山。"《道光志》卷七《舆地志》:"在北山之巅。"对应原汽车站、曹山立交桥一带。

壮观亭是何时建成的呢?《道光志》卷七《舆地志》载,北宋政和年间（1111—1116）,真州知州詹度在北山之巅建造了壮观亭,米芾书匾、作《赋》、写《诗》,后废于兵火。南宋绍兴年间（1131—1162）,知州吴槩重建,寻又废。淳熙年间（1174—1189）,知州左昌时重建,在旧址发现几块石碑,都是米芾亲笔所书壮观亭的诗句,于是就将几块石碑重新立起来,又将米芾的《壮观赋》书于亭之屏。工部尚书谢谔经过真州的时候[绍熙年间（1190—1194）任职],又寻得米芾手迹"壮观"二字,于是将匾额重新做好悬挂起来。开禧年（1205—1207）后,壮观亭逐渐荒废,荆棘丛生,亭子和遗迹都找不到了。

原先有人认为,米芾在政和詹度建亭前九年已经去世,所以不是建好了亭子请米芾题字,推测是先有米芾《壮观帖》,后詹度建壮观亭,亭子用了米芾的字（图2-9）。但我在北宋刘焘《壮观亭记》找到以下文字:"先是敝屋数楹、不蔽风雨,龙阁詹使君作而新之。"由此可知詹度建亭前,原址是有建筑的,只不过破旧了。推测壮观亭是在米芾任职发运司期间（1100—1102）或在此之前所建。

从米芾《宝晋英光集》卷一《壮观赋》《楚辞一首（壮观）》、卷三《壮观二首》《壮观后诗同二公游壮观上呈府工部》,以及清人卞永誉撰集《式古堂法书》卷七之米芾《和君谟登壮观五律帖》等资料来看,米芾在发运司任职期间和离职后,曾多次登临或陪客人游览壮观亭。杨万里《真州重建壮观亭记》也记载米芾到过壮观亭:

图2-9 米芾手迹《壮观帖》

米元章尝官发运司,迨暇,则裴回其上,为之赋且大书其扁。

米芾(1051—1107),初名黻,后改芾,字元章,襄阳人,北宋书画家,与苏轼、黄庭坚、蔡襄(一说蔡京)合称"宋四家"。

元符三年(1100),米芾来到真州,在江淮荆浙等路制置发运司任职管勾文字,崇宁元年(1102)丁忧去职,米芾在真州约一年半时间。

米芾关于壮观亭的作品:

《宝晋英光集》卷一

《壮观赋》

米元章登北山之宇,徘徊四顾,慨然而叹曰:壮哉!江山之观也。开辟夐古,邈哉邈矣!帝德所被,北幽南阯。王功未宣,六合阻异。明翳视其消长,来叛从而间起。去古无章,水滨莫委。此世所悼,晋裂汉髦。披萎芰苻,且代且盗。岂地具而天设,特资狯而附暴者乎?乃物偶然,而人乘以智巧尔。

若夫真符秉中,万派朝宗,稽颡纳质,不黩兵锋。版图入而地合,氛祲明其大同。远琛近贡,千里不风;鉴湛一色,折苇可通。其或弱吹砌鳞,疾飈涌山;九地出没,千峰上攒,如岭并亘,连云俱还。长鲸齿巨,天吴腹斑。闰运未既,生民道艰。宜乎曹郎托辞以按甲,怫郁而永叹也。

吾每登是宇,览是土,当日杲天清,岚开练布,邀太平君子,引吴醇,舞越女,破千岁之长忧,掷森然之万古。有祀初登,由仪载旅,至甚醉而乃去也。

楚辞一首

《壮观》

临南山猗陟北岵,抚壮胜猗遗万古。漫漫苍苍穹无所,奕奕業業纵奇度。逶迤猗前征,盘礴猗后驻。奋迅猗奔驶,却约猗畔顾。环旋猗抱卷,引伸猗就旅。雾释猗离掩,云乘猗呼举。瞭瞭猗蟾辉,悒悒猗蒸雨。郁郁猗阳春,芥芥猗玉露。爔爔猗午停,翳翳猗酉去。领吾侪猗并舆步,却飞仙猗不遐慕,癯其形猗久何苦。便莫便猗遵坦路,适莫适猗破心阻。乐莫乐猗频会过,莫茫藤猗撷芳蒪。

《宝晋英光集》卷三

《壮观两首》

其一

无涯小智壮营营,昔昔浮生梦数惊。重到白沙登壮观,江湖醉眼暂指明。

其二

梦寐中间得鹿时,孔轩如在定能知。江山胜处频倾酒,我是当年谢客儿。

壮观后诗

《壮观后诗同二公游壮观上呈府公工部》

壮观不到俄四期,叮咛老思模雄奇。群山势活各奔走,大川气敛合众离。苍崄留雪玉刻巧,碧落静滑红轮驰。寒潮不生九泽冻,行胶与子约再来。

《道光志》卷七《舆地志》收录了两首米芾的《壮观亭》诗:

其一

扶筇上瑶台,一笑领清绝。如何夜来风,独下前村雪?

其二

邀宾壮观不辞寒,玉立风神气上干。欲识谢公清兴处,千山万岭雪漫漫。

清人卞永誉撰集《式古堂法书》卷七之米芾《和君谟登壮观五律》:

君谟登壮观,要我赋新诗。鬓逐年光老,词缘大作奇。江山一世断,风雅六朝卑。对酒劝不饮,操怀谁与知。

除了米芾有壮观亭的诗赋,《道光志》还收录了其他文人关于壮观亭的作品。

苏颂的诗:

《发句米奉议见示与诸公唱和北山壮观佳篇因索鄙制老病久弃笔砚勉强口占　小子次韵奉酬》

冈陵起阜崇,花木露天浓。襟带湘岷水,屏帏晋楚峰。地全居爽垲,人不厌迎逢。仿佛观平远,分毫见栝松。

《和壮观亭》

欲状江山秀,无如格律诗。形容天际美,假借笔端奇。注目临沧近,沿流北固卑。不因篇咏见,绝景有谁知?

陈造的诗:

频年入梦此跻攀,骤觉平时气象还。吴客到应忘月观,淮乡胜不数平山。飞檐曲槛霄霏处,叠嶂横江几席间。见说能诗好宾主,风雷落笔每乘闲。

高长灏的诗:

米老曾留记,亭因千古传。我来寻故址,惟有对荒烟。树草迷离色,江山远近天。抚怀一长啸,欲语觉怆然。

陈启贞的诗:

飞甍高涌一峰晴,岫满闲云护赤城。匹练遥分西岭白,长虹倒饮北流平。昔人宝阁和烟渺,在眼层波入画城。黄鹤已捶鹦鹉怨,好乘新浪洗余酲。

陈邦桢的诗:

层霄飞阁万家村,王会推迁古事存。泽国山川延地肺,神皋銮辂回天门。岷峨锦派宗唯海,桐柏安流溯有源。横铁未知开共锁,龙槎几犯斗牛垣。

汤有光的诗:

烟峦宜雨又宜晴，纵眼奔空蓺十城。嶓冢不衔潮上月，胎簪常鼓汐时鲸。黄河天半经龙跃，赤岸峰头立马惊。汉魏比年谁勇怯？战图应自有澄清。

陈鼎炎的诗：

极目遥岑众水房，蚖虹交绮列华疆。渎封侯秩雄天府，错酬霜醛富海王。织贝一筐咸禹德，风鼟九鼎自周藏。醉临吟此评谁似？西顾台高杳凤凰。

刘焘《壮观亭记》全文：

大江日夜奔流不停，群山今古秀峙自若，烟云异色，动静殊态，荣枯改观，曛暝易方。罗列目前，应接不暇。至于领略要会，一失其当，则散漫无收。偃蹇难近，虽强羁逸足，却曳风帆，终不可得而致也。隋唐以前，江在扬子不远，城郭由是舟车辐辏，廛闬嗔咽，商贾毕集，而江都雄盛，遂甲于天下。仪真于古未闻也。水行当荆湖、闽越、江浙之咽，陆走泗上不三日，又为四达之衢，为郡虽未远，而四方错处，邑屋日增，其势甚冲会，尽移隋唐江都之旧。前日朝廷，次第郡国，固已望于淮左矣。每恨雄楼杰阁，未足以比踪风亭、月观之盛，江上寂寥，土风隘陋，前人虽作"鉴远"，俯在江皋，犹未观夫巨丽也。

"壮观"据江山之会，其左长道也，舟车水陆，尽在眺听之下。先是，敝屋数楹，不蔽风雨，龙阁詹史君作而新之。虽地因其旧，而审曲面势，侈基构，隆栋宇，一举首而眼界所致，无不极焉。规制环壮观于傍近，斯可以展高怀而纾杰思矣。作始于政和乙未十一月己丑，丙申六月庚戌落而成之。

使君与客置酒高会，鼓吹作而旌旆扬，倾都士女，巷无居人，咸曰："乐哉！吾邦所未尝有也。"尝试与客指天末之叠嶙，望原表之平陆，曰："此吴蜀之所争也；此六朝之所都也；此曹孟德、刘玄德之所摧败奔北，而陆逊、周瑜之所得志而长驰也；此梁武之所不振，而侯景之所陆梁而睢盱也；此孙皓、陈叔宝穷侈极丽，惟日不足，而今日之荒墟也。可以寄万世之一笑，而付长空之一吁者也。"盖其景物是矣，其实不足为今日道也。前瞻吴山，如奔如趋，如倚如扶；岚光朝除，霁霭夕舒，如机旋而策驱，莫敢趑趄以向于座隅。下视长江，源远流长，潴沱茫洋，万轴千樯。越宦吴商，飞钱走粮，下峡浮浙，游秦入梁，如电发而云翔，以集于南疆。于是时也，重熙累洽，万国一轨，年谷荐登，民物丰乐，不闻兵革之声，不见调发之苦，如登春台，若醺醇醴，康衢列邸，行旅四集，以故繁穰百倍畴曩，乃得与客共此一亭之乐，非太平时而能有此壮观之实乎哉。

使君世居是邦，尤知民俗利疾，下车未几，最课袖出，玺书褒封，累增阶官，再进延阁，恩纶骈蕃，且将继下。邦人惟恐君舍我而去也。于是奉使淮部者既相与列上于朝矣，而嘉其再新斯亭，又为书其实。使君名度，字安世，始之以奉议郎与先使君扎凡八年守仪真云。

政和六年六月记

杨万里有《真州重建壮观亭记》，全文见本书《杨万里　北望神州思击楫》。

北山上古迹众多，有东巡台、壮观亭、肩岫亭、澄澜阁、快哉亭、八蜡庙、刘猛将军庙、北山寺（崇因永庆寺）、盘山庵、少宰吴敏墓、北山丞相泉、石塔寺、普同塔院、北山桥、北山义冢、邑厉坛等。壮观亭因地处制高点，是游人必到之处。

如今位于曹山的仪征市龙兴塑胶有限公司，在企业院内建了一批仿古建筑，其中制高点建了"壮观亭"，内有米芾壮观赋和魏文帝临江观兵图，体现了仪征人对壮观亭的怀念之情。

壮观亭是米芾抒发豪情之所，本文收集到他专写壮观亭的诗文，有赋一篇、楚辞一篇、七绝三首、七律一首、五绝一首、五律一首。

在刘宰《送邵监酒兼简仪真赵法曹呈潘使君》诗中，除了壮观亭，还有俯江楼，楼前的鉴远亭也是米芾题额。

《道光志》卷七《舆地志》：

鉴远亭，申《志》云：旧《志》云："在潮闸西。"《府志》云："在拖板桥。"米芾书扁。江流啮岸，故址颓圮。乾道初，张郑复建于水巷南，继坏。淳熙末，赵师龙复建于城西南，题曰"注目亭"。庆元中，吴洪再建于俯江楼前，仍曰"鉴远"。《记》略曰："真为两淮要地，郡当水陆之冲。士大夫经从，冠盖视他郡为盛。送迎之所，有二亭焉：在陆曰'壮观'，濒江曰'鉴远'。"

俯江楼是唐扬子江楼的继承，《道光志》卷二记载：

扬子江楼，唐置转运使时建。孙逖有诗。宋庆元间，郡守吴洪因楼圮废，再建于鉴远亭北，更名俯江楼。

俯江楼和鉴远亭的位置，对应今天的汽车厂区、大市文苑。

米芾《宝晋英光集》卷三有《夜登鉴远观江南野烧作》：

君不见红旗一卷无奔北，龙骧将军初下蜀。又不见天兵十万领藩曹，百丈灵旗照江国。高楼夜登有鉴赏，江南野烧深山谷。烈势已觉逼南辰，龙蛇膏血如爆竹。故应玉石俱被焚，老樵拾炭投斧斤。长松巨梓中大厦，一随烈焰同尘埃。人言木自为风夔，木中生火自焚爇。欲知利害日相磨，此火害人尤惨热。

《宝晋英光集》卷五有《鉴远楼》诗：

赏心亭上群山雪，三夕丹渊借月华。吟尽江南清绝趣，亟行归觐紫皇家。

如今在仪征实验小学东区校内，复建了一座鉴远亭，用米芾的文气熏陶着莘莘学子。

除了为壮观亭和鉴远亭题匾写诗，米芾还有与苏轼在真州交往的故事：

建中靖国元年（1101）夏天，苏轼在真州时病了，住在东园。有一天刚刚睡起,只见米元章冒着酷热赶到东园给他送来麦门冬(一种中药),苏轼很是感动,为此赋诗一首,前已有述。

米芾与苏轼在真州还有其他的交往记载:

米芾看到苏轼题在扇面上的秦观的词《踏莎行·郴州旅舍》及苏轼的跋语,顿生无限感慨!于是当着苏轼的面,书写下了这首词和跋语,让苏轼观看。苏轼看后不住点头称善,感叹道:"这样做,我们对得起少游了!"此帖后来传至郴州,郴州人为了纪念秦观,将米芾书写的秦观的词以及苏轼的跋语刻在一块石碑上。

这期间,苏轼与米芾多有书信往还,或探讨书文艺术,或通报病情,或致思念之意。

《与米元章二十八首》(其二十一)

两日来,疾有增无减。虽迁闸外,风气稍清,但虚乏不能食,口殆不能言也。儿子于何处得《宝月观赋》,琅然诵之,老夫卧听之未半,跃然而起。恨二十年相从,知元章不尽,若此赋,当过古人,不论今世也。天下岂常如我辈愦愦耶!公不久当自有大名,不劳我辈说也。愿欲与公谈,则实未能,想当更后数日耶?

此信表达了苏轼对米芾《宝月观赋》的极力赞美之情。

《与米元章二十八首》(其二十五)

岭海八年,亲友旷绝,亦未尝关念。独念吾元章迈往凌云之气,清雄绝世之文,超妙入神之字,何时见之,以洗我积年瘴毒耶?今真见之矣,余无足言者。

苏轼的眷恋之情溢于言表。

米芾还邀请东坡到海岳庵,同游西山。逭暑西山书院南窗松竹下,话罗浮见赤猿之事。

苏东坡将离开真州,带病来别。对米芾说:

待不来,窃恐真州人道,放着天下第一等人米元章不别而去也。

靖国元年七月二十八日,苏东坡病逝于常州。八月中秋,米芾得苏东坡去世的噩耗,作《苏东坡挽诗》五首。序中有云:"辛巳中秋,闻东坡老以七月二十八毕此世。"

《道光志》卷四十七《杂类志》还记载了米芾在真州的一段趣事。

有一次,蔡攸(蔡京儿子)来真州视察工作,米芾到他船上相见,蔡攸将自己所藏的王右军《王略帖》(即《破羌帖》,又称《桓公破羌帖》)给米芾看。米芾一看,眼睛放光,立即想要据为己有,提出拿自己的藏画交换,蔡攸不肯,米芾耍赖说:"你如果不同意,我今天也不想活了,就在你面前投江,死了算了!"接着他就大呼小叫:"我不活啦!我投江啦!"还挣扎着跑到船舷,做投江状,蔡攸无奈,只好将《王略帖》给了他。这件事在文人中间广为流传,朝廷也引为笑谈。

米芾酷爱书法,嗜之如命。"一日不书,便觉思涩,想古人未尝半时废书也。"传说米芾小时候在家乡的一所私塾里学习写字,总觉得没有进步,有一天,秀才罗逊路过米芾的家乡,米芾听说罗逊写得一手好字,便前去求教。罗逊看了看米芾写的字,然后说:"你若要跟我学写字,得买我的纸,五两纹银一张!"米芾学字心切,回去借了五两银子,罗逊拿给米芾一张宣纸说:"回去好好琢磨,三天后拿给我看。"米芾回家舍不得用这张高价纸,于是他把纸放在一边,回到桌旁翻开字帖,用没蘸墨汁的笔在桌子上画来画去。一连三天,他都是这样反复琢磨,却连一笔也未曾写在纸上。三天后,罗逊问他:"你怎么一个字也没写呀?"米芾说:"我怕写不好白费了纸。"罗逊见状笑着说:"好了,你已经琢磨了三天,现在总该写个字给我看看吧!"米芾提笔写了一个"永"字,罗逊一看,很好!于是问道:"为什么你这三天进步很快呢?"米芾回答道:"还不是因为纸贵,我舍不得乱写。不瞒您说,这三天我就反复琢磨字帖,把字的笔画和间架结构都琢磨透了。"罗逊高兴地说:"这就对了,学字不单要动笔,还要动心;不但要观其形,还要悟其神,只有心领神会,才能写好。"米芾说:"多谢先生指教!"罗逊接着说:"现在你已经领会了写字的窍门,我可以走了。"说完,他提起笔在米芾写的"永"字后面添了七个大字"(永)志不忘,纹银五两",随后又从怀里取出五两银子,还给了米芾。

米芾为人处世有些怪异,人称"米癫",这与他的出身和经历有关系。

米芾不是科举出身,他的母亲阎氏是宋英宗赵曙的皇后高氏的仆人,有的资料说她是高皇后孩子的乳娘或接生婆。我查了一下,高皇后有四个儿子,长子赵顼就是后来的宋神宗,出生于庆历八年(1048),比米芾大三岁,估计米芾的母亲是给高皇后第二个儿子、吴荣王赵颢(未查到出生年)哺乳的。治平六年(1069)神宗继位,高皇后因不忘米芾母亲阎氏的乳褓旧情,请神宗恩赐米芾为秘书省校字郎,这是米芾步入仕途的第一步。

由于没有科举正途的背景,米芾的仕途非常不顺利,五十岁之前,仅短暂做过两年雍丘县令,其余都是没有实权的虚官。他从真州丁忧去职后,被提拔为书学博士,任无为军知军,又因拜石事件被参,两年后任书画学博士、礼部员外郎、淮阳军知军,不久就去世了,享年56岁。但他与皇家的特殊关系,又使他能够不按常理出牌而安然无恙。

除了强索蔡攸的王右军《王略帖》,还有几则故事也能佐证米芾的性格:

蔡京是当朝宰相,家里收藏了很多古玩字画,米芾去观摩,看中了一件,卷起来揣进怀里就跑。蔡京不乐意,边追边让人把院子门关起来,米芾一绕着屋子跑一边狂叫,"唯绕屋狂叫而已",志在必得。

宋徽宗是一位造诣很深的书法家，所创"瘦金体"有很高的声誉。有一次，他和蔡京谈论书法，让米芾写屏风。米芾笔走龙蛇，一挥而就。宋徽宗看后大加赞赏，连连夸赞。若是一般臣子，这时候应该行礼谢恩。但是米芾却做了一个让人意想不到的举动，他见着宋徽宗高兴，乘机说道："刚才我写字用了陛下的砚台，这块砚台经过我的使用已经沾染了俗气，没有资格再供奉御用了，它的宠幸到此为止了。"宋徽宗大笑，就势把砚台赐给了米芾。米芾高兴得手舞足蹈，抱着砚台就往外跑，砚台上剩下的墨汁沾渍了他的袍袖，然而他浑然不觉，满脸喜色。徽宗对蔡京说："癫名不虚传也。"

米芾很喜欢紫金砚，更重友情，他将此砚送给了苏东坡。东坡病逝后，后人准备以此砚陪葬。米芾赶到常州吊唁，索回了紫金砚。米芾追回了这方名砚，并特意记载此事："苏子瞻携吾紫金研去，嘱其子入棺。吾今得之，不以敛。传世之物，岂可与清净圆明、本来妙觉、真常之性同去住哉。"

《隆庆志》记载："朝议郎张汝贤墓，在陈公塘西，原提点淮东刑狱公事黄公隐《铭》，米元章书刻。"

米芾是中国历史上著名的书画家，他在真州工作过两年，留下了不少作品，且有墨迹流传至今，这是真州人民的荣幸，是值得我们世代传诵的佳话。本书书名"真州梦华录"五个字，就是敬集这位大书法家的手迹。

蔡君谟　颜体褚笔显遒媚

东园是真州的名胜，南来北往的文人雅客，都喜欢到此一游，这里有高耸的拂云亭、俯水的澄虚阁，更有人人必读的"三绝碑"。

真州东园的"三绝"，有两种说法。

成书于南宋宁宗嘉定十四年（1221）的王象之《舆地纪胜》之《舆地碑记目·真州碑记》记载：

三绝碑，即发运司《东园记》也。欧阳永叔文，蔡君谟书，蔡君用颜笔而作褚体，故号"三绝"。

这里的"三绝"，不是东园里有三绝，而是东园里的这块碑是三绝碑，其特点是名记、名书、特殊笔法。

成书于南宋理宗嘉熙三年（1239）的祝穆《方舆胜览》卷四十五记载：

东园，施正臣、许子春为发运使作。欧阳永叔记云……王介甫诗……蔡君谟书。时谓三绝。

这里的"三绝"为名记、名诗、名书。

无论是哪种说法,蔡君谟的书法都列于"三绝"之中。

蔡襄(1012—1067),字君谟,仙游人,天圣八年(1030)进士,官至端明殿学士,谥忠惠。《宋史》卷三百二十有蔡襄的传。

蔡襄有诗名。景祐三年(1036),范仲淹、余靖、尹洙、欧阳修被司谏高若讷弹劾后遭贬,年仅二十五岁的蔡襄心中不平,于是作《四贤一不肖》一诗。京城内外士民争相传抄该诗,还有人印成书并获利丰厚,甚至有契丹使者闻悉后购得诗作刊本回去,张贴在幽州馆里品赏。

蔡襄有茶名。欧阳修在《归田录》中说:"茶之品莫贵于龙凤,谓之团茶。凡八饼,重一斤。庆历中,蔡君谟为福建转运使,始造小片龙茶以进,其品绝精,谓之小团。凡二十饼重一斤,其价值金二两。"蔡襄著有《茶录》,共二篇800多字,上篇论茶,下篇论茶器,勒石传世,"建茶所以名垂天下,由公(蔡襄)也"。

蔡襄擅长书法,他是宋四家——苏黄米蔡之一。

蔡襄非常注重自己的书法名声,不妄为人书,所以传世作品较少。北宋朱长文《续书断》记载:"蔡襄书颇自惜重,不轻为书,与人尺牍,人皆藏以为宝。"

《宋史》记载:"襄工于书,为当时第一,仁宗尤爱之,制《元舅陇西王碑文》命书之。及令书《温成后父碑》,则曰:'此待诏职耳。'不奉诏。"

蔡襄书法在当时就被列为第一,宋仁宗尤其喜欢,要他书写《元舅陇西王碑文》。后来又要他书写《温成后父碑》,蔡襄说:"这是翰林待诏的职责,我不能奉诏。"

《道光志》卷六《舆地志》记载:

为园既成,图园之略,请欧阳修为记、蔡襄书。襄珍其书,不立名姓。尝语人曰:"吾用颜笔作褚体,故其字遒媚异常。"

蔡襄珍惜自己的书法名声,没有在《真州东园记》的书法作品上留名姓,他曾告诉朋友:"我是用颜真卿的笔法写褚遂良的风格,所以写的字遒劲飘逸,非常特别。"

长期以来,大家都以为蔡襄为真州东园所题的是匾额上的"东园"二字。还有人费心在蔡襄作品中集字,用于新东园。北京农学院王建文博士在欧阳修《欧阳文忠公集》和明代丰坊《书诀》两个文献中查询,发现蔡襄书写了《真州东园记》全文,丰坊《书诀》中还指出蔡襄所书为"中楷"。

我没有找到蔡襄到过真州的证据,但他书写的这篇《真州东园记》,已经为真州增色加分。

李梁溪　一纪重来若隔生

李纲《舟次仪真》诗载：

昔年试吏得江城，一纪重来若隔生。惆怅旧游谁可语，南园春色却多情。

三十岁的李纲刚刚成为进士，在镇江做教授，十多年后他从知枢密院事遭贬去建昌，途经真州，望着对岸的镇江，发出"一纪重来若隔生"的感慨，尽管时局动荡，但真州南园的烂漫春光，还是给了他振兴大宋的希望和抗击金兵的勇气。

李纲（1083—1140），字伯纪，祖籍邵武，其祖始居无锡，所以李纲号梁溪先生、梁溪居士、梁溪病叟。《宋史》卷三百五十八有李纲的传。

李纲的父亲是龙图阁待制李夔。李纲于政和二年（1112）中进士，授承务郎、相州教授，改易镇江，历官至太常少卿。

宣和七年（1125），金兵直逼汴京，徽宗命太子为开封牧，号令天下起师勤王。李纲上"御戎五策"，并与给事中吴敏商议建言的事。

李刚说："让太子当开封牧，是不是皇上想让太子当留守，他自己离开呀？大敌当前，不传帝位，不足以招徕天下豪杰，东宫恭俭之德闻于天下，把宗社交给他是合适的。你是给事中，这是你的职责，你建言吧！"

吴敏说："让太子当监国，可不可以？"

李刚说："唐肃宗灵武之事可以借鉴！不传帝位不足以振兴大宋！唐肃宗的帝位没有出自唐明皇，是非常遗憾的事件。当今皇上聪明仁恕，您如果提出这个建议，一旦施行，金兵就会退去，大宋重回安宁，天下人都能受惠。"

第二天，吴敏把与李纲讨论的话向徽宗说了，说这是他俩共同的意见。于是，徽宗召见李纲，李纲也刺臂血上疏说："皇太子监国，是常规的典礼，如今大敌当前，安危存亡就在呼吸间，怎能用常礼？监国的名分，不足以号召天下，所以不能期望取得成功。如果将大位传给皇太子，让他为陛下守宗社，这样就能收将士心，以死捍敌，天下可保。"徽宗遂决心内禅。

靖康元年（1126），钦宗继位，任命吴敏为知枢密院事，李纲为兵部侍郎。徽宗在金兵围城之前出逃，钦宗也想逃，被李纲拦住，他说："目前唯一的办法是立即整顿好京城的兵马，做好出战的准备，同时号召城里的百姓齐心协力防守城池，等到各地援军到来，就可以进行反攻了。"钦宗见李纲态度十分坚决，才开始倾向于守城，令各地勤王。

随后,钦宗又询问守城之事应交给何人经营,李纲先推荐白时中和李邦彦。白时中急忙推卸责任,并气急败坏地反问李纲:"你不能领兵出战吗?"李纲从容回答:"如果陛下不以为我没有能力的话,我愿意拼死守住京城。"钦宗当即任命李纲为尚书右丞,让他担负起保卫京师的使命。

正月初七,金兵出动几十只火船,对开封宣泽门发起进攻。李纲亲自督战,派两千士兵用挠钩把金军的火船钩住,城上用大石块向船上投掷,被打死的金兵有一百多人。金兵第二次攻城,李纲指挥将士英勇作战,用猛烈的炮火和弓箭将敌人压下城墙。金兵见开封不易攻克,就改变策略,胁迫钦宗议和。

李纲反对割地求和,钦宗倾向于议和,由于守将姚平仲急功躁进,夜袭金营失利,钦宗听信主和派的怂恿罢免了李纲,引起了广大军民的强烈不满。二月初五,以太学生陈东为首的几百人,到宣德门去向钦宗请愿,强烈要求朝廷恢复李纲和种师道的原职,坚持抗战,罢免李邦彦、白时中等人,一时响应者达数万人,愤怒的群众冲入皇宫,打死内侍数十人。钦宗只好立即召李纲等人入宫,恢复李纲尚书右丞的职务,同时加命他为京城四壁守御史。

李纲立即命令恢复开封各项城防设施,当夜发霹雳炮以击金军。完颜宗望得知李纲复职,又看勤王军势力越来越大,在宋廷答应割让河北三镇之后,不等收足金银,便于二月撤兵。开封守卫战获得胜利。

李纲因保卫汴京有功,任知枢密院事。他预计金兵虽退,必再入寇,具奏"备边御敌八事",但朝中主和派得势,罢遣各路勤王军和民间义军,并将李纲调任河北、河东宣抚使。后来李纲以观文殿学士知扬州,又因"专主战议,丧师费财"的罪名,被降为亳州明道宫提举,十月,责授保静军(治今安徽宿州)节度副使,安置建昌军(治今江西南城)。

靖康元年(1126)秋,金兵再度南侵汴京,钦宗起用李纲为资政殿大学士,领开封牧,想以李纲之力再解汴京之围。但李纲还未赶到,汴京便已失守,北宋灭亡。

建炎元年(1127),宋高宗在南京(今河南商丘)即位,以李纲威望素孚,起用其为尚书右仆射兼中书侍郎,不久兼御营使,后又进尚书左仆射兼门下侍郎。其间,李纲提出抗金建国的十大主张,大力整顿军政。但高宗虽重用李纲为相,实际仍宠信主和派,更不满李纲"收复失地、迎回二帝"的主张,于是降其为观文殿大学士、洞霄宫提举。李纲后落职居鄂州(治今湖北武昌),不久又安置琼州(今海南岛)。

被罢相后,随着宋、金时局的变换,李纲多次被起复又遭贬谪,先后任银青光禄大夫、资政殿大学士、洞霄宫提举、观文殿大学士、湖广宣抚使兼潭州(今湖南长沙)知州、西京崇福宫提举、江西安抚制置大使兼洪州(今江西南昌)知州,后又兼本路营田大使、临安府洞霄宫提举等职,还获特赠金紫光禄大夫。

李纲任职地方期间,仍心系国家安危,多次上奏抗金强国之策。绍兴四年(1134)冬,金兵与伪齐军队渡江攻打建康(今南京),李纲上奏"防御三策",高宗以李纲所陈皆当务之急,付三省、枢密院施行,并降诏奖谕,称李纲"料敌于千里之外,制胜于三策之间"。宋兵因此大获胜利,金兵和伪齐军被迫后退。

绍兴八年(1138),宋金订立屈辱的"绍兴和议",向金称臣纳贡。高宗为此举行庆祝活动,并为群臣加官晋爵,李纲也被任命为荆湖南路安抚大使兼潭州知州。但李纲反对和议,以疾力辞,高宗允其请,仍任其为临安府洞霄宫提举,居福州。李纲痛国事无可为,衰病交加,于次年去世,追赠少师。淳熙十六年(1189),特进陇西郡开国公,谥号"忠定"。

李纲一生著作颇丰,有《易传内篇》十卷、《易传外篇》十二卷、《论语评说》十卷,又有《靖康传信录》《奉迎录》《建炎时政记》《建炎进退记》《建炎制诰表札集》《宣抚荆广记》《制置江右录》等文集,以及文章、诗歌、奏议百余卷。

李纲的《病牛》诗,最有名气。

耕犁千亩实千箱,力尽筋疲谁复伤?但得众生皆得饱,不辞羸病卧残阳。

病牛耕耘千亩,劳动成果装满粮仓,自己精神疲惫、力气耗尽,又有谁来怜惜它呢?为了众生都能吃饱,即使拖垮了身体,病卧在残阳之下,也在所不辞。

建炎二年(1128),李纲为相七十日,即被罢相流放武昌。四年后,太学生陈东等向朝廷上书请命,要求让李纲官复原职,事情失败,陈东也因此被杀,这时的李纲处境更加艰险。绍兴二年(1132)他写了《病牛》诗,也是他谪居时心境的真实写照。李纲就像一头任劳任怨的老黄牛。

刘漫塘　风物淮南第一州

在仪征各种场合的市情介绍中,"风物淮南第一州"这个诗句是必引的。全诗如下。

《送邵监酒兼简仪真赵法曹呈潘使君》

仪真来往几经秋,风物淮南第一州。山势北来开壮观,大江东下峙危楼。沙头缥缈千家市,舻尾连翩万斛舟。此去烦君问耆旧,几人犹得守林丘。

这首诗的作者叫刘宰,曾在真州做过司法参军,这首诗是他在金坛老家,送别去真州任职的朋友时所写,回忆自己当年在真州时的情形,描绘了真州市井喧闹、航运繁忙的景象，诗中"壮观"为城北北山壮观亭，"危楼"为城南江边"俯江楼"，而"风物淮南第一州"之句，已成为仪征闪亮的千年名片。

《宋史》卷四百一、《道光志》卷二十六《职官志》有刘宰的传。

刘宰(1167—1240)，字平国，号漫塘病叟，金坛人，绍熙元年(1190)进士，任江宁尉。当地巫风盛行，有号称"真武法""穿云子""宝华主"的人做法，刘宰到任后一律禁止，命令保伍互相纠察，使他们弃巫还农。

庆元初年，刘宰任真州司法参军。当时，理学家们看不起权臣韩侂胄，韩则把理学定为"伪学"，规定凡是"伪学"中人，一律不能做官。大小官员在写述职报告时，还要多加上一句"不是伪学党中人"，史称"庆元党禁"。刘宰愤然："这是我平生所学！头可断，放弃理学万不能！"

刘宰任泰兴县令时，有个杀人犯供认："我在某祠祷告，准备杀一个人，但是祈祷时刀跳了三下，我就杀了三个人，这是神让我杀的。"刘宰请示过州府后，拆毁了这个神庙，并将杀人犯斩首。

邻县有人在本县租牛，趁牛主人家办丧事时偷走了租约，后来牛主人的儿子去收租金，他说这牛已经卖给我多时了！牛主人的儿子年年告他，但都因为没有租约，又涉及邻县，官府一直没有处理。刘宰上任后，牛主人的儿子又来告状，刘宰说："你失去牛十年了，哪能这么容易要回来。"他找来两个乞丐，要他们自认曾偷牛倒卖，押着他俩到租牛人家，指认租牛人买了他们偷来的牛。租牛人说："我的牛不是买的赃物，是从某人家租来的。"乞丐一口咬定这是他们偷来的牛，租牛人急了，把租约拿出来证明牛是租的。刘宰差人把双方带回县衙，大堂之上，租牛人这才明白中了计，只好把牛还给原主。

有个富人家报案，说遗失了金钗，案发现场只有两名仆妾在，将他们带到县衙审讯，两人都喊冤。刘宰命两人分别拿一支芦草，说："这芦草有灵，如果不曾偷金钗，明天长度依旧；若是偷了金钗，那就会长大两寸。"第二天查看芦草，其中一支不变，另外一支却少了两寸，原来那偷金钗的仆妾害怕芦草长大，所以事先切去两寸，案情一下大白。

有个婆婆状告两个媳妇都不赡养她，刘宰找来那两个媳妇，让她们与婆婆共处一室，派人送食物给媳妇却不给婆婆，再悄悄地观察，发现一个媳妇每次都把自己的食物给婆婆，婆婆还呵斥她，另一个则相反。刘宰连续观察多日，就了解了实情。

刘宰回老家丁父忧，服满后赴京。当时韩侂胄正谋划北伐，刘宰写信给邓友龙、薛叔似，说条件不成熟，轻率用兵是对国家有害的，后来事态的发展正如他所料。后任浙东仓司干官，他不喜欢当时的官场环境，请求回老家，担任闲职监南岳庙。

江淮制置使黄度邀请他入幕,刘宰推辞:"朝廷任命我都不去,现在我怎好出来?"其后,朝廷屡次召他出仕,他都不肯。理宗即位后网罗天下人才,先后任命他为籍田令、通判建康府、以直秘阁主管仙都观,刘宰都推辞。端平初年任他为太常丞,郡守以朝廷命令,催他赴任,刘宰勉强动身,走到苏州,又上疏辞归。当时有名望的人,几乎都被朝廷召用,只有刘宰和崔与之两人不来。理宗询问侍御史王遂,任刘宰少监、以直敷文阁知宁国府,他还是不来。再进直显谟阁、主管玉局观,理宗一直期望他出山,但他始终没有出来做官。

刘宰对乡亲们施惠很多。他设置了义仓,创建了义役,三次设立粥厂,拯救饥民万余人;他布施的薪粟、衣纩、药饵、棺衾之类,数不胜数;谁无田可耕、谁无庐可居、谁家子女还未婚嫁,他都挂在心上,就像自己家的事情;哪里的桥有隐患、哪里的路要维修,不管要多少钱,他都设法筹资并带头捐款。

刘宰自己生活俭朴,但遇见公益慈善之事,必定竭尽全力,哪怕自己借贷,也要坚持到底。他还定下折缴麦税的钱额数量,把县里的斗、斛都改为国家规定的标准,捣毁淫祀八十四座,但凡是可以告于官府、有利于父老乡亲的事,他没有不做的。

刘宰隐居三十年,一生没有特别的嗜好,只是无书不读,早晚用力,乐此不疲,广泛考证,有所心得时尤为欣慰。有《漫塘文集》《语录》行世。

刘宰去世后,乡亲们罢市走送,送葬队伍长达五十里,大家就像哭送自己的亲人一样。朝廷嘉其节,谥文清。

《隆庆志》中记载了多处刘宰在真州留下的诗:

《题仪真常平仓壁》

苦被微官缚此身,汗衣亭午亚红尘。维舟醉卧垂杨下,输与江湖自在人。

《题真州广惠仓》

浙浙风摇丛苇,霏霏雨弄新晴。坐对江南山色,往来无限离情。塔影参差波面,歌声宛转楼头。已负少年行乐,更输衲子清幽。

《南楼呈同官》

南楼风物怯新晴,管领心知独有君。纵使市声鏖午枕,不妨清梦到行云。

刘宰在真州留下的文章有《增建翼城和东门水门记》《真州司法厅记》《三将军庙记》,他还为名医进士许叔微的《普济本事方》写过序。

刘宰入祀仪征县学名宦祠。

我在撰写《仪征道教史》时,研究刘猛将军庙,发现全国各地都有祭祀灭蝗英雄的"刘猛将军庙",然而刘猛将军,并非姓刘名猛,而是一位姓刘的猛将军,他是哪位将军,有四种说法,其中一种说法认为是刘宰。因他任江宁尉时,不信邪教,敢于斗争,且一生多为乡人谋福利。清王庆奎《柳南随笔》卷二记载:"南宋刘宰漫塘,金坛人。俗传死而为神,职掌蝗蝻,呼为'猛将'。江以南多专祠,春秋祷赛,则蝗不为灾。"

杨万里　北望神州思击楫

杨万里《真州重建壮观亭记》全文:

仪真游,观登临之胜处有二:发运司之东园、北山之壮观亭是也。亭在城之北三里所,曰城子山。其山截然平陈,望之若横洲,若长城,若偃月。冈阜靡迤二十余里,乃迎大江之怒涛,而东送之以入海。北走天长,盖承平时两京故道也。

亭之东,有魏帝台,相传魏武尝自将十万师临江,久不敢渡,遂筑宫于瓜步山而去,亭立北山之椒,居高视下,江淮表里皆在目中。自城中以望亭中,如见高人胜士,登山临水,而送归人也。如仰中天之台,缥缈于烟云之外也。自亭中以望江南之群山,如警黄绿耳,竞奔争驰而不可縶也,如安期美门御风呼气,隔水相招而不得亲也。米元章尝官发运司,追眼,则徘徊其上,为之赋且大书其扁。至建炎庚戌,火于索房,再葺,至绍兴辛巳,又火于索房。雨帘云栋剪为荒烟野草,垂三十年。淮人过者,罔不慨叹。

今太守左侯昌时作藩之数月,因艮斋先生谢公过逢,相与谈斯亭,访遗址,披榛而上,岿然独存,乃诛草茅,乃属工徒,为屋三楹,为垣百堵。前敞以轩,后邃以槛。肇自淳熙十六年之八月,迄来年之正月乃成。华不及汰,庳不及陋,无费于官,无厉于民。又种万松以缭其西北,又艺桃李梅杏杨柳千本以衬其南谷。

仪真之士民登而乐之,相与谒予记之,且曰:"吾侯秋满,将归于朝,留之不可。惟侯奉法循理,节用爱人,至于俯府庾、筑沟垒、训兵戍、虞疆场,夙夜毕力,以整以备,江海盗欲悉缚致麾下。奸慝迹熄,不敢窃发。年谷荐登,倍蓰他境。因治之余复此壮观,州人耄倪,再见承平气象,俾过之者得以挹江南之形胜,而起骚人之思,北望神州,而动击楫枕戈之想,则斯亭岂特游观登临之胜而已哉?愿为特书,惠我淮土,以诏予无止。"余曰:"诺哉。"

绍熙二年四月六日,具位杨某记。

杨万里是主战派,反对议和。张浚、虞允文对他很是欣赏并向朝廷推荐。杨万里在他的奏折和作品中都积极主张抗金。在这篇为真州重建壮观亭的记文中，他从重建壮观亭，联想到中流击楫的典故，东晋祖逖正是从欧阳埭（即宋之真州）进入运河反攻中原的，"北望神州，而动击楫枕戈之想"，彰显了他慷慨激昂的爱国情怀。

杨万里(1127—1206)，字廷秀，号诚斋，吉水人。绍兴二十四年(1154)进士，曾以焕章阁学士职充任接伴金朝贺正旦使，官至宝文阁待制致仕，80岁时升宝谟阁学士，逝后赠光禄大夫，谥文节。《宋史》卷四百三十三有传。

杨万里一生写作勤奋，相传有诗20000余首，现存诗4200首，诗文全集133卷，称为《诚斋集》。还有《杨文节公诗集》42卷。另著有《诚斋诗话》1卷，不专论诗，也有一些文论。所作赋以《浯溪赋》《海赋》为有名；所作词今存仅15首。杨万里又精于《易》学，有《诚斋易传》20卷，以史证《易》。

杨万里与陆游、尤袤、范成大并称为南宋"中兴四大诗人"。

杨万里有《过白沙竹枝歌六首》：

其一
穹崖绝嶂入云天，鸟雀才飞半壁间。远渚长汀草如积，牛羊须上最高山。

其二
田亩浑无寸尺强，真成水国更山乡。夹江黄去堤堤粟，一望青来谷谷桑。

其三
绝怜山崦两三家，不种香粳只种麻。耕遍沿堤锄遍岭，都来能得几生涯？

其四
东沿西沂浙江津，去去来来暮复晨。上岸牵樯推稚子，隔船招手认乡人。

其五
昨日下滩风打头，羡他上水似轻鸥。朝来上水帆都卸，真个轻鸥也自愁。

其六
绝壁临江千尺余，上头一径过肩舆。舟人仰看瞻俱破，为问行人知得无？

真州在唐代为扬子县白沙镇。白沙一直是仪征的代称，至今仍有人以"白沙"称仪征，这六首诗描绘的虽是江畔水乡景色，我却没有找到此白沙就是仪征的证据。仪征方志办、诗词协会编印的《古诗咏仪征》，是将其视为吟咏真州景物的，收录了其中一首。

杨万里还有《过扬子江二首》，《古诗咏仪征》和市委宣传部所编《仪征风雅》，都收录了其中一首。

其一
只有清霜冻太空，更无半点荻花风。天开云雾东南碧，日射波涛上下红。千载英雄鸿去外，六朝形胜雪晴中。携瓶自汲江心水，要试煎茶第一功。

我研究，这首诗是绍熙元年(1190)杨万里作为伴使，自临安赴淮河迎接金国使者途中渡江时所作，此航路并不需要从真州入运河，而应该从瓜洲入。但是诗中"携瓶自汲江心水"，则出自唐扬子驿陆羽辩茶的典故。扬子驿即扬子县驿站，这就与真州有关系了。

(唐)温庭筠《采茶录》(不分卷)记载：

唐代宗朝大历年间(766—779)，御史大夫李季卿巡视江南湖州，在维扬地界遇到陆鸿渐(陆羽)，李季卿素闻陆羽茶名，想和他一起品茗，就邀他同往扬子驿。李季卿说："陆君是品茶专家，天下闻名。现在咱们就在扬子江边，扬子南泠的泉水又是一绝。今日名家、名泉在一起，千载一遇，实在难得！"于是就让办事老成的军士，带着盛水瓶，驾船前往南泠泉，水取回来之后，陆羽舀了一勺尝后说："这个只是江水，并不是江中的南泠泉水，像是临岸之水。"军士说："我亲自驾船去南泠泉取的水，很多人都可以作证，怎敢弄虚作假？"陆羽不说话，将瓶子里的水倒掉一半，然后又舀水品尝："这个水才是南泠泉水。"军士大吃一惊，赶紧下跪请罪："我确实是从南泠泉打的水，但是快靠岸时，船晃荡，水洒了一半，我就在岸边将水加满。您真是神人！我再也不敢隐瞒！"李季卿及随从数十人都非常惊讶。

"第一功"也有典故，《史记》卷五十三《萧相国世家》记载：

汉五年，既杀项羽，定天下，论功行封。群臣争功，岁余功不决。高祖以萧何功最盛，封为酂侯，所食邑多。

大家都不服气，认为萧何"未尝有汗马之劳"，只是嘴皮子，"第一功"应该给曹参。高祖力排众议，讲出道理，众人方才服气。"第一功"后用以指无汗马之劳，不战而夺得头功。宋人常用来咏茶之功效。

这里用"第一功"的典故，既是咏茶，又暗含了讽刺的意思。据陆游《入蜀记》，金山顶上有吞海亭，当时"每北使(金国使者)来聘，例延至此亭烹茶"。杨万里此行是迎接金国使者，过江见金山，自然想到吞海亭烹茶一事，因而说自己准备按照朝廷的规定，在吞海亭为金国使者烹茶尽礼，试试能不能不战而立第一功。

辛弃疾　神鸦社鼓佛狸祠

辛弃疾《永遇乐·京口北固亭怀古》词：

千古江山，英雄无觅，孙仲谋处。舞榭歌台，风流总被，雨打风吹去。斜阳草树,寻常巷陌,人道寄奴曾住。想当年金戈铁马,气吞万里如虎。

元嘉草草,封狼居胥,赢得仓皇北顾。四十三年,望中犹记,烽火扬州路。可堪回首?佛狸祠下,一片神鸦社鼓。凭谁问廉颇老矣,尚能饭否?

这首词用孙仲谋、刘寄奴、拓跋焘、廉颇等名人典故,抒发了强烈的爱国主义情怀。词中的"佛狸祠下,一片神鸦社鼓",说的是真州六合瓜步山上的佛狸祠。

《宋史》卷四百一有辛弃疾的传。

辛弃疾(1140—1207),原字坦夫,后改字幼安,号稼轩,山东路济南府历城人,少年时师从蔡伯坚,与党怀英同学,并称"辛党"。即将走上仕途之际,两个人都去占卜,党怀英得"坎",留在金朝做官;辛弃疾得"离",决心南归。

绍兴三十一年(1161),金主完颜亮在南侵时后院起火,帝位被族弟完颜雍夺得,他本人被哗变部下所杀。此时中原豪杰并起,耿京自称天平节度使,控制山东、河北忠义军马,辛弃疾投奔耿京,为掌书记,他劝耿京投宋。

有个僧人叫义端,也喜欢谈兵,与辛弃疾有交游,看辛弃疾投了耿京,也带着千余众来投,编在辛弃疾部下。义端后来觉得没前途,偷了辛弃疾的印信出逃,耿京大怒,要杀辛弃疾。辛弃疾说:"给我三天时间,抓不到他你再杀我不迟。"他知道义端一定是投金兵去了,就沿路急追,义端被擒后对他说:"我知道你是青兕转世,请不要杀我。"辛弃疾斩其首报于耿京,耿京赞叹他的壮举。

绍兴三十二年(1162),耿京派辛弃疾去建康,联络投宋事宜,宋高宗很高兴,授予他承务郎、天平节度掌书记,并将节使印交给辛弃疾让他转交给耿京。然而等辛弃疾返回到达海州时,得知张安国、邵进已杀了耿京、降了金。辛弃疾与手下人商议:"我奉命联络投宋,情况突变,如何复命?"他决然率领统制王世隆及忠义人马全福等直奔金兵营寨,张安国正在与金将饮酒,辛弃疾闯入,将张安国绑起来带走,等金兵反应过来,再追已经来不及了。辛弃疾将张安国献俘到行在,斩首于市。从此,辛弃疾留在南宋,被委任江阴佥判。这一年,他二十三岁。

辛弃疾在宦游生涯中,先后到江西、湖北、湖南等地担任转运使、安抚使等官职,虽然他干得很好,但与他抗金报国的理想相距甚远,壮志难酬,内心感到压抑和痛苦。

辛弃疾仕途多次起伏,最终以龙图阁待制致仕。开禧三年(1207),辛弃疾逝世,享年六十八岁。绍定六年(1233),追赠光禄大夫。德祐元年(1275),经谢枋得申请,宋恭帝追赠辛弃疾为少师,谥号"忠敏"。

嘉泰四年(1204),辛弃疾出知镇江府,获赐金带。他登临北固亭,凭高望远、抚今追昔,写下了《永遇乐·京口北固亭怀古》这篇传唱千古之作。

南北朝时期,仪征大部分时间归属南朝,但后期也有短时间曾归属北朝,为北齐、北周的江阳郡所辖。另外,北魏太武帝拓跋焘也曾短暂地占领过沿江地区。

元嘉二十七年(450)十二月,拓跋焘(408—452,字佛狸伐,代郡平城人,鲜卑族)进攻南朝刘宋,饮马长江,"起行宫于瓜步山"(《魏书》卷四下)。后人在瓜步山建庙以祀。瓜步山在六合境内,宋代六合隶属真州,所以仪征旧志有此事的记载。

《隆庆志》卷二《山川考》:

瓜步山,在县西南六十里,瓜步镇南。状如瓜,临江峭绝。后魏主焘南侵,起行宫于此。诸军同日皆临江,即其地也。山有盘道与井,皆魏主所凿。

《南兖州记》曰:瓜步五里有瓜步山,南临江中,涛水自海入江,冲激六百里,至此岸侧,其势稍衰。山前有渡。唐肃宗时,张延赏出为淮南节度使,岁旱,民他迁,吏禁之。延赏曰:食者,民恃以活。拘此而毙,不如适彼而生。苟存吾人,何以限为?乃具舟遣之,敕吏为流氓修室庐。已逋债而归者更增于旧。瓜步舟舻津辏,而遥系江南,延赏乃请属扬州扬子。自是行无稽壅。

元至正二十六年,我太祖高皇帝遣人送宋主小明王韩林儿北归,殂于瓜步。韩林儿者,刘福通所立,始都亳,后都安丰,复都汴,最后居建康,僭号纪元为龙凤云。

《道光志》卷四《舆地志》:

卢纶《游瓜步》诗:

夜问西江客,还知在楚乡。全身出部位,尽室逐渔商。晴日游瓜步,新城对汉阳。月昏惊浪白,瘴起觉云黄。望岭家何处?登山泪几行。闽中传有雪,应且住南康。

王安石《入瓜步望扬州》诗:

落日平林一水边,芜城掩映只苍然。白头追想当年事,幕府青衫最少年。

《道光志》卷四十七《杂类志》记载了拓跋焘的两个故事。

魏主焘引兵南下,进次瓜步,饮马于江。还攻盱眙。臧质报书云:"童谣云:'胡马饮江水,佛狸死卯年。'又谣曰:'轺车北来如穿雉,不意虏马饮江水。虏主北归石济死,虏欲渡江天不徙。'"魏主引去,未久,殂。

拓跋焘此次南下,是对南朝刘宋北伐的反击,宋文帝刘义隆想北伐收复失地,"封狼居胥",被拓跋焘打了个防守反击。拓跋焘兵分五路,不顾坚城在后,大胆向南长驱直入,直到长江,刘义隆被迫遣使向北魏求和,此战是拓跋焘军事生涯的顶点。

拓跋焘北归途中,听闻盱眙有积粟,欲抢夺来作为北归之资,但在刘宋守军的抵抗下,攻城不克,损失惨重。于是市面上出现了童谣,说"佛狸死卯年"。佛狸是拓跋焘的字,卯年是元嘉二十八年(451),就是饮马长江次年。谁知一语成谶,拓跋焘真的就在次年为中常侍宗爱所弑。

拓跋焘即位前为太平王,登基后推崇道教和儒教,实施了太炎四年(438)中国历史上第一次灭佛事件,曾自称"太平真君",并改年号为太平真君(440—451),使用时间长达11年。

瓜步山上的佛狸祠,是祭祀拓跋焘的,何人、何时所建,已无法考证。有一种说法,庙是拓跋焘行宫改建的,如此,则该庙始建于北魏。北魏分裂为东魏、西魏,北齐脱胎于东魏、北周脱胎于西魏,北齐、北周先后在沿江地区"实际控制",建立过江阳郡,他们都是鲜卑人。据此推测,瓜步山上的佛狸祠也有可能是南北朝后期、鲜卑统治时所建。

辛弃疾在《永遇乐·京口北固亭怀古》中提及了两位北伐的刘宋皇帝,即宋武帝刘裕(刘寄奴)和宋文帝刘义隆,一强一弱,一胜一败,表达了词人想带兵打仗、收复故土的愿望。词中"佛狸祠下,一片神鸦社鼓"之句,表明此时京口斜对岸的瓜步山上,佛狸祠仍在,还有乌鸦在啄食祭品。

瓜步山位于真州六合,《道光志》卷四十七《杂类志》记载的另一则故事,把佛狸祠与真州更紧密地联系起来了。

嘉定七年月日,朝奉郎、权知真州军州事、新除江东提举李道传,谨遣武翼郎、权监瓜步镇王福,告于瓜步山神:"大江为南北之限,东流至于秣陵、京口之间,其壮极矣。连山雄秀,横列江南,而其北则平原旷野,芦苇之场也。惟此山独立北岸,孤特峻峭,四面平绝,下临无际,若可与南山之雄、大江之壮相为宾主者,固非甚高且大,而实地气所钟也。是以出云致雨,利泽下民。其见祀,宜也。然今所祀者,乃南北分裂时魏主拓跋焘之像。夫以中国之人,相率祀夷之鬼,已甚不可,况拓跋氏之未入中国也?元嘉之盛,人物繁阜。自其侵扰淮南,饮马于江,邑里为之萧条。此山正其驻兵之地,受害最烈。而千载之后,方且庙而祀之,像而严奉之,岂不大谬哉?道传继守此州,欲正其祠,久矣。今忽被命移官,念不可不一正之而去。用遣镇官,撤拓跋之像,投诸江,而以其地祀山之神。道传将告于新守此州者,以事上于朝,秩神之祀,神其鉴之。谨告。"

宋元时期,仪征为真州,管辖六合、扬子两县。南宋嘉定七年(1214),真州知州李道传,即将离任,临走之前,他写了一篇《告瓜步山神撤拓跋焘像文》,派权监瓜步镇王福,拿到瓜步山敬告山神。告示说道:

江南的山连绵起伏，江北是平原旷野，只有瓜步山独立北岸，这一带出云下雨，利泽百姓，全靠这位山神，应该祭祀。但是，现在山上祭祀的，是南北分裂时的魏主拓跋焘。我朝百姓祭祀夷鬼，已经很不妥当，更何况他并没有统一中国。当初刘宋元嘉时期，人物繁阜，拓跋焘打到长江，当地一片萧条，此山是他驻兵之地，受害最烈。近千年后（元嘉二十七年到嘉定七年，相距764年），他的庙居然还在，他的像还完好，还在享受祭祀，岂不荒谬！我到真州上任后，一直想请瓜步山神正位，今天我接到了调任命令，离开真州前，我特派瓜步镇镇官王福，撤掉拓跋焘塑像，扔到江里去！这里用于祭祀瓜步山神。我将把这件事转告给继任的真州知州，并且向朝廷报告，神仙也是有职责的，祭祀不能乱，神灵都看着呢。

李道传是一位很有想法的知州，真州建设东、西翼城的实施方案就是他提出来的，他在给朝廷的报告中，论述了真州地理位置之重要性，提出了解决经费问题的办法：向朝廷借款十六万贯，给真州作为本钱，把通过运作这笔资金产生的利息，用于建筑东、西翼城。他说，如果他二三年间还在真州做知州，事情就能完成，如果他另有任用，希望后来者为之不辍，不愁不得成功。

历经李道传等七任知州的共同努力，一张蓝图绘到底，终于建成东、西翼城，奠定了仪征城的基础。至于佛狸祠中，拓跋焘像有没有换成山神，则无从查证了。如今佛狸祠已毁，南京市六合区在瓜步山南太平寺内立有"佛狸祠遗址"文保碑。

民国张官倬《棠志拾遗》记曰：

佛狸祠，一名太平真君庙，即今太平庵，在瓜步山顶。咸丰时毁于火，同治七年重建。按，佛狸，魏太武小字，宋辛稼轩词：佛狸祠下，一片神鸦社鼓。

可见，佛狸祠又叫太平真君庙，民国时已经变成太平庵。我曾亲往探访，如今瓜埠山（即瓜步山）大部分被开山采石，山顶上的佛狸祠已毁，山下建有太平禅寺，内有南京市六合区2013年所立的"佛狸祠遗址"文保碑，可供凭吊（图2-10）。

关于佛狸祠之"佛"的读法，是读bì还是fó，存在着争论。读"bì"，来自胡三省《资治通鉴音注》："佛，音弼。"他认为，佛狸其实是"狴狸"，现在中小学都是这么教的；反对者以《周书·突厥》中"旗纛之上，施金狼头。侍卫之士，谓之附离（附离，古突厥语，意为狼），夏言亦狼也"类推，认为应读"fó"或"fú"。我查阅第7版《现代汉语词典》（商务印书馆，2019年出版），"佛"字有两个读音，通常都是fó，如佛手、佛陀；用于"仿佛"组词时读"fú"，并没有"bì"的读法。

图 2-10　瓜埠山与文保碑

陆放翁　入蜀途中游真州

乾道六年(1170)闰五月十八日晚,陆游由山阴启程,乘船经江南运河、长江水路前往夔州赴任通判,历时 160 天,于十月二十七日早晨到达夔州。沿途撰写日记《入蜀记》,共六卷,近四万字,是中国第一部长篇游记。其中,七月一日至四日,陆游在真州逗留。

《入蜀记》真州部分全文：

七月一日。黎明,离瓜洲,便风挂帆。晚至真州,泊鉴远亭。州本唐扬州扬子县之白沙镇。杨溥有淮南,徐温自金陵来觐溥于白沙,因改曰迎銮镇。或谓周世宗征淮时,诸将尝于此迎谒,非也。国朝乾德中,升为建安军。祥符中,建玉清昭应宫,即军之西北小山置冶,铸玉皇、圣祖、太祖、太宗四圣像。既成,遣丁谓、李宗谔为迎奉使、副。至京,车驾出迎,肆赦,建军曰真州,而于故冶筑仪真观。政和中,修《九域图志》,又名曰仪真郡。旧以水陆之冲,为发运使治所,今废。

二日。见知州右朝奉郎王察。市邑官寺,比数年前颇盛。携统游东园。园在东门外里余,自建炎兵火后,废坏涤地,漕司租与民,岁入钱数千。昔之闳壮巨丽,复为荆棘荒墟之地者四十余年,乃更葺为园。以记考之,惟清宴堂、拂云堂、澄虚阁粗复其旧,与右之清池、北之高台尚存。若所谓"流水横其前"者,湮塞仅如一带,而百亩之园,废为蔬畦者,尚过半也,可为太息。登台,望下蜀诸山,平远可爱,徘徊久之。过报恩光孝寺,少留。辛巳之变,仪真焚荡无余,而此寺独存。堂中僧百人,长老妙湍,常州人。

三日。右迪功郎监税务闻人尧民来。尧民,茂德删定之兄子,以恩科入官。北山永庆长老蕴常来。郡集于平易堂,遍游澄澜阁、快哉亭,遂至壮观以归。壮观旧有米元章所作赋石刻,今亡矣。初问王守仪真观去城远近,云在城南里许。方怪与国史异,既归,亟往游,则信城南也。有老道士出迎,年七十余,自言庐州人,能述仪真本末。云旧观实在城西北数里小土山之麓,祥符所铸乃金铜像,并座高三丈,以黄麾全仗道门幢节迎赴京师,皆与国史合。故当时乐章曰:"范金肖像申严奉,宫馆状翬飞。万灵拱卫瑞烟披,堤柳映黄麾。"道士又言赐号瑞应福地,则史所不载也。今所谓仪真观者,昔黄冠入城休憩道院耳。晚,大风,舟人增缆。

四日。风便,解缆挂帆,发真州。岸下舟相先后发者甚众,烟帆映山,缥缈如画。有顷,风愈厉,舟行甚疾。过瓜步山,山蜿蜒蟠伏,临江起小峰,颇巉峻。绝顶有元魏太武庙,庙前大木可三百年。一井已甃,传以为太武所凿,不可知也。太武以宋文帝元嘉二十七年南侵至瓜步,建康戒严。太武凿瓜步出为蟠道,于其上设毡庐,大会群臣,疑即此地。王文公诗所谓"丛祠瓜步认前朝"是也。梅圣俞题庙云:"魏武败忘归,孤军驻山顶。"按太武初未尝败,圣俞误以佛狸为曹瞒耳。山出玛瑙石,多虎豹害人,往时大将刘宝,每募人捕虎于此。周世宗伐南唐,齐王景达自瓜步渡江,距六合二十里设栅,亦此地也。入夹行数里,沿岸园畴衍沃,庐舍竹树极盛,大抵多长芦寺庄。出夹望长芦,楼塔重复。自江淮兵火,官寺民庐,莫不残坏,独此寺之盛,不减承平,至今日常数百众。江面渺弥无际,殊可畏。李太白诗云"维舟至长芦,目送烟云高"是也。晚泊竹筱港,有居民二十余家,距金陵三十里。

陆游《入蜀记》真州四日,留下史料甚多,为我们考证铸金像小山、新老仪真观位置、真州东园位置,以及鉴远亭、快哉亭、壮观亭、北山永庆寺、报恩光孝寺、元魏太武庙(佛狸祠)、长芦寺等,提供了资料。

游记中讲述,他问真州知州、右朝奉郎王察:"仪真观在哪里?"王察说:"大概在城南里把路。"陆游很诧异:"跟史料讲述的不一样啊!怎么在城南呢?"后来在城南道观,七十多岁的老道士说,他是庐州人,能说得清仪真观的本末。仪真观是在城西北的小山之麓,大中祥符年间(1008—1016)所铸的是金铜像,每座高三丈,以黄麾全仗、道门幢节,赴迎京师。

陆游点头:"这才与国史相合啊!"当时还流传乐章"范金肖像申严奉,宫馆状翚飞。万灵拱卫瑞烟披,堤柳映黄麾"。

道士还说皇上赐号"瑞应福地",陆游认为:"这个国史上没载。今天来的这个仪真观,就是当初黄冠入城休憩的道院啊。"①

陆游(1125—1210),字务观,号放翁,越州山阴人,隆兴元年(1163)进士,官至宝章阁待制。《宋史》卷三百九十五有传。

陆游具有多方面才能,他三作史官时修孝宗、光宗《两朝实录》和《三朝史》,自撰《南唐书》十八卷。

陆游的词,流传最广的是《钗头凤·红酥手》,"错错错""莫莫莫",节奏急促,声情凄紧,两次感叹,凄婉动人。

陆游的诗成就最高,自言"六十年间万首诗",存世有9300余首,临终之际的绝笔《示儿》千古传诵:

死去元知万事空,但悲不见九州同。王师北定中原日,家祭无忘告乃翁。

方信孺　使金口舌折强敌

方信孺(1177—1222),字孚若,号好庵,自号紫帽山人,兴化军莆田人,嘉定年间(1208—1224)任职江淮发运司判官、真州知州。《道光志》记载了其任职期间所作的两首诗,其中一首《梅园》,已在《千株梅花雪作堆》中录入,这里录入另一首《题吴汝明旌门》:

世上兴亡与是非,从来原不到山扉。污池便有江湖意,丛篆宁知霜雪威? 老稚瓦盆同一醉,弟兄云路盍齐飞! 自惭老守无风化,空对岹峣晚未归。

吴汝明在《道光志》卷三十四《人物志》有传:

吴汝明,志兴子也。事亲承顺,无尽子道。刺股以疗母疾,芝生于堂侧,异木连理。开禧间,虏骑践境,他室庐皆遭焚荡,独汝明之庐无恙。后,疫兴,其家四十口皆免,人称其为孝义之报。嘉定间,郡守潘友文上其事,诏旌其门。令长吏致礼。方信孺有题旌门诗。今祀乡贤第十六位。

---

① 大中祥符二年(1009)冬十月甲午,宋真宗诏天下置天庆观。政和年间(1111—1118),宋徽宗下诏,将天庆仪真观一分为二,创建天庆观于州城,留在西小山的称仪真观、西宫观。

这位吴汝明是位孝子,感动上苍,战火和瘟疫都避开他家,孝行得到了朝廷表彰,知州方信孺还为其题了旌门诗。

《道光志》卷三十四《人物志》还有吴汝明的父亲吴志兴的传:

吴志兴,扬子县塘下里人也。世敦孝义,七世、三百年无异争,室无私财,积而能散,乡人亟称之。真、扬之人称为吴善士,年九十三。事闻于朝,以高宗庆寿恩,封为迪功郎。今祀乡贤第十一位。

吴志兴高寿,活了93岁,非常难得,高宗封他为"迪功郎",所以他又被称为吴迪功。《道光志》卷八《舆地志》有"吴迪功宅"词条,方信孺《题吴汝明旌门》诗就在该词条中。

方信孺在真州任职期间,在州治后建有爱山亭,在天庆观西建有司新仓,在瓦庙子东建有新兴酒库,在南门外建安驿建有朝拜亭,将唐白沙亭移至注目亭故址再建,于嘉定十年(1217)议修东翼城,开北山塘(水匮),十一年(1218)修建了唐总辖庙。

《道光志》卷十《河渠志》记载,方信孺修建北山塘时,大家都不理解,不知有什么用。后来金兵来犯,守将决北山塘,以水退敌,真州城得以保全。嘉定十一年,金兵又犯,此时的知州袁申儒又决水匮,金兵睥睨两日,不敢进攻,遂撤走。大家都说是水匮之力啊。

《永乐大典》方志辑佚仪征部分援引《(嘉定)仪真志》记载:"转运司新仓,三十七间,在天庆观西。十一间,嘉定八年,运判王大昌建;二十一间,十一年,运判方信孺建之。"

查《道光志》卷二十五《职官志》,知州王大昌后面还有一位赵师端,从嘉定十一年知州袁申儒又决水匮可见,方信孺在真州任职的上限推测为嘉定九年或十年,下限是嘉定十一年。

方信孺在《宋史》卷三百九十五和《道光志》卷二十六《职官志》有传。

方信孺从小"有隽材,未冠能文,周必大、杨万里见而异之"。他以父荫[方崧卿,隆兴元年(1163)进士,官至广西转运判官,宰相叶颙的女婿],出任番禺县尉。

方信孺最突出的事迹,是他三次出使金国,"使金三往返,以口舌折强敌"。

开禧二年(1206),韩侂胄出师北伐,开局尚可,但战局发展渐趋不利,主和派又居上风,韩侂胄无奈,于三年(1207)初同意和谈。时任萧山丞的方信孺,被委以朝奉郎、枢密院检详文字,充枢密院参谋官,出使金国。

第一次出使

开禧三年二月,方信孺行至濠州,被金军元帅纥石烈子仁关押于狱中,断绝薪火饮水，并以利刃威胁，要方信孺答应割两淮、增岁币、犒军、索归正人、缚送首谋等五个条件。方信孺据理力争，纥石烈子仁大怒："你还想不想活着回去？"方信孺说："我走出国门时，已将生死置之度外了！"

到了汴梁，见到金国左丞相、都元帅完颜宗浩，还是五大条件，若不答应就发兵南下，还说："前日兴兵，今日求和，这是什么道理？"方信孺答道："前日兴兵复仇，是为了社稷；今日屈己求和，是为了生灵。"完颜宗浩辩不过，就说这些条件，你先带回去商量嘛。

第二次出使

朝廷召集侍从、两省、台谏官讨论对策，议定同意还俘获、罪首谋、增岁币五万。四月，还是派方信孺再往金国。此时，四川方面内奸吴曦已经服诛，金人气势有所收敛，但还是坚持原来的五大条件。方信孺说："本朝增加岁币已是卑屈，五件事已经答应了三件，别的就不要再说了。若要说起这次战争的起因，本朝兴兵在去年四月，你们写信诱降吴曦是去年三月，你们理亏在先！若要说起双方的力量强弱，你们得了滁、濠，我方得了泗、涟水；你们夸耀胥浦桥之胜，我方也有凤凰山大捷；你们说我方不能拿下宿、寿，你们围了庐、和、楚，也没能拿下。再说无益，不过是再交兵罢了。"

完颜宗浩说不过方信孺，但还是要争取更大利益，就说："割地的事情暂时不提；称藩还是要有说法的，即使不称臣，也要称侄；在岁币外，还要另加犒师费。"方信孺固执不许。完颜宗浩计穷，就说："你且回去复命。"

第三次出使

方信孺回朝复命，朝廷议决后，约七月再派方信孺以"通谢国信所参谋官"，奉国书誓草及许"通谢百万缗"抵汴。完颜宗浩说："你这个信使说的话让我很不高兴，带来的钱不是'犒军钱'，搞什么名堂！"方信孺说："岁币是不可能再增加的，这次带来的是通谢钱。你这样得此失彼，我只有自己这颗头颅给你！"金国的将军说："不会杀你的，我们丞相要留你呢。"方信孺说："留在这里是死，辱命回去也是死，不如死在这里！"

方信孺于九月返回朝廷，面复韩侂胄，韩再三追问金国五大条件的第五条到底是什么？方信孺不得已，只能相告"欲得太师头耳"。韩侂胄大怒，将方信孺撤职，贬往临江军居住。

方信孺自春至秋，"使金三往返，以口舌折强敌"。金国要求换人，宋廷派王柟出使，从前方信孺不肯答应的条件，王基本上都同意了。王柟回朝后汇报说：

"方信孺真不容易啊,他做的都是难事,我做的都是容易的事。我在金国时,他们经常问及方信孺安在,都说他是个难得的信使,虽然是敌人,也是有公论的。"于是,朝廷下诏,让方信孺自便(重获自由)。

嘉定元年(1208),方信孺为通判肇庆府。后知韶州、道州。嘉定六年(1213)提点广西刑狱,除转运判官。又召为大理丞,除淮东转运判官,兼提刑,知真州,于北山筑堤蓄水以退金兵。嘉定十二年(1219),方信孺因建议开幕山东,降三秩免官归里。于嘉定十五年(1222)卒,年四十六岁。

方信孺工诗词,著有《南海百咏》《南冠萃稿》《南辕拾稿》《曲江啸吟》《九疑漫编》《桂林丙》《击缶编》《好庵游戏集》。

方信孺宦游期间,留下不少遗迹,如广州六榕寺的题咏、黄埔琶洲的题词、桂林云峰寺的题字、柳州马鞍山和永州九嶷山的石刻等。特别值得一提的是湖南永州宁远县九嶷山玉琯岩,这是一处著名的石山溶洞,洞口右壁刻有"九疑山"三个大字,单字高1.8米、宽1.9米,笔力遒劲、金钩铁划,上首为"大宋嘉定六年岁次癸酉正月旦刻",落款为"权发知道州军州事莆田方信孺书"(图2-11)。

图2-11 方信孺九嶷山石刻

刘克庄　学贯古今追骚雅

刘克庄《真州北山》诗：

忆昔胡儿入控弦，官军迎战北山边。苕箓有主安新葬，蓑笠无人垦废田。兵散荒营吹戍笛，僧从败屋起茶烟。遥怜钟阜诸峰好，闲锁行宫十九年。

《道光志》卷二十六《职官志》上有刘克庄的传。

刘克庄，字潜夫，莆田人。嘉定初，任录事参军。少有异质，日诵万言，尤长于吏事。真德秀尝以"学贯古今，文追骚雅"荐之，守官居职，不负所知。晚年，为贾似道一出，君子惜焉。著有《后村集》。

刘克庄（1187—1269），初名灼，字潜夫，号后村，福建莆田人。祖父刘夙、父亲刘弥正，皆进士出身。刘克庄从小天资聪颖，每天诵读万言。名儒真德秀推荐时说他"学贯古今，文追骚雅"。嘉定二年（1209），恩荫补将仕郎，次年任靖安簿。

嘉定十年（1217），刘克庄服满，由怀安县尉、福州右司理曹改真州录事参军。时任淮东安抚使的崔与之见刘克庄到来非常高兴，对刘克庄说："我在福建得到了两个名士，一个是你，一个是陈子华。"并称刘克庄与方信孺、陈子华三人为"闽之三隽"。

刘克庄在《宋史》中无传，据林希逸《后村先生刘公行状》、洪天锡《后村先生墓志铭》叙述，其享八十三岁高寿，历南宋孝宗、光宗、宁宗、理宗、度宗五朝，仕宦沉浮，经历颇为复杂。咸淳四年（1268），以龙图阁学士致仕，次年去世，享年八十三岁，谥文定。

刘克庄是南宋著名词人，与刘过、刘辰翁并称"辛派三刘"，其词作对南宋的时代现实多有呈现。清人冯煦在《宋六十一家词选例言》中，将刘克庄、辛弃疾、陆游列为三足鼎立的南宋豪放派词人，称其"志在有为，不欲以词人自域"。

刘克庄的文章数量庞大，《后村先生大全集》共一百九十三卷，而诗、词、诗话不到六十卷，其他皆可列入文章的范畴。

林希逸《后村居士集序》称，刘克庄"文不主一家而兼备众体，摹写之笔工妙，援据之论精详。其错综也严，其兴寄也远"。赞其文与欧阳修、梅尧臣诸人并行，为中兴大家之一。

刘克庄在真州做过录事参军，有相关诗词存世。除本文初提到的《真州北山》诗，本书《千株梅花雪作堆》中已录刘克庄《忆真州梅园》诗。刘克庄的词作风格豪放,其代表作《贺新郎·送陈真州子华》亦与真州有关。

宋理宗宝庆三年(1227),刘克庄任建阳知县,年三十六岁。他的朋友陈韡(字子华)由仓部员外郎调知真州,兼淮南东路提点刑狱,路过建阳。真州是抗金前线,作者在送别陈子华之时,写下了这首词。

《贺新郎·送陈真州子华》

北望神州路。试平章这场公事,怎生分付?记得太行山百万,曾入宗爷驾驭。今把作握蛇骑虎。君去京东豪杰喜,想投戈下拜真吾父。谈笑里,定齐鲁。

两河萧瑟惟狐兔。问当年祖生去后,有人来否?多少新亭挥泪客,谁梦中原块土?算事业须由人做。应笑书生心胆怯,向车中闭置如新妇。空目送,塞鸿去。

全词大意:

向北眺望通往中原的路。试着议论议论,这一场恢复中原的大事,该怎么嘱咐?记得太行山王善、杨进聚众百万,曾经接受东京留守宗泽领导。现在朝廷对义兵左右为难,就像握着毒蛇、骑着老虎。你到京东路去,义军领袖会高兴,料想他们一定会放下武器,就像当年回纥首领拜郭子仪为父一样。谈笑间,平定齐鲁。

黄河两岸一派萧条,只见乱跑的狐兔。试问当年,祖逖离开这里后,还有人来过吗?那些在建邺新亭对泣的东晋贵族,谁真正想到过中原那一大块国土?算起来恢复大业必须由适当的人来做。应该笑我等书生心里胆怯,就像南朝曹景宗所云,只是坐在车里不便开窗向外张望的新媳妇。空空地目送,边塞的鸿雁飞去。

当代学者徐扬点评曰:"在这首词中,作者要陈子华正确对待义军,招抚义军,思想是进步的。他的词,发展了辛弃疾词的散文化、议论化的倾向,雄放畅达,继承辛派的爱国主义词风,又有自己的风格。这首词气势磅礴,一气贯之,是名词的显著特色。立意高远,大处落墨,又曲折跌宕,不同于那些一味讲究直率的人。"

2024年全国统一高考语文试卷上,有古代诗歌阅读,两小题共九分,要求考生对刘克庄《宿千岁庵听泉》做出理解和赏析。该诗全文:

因爱庵前一脉泉,袈裟来此借房眠。骤闻将谓溪当户,久听翻疑屋是船。变作怒声犹壮伟,滴成细点更清圆。君看昔日兰亭帖,亦把湍流替管弦。

人民教育出版社副总编辑、编审,统编高中语文教材分册主编朱于国在点评时表示:"古代诗歌选的是宋代刘克庄的《宿千岁庵听泉》,是古诗中描写声音的佳作,不仅能够考查考生对古诗词的鉴赏能力、文化理解能力,从'兰亭帖''湍流'等词中也能看到试题与教材的勾连。"

郝伯常　穷海累臣有帛书

元朝至元十二年(1275)三月,汴京的百姓在金明池射得一只大雁,发现雁腿上系着帛书,高五寸、宽二寸,有五十九个字,背后有"陵川郝氏印",印方一寸。帛书上有诗一首:

霜落风高恣所如,归期回首是春初。上林天子援弓缴,穷海累臣有帛书。

落款是:

中统十五年九月一日放雁,获者勿杀。国信大使郝经书于真州忠勇军营新馆。

这是《元史》卷一百五十七《郝经传》记载的"鸿雁传书"故事。主人公郝经是蒙古派往南宋的国使,但被南宋囚禁在真州十五年,这首诗是郝经被囚禁期间,利用大雁发出的求救信。

《元史》卷一百五十七、《续资治通鉴》卷第一百八十三、《畿辅通志》卷一百三、《道光志》卷三十九均有郝经的传,综合如下:

郝经(1223—1275),字伯常,山西陵川人。先为张柔幕宾,后入忽必烈帐下,南宋开庆元年(1259)蒙哥汗死后,他向忽必烈提出《班师议》,主张先与宋议和,轻骑北返,以便赢得时间,组织力量与其幼弟阿里不哥争夺汗位。忽必烈采纳了郝经的建议,于南宋景定元年(1260)夺得汗位,取年号"中统",五年后平定阿里不哥,改中统五年(1264)为至元元年,至元七年(1270)定国号为"元"。

中统元年(对应南宋景定元年),郝经被任命为国使出访南宋,通报新君即位,索要协议岁币,南宋贾似道对郝经一行的到来极度恐慌,害怕冒功鄂州却敌的劣迹败露(他把蒙古军退兵吹嘘成战争胜利,隐瞒了称臣纳币议和,还因此被封卫国公),于是把郝经一行拘禁于真州。

郝经在被囚禁期间,多次上书宋君:"我的愿望,是要像鲁仲连(战国齐人,以陈述利害,化解危机著称)那样,为蒙宋两家排难解忧、议和交好、永享太平,谁知遇到了唐俭(579—656,字茂约,晋阳人,官礼部尚书,曾为唐高祖出使身陷叛军)一样的处境,某些人误国啊!"郝经又多次上书宋帝和宰相,极力陈述战与和的利害关系,要求宋君接见、放他回北方,但贾似道将他的书信截留不报。

为了策反郝经,贾似道谎称元廷兵乱,几次派人诱降,均遭郝经痛斥。他又派人断绝郝经的生活供应、假扮强盗夜闯囚所威逼,甚至制造使团内乱、刺杀郝经等,也未能动摇郝经的意志。郝经在旧馆(镜芴亭附近)被囚禁了六年,刺杀事件后囚禁在新馆九年,前后长达十五年(亦有称十六年者,系连头带尾类似"虚岁")。

至元十一年(1274)六月,忽必烈命丞相伯颜(1236—1295,蒙古八邻部人,官至知枢密院事,追封淮安王)率兵伐宋,又命礼部尚书中都海牙及郝经之弟行枢密陪都事郝庸入宋,责问信使无故被拘一事。元军所向披靡,于次年二月在丁家洲歼灭宋军主力,贾似道逃往扬州,南宋朝廷理屈词穷,不得不派总管段佑礼送郝经一行北归,元世祖忽必烈也派枢密院官及内臣近侍远道迎接。

《元史》卷八《本纪第八·世祖五》:(至元十二年二月)宋贾似道至扬州,始遣总管段佑送国信使郝经、刘人杰等来归。敕枢密院迎经等,由水路赴阙。

至元十二年(1275)夏,郝经一行回到了阔别十六年的大都。忽必烈赐宴于廷,赏赐有加,并向郝经咨以政事。这一年秋天七月,郝经病逝,元廷为他举行了隆重的葬礼,谥文忠。

郝经不仅崇尚气节,而且做学问也没有放松。被囚禁后,他一心只做学问,撰有《续后汉书》《易》《春秋外传》《行人志》《太极演》《原古录》《通鉴书法》《玉衡真观》及文集数百卷。《元史》说他"其文丰蔚豪宏,善议论,诗多奇崛",居宋十五年,将使团其他成员都培养成了"皆通于学"的学者。

郝经在真州编撰的著作有数百卷、几百万字,其中三十九卷的《陵川文集》是研究宋末元初历史的珍贵资料,九十卷的《续后汉书》是重要的史料著作,被收入《永乐大典》和《四库全书》,现代则列入了《国学基本丛书》。其诗作和文论分别编入《中国文学史》与《中国文学批评史》,为大学文科教材。

清代乾隆皇帝有《御题郝经〈续后汉书〉》诗四首:

身充信使被拘留,两国恰逢奸计投。愿附鲁连未遂志,空言思托著书酬。(《其一》)

陈寿宁称史笔人,续之尊汉见诚醇。独嫌董卓仍列传,即未叛臣亦乱臣。(《其二》)

褒贬从来不可诬,要公千载赏和诛。篡臣仲达只篡魏,篡汉宁非孟德乎。(《其三》)

福华编撰鄂功陈,羁绊真州十六春。未免南方君子笑,笑他不叛北方人。(《其四》)

乾隆皇帝还有《雁帛书》诗,将郝经提升到比苏武还高的历史地位:

帛诗或者假前题,学术忠诚孰可齐。设使子卿逢地下,著书差胜娶胡妻。

这就是本文开头所述的"鸿雁传书"故事。郝经在狱中不知改元,仍用中统纪年，"中统十五年九月一日放雁"，实际上应该是至元十一年（1274）。

《元史》编者宋濂，在《宋学士全集》中有《题〈郝伯常帛书〉后》，全文如下：

"'霜落风高恣所如，归期回首是春初。上林天子援弓缴，穷海累臣有帛书。'中统十五年九月一日放雁，获者勿杀。国信大使郝经书于真州忠勇军营新馆。"

右郝文忠公帛书，五十九字，博二尺，高五寸，背有陵川郝氏印方一寸，文透于面，可辨识。

盖中统元年三月辛卯，元世祖登极，欲告即位，定和议于宋，妙拣廷臣，惟公最宜。四月丁未，授公翰林侍读学士佩金虎符充国信使以行。宋相贾似道拘留仪真不遣。至元十一年六月庚申，下诏伐宋，问执行人之罪。时公在仪真已十五载，以音问久不通，乃以九月甲戌，用蜡丸帛书，亲系雁足，祝之北飞。十二月丙辰，伯颜南征之师竟渡大江。十二年二月庚午，似道惧，命总管段佑送公归国。三月，虞人始获雁于汴梁金明池。四月，公至燕都，而七月辛未遂卒，年仅五十三尔。其书"中统十五年"，即至元十一年，南北隔绝，但知建元为中统也。

十二年正月甲申，宋亡，帛书为安丰教授王时中所得。延祐五年春，集贤学士郭贯出持淮西使节，获见焉，遂奏于朝，敕中使取之。十一月，太保曲出、集贤大学士李邦宁以其书上仁宗，诏装潢成卷，翰林集贤文臣各题识之，藏诸东观，而王约、吴澄、袁桷、蔡文渊、李源道、邓文原、虞集，皆有所作矣。

昔苏武使匈奴，匈奴诡称武死，汉昭帝使使者谕云："天子射上林，得雁，足有帛书，言武牧羝泽中。"武因获还。此盖一时假托之辞，非有事实也。今当一介行使不通之际，雁乃能远离矰缴，而将公书至汴，其殆天欲显公之忠节耶？会公北归，故获者不以闻，不然则书之所系，岂细故也哉！或谓世祖见书，有"四十骑留江南，曾无一人如雁"之叹，遂兴师伐宋，皆好事傅会之谈，而不知有信史者也。

濂修《元史》，既录诗入公传，今复书岁月先后于卷末，以见雁诚能传书云。

帛书在至元十二年（1275）三月被汴京百姓射得，至元十三年（1276）正月辗转到了安丰教授王时中手里。延祐五年（1318）春，集贤学士郭贯任淮西廉访使时，才见到了帛书。此时离郝经雁书发出已经四十四年，郝经本人辞世也有四十三年了。

郭贯见到帛书后立即上奏，朝廷下旨征集到宫。十一月，太保曲出、集贤大学士李邦宁上书仁宗，将其装裱成卷，各位翰林、文臣纷纷题识，收藏在东观。帛书成了爱国主义教育的活教材。

从前苏武出使匈奴，被扣留在北海牧羊。匈奴对汉朝谎称苏武已经死了，汉昭帝派使者去交涉说："我们天子在上林苑射得了一只大雁，腿上系有帛书，上面说了，苏武没死，在北海牧羊呢！"匈奴心慌胆怯，苏武因此而获释。后来我们都知道,这是汉昭帝编出来的假托之词,其实并没有大雁帛书这档子事。如今郝经出使宋朝遇到困难,使用鸿雁传书的招数,居然真的将帛书送到了汴京,这是天公要彰显郝经的忠节啊!我们知道帛书送达时郝经已经北归,世祖伐宋并不是因为见到帛书后感叹"四十骑留江南,曾无一人如雁"而兴兵,那是好事者的牵强附会之谈。今天我宋濂既修《元史》,就该将这个事实录入其中,也证明大雁确实能够传书的。

《隆庆志》卷十二《祠祀考》记载,元朝至正年间(1341—1368),真州守臣因郝经、吴澄[1249—1333,字幼清,抚州人,咸淳四年(1268)乡贡进士,元国子监司业,大儒,曾于大德七年(1303)、皇庆元年(1312)、延祐五年(1318)三次到真州讲学]、张翌(字达善,导江人,荐官不受,在真州江东宣慰使珊竹介处著书讲学)曾久居于此,建三贤祠祀之。明朝宣德年间(1426—1435),知县李升重建三贤祠于文庙之东。可见仪征人民对郝经的崇敬之情。

郝经的伴使潘拱伯去世后,葬在真州石家山。

郝经的《镜芗亭记》《退飞堂记》《密斋记》等文章都是描写真州景物的,《江石子记》是记载仪征雨花石的。

镜芗亭

镜芗亭的记载源自郝经的《镜芗亭记》。

《镜芗亭记》中没有涉及该亭的始建时间,郝经见到亭子的时间是中统二年(1261),此时元朝尚未定国号,对应南宋景定二年。郝经在《镜芗亭记》中考证:镜芗亭在"馆外东偏",馆即郝经所住"忠勇军营总制真州军马治所",这个位置是唐代的古扬子院,位于今运司后。亭子的东南有旧的城墙,这是扬子故县的城池。而馆与州治、县衙、宣圣庙、天庆观等,皆在故县中,县就是真州的子城。

清朝文人先著有四首吟咏郝经的诗,其中一首:

野水城隅地少尘,东园应与镜芗邻。萧条烽火咸淳日,不是欧公庆历春。

据此分析,镜芗亭约位于今资福东巷疾控中心一带。

《镜芗亭记》中有镜芗亭景致的描写:

镜芗亭在一个水池之中,池水是与江潮相通的,亭子上旧有隶字"镜芗亭"。水池中有一甬路,在亭子的南北方向,将水池一分为二。池内有莲花、蒲草,沿池柳皆成荫。今年(中统五年,1264)春天去看时,发现荷死柳枯,这是干旱所致啊!江潮也不来了,于是我再也不来赏景了。

郝经在《镜芗亭记》中感叹:"联想起当初朝廷(元朝)赐给我沁南(今河南沁阳)第一区十顷地,当地官员给我看地图。田在河阳,整个封地周界相当于扬子县这里的一坫(diàn)，就在黄河老岸边。次年，我就出使宋朝了。每次登上镜芎亭，看到古扬子县城、江畔河滨，会感叹与我黄河边封地的景色是何等相似！由此，我悟得了一个道理——天下所有的事情，之所以发生，都不是偶然的。什么时候会发生什么事，必定有其缘由。朝廷赐我河滨之田，就已经预兆着我的真州之行了。我今天写这篇文章，记载入馆、登亭的事件，就是为了寄托我的思念之情啊！日后，如果回到黄河之滨沁南封地，我会思念长江之滨的馆舍水亭，就像现在我看到馆舍水亭就会思念沁南封地一样。这样的场景哪一个是真、哪一个是幻？彼此之间哪一个是扬子呢？"

郝经《镜芎亭》诗：

薄薄轻云似雾沉，阴阴江气冷侵人。一庭芳草留连客，两树夭桃断送春。槛外流莺仍语巧，梁间旅燕又巢新。东城欲伴西湖柳，寒食中间入梦频。

退飞堂

退飞堂就是囚禁郝经的舍馆之堂，《退飞堂记》是郝经看到"一日，风甚。鸢鸦蔽天，北飞而不得前"，联想到自己被囚禁而撰写的一篇感悟。他说："《春秋》有"鹢退飞，过宋都"的记载，我现在也是退飞，入宋境；我看到的鸢鸦退飞到了江南，我退飞停在江北；我不及鸢鸦、鹢鸟啊！"文章撰成于中统五年(1264)夏六月。

密斋

至元三年(1266)发生丙寅之变，使团成员斗殴致死，宋廷为保护郝经安全，将他迁入新馆，密斋即为新馆东斋。郝经读《易经·大传》，取"君子慎密不出，圣人洗心，退藏于密"之意命名。《易经》是郝经在囚禁期间最好的精神食粮，他的著述中有很多是对《易经》的阐述，其最后一部书《玉衡真观》亦为关于天象、星辰、历法的研究。

雨花石

雨花石是著名的欣赏石(图2-12)，《仪征市志》第二十二篇《文化》，收录郝经的《江石子记》，详细记载了仪征雨花石。全文如下：

余生平自书札外，于物无他嗜。及在仪真，与山川百物隔绝，每见一花木果实，辄持玩不能去手。汲汲如不得见。向也与物相忘，今则遇物辄感，有庄生所谓"去国期年，见似之者而喜"者，盖非为物移也，所见者罕也。

仪真濒江，土脉秀异，或过雨，或治地，每得石子，皆奇润可爱，诸色备足。有脂白含蓄如隐玉者，有澹黄敷腴如蜡丸者，有缜黑圆莹如玄珠者，有如丹砂剥泐

图 2-12　雨花石

而不纯者,有如空青澹沱而类琴瑟者,有赤涩而芒角者,有白而络红脉者,青而黑晕重复者,黑渍而土食中边黄者,浅碧而白晕杂者,有如晴虹凝结而不散者,有如抹霞返照而孕其余者,有如拳者焉,有如栗者焉,有如钱者焉,有注者、平者、缺者、凸者,有蒲背者,有鸡卵者焉。每得一,则如获物外之奇宝,濯之以清泉,薰之以沉烟,置之盘盂之内,而簸弄于明月之下,方为热中,而忽洒然,故尤嗜于他物,而常置诸座右。

每缔顾熟视,以为造物之初,一受其成而不易者,山石而已。有千里者,有百里者,有万仞者,有数仞者,有数尺者,有数寸者。至于为砾为砂,千态万状,其变有不可胜穷者。何也?夫至坚而不易者,山石也;至柔而善变者,水波也。当其造物之初,则山在水中,水出山上。既而水落山出,不知其几千万年。其汤汤滔滔、潆潆泱泱之内,而峰峦崖谷,呀突崟嵌,崩塌摧朽,故为崒嵂峭截、坡陀岩险之状。其冲触磨戛,奔走转递,而崖角刓弊,故为圆转之石,而大小不同。其海潮之所舂食,江涛之所漱刷,煎炼日采,透彻月华,云泄露浸,膏腴精粹,久而仅存者,则此是也。其磨灭而为滓汁,复不可为形者,沙砾尘埃而已。盖至坚者,之为至柔之所变者,如此。

呜呼!之石也,不知初为几千万仞,今之几千万仞,焉知他日之不为之石乎?凡有形者必变,变而必至于尽。水能变石,则天地能变水,气复变天地,而道复变气。夫高且大者,不可以为必存;小且弱者,不可以为必亡。惟在夫形器之内者,则无存亡也。昔余之行也,北逾岭,南逾恒,东则岱宗、琅邪,西则太行、嵩少。所谓千里百里、万仞千仞者,无不见也。今余之止也,而乃塌焉。耳目俱丧,但与数千石子日为周旋。余之行,彼高且大者,不能为余增多;余之止,此小且弱者,不能为余小损。则今日之石子,亦前日之泰山也。天下莫大于秋毫之末,泰山为小。彼区区之形器,焉能制于余乎?姑汲新泉,恣为溅弄,坐视诸山之为石子也。

中统五年夏六月,郝经记。

这篇文章作于元中统五年(1264),全文共798字,我将其分为五个自然段落,第一段以除书之外无其他嗜好,引出江石子之罕见;第二段描绘江石子的外形、色彩、图案、大小等;第三段推论江石子的成因;第四段以石论世事之变迁,抒发感慨;第五段为落款。

郝经坚守符节,被禁期间用心做学问,撰写了大量著作,其中《江石子记》是详细记录真州雨花石的文章。

有些资料说,《江石子记》是史上第一篇记载雨花石的文章,其实不然。

文献记载方面,成书于春秋的《尚书》(禹贡):"扬州贡瑶琨。"瑶琨是美玉或美石,有学者认为这可能是最早记载雨花石的文献。

明确记载雨花石的文献应是成书于南宋绍兴初年杜绾的《云林石谱》,这是我国最早介绍矿产的书,在其卷中《六合石》记载:

六合石。真州六合县水中或沙土中出玛瑙石,颇细碎,有绝大而纯白者,五色纹如刷丝,甚温润莹彻。土人择纹采斑斓点处,就巧碾成佛像。

该书卷下《松滋石》还有一处提及真州玛瑙石:

松滋石。荆南府松滋县溪水中出五色石,间有莹彻,纹理温润如刷丝,正与真州玛瑙石不异,土人未知贵。

成书于南宋乾道六年(1170)的陆游《入蜀记》亦记载真州瓜步山:"山出玛瑙石。"

当然,上述资料记载的是真州所辖六合县的玛瑙石,没有确指真州所辖扬子县(今仪征)。如果说《江石子记》是第一篇记载仪征雨花石的文章,是可以的。

玛瑙石、江石子何时被命名为"雨花石"? 一般都指向南朝云光法师雨花台讲经故事。我追根溯源,购得南京出版社1989年版南宋张敦颐《六朝事迹编类》,在《卷之四楼台门》找到原文:

梁武帝时,有云光法师讲经于此,感得天雨赐花,天厨献食。

《六朝事迹编类》成书于南宋绍兴三十年(1160),书中可知雨花台得名于云光讲经天雨赐花,并没有"落地成石,遂名雨花石"的说法。

成书于天顺五年(1461)的《大明一统志》卷六《南京·应天府》记载:"雨花台

石,聚宝山出。"描述已接近"雨花石",但还没有成为专有名词。该书在记载聚宝山时表述为:"在府南聚宝门外、雨花台侧,多细玛瑙石,因名。"可见此时仍叫玛瑙石。

明末清初文人张岱(阮元《两浙輶轩录》卷二有张岱传)在《雨花石铭》中写道:"大父收藏雨花石,自余祖、余叔及余,积三代而得十三枚,奇形怪状,不可思议。"这是"雨花石"一词出现最早的文献。

文天祥　今朝骑马入真阳

文天祥是著名的抗元英雄,他生于南宋端平三年(1236),卒于元朝至元二十年(1283)。文天祥初名云孙,字宋瑞,又字履善,道号浮休道人、文山,他是南宋宝祐四年(1256)的状元,官至右丞相兼枢密使。

文天祥一生至少到过真州三次。

第一次到真州

文天祥《指南录·出真州》注云:

予少时曾游真州,至是十八年矣。

该文《镇江》亦云:

至京口,予以十八年曾自镇江趋京,今自京趋镇江。

该文《无锡》亦云:

己未,予携弟璧赴廷对,尝从长江入里河,趋京口,回首十八年。

《指南录》记载他再次过无锡、经镇江、到真州是德祐二年(1276),十八年前,应为开庆元年(1259)。

文天祥于宝祐四年(1256)五月二十四日状元及第,他弟弟文璧也中了进士,但父亲于二十八日不幸去世,两兄弟回籍丁忧三年。三年后的开庆元年(1259),文天祥与弟弟文璧一同赴京廷对,途经并游览了真州。

第二次到真州

《指南录》记载,德祐二年(1276)正月,元军统帅、丞相伯颜围攻临安,二十日,文天祥以右丞相兼枢密使身份到临安城外元军帐中与伯颜谈判,抗论高亭山,被扣留。二月初八日,登舟被押往北方,月底来到镇江。

文天祥的随行人员中，有架阁官杜浒、帐前将官余元庆等十二人，余元庆是真州人，此时瓜洲、扬子桥已经失守，但真州尚未沦陷，大家就商量，贿赂看守设法逃脱，去真州图谋复兴大宋。可是，要去真州就需要渡江，需要搞到船，现在江中尽是敌船，没有熟悉水情的人驾船也不行。

巧的是余元庆遇见了一位真州故旧，现负责管理敌船，请他帮忙，许以千金和承宣使官衔。这位故旧倒也忠义，他说："我为大宋救得一位丞相回去，就是建了大功业，不要你们的钱！你们给我批个帖子吧，日后可以做个验证。"于是，这位故旧找来两名私盐贩子，他们有一条私盐船（不在元军册籍），文天祥亦派二人先在船上等候，约好时间和地点（二更，甘露寺江岸边），届时文天祥等设法摆脱看守，上船逃往真州。

文天祥等人在约定时间到了江边，并未看见船，以为故人失约，大窘。文天祥随身带着匕首，急得要自杀。余元庆说："丞相莫慌，我去打探。"他撩起衣裳，不顾严寒，涉水侦查，在一里多外找到了预约的船，终于，大家开始了逃往真州的旅程。

长江中全是元军的船，连绵数十里，"鸣桹唱更，气焰甚盛"，文天祥的船悄无声息地穿行其中，一行人大气都不敢喘，幸好没人查问。行出七里之后，远处的巡逻船喝问："什么船？"水手答："河豚船。"巡逻船要来船上检查，巧的是恰逢江潮退落，巡逻船搁浅，文天祥的船扯起风帆，直奔真州。

德祐二年（1276）三月初一，文天祥一行所乘的船到了真州城外。真州的城壕是连通长江的，涨潮的时候船可以直接到城下。文天祥一行到来时，潮水不足，只能停船在五里外，步行入城。"城外荒凉，寂无人影，四平如掌，一无关防"，一行人边走边回头，生怕有追兵。在城门口听人说，昨天早晨有元军的哨马已经巡逻到五里头。

听说文丞相到了真州，"诸将校皆出""观者夹道如堵"，知州苗再成迎见，文天祥骑马入城，看到官吏和百姓都是大宋衣冠装扮，如同流浪者刚回到故乡见到了亲人，心情十分激动。

《真州杂赋》（其一）

四十羲娥落虎狼，今朝骑马入真阳。山川莫道非吾土，一见衣冠是故乡。

从正月二十谈判被扣留，到真州脱险，恰好是四十天。

文天祥被安置在清边堂，随从则被带到"直司"盘问、搜身，非常时期，安保措施不能放松。

元军将宋朝的左丞相吴坚、右宰相贾余庆、枢密使谢堂、参政家铉翁、监察御史刘岊（jié）等人与文天祥一起押往北方，贾余庆等头一天被送往瓜洲，吴坚有

病推迟一天,文天祥借口陪吴坚,得到了宝贵的逃跑机会。他赋诗感慨道:

我作珠金沙上游,诸君冠盖渡瓜洲。淮云一片不相隔,南北死生分路头。(《真州杂赋珠金沙》)

珠金沙河是从仪征新城通往旧港的河,是隋唐扬子津的延伸,宋代时是珠金里,人口聚居之所。宋末在珠金沙发生过的较大战事有:德祐元年(1275)四月十九日,阿术至真州,在珠金沙打败宋军,斩首二千余级;秋七月庚午朔,阿术在指挥焦山作战的同时,分遣万户张弘范等,以拔都兵船千艘,西掠珠金沙;德祐二年五月份,冯都统率兵二千、战船百艘,发起对驻扎在瓜洲的元军的进攻,阿术派遣万户昔里罕、阿塔赤等出战,冯都统战败后退至珠金沙,后赴水殉难。

三月初二日,真州知州苗再成(? —1276)在州衙清边堂,与文天祥共商抗元大计,他先出示自己收藏的北宋画家李龙眠《汉苏武忠节图》,请文天祥在画上题诗。文天祥欣然赋诗三首,并写了《题苏武忠节图·有序》。序中说道:

抚卷凄凉,浩气愤发,使人慷慨激烈,有去国思君之念矣。

苗再成对文天祥说,最近发现了一件奇事,有老乡砍树,树上有天然形成的三个字:"天下赵。"并将树段取来给文天祥看,但见"木一丈,二尺围,其字青而深。半树解扬州,半树留真州。三字了然,不可磨也"。文天祥高兴地说:"这是我大宋朝中兴的吉兆啊!老天爷要让我们收复国土!真州从前叫迎銮,艺祖(宋太祖)发迹于此,这三个字近日出现,岂不是艺祖在天显灵吗?"

《天下赵》

皇王著姓复炎图,此是中兴受命符。独向迎銮呈瑞字,为言艺祖有灵无?①

苗再成对文天祥的到来非常兴奋,"喜且泣",他已经数月不知朝廷情况了,急切地向文天祥打听,手下将校也都来旁听,大家对元军逼迫大宋朝廷的行为表现出强烈的愤慨。

苗再成说:"两淮的兵马实力还在,足以承担复兴大业,只是淮东李公(李庭芝)胆怯不敢出战,淮西夏老(夏贵)和他之间有矛盾,不能形成合力。这回丞相您来啦,只要调节沟通好两淮脉络,不出一个月,先灭掉元军在两淮的据点,然后传檄可定江南!"

文天祥问:"你有什么妙招吗?"

苗再成说:"丞相可以先约淮西夏老,兵出江边,做出进攻建康的姿态,以牵制元军;再约淮东诸将,以通州、泰州的部队进攻湾头,以高邮、宝应、淮安的部队

---

① 迎銮是真州在五代时期的地名,后世很多文人都喜欢用"迎銮""銮江"来代指仪真。如第一部园林专著《园冶》,作者计成在自序中说,园主人将他"延于銮江西筑"寤园。

进攻扬子桥,以扬州大军进攻瓜洲,我和赵孟锦刺史(宗室)率真州的水师直捣镇江,几条战线同时行动,元军一定不能兼顾。驻守湾头、扬子桥的元军是投降的部队,战斗力不强,对元军又有怨气,日夜盼望王师到来,攻之即下。然后三路大军合攻瓜洲,我真州水军从江中围攻,瓜洲之敌插翅难飞,再有智谋的人也想不出逃脱的办法。攻下瓜洲之后,令淮东兵占领京口、淮西兵占领金陵,切断元军从浙江北归的通道,就能够轻易抓获他们的大帅了。"

文天祥大为赞许,"喜不自制",没想到中兴大宋的机会就在眼前！随即修书两封,苗再成也修书附后,分别送给淮东、淮西两位制置使,同时还派出信使,四出约结。大家纷纷议论,这回大宋真的有希望了。

三月初三日,苗再成派人约文天祥,说早餐后看城防。果然,餐后,陆都统来了,带着文天祥到小西门城墙上查看。一会儿,又来了个王都统,两个都统带着文天祥出了城。在城外,王都统对文天祥说:"李制使(李庭芝)派了一位提举官来真州,怀疑丞相可能'为北所用',要杀您！他说,丞相这么重要的人物,怎么会轻易逃脱呢？即使侥幸逃脱,又怎会十二个人都能逃出来呢？这是李制使派人送到真州的信件。"文天祥一看,是从元营逃脱的"朱七二"的"北中所见"供状,说宋朝有一个丞相,被元军派往真州赚城。文天祥想拿过来看个仔细,王都统不给。

文天祥正在叹息,两都统忽然上马、入城,关上了城门。文天祥彷徨于西门外,不知所措。

文天祥自己分析:"是不是元军发现我逃跑了,派人去扬州诈降,使的反间计？"继而又想:"扬州派提举官来真州,应该是三月初二中午之前就出发了。我是三月初一凌晨逃跑的,早上元军才能发现,但他们并不知道我去了哪里,所以当天就派人去扬州诈降,断无此理。看来只有一种可能,就是三月初一我和苗知州的书信,初二早上到扬州,李制使不加考虑,直接怀疑我是奸细。"

文天祥十八年前"曾游真州",当时是己未年(开庆元年,1259),文天祥带着弟弟文璧,从江西去临安廷对,路过真州;这次来真州正值国家危难之际,本想纠合抗元力量,共举复兴,谁知李庭芝不容,呜呼,天意啊！

《出真州(其五)》

一别迎銮十八秋,重来意气落旄头。平山老子不收拾,南望端门泪雨流。

文天祥在西门外徘徊,"皇皇无告",杜架阁仰天呼号,"几赴濠死",从者"皆无人色"。进不得城,城外可能有不测之兵,荒郊野外,还饿着肚子。这时,从城里出来两位义兵头目,自称是张路分和徐路分,带来了文天祥等人的行李,对文天祥说:"是安抚(苗再成)派我们来给丞相送行的。"并问:"丞相准备去哪里啊?"

文天祥说:"苗安抚不能留,我只有去扬州,见李相公。"

两位路分说:"咱们安抚说了,淮东不能去呀,李制使要杀你。"

文天祥说:"淮西的夏贵我不熟悉啊,而且去了淮西没有发展的余地,也回不到朝廷,所以我听天由命,只能往扬州去。"

正说话间,从城里又出来50名士兵,手持弓箭、刀剑,还带来了四匹空马。两位路分请丞相与杜架阁上马,他们也骑马一同前进做向导。

约行进了数十里,50名士兵忽然驻足不走了,持刀分立两边。两位路分说:"请丞相下马商议。"此时的情势非常紧张,文天祥以为两位路分要杀害他们,就下马站好,问道:"商议何事啊?"

两位路分说:"今日之事,不是我们苗安抚的本意,是扬州的李制使要杀丞相,我们苗安抚不忍心,这才派我们为您送行。您真的要去扬州吗?"

文天祥说:"我们只能往扬州去啊。"

两位路分说:"倘若扬州要杀丞相,怎么办?"

文天祥说:"顾不得了,天意要我生我就生,天意要我死我就死,只能听天由命去。"

两位路分说:"安抚命我们护送您去淮西,现在我们走的路,就是去淮西的路。"

文天祥说:"不行啊,淮西对面的建康、太平、池州、江州等处,都已经被元军占领了,那边不好发展,也回不到朝廷。我现在去淮东见李制使,他要是能相信我,我就劝说他与各方连兵,以图恢复。否则,我就取道通州渡海,去寻找朝廷。"

两位路分说:"李制使已经不相信你了,不如您找个山寨,暂避一时。"

文天祥说:"去山寨干什么?生就生,死就死,就在扬州城下定生死好了。"

两位路分说:"安抚已命令准备好了船,就停在江边,任凭丞相往南还是往北,都可以。"

文天祥吃惊地说:"这是什么话!往南、往北都是元军,我去那里干什么?看来,安抚也怀疑我啊。"

两位路分经过几番试探,实际上审查了文天祥,然后实言相告:"安抚其实是在将信将疑之间,所以派我们俩来试探,授权我们便宜行事。今天我们看到,丞相不去淮西,不怕死、不惮劳,句句都是忠义之词,我们俩怎敢杀害丞相?现在您既然一心一意前往扬州,我们必须护送您。"

于是大家合在一处,一同策马前行。文天祥等给了50个士兵150两银子犒劳费,并许诺护送到扬州再加10两,许诺给两位路分100两。两位路分告诉文天祥,真州城里贴了安民榜:"文丞相已从小西门外,押出州界去讫。"

两位路分原来所引的路,是去淮西的路,看文天祥坚决要去扬州,又转往扬州去。天快要黑了,两位路分给文天祥指路:东边是元军占领的扬子桥,南边是元军占领的瓜洲,去扬州要朝东北方向走。然后他们辞别文天祥,留了20人继续护送,又行十几里,这20人"勒取白金",回真州去了。

文天祥一行人到达扬州西门外,躲在三十郎庙的残垣中,四更天的时候,到西门下,城上喝问:"什么人?"一行人不敢搭腔。

此时团队中出现了分歧,杜架阁认为既然李庭芝要杀丞相,扬州城不能进,应去高邮,从那儿到通州渡海;金路分(金应)认为,去通州有五六百里,沿途情况复杂,很可能被元军捕捉,不如进扬州城,大不了一死,死也死在大宋朝,更何况也许李庭芝不杀咱们呢。

余元庆找到了一个卖柴人,说可以带他们去高沙(高沙郡,即高邮),还可以在他家暂避一日。由于团队中分歧严重,前途黯淡,余元庆、李茂、吴亮、萧发,四人生了叛心,各带150两银子,离队而去。①

文天祥一行后来也没能进入高邮城,一路上险情频发,九死一生,为躲避元军追捕和李庭芝的通缉,他化名刘洙(zhū),"清江刘洙",直到黄岩才恢复本名。他在高邮城外、稽家庄、姜堰天日山、如皋、通州等地都留下了日记和诗作。在长江入海口横渡时,他写下了那首著名的《扬子江》诗:

几日随风北海游,回从扬子大江头。臣心一片磁针石,不指南方不肯休。

将自己忠贞报国、百折不挠的信念,比喻为始终不改方向的指南针。

文天祥回到南方后,继续领导抗元斗争,同时,他将此次历险过程分四卷记录下来,书名即为《指南录》。

此时(德祐二年,1276)宋恭帝赵㬎(xiǎn)已经被掳,文天祥等拥立益王[宋端宗赵昰(shì)],改元"景炎";景炎三年(1278)六月,端宗死,拥立卫王[宋怀宗赵昺(bǐng)],改元"祥兴"。文天祥加封信国公,同年十二月,文天祥再次被俘。

文天祥第二次被俘后,曾自吞脑子(龙脑)二两、绝食八日,都没有死成。

祥兴二年(1279),文天祥被押解到广东江门崖山,元军统帅张弘范要文天祥写信给宋军张世杰、陆秀夫劝降。文天祥说:"我自己没能保卫好朝廷和父母,怎么可能还去劝别人?"于是他写了一首诗给张弘范:

《过零丁洋》

辛苦遭逢起一经,干戈寥落四周星。山河破碎风飘絮,身世浮沉雨打萍。惶

---

① 县志上说,余元庆帮助团队找到了卖柴人,但后来不知所踪,其实是携款逃跑了。

恐滩头说惶恐，零丁洋里叹零丁。人生自古谁无死？留取丹心照汗青。

第三次到真州

祥兴二年(1279)八月二十七日，文天祥被押往北方途中再一次经过真州，住在真州的驿站，这是他第三次来到真州，他写下了《真州驿》诗：

山川如识我，故旧更无人。俯仰干戈迹，往来车马尘。英雄遗算晚，天地暗愁新。北首燕山路，凄凉夜向晨。

真州驿站的历史可以追溯到唐朝扬子县的扬子驿。在扬子驿曾发生过"陆羽辨水"的故事。唐朝温庭筠《采茶录》(不分卷)记载了一则茶神陆羽在扬子驿的故事(详见本书《杨万里　北望神州思击楫》)。

作为扬子驿的继承，其后北宋的建安驿，南宋的真州驿，明初的迎銮驿(马驿)、白沙驿(水驿)，都有精彩故事。

明代天启六年(1626)，程春宇的《士商类要》刊载了一首《水驿捷要歌》：

试问南京至北京，水程经过几州城？皇华四十有六处，途远三千三百零。从此龙江大江下，龙潭送过仪真坝。广陵邵伯达盂城，界首安平近淮阴。一出黄河是清口，桃源才过古城临……

这首歌将运河沿途的46处水驿全部编了进去，让驿站的工作人员一听就懂，次序分明，烂熟于心，方便工作。仪真的白沙驿，就这样被大家记住了。

清雍正三年(1725)，年羹尧被解除川陕总督和抚远大将军职务，调任杭州将军。在赴任途中，年羹尧经过仪征，他幻想皇帝回心转意，就滞留在仪征并上疏，说自己在"仪征水陆交通之处候旨"。《清史稿》卷二百九十五《列传八十二·年羹尧》记载："四月，上谕曰：'羹尧举劾失当，遣将士筑城南坪，不惜番民，致惊惶生事，反以降番复叛具奏。青海蒙古饥馑，匿不上闻。怠玩昏愦，不可复任总督，改授杭州将军。'而以钟琪署总督，命上抚远大将军印。羹尧既受代，疏言：'臣不敢久居陕西，亦不敢遽赴浙江，今于仪征水陆交通之处候旨。'上益怒，促羹尧赴任。"

年羹尧后来被开列92款大罪，令其在狱中自裁。他曾滞留仪征的"水陆交通之处"，推测就是当时的驿站。

文天祥是丙子年(德祐二年，1276)上巳日(三月初三)被"请"出真州城的，他对此念念不忘，六年后的庚辰(至元十七年，1280)上巳日，他在大都狱中写下了《上巳》诗：

昔自长淮树去帆，今从燕蓟眺东南。泥沙一命九分九，风雨六年三月三。地下故人那可作，天涯游子竟可堪。便从饿死伤迟暮，面对西山已发惭。

文天祥被关押在一间只有八尺的小黑屋里,光线暗,不透风,还有腐鼠发出的阵阵恶臭,但他却没有生病。他说:"孟子曰,吾善养吾浩然之气。我养浩然之气,所以不患病。"为此,他写下了著名的《正气歌》。在《正气歌》中,他列举了齐太史、晋董狐、秦张良、汉苏武等12位充满浩然正气的英雄,表达了自己要以他们为榜样,忠君报国、至死不变的情怀。

壬午年(至元十九年,1282)的第一首诗,文天祥还是以在真州的那段刻骨铭心的经历为开篇进行创作的,抒发他的忠君爱国情怀,诗的题目叫《壬午》,因为比较长(60句),在此选其前面的4句:

惜昔三月朔,岁在火鼠乡。朝登迎銮镇,夜宿清边堂……

文天祥在狱中无事,便研究杜甫的诗,将杜甫的五言诗句拆开,重新组成新的五言绝句,咏人咏事,得诗200首,编成《集杜诗》,其中也有关于真州的诗,如《去镇江》《至真州》《行淮东》《江行》《北行》等。其中《至真州》:

万里长江边(《送高司直寻封阆州》),去国同王粲(灿)(《蓬泉驿》)。青山意不尽(《上牛头寺》),皇天照嗟叹(《舟中苦热》)。

文天祥在狱中将几年来所撰的诗文编成《指南后录》,著名的《过零丁洋》和《正气歌》就收录在其中。

文天祥多次拒绝元世祖忽必烈的招降,他说:"我深受大宋朝的恩惠,身为宰相,哪能侍奉二姓,赐我一死就满足了。"至元二十年(1283)一月九日,被俘三年之后,文天祥从容就义,时年四十七岁。临刑前,他向南而拜,对吏卒说:"我的事情完毕了。"

文天祥三过真州,有故事、有诗篇,尤其是第二次,他在真州仅停留三日,却留下了《得风难》、《望城难》、《上岸难》、《入城难》、《真州杂赋》七首、《天下赵》、《出真州》十三首、《真州清边堂与苗守再成议兴复题苏武忠节图》三首等二十八首诗,加上《指南后录》里的《扬子江》《真州驿》《上巳》《壬午》,《集杜诗》里的《去镇江》《至真州》《行淮东》《江行》《北行》,共三十七首诗。

绿端蝉腹砚

《道光志》卷四十七《杂类志》还记载了一件奇事:

文天祥从京口潜回真州,与郡守苗公再成商讨复兴大计,扬州李庭芝怀疑他,文天祥在真州只住了三天就被迫离去,他的"甪端蝉腹砚"遗留在真州水中。清代嘉庆年间(1796—1820),有渔民用渔网捕鱼,偶然得之,转售给两淮盐运使曾燠,故曾燠所著《邗上题襟集》有《甪端蝉腹砚歌》。

我对此很感兴趣,专门用半天时间去仪征图书馆查阅,在《扬州文库》第八十

六册曾燠《邗上题襟集》的八十八页找到了《简斋前辈赠所藏文信国公绿端蝉腹砚赋谢四十四韵》,诗歌前面的注有此砚的说明:

此砚长、宽各三寸多,因受墨处微凹,砚底圆而凸,像蝉腹,故称绿端蝉腹砚(与《道光志》"甪端"有别)。沿左边至顶部,刻有谢皋羽(谢翱)的铭文:

文天祥就义后的第二年,叠山(谢枋得)客居临安,得到了遗砚。回忆当年与文天祥相戏:谱玉碰金鼎(玉碰金鼎为象棋残局,相传为文天祥所创)一局,石君(即此砚)同在座右。铭曰:洮河石,碧于血,千年不死苌弘(春秋周室大夫,死后三年,血化碧玉)骨。款识"皋羽"二字,行书,非常清瘦飘逸。

简斋(袁枚)将此砚存放在檀木匣中,匣盖上刻有此砚的来历:

乾隆丁未(五十二年,1787)十二月,杭州临平的渔父网得此砚,正好与鼎湖王仲瞿(王昙)居士的船相遇,看到是文天祥故物,就花西洋钱二十元买下,又将之赠送给我(袁枚)。仿竹垞(朱彝尊)咏玉带生(玉带生也是文天祥遗砚)故事,我(袁枚)做了这个木匣,还邀请文人赋诗纪念。

甲寅(五十九年,1794)六月望日,袁枚记于小仓山房,时年七十有九。

从上述注可知,绿端蝉腹砚是乾隆年间(1736—1796)从杭州临平网得的,并非嘉庆年间在真州网得,《道光志》记载有误。

从外形看,此砚并无"甪"之形状;从铭文看,此砚是洮河石,洮河砚以绿色为主,因此应为"绿端蝉腹砚",而不是"甪端蝉腹砚"。

大忠节祠

明成化二十二年(1486),驻仪真的南京工部分司主事夏英,在仪真东门外里河东关闸以东、外河以西,开始建设文山祠,弘治元年(1488)春正月竣工。夏英《大忠节祠记》:"成化,英分司仪真,考案图牒,痛惟三公莫酹无所,因作东关闸。事竣,稍有余材;闸东又有地,遂以其祠谋于巡抚都御史邱公。"

在仪真东门外建设文山祠,有一个重要的理由,文天祥当年从镇江元营逃脱来到尚未沦陷的真州,就是从东门入城的。

文山祠的情况,夏英也有记载,前有牌楼,书"大忠节坊"楣匾;前排仪门三间,中门内竖有一碑;中排祠堂内正面朝南有信国公(南宋朝廷给文天祥的封号)坐像,东侧有真州知州苗再成、西侧有扬州都统姜才配祀;后排(祠后)为寝室、庙房各若干楹,募道士三人居守。整个祠宇有垣墙围绕,远远望来,"规模宏远,门观靓密,神像显严",过往官员士子,都会上岸瞻仰。

正德十三年(1518),工部分司主事刘秉常(或卞思敏)建楼三间于祠后,命名为"望南楼"。嘉靖元年(1522),工部分司主事敖英增祀宋刺史赵孟锦。嘉靖十七年(1538),工部分司主事郑汝舟改"望南楼"为"正气楼",书《正气歌》于楼屏。

仪征市博物馆里陈列着一通石碑,名曰"宋文丞相画像赞",系文山祠旧物(图2-13)。

北京文天祥祠(全国重点文物保护单位)陈列有毛泽东同志对文天祥的评价"文天祥以身殉志,不亦伟乎!"和手书文天祥《过零丁洋》的手迹。

我期望能在仪征东门外恢复文山祠,将文天祥的《正气歌》《过零丁洋》和上述三十七首有关真州的诗篇在文山祠做展示,那是极好的爱国主义教育教材。

图2-13 仪征博物馆藏文山祠碑（宋文丞相画像赞）

赵孟頫 东园草木因人胜

故宫博物院收藏有《江东宣慰使珊竹公拔不忽神道碑》(以下简称《珊竹公神道碑》)(图2-14),姚燧撰、赵孟頫书并篆额、茅绍之摹镌。钱大昕《潜研堂金石文字跋尾》中据赵孟頫结衔认为:"赵子昂以至大二年七月除扬州路泰州尹,明年十月拜翰林侍读学士,此碑之立当在至大二三年间。"

《珊竹公神道碑》碑文较长,由于赵孟頫只是书丹,这里就不录内容了。我的另一本书《仪征探古录》中讲述石碑山时,全文录入。

墓主人珊竹介(1245—1309),原名拔不忽,蒙古人。祖父吾也而,随木华黎南征金国、西夏,屡立战功,96岁去世。珊竹介的父亲叫撒礼。

珊竹介从翰林学士周正方学习时,周正方说:"我教的都是圣贤性理,你这个名字不是国语,不好跟我学。"于是他更名珊竹介,字仲清。珊竹介官至江东宣慰使(从二品),任职一年后因眼睛有病,去职,在真州养老。他先后延请张锊和吴澄来真州讲学、教书。珊竹介逝后葬在真州蜀冈义城里。

《(嘉庆)扬州府志》卷二十七《墓冢志》记载:"元珊竹介墓,在县西北义城里。集贤院学士姚燧撰《神道碑》,赵孟頫书,俗名为石碑山。"

可见,真州石碑山的地名来自赵孟頫所书珊竹介墓神道碑。

图 2-14　赵孟頫书《珊竹公神道碑》局部

现在石碑和石碑山皆已不存,仅作为地名使用,在 1956 年有曹山乡石碑村,后为真州镇永丰村石碑组。另外,还有一条路叫"石碑路",位于仪征化纤生活区以北,相当于生活区外环北路。

赵孟頫是著名的书画家,与欧阳询、颜真卿、柳公权并称"楷书四大家"。《隆庆志》记载,真州珊竹介神道碑,"赵孟頫书。因摹拓者众,今石虽丰隆,而下方渐泐矣"。可见此碑受欢迎的程度之高。

赵孟頫(1254—1322),字子昂,号松雪道人,又号水晶宫道人,浙江吴兴人,宋太祖赵匡胤四子赵德芳(秦王)嫡派子孙。南宋末年曾任真州司户参军。元至元二十三年(1286)授兵部郎中。此后历任集贤直学士、济南路总管府事、江浙等处儒学提举、翰林侍读学士等职,累官翰林学士承旨、荣禄大夫。至治二年(1322)逝世,年六十九。他获赠江浙中书省平章政事、魏国公,谥文敏,著有《松雪斋文集》等。《元史》卷一百七十二有传,其中对赵孟頫评价甚高:

诗文清邃奇逸,读之使人有飘飘出尘之想。篆、籀、分、隶、真、行、草书,无不冠绝古今,遂以书名天下。天竺有僧,数万里来求其书归,国中宝之。其画山水、木石、花竹、人马,尤精致。前史官杨载称孟頫之才颇为书画所掩,知其书画者,不知其文章,知其文章者,不知其经济之学。

赵孟頫曾在真州任司户参军,对真州是比较熟悉的,有《送缪秀才教授真州》诗:

髯生别我将安适,言向真州作教官。但使清风生绛帐,何妨朝日照空槃。东园草木因人胜,北固江山隔岸看。才近中年已伤别,可堪南望送归鞍。

诗中"东园草木因人胜,北固江山隔岸看",既有对真州城内东园景致的印象,又有对真州隔岸是镇江的认知;既是给即将去真州的友人的赠言,更是他自己对真州故地的回忆。

许白云 卧看明月过真州

许谦《夜过黄泥滩》诗:

夜深风息水安流,白雁黄芦满眼秋。行李萧萧官棹稳,卧看明月过真州。

这首《夜过黄泥滩》诗是研究宋元之际真州城南江滩变迁的依据之一。宋代的城南,东、西翼城直插长江,江口即在翼城之间。宋元之际,城南涨滩出现鸡心咀、黄泥滩,明初在此整治运河入江水道,形成十字河大码头。许谦此诗提供了元代已有黄泥滩的证据。

许谦是元代著名教育家,一生不仕。《元史》卷一百八十九有其传。

许谦(1269—1337),字益之,号白云山人,浙江金华人。父亲许觥为淳祐七年(1247)进士。许谦年幼丧父,母亲口授《孝经》《论语》。师承金履祥,刻苦勤奋,不数年尽得其传。许谦不胶古,不流俗,素志恬淡,以道自乐。官府屡为辟荐,均固辞。浙东廉访副使赵宏伟驻节金陵,让许谦为师,教其子弟。

元延祐元年(1314),许谦眼疾乃归,被门人许孚吉迎到八华山居住,不久开门讲学。亲撰《八华讲义》及《学规》。声誉所及,"远而幽冀齐鲁,近而荆扬吴越"。许谦教人,"至诚谆悉,内外殚尽",深入浅出,因材施教,独不授科举文。及门弟子,见于著录者千余人,各有成就。

许谦学识渊博,举凡天文、地理、典章制度、食货、刑法、文学、音韵、医经、术数以及释、老,无不通晓。人称"白云先生"。为人师表40年。卒谥"文懿"。

萨都剌 满江风浪晚来急

萨都剌《过孙虎臣园》诗:

将军一去繁华尽,池馆常年锁暮霞。金谷东风只芳草,绿窗晴日自杨花。莺儿老去空台树,燕子归来无主家。回首繁华歌舞地,景阳宫沼夜闻蛙。

孙虎臣园,即丽芳园,《道光志》卷六《舆地志》记载:

丽芳园,陆《志》云:"今失其处。嘉靖《志》云:'疑在城东水汇处,内有湖光亭。宋咸淳中,知州孙虎臣重新之。'"

孙虎臣是谯郡人,南宋景定年间(1260—1264)任真州知州,曾抗击元兵有战功。德祐元年(1275)二月参加丁家洲大战,七月参加焦山大战;德祐二年(1276)六月以泰州知州坚守城池,城陷自杀。

经历了宋元之际的战火,真州繁华已非往日,萨都剌在没有主人的丽芳园,见到的是繁华尽、锁暮霞、只芳草、自杨花、空台树、无主家、沼夜闻蛙,一派凄凉。

萨都剌是元代著名诗人,留下800首诗词。但《元史》无传,事迹主要散见于与其同时代的诗文以及明清以来的著述中。

萨都剌(1272—1355),字天锡,号直斋,祖父思兰不花,父亲阿鲁赤,曾镇守云、代,所以萨都剌是雁门人。泰定四年(1327)进士。授应奉翰林文字,擢南台御史,迁镇江录事司达鲁花赤,江南行台侍御史,淮西北道经历,晚年居杭州。

萨都剌的文学创作以诗歌为主,诗词内容以游山玩水、归隐赋闲、慕仙礼佛、酬酢应答之类为多,富有生活实感,描写细腻、贴切入微;写词不多,但颇有影响,后人誉为"有元一代词人之冠";留有《严陵钓台图》和《梅雀》等画,现珍藏于故宫博物院。

萨都剌还有与真州有关的《同友人扬子江送客》《宿淮南长芦寺》《扬子江送同志》等诗。

《扬子江送同志》

衮衮诸公立要津,一波才动总精神。满江风浪晚来急,谁似中流砥柱人。

第三章
精神家园

寺观是民众祈求神灵保佑、减轻心理压力的精神家园,宋代真州经济、文化飞速发展,道释思想也渗透到社会的方方面面。

宋真宗笃信道教,在全国掀起争报祥瑞的热潮,广建道观,以至于后世尊谥他为"真宗",也因此诞生了"仪真""天庆仪真观""二亭山""灵潮堰""真州"等地名。

胥浦河畔的伍相祠,褒扬伍子胥"报楚为孝,徇吴为忠"和渔丈人仗义救人的精神,三将军庙、文天祥祠都是传承民族精神、激励爱国情怀的重要历史纪念地,成为新时代仪征精神"尚义求真"的发端。

崇因永庆寺,是仪征唯一"知枢密院事,拜少宰"的吴敏,按"位两府者,得以己资建寺奉祠"建立的寺庙。

东岳庙是自宋至今还在运行的道观。

焦山之巅的长生观,著名思想家、内丹中派创始人、一代宗师李道纯,在这里撰就了《中和集》等道家理论著作,把道教推上了一个新的高度。

大运河畔的都天庙,寄托了真州人民对为民治疫的孚惠先生的思念,成为江淮地区众多都天神祠的滥觞。

寺观还是历史遗迹的保护地和传承地。仪征大儒阮元在道光十九年(1839)为李斗《扬州画舫录》作二跋时写道:"自《画舫录》成,又四十余年。书中楼台园馆,仅有存者,大约有僧守者,如小金山、桃花庵、法海寺、平山堂尚在;凡商家园丁管者多废。"寺观对历史文化的保护和传承,的确发挥了重大作用。始建于唐、重建于明的天宁寺塔,正是由于天宁寺千年香火不绝才得以保存至今;北宋"建安仓记碑阴"和明朝"文丞相画像赞"两块石碑,由于东岳庙道士的悉心保护,历经艰险,最终得以在仪征市博物馆珍藏、展出。

宋太祖建隆寺已在第二章《王禹偁 止戈偃武文轨同》中讲述,宋真宗仪真观已在第一章《造像有功赐真州》中讲述,抗金三将军庙已在第四章《三将军胥浦喋血》中讲述,本章不再赘述。

报楚徇吴伍相祠

《隆庆志》卷十二《祠祀考》：

清忠英烈王庙，在胥浦桥。旧《志》云：即伍子胥祠也。棠盖伍氏食邑。子胥亡楚奔吴，尝解剑渡江于此，因为立庙。至宋，始加王封。东坡《祭文》，有报楚为孝，徇吴为忠。忠孝之至，实与天通之语。庙今废。隆庆元年，知县申嘉瑞创建于西城门外半里，增祀渔丈人同列。

伍子胥祠，正式的名称叫"清忠英烈王庙"。

1."清忠英烈王庙"名称由来

《宋会要辑稿》卷四十六《礼二一》：

杭州吴山庙，即涛神也。大中祥符五年，封神为英烈王。

《事物纪原》卷七《灵宇庙貌》：

英烈王，大中祥符五年诏：杭州吴山庙神，宜特封英烈王，神即伍子胥，时新葺庙故也。

这两处记载表明，北宋大中祥符五年（1012），杭州吴山的涛神（庙神），被朝廷封为英烈王，神就是伍子胥。

《钦定古今图书集成》第一千五百四十四卷《方舆汇编·职方典》第九百四十七卷《杭州府祠庙考》：

忠清庙，俗名伍公庙，在吴山之椒，吴人怜行人伍员之忠，为立祠，宋赐额忠清。大中祥符五年，海潮冲击州城，诏本州岁春秋祭。康定九年，守蒋堂重建。

这表明宋代朝廷不仅给伍子胥封英烈王，还给杭州吴山庙赐额"忠清"，所以杭州的吴山庙又叫忠清庙。我反复查阅《隆庆志》《（嘉庆）重修扬州府志》《道光志》，仪征胥浦桥头的伍子胥祠，记载的都是"清忠英烈王庙"，不是"忠清英烈王庙"。

查"清忠"，《晋书》卷九十《鲁芝传》有"帝以芝清忠履正，素无居宅，使军兵为作屋五十间"之句，为"清忠"典出之处。查"忠清"，《资治通鉴》卷一百九十二"贞观元年"有"上以兵部郎中戴胄忠清公直，擢为大理寺少卿"之句，为"忠清"典出之处。两个词都有出处，词意基本相同，都是清正忠诚的意思。

伍员（前559—前484），字子胥，楚国人，春秋末期吴国大夫、军事家。其父伍奢和长兄伍尚为楚平王杀害,伍子胥逃亡到吴国,成为吴王阖闾的重臣,是姑苏城(今苏州)的营造者。前506年,伍子胥协同孙武带兵攻入楚都,掘楚平王墓,鞭尸三百,以报父兄之仇。吴国倚重伍子胥等人,西破强楚,北败徐、鲁、齐,成为春秋一霸。

伍子胥曾多次劝谏吴王夫差杀勾践灭越国,夫差急于进图中原,率大军攻齐,他听信太宰伯嚭谗言,认为伍子胥阴谋倚托齐国反吴,逼伍子胥自杀。伍子胥对门客说:"我死后,请将我的眼睛挖出置于东门之上,我要看着吴国灭亡。"果然他死后九年,吴国为越国所灭。

《苏轼集》卷九十九有《祭英烈王祝文》,全文如下:

钦诵旧史,仰瞻高风。报楚为孝,徇吴为忠。忠孝之至,实与天通。开塞阴阳,斡旋涛江。保障斯民,以食此邦。嗟我蠢愚,所向奇穷。岂以其诚,有请辄从。庚子之祷,海若伏降。完我岸闸,千夫奏功。牲酒薄陋,报微施丰。敬陈颂诗,侑此一钟。尚飨。

这篇祭文代表了古代对伍子胥的主流评价:到楚国报仇,是出于孝;为吴国自尽,是践行忠;死去后成为涛神,还能保护百姓。所以,伍子胥值得人民景仰,皇帝封他为英烈王,实至名归。

2. 仪征伍子胥祠始建于唐宋

县志的记载比较模糊。《隆庆志》卷十四《艺文考》中收录的李文《重修伍子胥祠堂记》云:"唐宋间,尝建清忠英烈祠于甘露乡。"即伍子胥祠始建于唐宋。

3. 在胥浦建祠的原因是伍子胥在此解剑渡江

《道光志》卷十九《祠祀志》记载:

棠邑是伍子胥家族的食邑,就在仪征西边不远,伍子胥当年逃离楚国去投奔吴国,曾在此解剑渡江,所以在这里建庙立祀。

明李文《重修伍子胥祠堂记》说:

真州,古江介也。西即楚之棠邑,春秋时,为伍氏采地,今濒江有伍相林。唐、宋间,尝建清忠英烈王祠于甘露乡,盖子胥解剑处也。

清雍正年间(1723—1735)仪征知县李昭治重修伍子胥祠时也曾撰记,其中记载:

夫地以人传,久矣……子胥以只身单影,为父兄雪怨仇,渡江而南,东奔句吴,卒能开张阖闾,倾荡郢郡,亦烈矣哉!仪人怀之,建祠于当年渡江处,即今之胥浦也。

上述信息表明,之所以在胥浦为伍子胥建祠,除了敬佩他的清正忠诚,还有一个重要原因,即伍子胥是从这里渡江的,"胥浦"这个地名,就源于此。

4. 几部史书记载的伍子胥逃吴渡江过程

成书于春秋的左丘明《左传·昭公二十年》,只写了"员如吴"三个字,没有渡江过程。

成书于战国的吕不韦《吕氏春秋·孟冬纪·异宝》:

伍员亡,荆急求之。登太行而望郑曰:"盖是国也,地险而民多知;其主,俗主也,不足与举。"去郑而之许,见许公而问所之。许公不应,东南向而唾。伍员载拜受赐曰:"知所之矣。"因如吴。过于荆,至江上,欲涉,见一丈人,刺小船,方将渔,从而请焉。丈人度之,绝江。问其名族,则不肯告,解其剑以予丈人,曰:"此千金之剑也,愿献之丈人。"丈人不肯受曰:"荆国之法,得伍员者,爵执圭,禄万担,金千镒。昔者子胥过,吾犹不取,今我何以子之千金剑为乎?"伍员过于吴,使人求之江上则不能得也。每食必祭之,祝曰:江上之丈人!天地至大矣,至重矣,将奚不有为也?而无以为。为矣而无以为之。名不可得而闻,身不可得而见。其惟江上之丈人乎。

这里出现了渔丈人助其渡江、不受其剑、不留姓名、伍子胥日后"每食必祭之"的情节。

成书于西汉的司马迁《史记》卷六十六《伍子胥列传》:

至江,江上有一渔父乘船,知伍胥之急,乃渡伍胥。伍胥既渡,解其剑曰:"此剑直百金,以与父。"父曰:"楚国之法,得伍胥者赐粟五万石,爵执珪,岂徒百金剑邪!"不受。伍胥未至吴而疾,止中道,乞食。

这里的渡江过程,虽没有《吕氏春秋》详细,但增加了伍子胥渡过江后生病、乞食的情节。

成书于东汉的赵晔《吴越春秋·王僚使公子光传第三》:

至江,江中有渔父乘船从下方溯水而上。子胥呼之,谓曰:"渔父渡我!"如是者再。渔父欲渡之,适会旁有人窥之,因而歌曰:"日月昭昭乎侵已驰,与子期乎芦之漪。"子胥即止芦之漪。渔父又歌曰:"日已夕兮,予心忧悲;月已驰兮,何不渡为?事浸急兮,当奈何?"子胥入船。渔父知其意也,乃渡之千浔之津。

子胥既渡,渔父乃视之有其饥色。乃谓曰:"子俟我此树下,为子取饷。"渔父去后,子胥疑之,乃潜身于深苇之中。有顷,父来,持麦饭、鲍鱼羹、盎浆,求之树下,不见,因歌而呼之,曰:"芦中人,芦中人,岂非穷士乎?"如是至再,子胥乃出芦中而应。渔父曰:"吾见子有饥色,为子取饷,子何嫌哉?"子胥曰:"性命属天,今属丈人,岂敢有嫌哉?"

二人饮食毕,欲去,胥乃解百金之剑以与渔者:"此吾前君之剑,中有七星,价直百金,以此相答。"渔父曰:"吾闻楚之法令:得伍胥者,赐粟五万石,爵执圭,岂图取百金之剑乎?"遂辞不受。谓子胥曰:"子急去,勿留,且为楚所得?"子胥曰:"请丈人姓字。"渔父曰:"今日凶凶,两贼相逢,吾所谓渡楚贼也。两贼相得,得形于默,何用姓字为?子为芦中人,吾为渔丈人,富贵莫相忘也。"子胥曰:"诺。"既去,诫渔父曰:"掩子之盎浆,无令其露。"渔父诺。子胥行数步,顾视渔者,已覆船自沉于江水之中矣。

子胥默然,遂行至吴。疾于中道,乞食溧阳。适会女子击绵于濑水之上,筥中有饭。子胥遇之,谓曰:"夫人,可得一餐乎?"女子曰:"妾独与母居,三十未嫁,饭不可得。"子胥曰:"夫人赈穷途少饭,亦何嫌哉?"女子知非恒人,遂许之,发其箪筥,饭其盎浆,长跪而与之。子胥再餐而止。女子曰:"君有远逝之行,何不饱而餐之?"子胥已餐而去,又谓女子曰:"掩夫人之壶浆,无令其露。"女子叹曰:"嗟乎!妾独与母居三十年,自守贞明,不愿从适,何宜馈饭而与丈夫?越亏礼仪,妾不忍也。子行矣。"子胥行,反顾女子,已自投于濑水矣。於乎!贞明执操,其丈夫女哉!

在这里的描述中,伍子胥与渔丈人有了详细的对话,还出现了乞食溧阳遇到击绵于濑水之上的女子,亦有详细对话。更为重要的是,渔丈人和击绵女为了掩护伍子胥,都选择了以自尽的方式来保守秘密,情节颇为震撼。

《左传》《吕氏春秋》《史记》《吴越春秋》等书都没有记载伍子胥是从哪里渡江的,成书于魏晋的《越绝书》则记载"渔者渡于于斧之津",晋代有"于湖县",疑为于斧之讹音。于湖位于今当涂县南三十八里。

5. 伍子胥从仪征胥浦渡江

伍子胥渡江时间是周景王二十三年(鲁昭公二十年,前522),没有问题;逃吴过程虽有详有略,但都没有记载伍子胥从何处渡江,这造成了学界对这个问题的争执。我曾去过安徽省含山县的昭关,昭关纪念馆的王馆长认为,伍子胥过了昭关,必然是从含山的邻县——和县的乌江镇过江的,因为后来项羽也准备从这里过江。另外,还有过江后"乞食溧阳。适会女子击绵于濑水之上",昭关、乌江、溧阳基本上在东西线上,从仪征过江,向北绕远了。然而,我查阅《和州志》,并未找到相关内容。

《史记》卷八十六《刺客列传第二十六·专诸》记载:

专诸者,吴堂邑人也。伍子胥之亡楚而如吴也,知专诸之能。

伍子胥在逃吴途中,结识了棠邑人专诸,并把专诸推荐给公子光。专诸后来帮助公子光刺杀吴王僚,夺得了王位,这就是吴王阖闾。这段记载是伍子胥从棠邑渡江的证据。

明确记载伍子胥是从仪征过江的,除了仪征县志和扬州府志,还有个重要的全国性地理书——南宋王象之的《舆地纪胜》,其卷三十八《真州·古迹》载:"伍子胥庙,在胥浦山,子胥亡奔吴,带剑渡江于此。"这表明,至少在宋代,即有文献认同伍子胥从真州胥浦渡江的观点。

伍子胥从仪征胥浦渡江,有其合理之处。首先,"棠盖伍氏食邑",棠邑是伍氏家族的食邑,伍子胥熟悉食邑附近的路径,与食邑的居民有良好的关系,渔丈人久闻伍子胥清忠之名,敬仰之余,才有舍命相救的合理性;其次,胥浦地名的诞生,不是凭空而来,应有个中原因,时间虽久,地名犹存;最后,《汉书》记载,江都县有江水祠,就是祭祀伍子胥的。我在《仪征道教史》之《江水祠》考证,西汉江都江水祠位于仪征市新城镇,距胥浦仅10千米,这两个伍子胥祠建成时间有先有后,但有可能都是因伍子胥在此渡江而建。

在仪征青山、胥浦一带,上游是黄天荡,下游是广陵潮(海湾),此处江面最窄,是理想渡口。秦始皇第五次南巡,北归时在江乘(今南京龙潭附近)渡江,对岸就是仪征胥浦,汉代设为舆县;西晋末年,王室成员纷纷衣冠南渡前往南京,在仪征青山、南京幕府山都留下"五马渡"地名;南京龙潭到仪征青山建成的长江大桥,主跨只有1560米。

前文"绕远了"一说,考虑到沿途盘查、追捕,伍子胥稍绕一点赶到食邑过江,安全程度提高,应是合理的选择。

6. 伍子胥祠位于胥浦桥头

《隆庆志》卷十二《祠祀考》:

清忠英烈王庙,在胥浦桥。旧《志》云:"即伍子胥祠也。"

《道光志》卷三《舆地志》:

胥浦桥,在县西十里。洪武中,知县谢文隆建。万历中,邑人张承业易以石,即伍子胥渡江、三将军战死处。

7. 伍子胥祠的多次修缮

伍子胥祠经历过重修,明代李文《重修伍子胥祠堂记》和清代李昭治《重修伍子胥祠记》记叙得比较清楚。

(1)唐宋间,建祠于伍子胥"当年渡江处,即今之胥浦也"。

(2)明隆庆年间(1567—1572),知县申嘉瑞因胥浦清忠英烈祠久湮,迁建到城西外隍,而原来的伍子胥祠故址,改建成了观音菩萨庙,还兼奉关公。在城西新建的伍子胥祠,有三进,每进各三间,前为门寝、中间是殿堂、后面是楼,伍子胥像在殿堂内,堂内左壁绘有渔丈人、右壁绘有浣纱女子。

(3)清雍正元年(1723),知县李昭治在"胥浦桥旧处"恢复伍子胥祠。他说:

"我每次经过伍大夫解剑处,都耿耿不释。他那么孤忠,我不忍他冷落浦滨,更不愿让他的遗迹被时光淹没。观音大士、关帝老爷,他们的庙宇多得很,何必占着伍公的旧迹?"于是,李昭治将城西的伍子胥像请回胥浦桥旧处,将观音大士、关帝老爷请到城西,并为新恢复的伍子胥祠撰写了记和祭文,勒石纪念。

(4)清道光三年(1823),知县伍家榕重修。

帮助伍子胥渡江的两位仪征本地人"渔丈人"和"浣纱女",配祀于伍子胥祠中。《道光志》将这两位分别列入卷三十九《人物志·隐逸》和卷四十二《人物志·列女》。关于渔丈人,前文引《吴越春秋》已述;关于浣纱女,下一篇有"浣纱女祠"详述。

8. 伍大夫仗剑渡碑(图3-1)

仪征博物馆藏有刘彬题"伍大夫仗剑渡碑",落款是"康熙乙未三月望日 呆山刘彬书立"。

《道光志》卷十九《祠祀志》记载了刘彬的《胥浦桥怀古》诗和他在此立碑的缘由:

仪邑之有胥浦,尚矣。相传为伍大夫仗剑渡江处。地当孔道,有桥通往来。历今已久,习俗相传,至今土人误称之为"西浦"。爰树碑道左以正之。碑既立,系之以诗。

从石碑落款"康熙乙未"看,是康熙五十四年(1715),此时伍子胥祠还在西门外,未恢复到胥浦,这个碑是先立于桥头的,八年后伍子胥祠在立碑处恢复。

图3-1 伍大夫仗剑渡碑

《胥浦桥怀古》

桥以胥浦名,胥灵自千古。缅彼伍大夫,仗剑气如虎。从此泝大江,相吴终覆楚。英豪遇屯困,奔走历艰苦。踪迹肇春秋,姓字播寰宇。孔道通秦晋,要津走中土。土人久茫昧,误指为西浦。予近葺西庄,相距止里许。幽居景前徽,垂老念芳矩。丰碑志道周,寓目感行旅。壮矣烈丈夫,浩气直倾吐。谡谡松树声,冥冥天际雨。湍急响潺湲,溪流疾于弩。怀古一情深,凭吊对烟渚。林壑振英风,恍听胥涛怒。

刘彬家族对仪征公益事业做出了较大贡献。

《淮海英灵续集》巳集卷三:

刘彬,字季蔚,号景山,仪征人。景山豪侠自雄,尝倾囊解时困。游豫章,值浮关移驻,排难陷狱。时大中丞引为疏首,以全多人。谪遣池阳,未几赦归,时目为"小仲连"。著《山响楼集》。

《道光志》卷四十五《艺文志》:

《山响楼集》,刘彬撰。按,《江苏诗征》:"刘彬,字季蔚,号景山。著《山响楼集》。"

从碑刻可清晰看出,刘彬的号是"杲山",不是"景山",估计《淮海英灵续集》有笔误,被《江苏诗征》和《道光志》照抄了。

刘彬家族的传承,信息如下:

《道光志》卷三十八《人物志·义行》:

刘正实,字充符,歙人,籍仪征,指挥使本孙也。初,歙有排年总催,积欠逾二万。与弟丰年,慨然任捐。自念合兄弟之资,尚不敷,因谋于邑人之业鹾淮南者,并力以应,邑困大苏。实尝过江宁镇,有鬻妇偿负而哭之哀者,为捐金赎还之。又造救生船于江口。其余修桥葺亭,善行甚多。以营田例,授知州。弟丰年,字雨田,官宾州,著循声。家居时,邑中饥寒,官赈粥于西郊,男女纷集,日午而后得食。丰年恻然曰:"晨出午食,馁者众矣。"遂于船主庵,晨煮焦米以济。每岁夏,于朴树湾僧舍施茶;寒夜,设姜汤以饮路人。冬日,城内外捐棉衣,以给贫者。正实子标,成进士,任开封知府。

《道光志》卷十九《祠祀志》:

财神庙,颜《志》云:"有三:一在草巷前中街,明万历中建。后更为五神庙。国朝雍正初,改为华光财神庙。一在大市口,雍正己酉年,邑人刘正实重建。按,嘉庆年间,戏楼、山门火毁。正实孙鸿募捐,何烦等重建左、右门楼。道光十七年,裔孙刘肇泰与张鸿瑞等又修。一在响水闸东,即元坛庙。雍正中,吴裕大重修。"

《道光志》卷二十五《职官志》:

刘本,嘉靖武举。十四年,以新安指挥任

《道光志》卷二十八《选举志》:

乾隆十七年壬申,刘标三甲,河南开封府知府。

《道光志》卷二十九《选举志》:

乾隆三十三年,刘彬以孙标贵,累赠中宪大夫;刘正实以子标贵,累赠中宪大夫。

传承脉络为刘本—刘彬—刘正实—刘标—刘鸿—刘肇泰,其中刘本为一世祖,明朝嘉靖年间(1522—1566)武举人,任新安指挥使;二世刘彬为"伍大夫仗剑渡碑"立碑人;生有两个儿子(三世):刘正实、刘丰年,刘正实造江口救生船、捐修财神庙,刘丰年在船田庵、隆觉寺施粥;四世刘标为乾隆十七年(1752)进士,任开封府知府;五世刘鸿重修财神庙;六世(原文为裔孙,不一定是六世)刘肇泰重修财神庙。

雍正年间(1723—1735)张达《白沙风雅》收录了李先墩(字季伦,号江麓)的《同山有悦山秋菘菊倩西溪泛舟分赋》,诗中有"石户松萝满,遗居客尚存"之句,诗后有注"谓刘季蔚别业",可见刘彬在西溪河畔有别业,他对胥浦桥一带非常熟悉顺理成章。

《道光志》卷九《舆地志》:

赠中宪大夫刘正实墓,在三官庙庄家茔,子、开封知府标墓祔。

清代画家诸乃方作《真州八景图》时,有胥浦农歌一景(图3-2)。

2011年版《仪征市水利志》第三章河道"胥浦河"条目介绍,胥浦河于史前自然形成,古名铜山源。明代时下游叫钥匙河,清代时中游龙门桥以上称为西溪,民国才有胥浦河的名称。

今天的胥浦河为防洪需要,已经浚深拓宽和裁弯取直,从前的胥浦河九曲鸡肠,虽常有水患,但不在汛期时到也风光旖旎。

西溪从铜山发源,曲折蜿蜒到胥浦,再经钥匙河流入市区天池,沿河有竹林、田畦、渔村、庙祠、园林,适宜耕作人居,颇具诗情画意,自古多有吟咏。

清代厉惕斋《真州竹枝词》中有诗:

江村何处唱回波,袅袅音声柳外过。惯是乡氓腔调好,我曾胥浦听农歌。

清代陶元睿有诗:

西溪一带打鱼湾,时听歌声远近间。五月村庄农事急,须知稼穑本来艰。

最有名的一次胥浦河文人雅聚,是嘉庆二年(1797)七夕后一日,盐运使曾燠到真州办事,安排时间与在仪征的吴锡麒[1746—1818,字圣征,号谷人,钱塘人,乾隆四十年(1775)进士,官至国子监祭酒,时为仪征乐仪书院山长]等文人来了一次西溪九曲之游。行程很短,从湄庵放舟北上,到胥浦桥而止,然后返回湄庵,在竹逸亭饮酒。参与游览的宾客均各赋诗,撰文纪事。做东的主

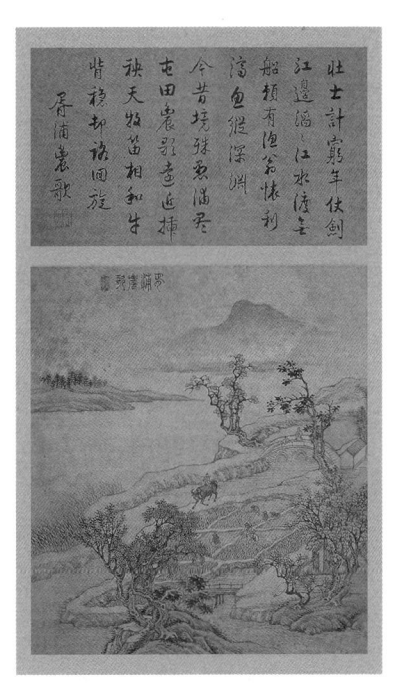

图3-2 真州八景之胥浦农歌

人是江耕野,参与游览活动的文人有曾燠、吴锡麒、胡森、胡桐、蒋知让、尤荫、詹肇堂、江绍莘。《道光志》卷七《舆地志》收录了吴锡麒写的游记和上述人员的诗作。

"胥浦农歌"这个景点不仅有景色,还有做农事时伴随的歌声,场景感很强!如今已看不到农民插秧,更听不到农歌了,但保留了农歌村的建制,其原隶属于胥浦镇,胥浦镇撤销后隶属于真州镇。

鸡留山下浣女庙

浣纱女是伍子胥逃亡途中又一位帮助他的人,与渔丈人齐名。在《道光志》卷四十二《人物志·列女》中有她的小传:

春秋,浣纱女冯氏,白沙人。伍员亡楚奔吴,追兵在后。员过此,遇女浣纱。员嘱曰:"后有追者,慎勿他言。"女遂沉水死,以誓绝口。员还,访其家,不获,乃即其地留鸡以祀,因名其山曰"鸡留"。后人贤其事,作庙祠之。

《吕氏春秋》《史记》《吴越春秋》《越绝书》等资料中,对浣纱女无明确记载,最早出现"浣纱女"的史料,是南宋王象之的《舆地纪胜》,在卷三十八《真州·古迹》中有以下记载:

浣纱女冯氏庙。初,伍子胥亡楚过,见一女子浣纱,因嘱之曰:"后有追兵至,切勿他言。"其女子遂赴于水,以誓绝口。

浣纱女为了掩护伍子胥,以自尽的方式来保守秘密,与渔丈人的行为类似。部分史书和地方志中还记载了她的姓氏,她姓冯。

仪征现存最早的县志《隆庆志》卷十二《祠祀考》上的记载是:

浣纱女庙,旧在县西四十里。旧《志》云:伍员亡楚过此,见女子浣纱,因嘱之曰:"后有追兵,至,切勿言。"女遂赴水,以示绝口。员感其义,后回,至其地,留鸡以祀,即今鸡留山也。真人慕其义,立庙祀之。后庙浸废。今移建于城西二里许,外河之涯,俗名'娘娘庙'。隆庆元年春,知县申嘉瑞过之,见庙颓,门侧惟设沙门佛座,因命改辟门向,重修祠宇,专祠冯氏云。

这条信息显示,浣纱女庙原址在县西四十里的鸡留山,后来移建至城西二里。阮元《广陵诗事》卷五记载:"浣纱女祠在真州西门外。"

《隆庆志》卷二《名迹考》:

春秋浣纱女冯氏墓,旧《志》:在县鸡留山南。

可见，鸡留山不仅有浣纱女庙，还有浣纱女墓。

《隆庆志》卷二《山川考》：

鸡留山，在县西三十五里。旧《志》云：伍子胥欲报浣纱女，而不知其家，乃留鸡于山，祀之。

鸡留山在县西三十五里，浣纱女庙原址在县西四十里，今天都已经超出了仪征市域，位于六合了。但在六合的县志中查不到鸡留山，这可能是因为六合的东沟、方山一带，古代属仪征的缘故。

《（民国）六合县续志》卷十七《金石志》收录了道光十一年（1831）邑诸生孙渊撰写的《鸡留寺冯贞媛浣纱殿记》，前半部分歌颂浣纱女，后半部分说道：

隆庆元年，县宰申公厥名嘉瑞，重建东皋芦碛，壁左浣纱，壁右乡人，纪祀鸡泰东襄，迨今代远，屋宇倾颓。道光九年，与侄继之重修旧制，复广规模，及子世果，竟有同志病笃之余，素蓄数金，交予特建贞女法身、龛座等费，得本源也。予悲情志爱，为贞女立像两偏殿，口浣纱一切装潢次第观成，少子微忱。附。

善来光是身虽殇，名实不殇，遂为记。

道光十有一年岁次

邑诸生孙渊敬立

该志在孙渊《鸡留寺冯贞媛浣纱殿记》后还有一段注解：

碑在邑东东皋（即东沟）镇北沙地，鸡留寺前，孙渊邑诸生行谊未祥。

由此可见，鸡留山位于今南京市六合区东沟镇，浣纱女庙又叫鸡留寺，至少在道光十一年（1831），鸡留寺里的浣纱女殿还得到过重修。另外，浣纱女还有名字，叫冯贞媛。这座庙就是旧庙，是隆庆元年（1567）仪真知县申嘉瑞路过时，发现庙门已塌重修的。我曾亲往六合东沟探访，确认孙赵小学（原鸡留寺小学）即为鸡留寺原址，今属六合区龙袍街道（东沟镇已经撤销，并入龙袍街道）孙赵村小集组。

至于后来在城西二里、外河之涯移建的新庙（俗称娘娘庙），则没有了记录。

在仪征市区西门外扬子公园西北角，有一棵白果树，扬州市绿化委员会于2016年立的树牌显示，树龄为210年，这里可能是明代浣纱女庙的遗址。

《道光志》卷十九《祠祀志》记载：

碧霞元君庙，陆《志》云："俗名奶奶庙。有四……一在西门外，颜《志》下，有高阜上。乾隆中，邑人谈九如新之。"

这里说的西门外清代的奶奶庙，很有可能就是明代移建的娘娘庙，百姓将其与女神仙混为一谈，是很常见的。

浣纱女庙始建于何时？《舆地纪胜》并没有给出答案，只说了建庙的原因（遂赴于水,以誓绝口)。《隆庆志》记载,起因是伍子胥来此"访其家,不获,乃即其地留鸡以祀",后来是"后人贤其事,作庙祠之"。基于宋代史料的已有记载,且浣纱女庙与伍子胥祠有密切关系,故本书认为该庙始建时间与伍子胥祠相类似,皆为唐宋。

今天,仪征化纤宾馆(维景会议中心)主楼东南,胥浦河旧河道北岸,有一座小山包,高不足十米,当地人称之为"蚂蚁山"。相传浣纱女被埋在这里,有百脚(蜈蚣)、蚂蚁啮咬其尸,伍子胥于是命人在此放养500只鸡,啄食蜈蚣。此说不见史载,《中国民间文学集成仪征市资料本》收录有《蚂蚁山》民间传说。

仪征浣纱女与溧阳击绵女

成书于东汉的赵晔《吴越春秋》记载了伍子胥与溧阳击绵女的故事。

《吴越春秋·王僚使公子光传第三》:

子胥默然,遂行至吴。疾于中道,乞食溧阳。适会女子击绵于濑水之上,筥中有饭。子胥遇之,谓曰:"夫人,可得一餐乎?"女子曰:"妾独与母居,三十未嫁,饭不可得。"子胥曰:"夫人赈穷途少饭,亦何嫌哉?"女子知非恒人,遂许之,发其箪筥,饭其盎浆,长跪而与之。子胥再餐而止。女子曰:"君有远逝之行,何不饱而餐之?"子胥已餐而去,又谓女子曰:"掩夫人之壶浆,无令其露。"女子叹曰:"嗟乎!妾独与母居三十年,自守贞明,不愿从适,何宜馈饭而与丈夫?越亏礼仪,妾不忍也。子行矣。"子胥行,反顾女子,已自投于濑水矣。於乎!贞明执操,其丈夫女哉!

《吴越春秋·阖闾内传第四》:

子胥等过溧阳濑水之上,乃长太息曰:"吾尝饥于此,乞食于一女子,女子饲我,遂投水而亡。"将欲报以百金,而不知其家。乃投金水中而去。有顷,一老妪行哭而来,人问曰:"何哭之悲?"妪曰:"吾有女子,守居三十未嫁。往年击绵于此,遇一穷途君子,而辄饭之,而恐事泄,自投于濑水。今闻伍君来,不得其偿,自伤虚死,是故悲耳。"人曰:"子胥欲报百金,不知其家,投金水中而去矣。"妪遂取金而归。

对比《舆地纪胜》《隆庆志》《吴越春秋》的相关记载可知,仪征的浣纱女与溧阳的击绵女,虽然都是在帮助过伍子胥之后跳水自尽的,且死后都有庙祀,但是她们的故事却有所不同。

浣纱女只是因伍子胥要求她不要告诉追兵,就跳水绝口;击绵女则不仅要保密,还有"失贞"的自责。

浣纱女死后,伍子胥来寻不获,留鸡祭祀;击绵女死后,伍子胥来寻不获,抛金于水。

浣纱女姓冯,冯贞媛;击绵女姓史,史贞女。《江南通志》卷三十三载:"贞义女庙,在溧阳县北凤凰桥,祀春秋黄山里史氏女。"

浣纱女的故事流传不广,击绵女的故事因唐代溧阳县令请李白写了《溧阳濑水贞义女碑铭》而名声大噪,明代冯梦龙还将击绵女的故事写进了他的长篇小说《东周列国志》第七十三回中。

仪征浣纱女与溧阳击绵女是不是同一个人,已经无从考证,我认为分开表述最好。浣纱女投水自杀的合理性比较高,理由与渔丈人相同:棠邑是伍氏家族的食邑,伍子胥熟悉食邑附近的路径,与食邑的居民有良好的关系,浣纱女久闻伍子胥清忠之名,敬仰之余,才舍命相救。

僧伽建塔镇白沙

天宁寺塔,位于仪征市区工农路与前进路交会处,西侧隔工农路是仪征文化名人盛成故居,西北方向与鼓楼隔河相望,北侧为仪征古代著名文化遗址涉园、乐仪书院(今粮食学校)和明初致仕兵部尚书单安仁府邸,东侧隔着宝塔河(已被填埋)是实验幼儿园和仪征县学(今实验中学),东南方向是天宁桥(又名澄江桥,已被填埋)。天宁寺塔为七层八面砖身木檐楼阁式塔,逐层渐收,每层都有回廊,塔体内部为正方形,层层收缩,交错上升,原有塔刹、腰檐、平座等,木结构已遭焚毁,今仅存砖筒塔身。

中华人民共和国成立后,天宁寺改建为油米厂,2003年油米厂改建为"近水楼台"楼盘,开发商按要求将古塔修旧如旧,去除了塔身上的杂树,修复了内部楼梯。塔高47米(《仪征市志》),是游客来仪征观光的必到之处,也是仪征的地标。

《风流宛在:扬州文物保护单位图录》云:

仪征天宁寺塔位于仪征市真州镇工农南路近水楼台北苑西侧。塔始建于唐景龙三年(709),南宋初年寺塔毁于兵火,明洪武四年(1371)重建。清光绪三年(1877)遭寺内炊火之灾,塔刹、腰檐、外廊、平座等被毁,仅存塔身。塔为七层八面砖身木檐楼阁式塔,逐层渐收,内部为正四方形,塔高约42米,塔身占地面积54平方米,底层附阶占地面积约372平方米。天宁寺塔是仪征的一座标志性古建筑,塔室内有几层抹角底部采用先进的扁铁过梁技术,在江苏境内古塔中属首次发现。错层相对而开的壶门,自下而上的收分,显得天宁寺塔造型秀丽,气势壮观。

2002年10月,天宁寺塔被江苏省政府公布为第五批省级文物保护单位。

《道光志》卷二十《祠祀志》记载:

天宁寺塔在县治东南,澄江桥西。始自唐景龙三年,泗州僧建佛塔七级,以镇白沙,创永和庵于塔后。宋崇宁中,僧道坚复建,赐名"报恩光孝禅寺"。政和中,改天宁禅院。后有楞伽庵,苏子瞻尝于此写经,故名。西有井,名"慧日泉"。南渡后,迭经兵火,寺塔俱毁。国朝洪武初,僧法刚复建。永乐初,智韶继葺宝塔。道常增建殿堂、塔廊。嘉靖中,僧会佛衡重修,增饰重门,岿然丛林之胜。嘉靖四十四年,浮图灾,僧法成、法晟重加修造,易以金锥。

《道光志》卷四十一《人物志》:

泗州僧,其名不传。景龙中,自泗州卓锡于此。道行精严,具大法眼,尝于澄江桥建永和庵以居。观邑中山川风会,谓当得浮图镇之,乃于庵傍建浮图七级。宋苏子瞻写经楞伽庵,即其地也。绍兴中,更号天宁万寿禅寺。其后经乱,寺塔俱毁。明洪武初复建,塔下塑僧像,志第一开山。

我解读一下,在唐朝的景龙(唐中宗李显的年号)年间(707—710),具有大法眼的泗州僧来到白沙(时仪征市区为扬子县白沙镇),他看了风水,认为必须修建佛塔,用以镇水压邪,于是建了塔,并在塔后创建了永和庵。

县志说泗州僧"其名不传",其实,泗州僧的名号是可以考证的。查(宋)赞宁《宋高僧传》卷十八,有《唐泗州普光王寺僧伽传》记载:"释僧伽者,葱岭北何国人也。自言俗姓何氏,亦犹僧会本康居国人,便命为康僧会也。然合有胡梵姓名,名既梵音,姓涉华语。详其何国,在碎叶国东北,是碎叶附庸耳。"

就是说,泗州僧的法号叫"僧伽(qié)",是西域葱岭以北碎叶国东北地方人(郭沫若考证李白即出生于碎叶),自称姓何,是西域何国人,可能就像三国时的僧会一样,因祖居西域康居国,就自称康僧会。有人询问泗州僧何姓?他就回答:"姓何。"问他是何国人?他便回答:"何国人。"

《宋高僧传》说僧伽景龙"四年庚戌,示疾,敕自内中往荐福寺安置。三月二日,俨然坐亡,神彩犹生,止瞑目耳。俗龄八十三,法腊罔知。在本国三十年,化唐土五十三载"。即僧伽于景龙四年(710)去世,在碎叶30年,在内地53年,合起来83年,于是,可以推出其生卒年为628—710年。

《宋高僧传》记载,僧伽"在本土,少而出家。为僧之后,誓志游方。始至西凉府,次历江淮,当龙朔初年也。敕即隶名于山阳龙兴寺……中宗孝和帝景龙二年,遣使诏赴内道场,帝御法筵言谈,造膝占对休咎,契若合符。仍褒饰其寺曰'普光王'"。就是说，僧伽于龙朔元年(661)就到了江淮，在山阳龙兴寺修行，景龙二年(708)被诏请入宫，唐中宗李显与他谈得很投机，给僧伽在山阳的庙赐号"普光王寺"，所以《宋高僧传》泗州僧一条全称为《唐泗州普光王寺僧伽》。

《宋高僧传》中并没有记载僧伽在扬子县白沙镇建庙和塔，但记载了他在扬子县的一件轶事。有一次僧伽过河，对艄公说："你有财富可以捐给我建庙，你的那些财富，来源你自己清楚！"那艄公是个强盗，心里自然明白，被僧伽点破，就说："好吧，我情愿赞助你修庙。"于是庙宇建起来了。后来，强盗案发，被抓到了扬子县监狱，判死刑。僧伽托梦给他说："你做了好事，已经赎罪，很快会没事的。"果然，时间不长，赦免艄公的公文就到了。

僧伽去世后，唐中宗"以仰慕不忘，因问万回师曰：彼僧伽者，何人也？对曰，观音菩萨化身也"。将僧伽视为观音的化身。僧伽有三位弟子——慧俨、慧岸和木叉。有意思的是，《西游记》中观音菩萨宝座前有徒弟护教，乃李天王二太子，名叫木叉，法名慧岸。其原型很可能来自僧伽座下慧岸和木叉，将两位徒弟合二为一。

李白曾游历至僧伽大师的泗州普光王寺中，并作《僧伽歌》：

真僧法号号僧伽，有时与我论三车。问言诵咒几千遍，口道恒河沙复沙。此僧本住南天竺，为法头陀来此国。戒得长天秋月明，心如世上青莲色。意清净，貌棱棱。亦不减，亦不增。瓶里千年铁柱骨，手中万岁胡孙藤。嗟予落魄江淮久，罕遇真僧说空有。一言散尽波罗夷，再礼浑除犯轻垢。

李白诗中说僧伽"有时与我论三车"，查其生卒年(701—762)与僧伽(628—710)应该没有交集。僧伽圆寂时，李白才9岁，估计是李白成年后造访泗州普光王寺，与这位已故的碎叶老乡隔空论道。

僧伽景龙二年(708)入宫，四年(710)圆寂，仪征天宁寺塔建成于三年(709)，合理推测，应是僧伽入宫前已勘定并施工，宝塔完工时他已在长安了。

天宁寺塔是运河入江口延伸到仪征市区的见证。初唐后期，由于江滩上涨，长江主泓后退，原入江口扬子津前涨出了巨大的沙洲，运河入江口从扬子津（仪征市新城镇）西延到了白沙，这里已经是漕运枢纽，南方各地的漕粮经长江从白沙进运河，江口一带水流湍急，翻船、搁浅等事故频发，僧伽慈悲为怀，倡建宝塔。

与天宁寺关系最为密切的名人是苏东坡，他一生到真州至少有八次。元丰八年(1085)六月，苏轼在常州接到了"复朝奉郎，起知登州军知事"的任职通知，于是动身北上，由于家眷都留在真州，所以他从润州过江，没有走瓜洲，而是到了真州。他在真州游览了溪阴堂，有诗：

白水满时双鹭下,绿槐高处一蝉吟。酒醒门外三竿日,卧看溪南十亩阴。

《舆地纪胜》卷三十八记载:"溪荫亭,在县东范氏园,东坡尝游,有诗。"

溪阴堂疑似位于旧港紫竹林。《道光志》卷二十《祠祀志》:

紫竹林,颜《志》云:在旧港。坡公尝寓此。

苏轼在润州时,与金山寺了元(佛印)相晤,向佛印说起,自己受张方平(1007—1091,字安道,号乐全居士,官至参知政事,谥文定。张方平是苏轼遇到的第一个贵人,苏氏父子赴京赶考时,益州知州张方平写推荐信给韩琦、欧阳修)所托,请印施《楞伽经》。佛印说:"印施有尽,若书而刻之则无尽。"于是,苏轼就在真州报恩寺和润州金山寺书写《楞伽经》。真州报恩寺(即天宁禅寺)院内有一口水井,苏轼闲暇时打井里的水煮茶,"喜其清甘",感觉很好,为此井题名"慧日泉"。详见本书《苏东坡 一枕清风值万钱》。

北宋崇宁年间(1102—1106),僧道坚复建,赐名"报恩光孝禅寺"。政和年间(1111—1118),改为"天宁禅院",后面建有楞伽庵,苏轼就是在这里抄写经文的。仪征市委宣传部在2016年出版的《仪征风雅》中收录了赵善括[字无咎,号应斋居士,江西隆兴人,乾道四年(1168)知常熟,通判平江府,历知鄂州、连州、常州,后入荆湖北路转运使幕。有《应斋杂著》]的《题仪真天宁寺》诗:

短樟客千里,柱香人小留。禅房深寂寂,世事易悠悠。去此两槐夏,惊予双鬓秋。镜鱼发斯响,作意为重游。

几经战乱,寺、塔已毁,明朝洪武初年,僧人法刚重建。复建时在塔下建了一尊塑像,以纪念"泗州僧"这位开山之祖。重建后的天宁寺塔为砖木结构,虽是明代早期建筑,但犹有唐宋建筑遗风,更重要的是,这是在唐代原址上修建的,保留了唐代的地理信息。

天宁寺塔的木结构毁于何时?有两种说法。

《风流宛在:扬州文物保护单位图录》:

清光绪三年(1877)遭寺内炊火之灾,塔刹、腰檐、外廊、平座等被毁,仅存塔身。

《仪征市志·文物》:

天宁寺塔在市区南部。始建于唐景龙三年(709),重建于明洪武四年(1371),塔高47米,7级8面,砖砌,楼阁式带外回廊,可登临。太平军与清军作战时被焚毁,现仅存塔身。1987年列为市级文物保护单位。

若太平天国战争时木结构被毁,那么光绪年间(1875—1908)火灾还有啥可烧?我采信光绪三年(1877)遭寺内炊火之灾的说法。

《仪征市志·宗教》记载:

至清朝光绪年间,有天王殿、地藏殿、观音殿及藏经楼、寮房、客堂、方丈室等房屋182间。民国时期,常住寺僧近20人,有寺田712亩。

《仪征市志·人物》,介绍了天宁寺了缘和尚的故事,全文如下:

僧了缘(1801—1938),原名法果,号展空。出生于直隶保定农家,俗姓陈。生性鲁,拙于言,入塾识字过目不忘,且膂(lǚ)力过人,喜听佛家事。道光元年(1821)入河北慈云寺披剃为沙弥,经两年受戒为僧。研习法华、金刚等经有造诣。南游河南登封县参谒名刹少林寺,学习五拳十八式武艺,练罗汉真功,均得神髓。道光二十年,到淮安旦灯寺挂单,任职十余年,收录弟子甚众,渡江到宝华山慧居寺求第二次戒,苦修数年。

太平天国军兴,避战乱,为行脚僧,云游各地名山。经过仪征天宁寺时,寺已毁于兵火,海一方丈、法慈监院邀请了缘共同重建天宁寺。了缘带头做粗活重活,搬运砖木土石,夜晚担负守卫。竣工后留在本寺,负责僧寮房,新来僧众不知其法名法号,因是寮房元首,都喊他为寮元,以后遂谐音为了缘。

他住寺内天王殿旁一间小屋内,每天只吃中午一餐,专管开关大门和打扫寺内外大院,并种菜提水。每天手执弯勺,在大街小巷把地面破砖碎瓦不停地撂到路旁乱砖堆上,直至一百多岁,每天扫街拾砖不息。

民国初年,一日晚上了缘作少林武术表演,如蛱蝶穿花,飞走跳跃,令人目不暇接,又善打金钱镖,能以铜钱于百步外掷灭烛火,而不碰坏蜡烛。好事者于深夜把天宁寺内东西两只石井栏(每只300多斤)和八九百斤重巨石堵住寺门,了缘一臂挎一井栏送还井口,巨石亦被背回原处。

天宁塔上长一大树,眼看要挤坏塔顶,方丈对了缘讲及此事,几天后,塔顶大树居然不见了。

民国二十七年(1938)八月二十四日夜,了缘圆寂,面色宛如生前。检点遗物,发现其年轻时出家戒牒上盖有许多州县官印和各寺院印记,注明其出生于清嘉庆六年(1801),由此得知了缘享年138岁,出家为僧118年,在仪征天宁寺72年。遗体火化后葬于新城北面天宁寺祖茔,并立碑坟前,碑文为鲍贵藻所撰,碑现存市文化馆。①

1665年(康熙四年)用法文出版的《荷兰东印度公司使团觐见鞑靼可汗(顺治皇帝)纪实》(又名《尼霍夫游记》,作者是尼霍夫)一书,记载了1656年(顺治六年)5月20日,作者到达了仪真县城,附有示意图,图中有天宁寺塔(图3-3)。

---

① 仪征市政协文史委《仪征文史资料》(第三辑)1986年版第72页,收录鲍贵藻《天宁寺了缘师传》全文,《仪征市志·人物》的故事基本取自于此,因鲍贵藻文章较长,此处不录。

图 3-3　顺治六年天宁寺塔

晚清仪征画家诸乃方所绘真州八景图之"仓桥塔影"（图 3-4），可见宝塔未曾烧毁之前的景象，有木结构。

2019 年，安徽藏家金明披露了一组侵华日军 1937 年底占领扬州时的照片，从照片中可见，天宁寺塔在民国时期已是只有砖筒塔身，旁边的僧房和殿宇还蛮新的。

历史上，天宁寺塔是可以登临的，而且历代文人雅士都以登塔为幸事。这里介绍几首古人登天宁寺塔的诗。

廖道南《登天宁寺塔》诗：

宝镜开名胜，招提隐化城。回栏飞白日，复磴走玄英。二水凫沙渺，三茅鹤洞明。参差万楼阁，天外落鲸声。

陈沂（1469—1538，上元人，正德十二年1517 进士）的诗：

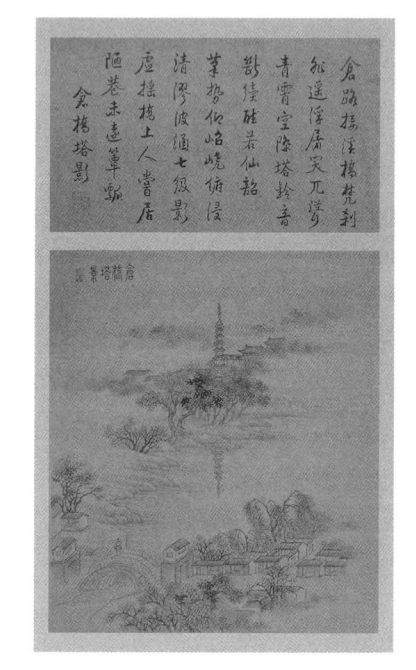

图 3-4　真州八景之仓桥塔影

我昔真州寺里游，曾登雁塔临高头。上瞻西北星辰满，下俯东南江汉流。一从驾鹤瀛洲去，缥缈飞楼十年住。回见红尘隔彩霞，至今犹记题诗处。

戴桐《登天宁塔》诗：

丹峰千尺插青天,此日招携历绝巅。面面翚飞开日月,重重碑兀锁云烟。南来王气金陵满,东下长江碧汉连。披豁翛然尘虑涤,恍疑身在斗牛边。

试想,古代没有雾霾,能见度必然很高。倘若登塔远眺,不仅江南诸山尽收眼底,扬州、镇江、金陵诸城亦可目及,这是多么诱人的景致啊!

2016年7月24日,天宁社区组织小朋友搞暑假"画宝塔"活动,请我去给小朋友讲讲天宁寺塔的故事,我欣然前往。

我1985年到仪征工作,三十多年来从未有机会登塔,连摸都没摸过,不免有些遗憾。2018年7月,我参加中央电视台《中国影像方志·江苏仪征篇》的拍摄工作,有幸进入铁围栏内抚摸了一下,开心得不得了,还与导演黄埔进在塔前合影留念。

2020年5月26日,我陪同到仪征调研"历史文化名城名镇名村"的扬州市住建局副局长刘泓一行,来到天宁寺塔,第一次进入塔内,循木梯登上了塔顶。从2009年起,我因半月板磨损,一般不爬楼梯。这次豁出去了,手脚并用,双手抓着积满厚厚尘土的扶梯,终于登顶。得以用古人的视角,从四面窗户中眺望古老又现代的仪征城。由于有两层木栅,拍照效果并不理想。从外面看宝塔是八面,其实里面只有四面,顶层四面墙上都有两尊小佛龛,造型已经模糊,用玻璃罩着。

2022年6月20日,我陪同中央电视台《大运河之歌》摄制组导演滕忠彬和中国宋史研究会副会长、中山大学教授曹家齐,再次进入宝塔内部。我专门拍了小视频,在微信视频号和抖音上发布,大家纷纷点赞,很多人都没看到过天宁寺塔的内部。

宝塔起源于古代印度,原本是用来埋藏佛祖释迦牟尼的遗骨并供佛教信徒崇拜之用,后随着佛教一起传入我国,发展成佛塔这种具有东方特色的建筑。宝塔的作用更多在于镇妖避邪,如《白娘子传奇》中的雷峰塔。革命现代样板戏《智取威虎山》也有台词:"天王盖地虎,宝塔镇河妖。"

明朝初期,风水学说盛行,受此影响,风水塔应运而生,几乎每个县城甚至每个乡镇都有,蔚为壮观。风水主要用于堪山理水,补地势、镇水患、引瑞气,塔的建立被视为"地脉兴"而"人文焕"的大事,极受重视。

清代堪舆大家赵九峰著《阳宅三要》云:"凡都、省、府、厅、州、县、场、市,文人不利,不发科甲者,宜于甲巽丙丁四字上,立一文笔峰,只要高过别山,即发科甲。或山上立文笔,或平地修高塔,皆为文峰。"这就是到处都有的文峰塔。文峰塔一般修得细长,似毛笔插入云霄,似乎要在苍天上书写什么。

我于1978—1982年在苏州大学就读,宿舍面对着方塔。据说,不远处的双塔就是笔，塔下的寺庙是砚，放生池是砚里的水。某豪门家族科举一直不旺，风水先生指点说缺墨，于是斥资修建了方塔，果然子孙高中。

仪征民间一直有天宁寺塔的传说：东边不远处的文庙是砚台，泮池就是砚台里的水，奎光楼是墨，天宁寺塔就是笔。秀才们在这么好的风水里学习，仪征科举不牛也不行啊！所以文武状元、榜眼探花、父子传胪、一代文宗，都从这里走出来。

诏赐宝钞东岳庙

《隆庆志》是仪征存世最早的县志，县志上没有东岳庙的专属词条，仅在卷十二《祠祀考》一句带过：

神霄、玄妙、东岳、西宫诸观，今并为丘墟矣。

在"资福寺"词条下，有这样的表述：

宋大中祥符元年，中书门下牒，送建安军本寺砧基图簿，寺在军城南岳庙右。

《道光志》卷二十《祠祀志》的表述：

宋大中祥符元年，中书门下牒，送建安军本寺砧基图簿，寺在军城东岳庙右。

《隆庆志》与《道光志》的表述区别不大，《隆庆志》"寺在军城南岳庙右"，表明了资福寺位置在军城之南、岳庙之右，这里的岳庙应是东岳庙；《道光志》直接将"南"改成了"东"，断句理解为军城的东岳庙。

这些信息表明，东岳庙至少在北宋大中祥符元年（1008）即已存在，当时仪征还是建安军，尚未升为真州。

《道光志》卷十九《祠祀志》有东岳庙较为详细的记载：

东岳庙，陆《志》作"东岳行祠"。胡《志》云："旧在儒学东，后废为都府地。今在东门外河北。"○陆《志》云："宋嘉定、端平中创建，后圮。明永乐初，重建。宣德间，久旱，指挥金胜祷雨有应，遂增修之。掘地，得金一釜，上之朝，诏赐宝钞。嘉靖中，毁为漕台。国朝康熙四年，邑人请于知县胡崇伦，捐资协建。"○颜《志》云："康熙四年，邑人重建于东门外河北。后，邑人李怀阳重葺。四十四年，知县许承澎倡修，大学士张玉书撰《记》。乾隆四十年，众姓重葺。嘉庆二年，僧人募修。"○道光初年，巴光诰捐修大殿、二堂、后楼等处。

"宋嘉定、端平中创建"，这是陆《志》记载的东岳庙始建时间，嘉定和端平都是南宋的年号，嘉定元年是1208年、端平三年是1236年，从嘉定（共17年）到端平(共3年),中间还隔着宝庆(3年)、绍定(6年),也就是说,县志记录的只是大概的时间段,从1208年到1236年共有28年,东岳庙建于这28年之间。

由于有资福寺"在军城南岳庙右"之说,所以东岳庙在嘉定、端平中应不是创建,而是重修。

上述资料中引用了胡《志》、陆《志》、颜《志》。

胡《志》是康熙初年知县胡崇伦所修的县志,其中说:"旧在儒学东,后废为都府地。今在东门外河北。"这里指明了宋代旧东岳庙的位置在儒学东,清代康熙初年东岳庙已经在东门外运河之北。

陆《志》是康熙五十七年(1718)知县陆师所修,记载东岳庙始建于南宋嘉定、端平年间,明朝永乐初年重建,宣德年间(1426—1435)遇到干旱,指挥金胜在东岳庙祷告,果真降雨,就增修东岳庙。施工时挖到了一坛金子(古人有时将银锭、铜钱也称为金),上报朝廷,获得降诏御赐宝钞。

金胜,高丽和州人,父亲叫金土满,洪武年间(1368—1398)任仪真卫右所副千户。金胜承袭父职,在永乐年间(1403—1424)跟着郑和下西洋,在锡兰战役中生擒锡兰国王,升正千户;又因在苏门答腊国及征白沙岸诸处的军功,升指挥佥事。宣德年间,从征交趾,阵亡。金胜曾倡修白沙庙,又,天旱在东岳庙祷雨有应,增修施工在工地"掘地,得金一釜",上缴朝廷呈报祥瑞,"诏赐宝钞"(《道光志》卷二十五、卷三十三)。

关于锡兰战役,《明成祖实录》和《明史》卷三百四、卷三百二十六都有记载。

永乐七年(1409)九月,郑和第三次下西洋,船队经过锡兰山(今斯里兰卡),国王(亚烈苦奈儿)"侮慢不敬",并有加害郑和的图谋,被郑和觉察,于是迅速离开锡兰山,先去他国。

亚烈苦奈儿是个不省事的主,他仗着锡兰的地理优势(东西方交通要道),屡次压榨来往商旅甚至使臣,还胁迫邻国一起参与其中,"诸番皆苦之"。

郑和回程时再次停靠锡兰山国,亚烈苦奈儿派他的儿子与郑和交涉,"索要金银宝物",郑和断然拒绝,他就趁着郑和在岸上的机会,发兵五万围攻大明船队,与此同时,他又派人伐木设障,阻断郑和归路,隔绝郑和与船队的联系。

郑和发觉情况不对,赶紧回船,但道路已经不通。面对紧急情况,郑和冷静分析道:"贼等派出大军围攻我大明舰队,国中必然空虚,加之他以为我等已与舰队隔离,人少力孤,不会有什么作为,我军出其不意发起进攻,定能成功。"

于是,郑和派人绕路返回船上报信,命令船队坚守,"死力拒之",自己亲率两千余人,抄小路袭击王城。

王城疏于防守,明军破城而入,生擒亚烈苦奈儿及家属、头目。锡兰军得悉后赶回救援,围城、攻城,明军里应外合,大获全胜。

永乐九年(1411)六月,郑和船队还朝,献俘,群臣纷纷建议杀了亚烈苦奈儿。成祖怜悯他,说他愚昧无知,赦免了他,还供应他衣食,但不再让他做国王了。

成祖让礼部在这群被俘的锡兰贵族中"择其贤者立之",礼部征询锡兰贵族们的意见,众人一致推举邪把乃那,因此,成祖下诏,赐印,并派使臣宣读诏书,正式册封邪把乃那为锡兰国王,新国王邪把乃那等人回国时,旧王亚烈苦奈儿夫妇也一同被遣返回国。

从此以后,锡兰正常遣使朝贡,成为大明朝的友好国家。

台湾《世氏族谱》"锡兰支系"记载:"我开基祖本锡兰国君长,巴来那,于明初赐姓世,授四夷馆通事入闽。"专家认为,《明史》中的新锡兰国王邪把乃那,就是《世氏族谱》中记载的"巴来那",永乐皇帝给锡兰新国王赐姓"世",王族子弟中可能有人先到国子监学习,再到泉州从事贸易活动,而后定居下来。这是福建泉州和台湾"世"姓之源。

2014年9月16日,国家主席习近平对斯里兰卡进行国事访问,总统赠送了习近平一幅古碑的拓片。2019年,习近平主席在亚洲文明对话大会上展示了拓片,并向各国领导人介绍了这块古碑的来历。

古碑名为"布施锡兰山佛寺碑",是为纪念郑和第三次下西洋时给锡兰当地寺庙做布施而立的。该碑1911年被发现,现藏于斯里兰卡国家博物馆。

该碑高144.5厘米、宽76.5厘米、厚12.5厘米,石碑前后两面都刻有二龙戏珠的浮雕,两个角呈圆拱形,正面刻有三种文字的碑文,分别是中文、泰米尔文和波斯文。中文碑文记载了大明皇帝派太监郑和来到斯里兰卡,在这里进行布施,表达了对佛祖的颂扬,记载了布施的内容和物件。而泰米尔文和波斯文则是表达了对毗湿奴神和真主安拉的颂扬和敬献。

《道光志》记载了仪真卫指挥佥事金胜"从征西洋,以擒锡兰国王,迁正千户"。锡兰战役开启了中斯友好的新篇章,这里面有金胜所做的贡献。《道光志》不仅记载了金胜的家世、战功及他在职时维修白沙庙、为民祷雨、增修东岳庙等事迹,还记载了金胜在交趾之战中为国捐躯后,仪征人民将其入祀忠烈祠,作为后世景仰的典范。

嘉靖年间(1522—1566),东岳庙被用作漕台(漕抚行台)。清朝康熙四年(1665),知县胡崇伦批准大家集资重建。

颜《志》是嘉庆八年(1803)知县颜希源所修,记载康熙四年(1665)重修东岳庙于东门外河北,其后的历次修缮,位置不再变化。

搞清楚明代嘉靖年间漕台的位置,就可知晓宋代旧东岳庙的位置。

县志上有漕台的信息："漕抚行台，在县东南，嘉靖十一年（1532），漕运兼巡抚右副都御史刘节、知县王皞，即东岳废祠建。陆《志》云，其后环以巨池，即东园故迹也，今废。"即漕台位于宋东园故迹之"巨池"的南面。

上述东园故迹之巨池，县志有"古东园塘"词条："在宋东园旧址之南，北隔一河，即旧建欧阳《碑记》处。负碑灵鳌，今尚存。其塘曲折相连，水清见底，烹茶，经宿色不变，俗名古董塘。"即"巨池（古东园塘）"在宋东园旧址南，且与宋东园隔河（今仪城河一段）。

从《（康熙）仪真县志》（胡《志》）的城隍图可以看到漕抚行台的位置，其位于清儒学以东、清市河（今清真寺排水沟）北岸。

综上所述，宋东岳庙位于儒学东、古东园塘南，明嘉靖年间改建为漕台，清东岳庙位于东翼城外，今东岳庙位于东翼城内。东岳庙的三个位置都位于市河北岸。

清代的东岳庙直到20世纪70年代还存在，但已成了仪征酒厂内的库房。

著名学者蒋寅，少年时随父亲下放到仪征，在其《学问之道，求博守约》一文中说道：

仪征东岳庙创始于南宋嘉定初，明永乐间重修扩建，且受诰封。中为前殿、大殿、二殿，侧有火神殿、都天殿、城隍殿、十王殿，后有宫楼、望江楼及客堂、斋堂、寮房等，多至九十九间，甲于江淮间。民国间犹存六十五间云。上世纪六十年代为酒厂所占，予就学日经其侧，见朱墙偏殿犹存。某日雷雨后墙面隐显人形，俗传为菩萨显灵，设石案供馔不绝。迄1996年遂复建之，再现伟观。人或诧其规模过奢，予阅《赵烈文日记》，载同治四年闰五月初七道经仪征，谓"傍城东郭行，有废观名泰山宫甚大，岂宋仪真观之址耶？"知原建筑实甚可观。

蒋寅所记，酒厂是20世纪60年代所建。我1985年调到仪征时，还见过该厂生产的"真州曲香"粮食白酒。然而1990年左右，酒厂关闭，原址改建为化工厂。

今天的东岳庙是1996年开始重建的，位于清代东岳庙以西，与之隔着东翼城，即清东岳庙在城外、河北，今东岳庙在城内、河北。所谓河北，就是市河以北，市河是宋代运河，明清退化为市河，今已退化为清真寺排水河道。

宋代的东岳庙就在城内、河北，今天的东岳庙与宋代东岳庙相距不远，推测宋址位于今址以西200米左右，亦不排除两者有重合的可能性。

今天的东岳庙是仪征仅存的道教场所，虽然仪征还有三官庙、三将军庙、三茅宫等，名号依旧，但实际运营者已是佛教人士，主要供奉佛教偶像，道教偶像或在偏殿，或已不见。

我曾专程采访今东岳庙道长刘瑞应（俗名刘国朝，他是江苏省道教协会副会长、扬州市道教协会会长），得知了今东岳庙的兴建过程。

1993年，刘道长就开始多方协调，为复建东岳庙而奔波。当时庙已经没有了，原址成了酒厂（后为天宁化工厂），信教群众则在路边（即东翼城城墙遗址）的大杨树下烧香。大杨树今天还在，在新东岳庙围墙外（道长说三期工程时，把大树包进来了）。新冠疫情期间，东岳庙不对外开放，但树下仍然有人烧香。

道长拜访了80多岁的原东岳庙老和尚（俗名夏招财，中华人民共和国成立后还俗，做过生产队会计，他的师父叫释汇川，俗姓郭），老和尚得知道长要复建东岳庙，原本颤颤巍巍、结结巴巴的讲述，居然流利起来，两眼放光。道长从老和尚处了解到老庙的规制和布局，又查阅了档案馆和图书馆的史料，还参照外省东岳庙的规制布局，于1994年下半年形成了可行性报告。

1995年落实地皮时，先找的清东岳庙原址——真州镇五一村城东组，但群众意见不一，出不了地皮。原酒厂副厂长陈道仁的妻子吴金兰得知情况后告诉道长，与城东组一路相隔的五星组组长金春华愿意出地皮，双方洽谈后，金春华无偿捐献近30亩地，报请五一村支书印志福同意，地皮就确定了下来。1996年，市政府行文批准了东岳庙复建的请求。

1997年初，市里成立了"仪征市东岳庙复建筹备委员会"，统战部部长包定远领衔主持，市政府建设、人事等多部门为成员，委员会下设办公室，宗教局刘景山局长为办公室主任、道长任专职副主任，在复建原址旁租了个石棉瓦小房子，作为临时办公用房。

正准备大干一番的时候，官场环境突然变化，严重影响了复建工作的开展，道长不畏困难，逐一拜访有关领导，陈情求助，在局势逐渐缓和的时候，采用苏州预制构件、仪征拼接安装的方式，突击施工三个月，建成了灵官殿。1999年1月底2月初（腊月里），灵官殿举行了隆重的开光仪式，刘道长的师父、省道协会长、茅山住持朱易经道长，仪征佛教协会会长、金山寺禅堂首座养廉老和尚亲临开光仪式现场。

养廉是仪征朴席隆觉寺最后一位住持和尚，于20世纪50年代被推选为县政协常务委员。当时他已经90多岁了，几次来仪征都与道长同住，灵官殿开光时，与道长抵足而眠。养廉每次回金山寺时，道长都是骑自行车将他送到北门汽车站。那时候条件很艰苦，养老却不在意，还给东岳庙留下了墨宝"羽服修真静心养性（仪征东岳庙前殿落成暨神像开光志庆）"。

灵官殿建成后，次年年底（1999年12月5日）开工建设东岳宝殿（图3-5）。这是整个东岳庙的核心建筑，重檐歇山，面阔七间，黄色琉璃瓦，金碧辉煌。宝殿

图3-5 东岳宝殿

中供奉东岳大帝,两侧也有其他神仙,殿前有一对高大的石狮和两块石碑,碑文一为"东岳信仰源流",一为"重修东岳庙记",落款均是丙戌年(2006),住持刘瑞应。

东岳宝殿的后面是育德殿,单檐歇山,有白石栏杆围廊。育德殿是东岳大帝的后宫,中厅供奉的是东岳大帝的大皇后及西宫夫人(仪征人俗称大太太、二太太),东屋和西屋是两位帝后的寝室,有床、桌、椅、橱等,道姑每天为帝后整理被褥。

育德殿后面西北角是二期工程,有一组建筑,北面最高的是圆通宝阁(观音殿),前面是碧霞宝殿,再前面还有火神殿、讲经堂(教学楼)、丹房(出家人住所)、居士楼。

东岳庙一期工程约30亩,建筑面积2400平方米;二期工程亦30亩,建筑面积6000平方米。计划中还要将已废弃的酒厂征购过来,作为三期工程的用地,使清代东岳庙回归原主。届时,东岳庙的面积将超过100亩。

东岳庙供奉的是东岳大帝,在仪征信众较多。旧时的仪征东岳庙会于每年三月二十四日举行。在头一日晚,各路菩萨都在东岳庙前汇聚,第二日随东岳大帝"出巡",万人空巷。

如今的东岳庙是苏中、苏北最大的道观。山门(图3-6)气势非凡,牌坊门楼正面有对联:

卷平岗舒大江风物一时冠淮南,挟徐扬朝泰岱庙貌千载壮帝乡。

图 3-6　山门

庙门内侧对联：

修道清静自然乃太上亘古家风,参玄洞妙圆觉本菩提不灭真性。

撰联和书法均出自刘瑞应道长。东岳宝殿前的两通碑文"东岳信仰源流""重修东岳庙记",亦出自刘道长之手,可见刘道长颇有功底。

东岳庙及其附近出土过不少宋代遗物。

东岳庙收藏一尊旧石狮,约 1 米高,仪征市博物馆馆长夏晶、工作人员曹骏判断其为清代旧物。石狮原半埋在酒厂围墙旁,东岳庙花了几千块钱,请人将石狮挖出来,再运进院内。据说还有一尊在酒厂的地下,知道具体地点,道长表示以后有机会再挖,让一对石狮团聚。

一期东岳宝殿基础开挖时,出土了多枚"大观通宝"铜钱和瓦香炉、烛台;二期地下出土过古代房屋的地基和古钱,地基显示房屋开间和进深都不大,铜钱正面是"端平(通宝)",背面穿绳孔下是"又十六春",比一般铜钱大些。"大观"是北宋徽宗的年号,"端平"是南宋理宗的年号,东门水门是宝庆元年(1225)建的,宝庆是理宗的第一个年号,端平是理宗的第三个年号,相距十年。这里离东翼城的东门非常近,北宋时尚在城外,水网密布,南宋时已在城内,这里应有人居住,也许还是防守或管理城关的人的生活用房呢。

2021 年,南门城中小学拆迁工地上,发掘出不少两宋遗物,铭文的有两件,一件是有"庆元庚申"的南宋六角形石井栏;另一件是一只口部已残的半釉瓦罐,下部有完整的款识"熙宁十季丁巳岁净明院苑",字迹非常清晰。"熙宁十季丁巳岁"就是熙宁十年,北宋神宗的年号,对应1077年;"净明院"应该是一个道观,虽不能说是东岳庙的前身,但也间接证明了北宋时期,真州的道教是很兴盛的。事实上,仪征最有名的道观是西小山的天庆仪真观,始建于北宋大中祥符六年(1013),这也是"仪真"地名的由来。

晚钟悠扬资福寺

资福寺的位置就在今天解放路上的市政府(图3-7)处。经历了岁月变迁,资福寺的殿堂、僧舍、老树、水井等都已经消失,只有政府大楼前的水池,还能依稀看出当年放生池的模样。

图3-7 仪征市政府

《道光志》卷二十《祠祀志》记载:

宋大中祥符元年,中书门下牒,送建安军本寺砧基图簿,寺在军城东岳庙右。

资福寺始建于北宋大中祥符元年(1008),是由中央(中书门下)发的批文,批文里包含了庙宇四至的地籍图。当时的地址并不在今天的解放路,而是在东岳庙的右侧(西侧),今前进路实验中学北、市人医停车场一带。明朝万历十三年(1585)实施寺学互换,资福寺与县学互换位置,才到了今天的解放路。

资福寺经历了多次修缮和重建。

北宋政和年间(1111—1118),僧洲泽重建;南宋嘉定年间(1208—1224),再葺;明代洪武初年,僧道彝重建;嘉靖四十二年(1563),僧真果重修。

万历十三年,知县樊养凤认为仪真科举不旺,是县学风水不好,决心搬迁,将资福寺改为儒学,将儒学改成资福寺(寺学互换),所以万历之后的资福寺,就是从前的儒学旧址。每逢圣节(皇帝生日)、元旦(春节),县令和县卫要在这里先预习礼仪一日。

清代顺治年间(1644—1661),监生方光弈捐资重修;乾隆十八年(1753),邑令李鹏举率众捐修;十九年(1754),三楚黄绪武重修大殿、后楼;二十四年(1759),僧成楷辟知止轩于后。嘉庆十四年(1809),僧祖意于殿东增建楼房五楹,重修客堂、斋堂;二十年(1815),僧祖意置西边滩田一百二十亩,六合县界青福洲田八十亩,以资香火。道光元年(1821),僧先为新塑海岛于大殿背后,继造香积厨八楹;十五年(1835),僧明谦创昙华室三楹,殿后东、西回廊十二楹,余亦相继葺之。

由于资福寺在明代万历年间(1573—1620)搬迁过,为表述清楚,本文将搬迁前的资福寺简称为南寺,将搬迁后的简称为北寺。

南寺的开山祖师是慈爱,原住法云寺,为资福寺开山后"猛力精进,得禅宗三昧",北宋宣和年间(1119—1125)曾奉诏入京,住慧林寺,宋徽宗召他到内廷讲法。南宋绍兴初年,慈爱回到资福寺,不久之后圆寂。焚化时烟气所到之处,弥漫着神奇的香气。

南寺曾做过贡院。宋代的制度体系中,州是必须有贡院的,方便乡举试士。北宋时真州就有了贡院,靖康、建炎年间,贡院毁于宋金战争。南宋乾道年间(1165—1173),知州张郯曾将贡院暂设在乾明佛寺,张郯去职后,改在学宫。淳熙十三年(1186),州学教授叶维休(东阳人)向运判王正己(四明人)建议,不要干扰学宫,"请用资福寺立试官",获准。

南寺的西宫,曾建有吴知郡祠,那是南宋嘉定十五年(1222),知州吴机应民众要求,为祭祀南宋庆元年间(1195—1201)知州吴洪[字仲宽,天台人,庆元四年(1044)任真州知州,吴机的叔父]而建的。吴机在墙壁上题有《吴知郡祠堂记》,内容是:

庆元戊午(1198)、己未(1199)年间,(吴机的)叔父来真州上任,我(吴机)曾经来真州拜望,有机会聆听他从容话言,窥见他政事之略。他创建了忠节楼、船壮、武营屋六百间,就是今天的营址;疏浚了新河二十里,消除了船只搁浅倾覆的隐患,方便了运输。在真州的登览胜境,建造了俯江楼,重建了快哉亭、鉴远亭,还重塑了资福寺殿宇内的塑像,这些都是我亲身感知的。经历了战火和二十年的变迁,我现在也来到了真州,任知州兼发运司运判(南宋绍兴后不设发运使,只设副使;嘉定后不设副使,只设运判),担负着粮草保障的使命。走访叔叔的遗迹,老人还能说出一二,但因为没有修志,这些事情没有记载,仅有虞公俦所作的《新河记》和资福寺这个大殿上,叔叔的姓名犹存,颇感欣慰!现在大家请求为叔叔建祠立像,以寄托大家的思念,所以我把这些文字题写在这个祠堂之壁。祠堂祭祀的主人名讳叫吴洪,字仲宽,是我(吴机)的叔叔。

南寺有个神奇的故事。石悈官至中奉大夫、解州知州,北宋元丰年间(1078—1085)解官后,护送母亲高氏的灵柩回真州,停灵在资福寺,夜里资福寺突然失火,石悈是个孝子,仓促间无计可施,决心与棺木共存亡,"以身覆之"。大火过后,寺庙被毁,唯独停灵的房子没有损坏。

石悈,字元饬,是石丕的儿子。从小随父亲生活在边疆,对军政事务颇为了解,朝廷也要他参与议论边事。石悈"五历部使、三守藩郡,所至有声"。他的父亲石丕,字彦茂,先祖固始人,居闽地。举进士后,任绵州盐泉尉、朝议大夫、太平州知州。他对边境防务很有章法,每任一地都备御修举,深为朝廷赞赏。石丕在江淮地区寻找安葬之地,看中了真州扬子县的石家山,他欣喜地说:"我是闽地人,而此地有石家山,这恐怕不是偶然的!"于是,他将妻、妾安葬在此,而把自己的墓穴位置定在中间,虚席自待。石丕去世后,儿子们遵他遗命将他葬在这里。从此,石家后人也都徙居扬子县了。

石家山在哪里?县志说在甘露乡,即石丕葬处,与窦家山相近。窦家山又在哪里呢?县志说在县东北八里,昔有窦姓者居之,今俗名破山。可知石家山就在破山,是出土西周成套青铜器的地方,在新城西北,今上汽五厂北。

吟咏南寺的诗文:

南宋同签书枢密院事督视江淮京湖军马魏了翁[1178—1237,字华父,号鹤山,邛州蒲江人,庆元五年(1045)进士,官至权礼部尚书兼直学士院,谥文靖]有《资福寺罗汉阁》诗:

千柱依然跨宝坊,庭前柏子久荒凉。明珠白璧无人识,赖有斯文万丈光。

明代仪真科举成绩最好的景旸[正德三年(1506)榜眼]有《游资福寺》诗:

江城入长夜,物色碧空同。汉静浮兰桨,林深暗绮栊。燕归僧舍雨,幡动石坛风。久住惭玄度,相依有远公。

明代仪真另一位才子蒋山卿[正德九年(1514)进士,官至广西参政],也有吟咏资福寺的诗:

城东古寺湖水中,凄其秋色更多风。歌吟五夜不知倦,离别十年今始同。月里雁来毛尽白,霜前枫下叶俱红。新怀旧兴惭诸子,刻浊焚香有远公。

北寺是原来的仪真县学,宋元两代是州学,宋代州学也是搬来的,这个地址最早的记录,是北宋天庆观,详见本书《福地诏分天庆观》一文。

北寺里有"圣人像冢",就在资福寺的后面。时任乐仪书院山长沈廷芳记载,明万历十三年(1585)寺学互换时,至圣先师孔子的像并没有搬运到新的县学,而是就地掩埋并建了一座坟。清康熙五十七年(1718),知县陆师重培坟土,并立了一块石碑。乾隆三十四年(1769),陆师的儿子陆端,与本地文人施朝荣、方章宪等人,再次培土,砌了砖墙,砖墙下面是石头墙基,坟地围墙安上了门,大家行了礼,在从前的石碑旁又立了新石碑,沈廷芳撰写了记。

道光二十一年(1841),仪真发大水,城内仅西、北门内两街不淹。八月丁亥是祭祀孔子的日子,但文庙被淹了,只好将祭器搬到船上,一直行驶到资福寺门口,在圣墓前行礼。

北寺里还有个"儒林井",因为在原来的儒学内,所以又叫文井,位于旧儒学内尊经阁的西侧。据说曾经从井里汲得鱼来,大家觉得很奇异,将鱼送到江中。

督运所千总署曾赁居在资福寺内,"仪帮额设督运空重千总二员,回空暂驻"。督运所是督运漕粮的机构,每年春天千总必须随漕船行动,年底漕船回空时,千总回到仪征,不需要专门的办公场所,就租住在资福寺。

有一位独力修葺资福寺的人,叫李芝,因县志小传未写年代,从上下文人物小传推测,其生活在康熙末年。李芝,字怀阳,他不是官宦人家(素封,估计是盐商),平时很简朴,但对公益事业却毫不吝啬。仪真城里的资福寺,城东的地藏寺、东岳庙,他都曾独力修葺,捐赠的银子数以万计。他购买了江中芦洲捐献给资福寺做庙产,至今尚存。城西的龙门桥,他也曾捐资修建。有族人流落外地,他促其回来,赡以田亩、庐舍,大家都称赞李芝是"善人"。李芝活了七十八岁,子孙繁盛,有好几个是秀才。

邑人方之埈对嘉庆十四年(1809)僧祖意修缮资福寺有《记》:

"祖意(法名)法号竺堂,俗姓黄。他的祖上是明朝忠勇将军、世袭卫都指挥使黄昌武(查县志《明卫指挥使以下世袭表》,宣德年间(1426—1435)有六安人黄锺任仪真指挥使,但黄锺是不是黄昌武,待查),他的父亲黄汉臣是我的亲戚,祖意是黄汉臣的次子,从小体弱多病,没法走读书科举之路,被送进了资福寺。

资福寺的潭月长老,多年来没有合适的继承人选,也无力整新,以至于'殿宇瓦解,佛面尘封',祖意秉承潭月教诲,大有长进,大家都推举祖意做方丈。祖意不负众望,殚心竭力,'大振宗风,寺由是兴'。潭月长老圆寂,正巧黄汉臣的岳父去世,祖意两头照应,应对周全,大家看在眼里,都说祖意是个称职的方丈。

嘉庆二十一年(1816),祖意为避免重蹈覆辙,必须培养接班人,便在弟子中选择了铭初来传承衣钵。所以直到今天,资福寺香火依然旺盛。由于我与黄汉臣是亲戚,对祖意比较了解,所以我写了这段文字。"

关于竺堂,县志上还有些信息:竺堂俗姓黄,嘉善县令正学、武孝廉正邦、旌表孝子正鸿,都是他的族堂兄弟。竺堂开始是在城西莲池庵(资福寺之退院)出家的,潭月退休后,无人主持,于是大家推竺堂为方丈。初来时正赶上年饥岁暮,寺里断粮了,竺堂率领众僧"打饿七",在寺外放置乞食的锅,众僧诵经待死。县署离资福寺颇远,但知县颜希源在衙门里听到了木鱼声,很诧异,问明情况后,急忙安排解决,胥吏们也跟着知县捐款。自此,资福寺隆隆日上,成为仪征丛林之冠。

资福寺出人才。上文提到的南寺开山祖师慈爱,奉诏到宋徽宗内廷讲法。北寺有一位文僧,叫成楷,号贡植,工于书法,能"擘窠大书",他写的诗效法宋诗风格,士大夫们很看重他。成楷撰有《白云诗草》一卷。

乾隆二十四年(1759),成楷辟知止轩于(资福寺)后,并且还写了《知止轩铭》:

凤志唯坚,仰止前贤。言防口过,行惕冰渊。功同种树,勤况畲田。勿忘勿助,历劫经年。炎凉弗畏,顺逆无迁。须蠲怠慢,务并昏眠。精行六度,密策三元。分阴是惜,怀古陶然。雨滋万汇,云敛苍天。恬然无间,知止真铨。

成楷除了乾隆二十四年(1759)新建资福寺知止轩,还于乾隆三十年(1765)修葺了北门外坡上的白衣庵;于乾隆三十三年(1768)重修了方山梵天寺的殿庑。县志援引《淮海英灵集》指成楷为"宝应一宿庵石老人弟子,居仪之方山"。王春明《宝应画苑录》记载:"释成楷,号贡植,宝应一宿庵主持石吼上师弟子,诗法宋人,士大夫重之,工书法,善擘窠大书。"

资福寺曾做过赈灾粥厂。乾隆二十一年(1756)春,江淮大灾,周边高、宝、兴、泰的饥民流入,知县戴秉瑛倡议捐赈。盐商出钱买米,在城东宝坊寺和城西法云寺各设一个粥厂,继而又在天宁寺和资福寺再设粥厂,解了饥民之急。戴秉瑛因此感叹道:仪征人真厚道!于是给捐款的盐商在宝坊寺立榜。

县志还记载了资福寺(北寺)周边的一些古迹。

义仓

资福寺西边的大察院故址,原为北宋司新仓,因米料仓与物库混淆,南宋宝庆年间(1225—1227),权漕上官奂酉另建米仓,旧仓改为钱库;清康熙年间(1662—1722)被改建成了常平仓,俗名"新仓",乾隆三十七年(1772),知县周林、方辅悟相继重葺。民国时这里是义仓,中华人民共和国成立后这里建成面粉厂,巨大的罐体曾经是仪征城里仅次于宝塔的高大建筑物,改革开放后建成谷茂大厦。

察院

察院即巡盐御史署,是巡盐御史办公的地方。资福寺西有大察院,东有中察院、边察院。

节贮仓

节贮仓在资福寺前,乃明嘉靖四十三年(1564),工部主事许孚远建,用以储漕脚余米。"漕脚余米"理解为漕运过程中跑、冒、滴、漏的米。节贮仓"在资福寺前",则与宋代州仓在同一位置,即今资福东巷人防广场一带。

厉园

厉园为进士厉士贞家的书圃。仪征厉氏为名门望族,有"簪缨华胄"之佳话。中国"改革先锋"、著名经济学家厉以宁先生,是厉氏家族在当代的杰出代表。

公输祠

在资福寺东,乾隆七年(1742)建有公输祠,三十三年(1768)句容县匠民重修。公输祠是祭祀鲁班的场所。

吴潜别墅

在资福寺东,还建有吴潜的别墅。吴潜,字云升,盐商,一贯做好事,听到谁有难,必会前往济危,遇到亲友操办婚丧之仪有困难都会出手相助,救助育婴、拯救溺水等场合都有他的身影。有一次,他去宣城石口经商,正遭遇土寇肆掠,吴潜想到家中父亲年事已高、弟弟又年少,没敢进庄,昼伏夜行回到家。看望过家人后,他以为土匪肯定走了,又去宣城石口,谁知土匪还围着庄子,便直接找土匪谈判,给他们千金,土匪撤走。吴潜此举保全了二百余户人家。吴潜身无分文来到广陵,众亲友敬重他的为人,纷纷将业务委托给他做。吴潜专门在资福寺左(东)建了别业,为的是"娱亲老"。吴潜三十岁娶妻罗氏,有两个儿子——治桂、治楷。康熙十九年(1680)春,县里举办"乡饮"邀他做嘉宾,他坚辞不就。临去世时,把两个儿子叫到床前,将亲友们的借券逐一交代,对其中确实不能偿还者,当面烧掉借据。

吟咏北寺的诗文

康熙五十七年(1718)在仪真任知县的李昭治诗:

潇潇古寺白云峰,偷得闲来看老松。过路晚风何处起?忽闻天外一声钟。

道光七年(1827)知县范仕义《资福寺》诗:

花霏香阁傍严城,满院风来爽籁生。丛菊凌霜开净域,寒松筛月弄秋声。桥通一水心源活,地辟双林眼界清。象教自来参福慧,喜闻梵呗惬幽情。

道光七年(1827)守备王嘉福诗:

偶谢官中事,来过支遁家。溪光森万竹,秋色秀孤花。雪壁生枝画,风炉活火茶。此间足禅趣,随意学趺跏。

由于寺学互换,资福寺留下了许多儒释相交的故事。仪征最有名气的乡贤阮元,与南寺、北寺都有密切的关系。乾隆四十九年(1784),阮元考取了仪征县学,校址即南寺。由于家在扬州郡城,阮元必须在仪征找个住处。他在《广陵诗事》中回忆道:"仪征资福寺,门有桥池,寺多竹树,其正殿双楹,皆古楠为之,二人不能合抱,元幼时尝寓此。"表明他是在资福寺住过的。

阮元还在《广陵诗事》中引述清初仪征诗人魏卫(1626—1687,字廓功,有《西陴诗稿》)描绘资福寺的诗句"书声出秋树,花雨送溪风",并评价"极得情境"。可见,资福寺虽是佛家寺院,但学子在此读书的气息依然浓郁。

"资福晚钟"是真州八景之一(图3-8),晚清画家诸乃方有《浪淘沙·资福晚钟》词:

古寺傍荒城,门掩蓬蒿。林鸦栖定暮烟生。墅径僧归行且住,纤月微明。

黄叶绚秋晴,溪上桥横。推敲谁酌句初成。高遇梵音幽更远,清夜钟声。

这首词描绘的是资福寺,作画的时候,仪征市区已经很萧条了,几近"荒城",寺门前杂草丛生,寺内看起来还是清心修行的好去处,黄叶显示秋天已到,树上的鸦雀鸣叫声伴随着黄昏的一缕轻烟,月光里僧人在林下闲行驻足,他是在推敲诗句吗?夜半的钟声就像佛祖在讲经,悠悠扬扬飘向远方。

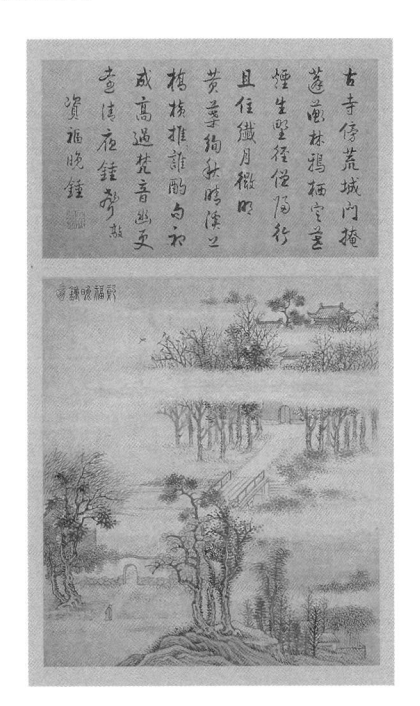

图3-8 真州八景之资福晚钟

寺学互换

仪征的县学有着辉煌的历史,其前身是宋庆历四年(1044)建立的州学,后遭兵火,屡毁屡建,历任知州多倾力关照。明洪武二年(1369)降州为县,州学也成了县学。历任知县也不含糊,修葺之举,县志都记载在案。万历十三年(1585),知县樊养凤将学宫与资福寺互换,县学于是立于新址,位于现在的前进路实验中学和市人民医院处,直到清末科举制度废除。

明万历十二年(1584),仪真新任知县樊养凤(常山人,万历十一年癸未科进士),到任后调研仪真科举成绩,很不满意。考察过仪真山川河流、地势风水后,认定县学风水不好,决定将资福寺(南寺)改成县学。当时,僧人不肯、秀才不依,市面上流传"秀才入空门"的谣言。樊养凤不惧人言,强行将二者互换,于万历十三年(1585)将如来请出了大雄宝殿,将泮池变成了放生池。

原来在学宫(北寺)里的孔圣人塑像没有迁走,而是"就地而藏,崇土封之"。康熙五十七年(1718),知县陆师重新加了封土,并立了一块石碑。乾隆三十四年(1769),乐仪书院山长沈廷芳因经常带学生敬谒,看封土颓坍、路人踩踏,于是与陆师的儿子陆瑞和友人施朝荣、方章宪等人重新培土,修了石基砖墙,加了墓门,并在旧石碑旁边又新刻了一块石碑,并排而立,碑的背面刻上了捐资人的名字。

县学迁到新址后,科举成绩果然大显,康熙五十七年《仪真志》有一段按语:前明未迁学时,自洪武以来百四十年间,中进士仅四人;迁学后仅国朝七十五年已得八人。

康熙五十七年《仪真志》是知县陆师主修的,不知道后来的盛事。康熙五十九年(1720),知县李昭治主政,率领大家挑浚流经县学但已淤塞的北市河(仪城河)西北一段,并将泮池改造成半月形,池外筑堤,名曰"瀛洲"。堤上种植桃、柳数百株,堤外挑玉带河,南北都与市河贯通。这一年乡试报捷,全县创纪录地有十一人同时中举(《道光志》卷十《河渠志》"水利"条目援引泾川郑相如《重开仪征市河碑记》表述为十一人,但《道光志》卷二十八《选举志》则记载乡举九人、贡举五人、恩赐一人,本书取碑记数十一人),官民都相信"通则利而阻则害"的风水说,绅民投身水利事业的热情高涨,有钱的出钱,有力的出力,仪征城内南北两条市河全部浚通。大家还为知县李昭治立了一块碑,碑文较长,可参看《道光志》卷十《河渠志》的内容。

十一名中举者中有一位名叫陈倓(1695—1739,字定先,号爱川,曾赐一品服,充册封安南使),他于雍正十一年(1733)再接再厉考中进士。更重要的是,他是这一年(癸丑甲科)会试第一名、殿试第一名,三十九岁的状元!

仪征县学里的泮池东石桥由邑人黄复征等复造于康熙四十六年(1707),是将原有石桥向南稍徙改造的,为了给学子们讨个好口彩,寄予美好愿望,取名为"状元桥"。陈倓考取状元后,邑人许子华于雍正十三年(1735)重修县学时将状元桥做了改建和美化。

泮池东有文状元桥(图3-9)，西有武状元桥，武状元桥已圮，文状元桥尚在，现为仪征市文物保护单位。而互换后的县学，亦为真州八景之一——泮池新柳(图3-10)。

图3-9　文状元桥

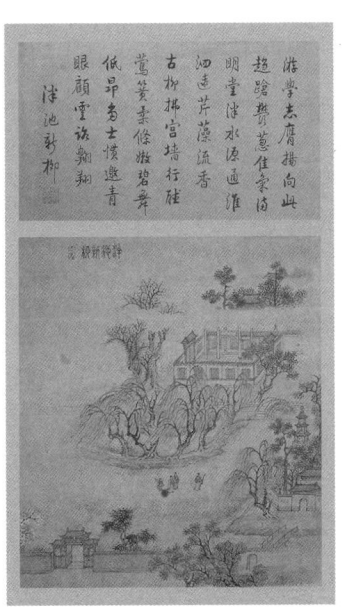

图3-10　真州八景之泮池新柳

福地诏分天庆观

"天庆"一词来源于《宋史》卷七《真宗二》：

(大中祥符元年)十一月壬午，诏以正月三日为天庆节。

这一年正月初三，有天书降临皇宫左承天门南鸱(chī)尾上，随后全国各地纷纷上报祥瑞，宋真宗改元、泰山封禅、曲阜祭孔，诏令每年正月初三为天庆节。

顺便说一句，唐玄宗以其生日八月五日为千秋节，后改为天长节，仪征的邻居"天长县"之名因此而来；宋徽宗以其生日十月初十为天宁节，各地"天宁寺"因此而来。

《宋史》卷七《真宗二》：

(大中祥符二年)冬十月甲午，诏天下置天庆观。

真州的天庆观系由天庆仪真观分设而来。

《隆庆志》卷十二《祠祀考》：

仪真观，在西小山。宋范四金像既成，即其地建仪真观，继赐额，加天庆其上。政和间，诏分天庆仪真为观，别创天庆观于州城，而仪真观或称为西宫观。庆元间，守吴洪重建。开禧兵毁。嘉定间，守吴机复建。

宋大中祥符六年（1013），京师建造玉清昭应宫，司天言："建安军西小山有王气，可以熔铸圣像。"宋真宗任命参知政事丁谓为迎奉使，负责全部工程。在小山熔铸金像，在熔铸过程中，有青鸾、白鹤、景云，盘绕炉冶之上。金像铸成后，迎奉到汴京，宋真宗下诏：其地建天庆仪真观，赐号"瑞应福地"。

政和年间（1111—1118），宋徽宗下诏，将天庆仪真观一分为二，创建天庆观于州城，留在西小山的称仪真观、西宫观。

陆游《入蜀记》卷二：

初问王守仪真观去城远近，云在城南里许。方怪与国史异。既归，亟往游，则信城南也。有老道士出迎，年七十余，自言庐州人，能述仪真本末。云旧观实在城西北数里小土山之麓，祥符所铸乃金铜像，并座高三丈，以黄麾全仗道门幢节迎赴京师。皆与国史合。故当时乐章曰："范金肖像申严奉，宫馆状翚飞。万灵拱卫瑞烟披，堤柳映黄麾。"道士又言赐号瑞应福地，则史所不载也。今所谓仪真观者，昔黄冠入城休憩道院耳。

陆游于乾道五年（1169）授夔州通判，次年（1170）闰六月十八日自山阴启行，十月二十七日抵夔州。《入蜀记》是陆游此行的日记，其中记载，七月一日至四日，在真州逗留。七月一日晚至真州，泊鉴远亭；二日，在知州王察陪同下游览真州市容、东园（原园已毁，此为复建）、报恩光孝寺（天宁寺）；三日，游北山永庆寺、平易堂、澄澜阁、快哉亭、壮观亭，继游仪真观（实为天庆观）；四日游瓜步山；五日去建康。

从陆游《入蜀记》可知，建在真州城里的天庆观，就是当年天庆仪真观的道士们进城休憩的道院。

天庆观诞生在北宋末年，随后经历了靖康之变。建炎三年（1129），江淮宣抚使杜充放弃抵抗金军，一路南逃，曾驻扎在真州天庆观，统制官王进、王冠也率本部人马随行。真州知州向子崟(mǐn)劝杜充从泰州、南通前往浙江继续抗金，并愿与之同行，然而金国派人来劝降，许以中原封地，杜充决心投降，向子崟只好逃走。杜充即任命王冠做真州知州，同时投降金国，十一月庚申，真州沦陷。

八十三年后，南宋嘉定五年（1212），真州人民在天庆观内东侧新建了"潘使君生祠"，祀真州知州潘友文。

《道光志》卷二十六《职官志》援引嘉靖府志,载有潘友文的传。潘友文,字文叔,东阳人。嘉定二年(1209)八月以承议郎身份出任真州知州。当时正是宋金战火稍息不久,老百姓居无定所、饥寒交迫。潘友文到任后,开设赈民局,发放赈灾粮食和药品,全城三万户得以存活;他开始修筑翼城,在翼城内建房百八十七间;新增五坊:修文、奏凯、居敬、枕戈、柳营,整修十条街巷为坊;开浚河渠,便利防洪、通航、灌溉,使老百姓的生产、生活有了保障;在城南修建了放生池;重修了州治东侧的城隍庙、朝宗门外的义安寺;与运判林拱辰一道,重修东园澄虚阁、清宴堂、共乐堂,再刻欧阳修《真州东园记》;他还修建了东园西侧的新东酒库、州衙的仪门、瑞芝堂、清边堂,总之是百废俱举。三年后,调任福建提举。百姓感恩,为他建了生祠。

在《道光志》卷二十《祠祀志》"潘使君生祠"词条收录的《祠记》中,指出潘友文是潘良贵[潘默成,政和五年(1115)进士,官至中书舍人]的族孙。

仪征城墙的翼城,是从嘉定二年(1209)潘友文任知州时开始修建的。县志载孙德舆《修城记》:潘友文修筑了新的城墙五里三十步,由于赈饥馑、兴百废,力不从心,加上调任去福建,所以翼城建设只是开了个头,东、西翼城的大规模建设,是在嘉定六年(1213)知州李道传任上进行的。

在天庆观的西侧,还建有一座"司新仓",那是嘉定年间(1208—1224)运判王大昌、方信孺相继建设的,随着漕运事业的恢复和发展,司新仓暴露出米料仓与物资库混杂在一起的弊端。宝庆初年,知州兼运判上官夐西,另辟新地建物资仓库,以旧仓为钱库,在司新仓新建专业米仓,籴米万余,保障漕运平稳运行。清代这里改为常平仓(新仓)。民国时改名为义仓。日军占领仪征后,义仓被占为驻地,粮食被掠夺一空。民国三十六年(1947),国民党仪征县政府恢复义仓。

义仓在中华人民共和国成立后被改建为面粉厂,高大的罐体是仪征城里仅次于宝塔的地标,在六扬公路新城三将一带就能看见。改革开放后,在工农路、解放路十字路口东北角临街部分建成谷茂大厦,北部的罐体部分也被拆除,修建了其他建筑。

南宋景定元年(元中统元年,1260),忽必烈在开平即汗位,授郝经为翰林院侍读学士、佩金虎符,充国信使,令其出使南宋,任务是通报新君即位,同时落实议和所谈的纳币。南宋宰相贾似道对郝经的到来极度恐慌,害怕自己冒功鄂州却敌的劣迹败露(他把蒙古军退兵吹嘘成战争胜利,隐瞒了称臣纳币议和,还因此被封卫国公),把郝经一行拘禁于真州,这一拘就是十五年。

郝经在真州被拘禁在"忠勇军营"内,这里本是驻军的地方,设置了馆驿,与扬子县治及天庆观相邻。在忠勇军营的东侧,有个"镜芗亭",郝经自撰有《镜芗亭记》，其中说道，镜芗亭靠近古扬子院，在今天的发运司后面。亭子东南的垣墉（墙壁），是扬子县的老县城。而馆驿与州治、县衙、宣圣庙、天庆观等，皆在故县中，县即州子城。

元至元年间（1264—1294），诏赐天下天庆观额曰"玄妙"（《（嘉庆）扬州府志》卷二十八），天庆观更名为玄妙观。《道光志》卷二十《祠祀志》记载：

玄妙观，陆《志》云：在旧儒学西，即宋天庆观、政和中分建者。明洪武中更名。嘉靖初，巡按御史李东毁之，归其地于学宫。观有《道藏》及吕祖祠堂。

这一条信息很重要，给出了天庆观的准确位置——在旧儒学西。

天庆观藏有《道藏》，这是道教经籍的总集，包括周秦以来道家子书及汉魏六朝以来道教经典，是将诸多经典编成的大型道教丛书。

天庆观里供奉的吕祖（吕真人，即吕洞宾）像，还有神奇的说法。《道光志》卷四十七《杂类志》援引南宋范钟《寄奠士达书》记载：

神异之事，智者知之而不言。今余取十目所视而不可诬者书之，亦志异也。仪真天庆观，自开禧年兵革傲扰，区为瓦砾，独所谓吕真人之像，岿然东偏，毫发不伤焉。使偶然一见之，犹可也。逆计数十年间，毁虽烈而灵愈彰。若是者，凡三焉。吁！亦异矣。领观事姚君知其巫，复其祠以奉之。余闻吕翁，唐季进士，后得道，为神仙，游人间。岂其将兴是观也，特显其灵以相之耶？将仪真为江淮要冲，萃四方之人，欲于是择其可传者而授之秘耶？余意其漫浪于云烟波涛，混迹于酒垆药市，将忻然有遇之者，故并记之。

该文说，南宋真州屡遭兵燹，天庆观基本被毁，尽为瓦砾。然而吕祖像却"岿然东偏，毫发不伤"，这是吕祖显灵啊。

《道光志》卷二十《祠祀志》记载：

明洪武间，尚书单安仁退老珠金里，准道会路通玄之请，捐金修造，而邑之玄妙观并入焉。

单安仁于洪武二年（1369）至十八年（1387）在仪真珠金里退休养老，批准重修通真观，并将玄妙观并入。

明嘉靖四年（1525），巡按御史李东，将玄妙观拆毁，地皮划归隔壁的学宫。至此，存世四百多年的天庆观不复存在，县学扩建到了天庆观的原址上，孔子取代了老子，儒学取代了道教。万历十三年（1585），知县樊养凤将学宫与资福寺互换，天庆观原址变成了资福寺。

综上所述，天庆观创建于北宋政和年间，系由北宋大中祥符六年（1013）天庆仪真观分设而来，明代洪武年间（1368—1398）更名为玄妙观，嘉靖四年（1525）拆毁并入儒学，万历十三年（1585）寺学互换变成了资福寺，现在是仪征市政府。南宋嘉定年间建在天庆观西侧的"司新仓",亦历经几多兴衰,中华人民共和国成立后建成了面粉厂,现在是谷茂大厦以及北面的几栋建筑。

吴楚皋舟佐安王

《(嘉庆)重修扬州府志》卷二十五《祠祀志一·仪征》：

左安城王庙。在县西二十里,左安城侧。宋治平四年建,神甚灵异。

《隆庆志》卷二《名迹考》：

左安城,在县西二十里。宋治平中建。左安成王庙。元城王子建《记》略曰："其地饶山,有池相属。旁一崇丘,曰'左安王城',城巅有祠,曰'左安城王'。余历观《左氏传》《楚汉春秋》,以及班、马、隋、唐诸史,未闻所谓'左安成'者。今游其城基,熟视其地,盖棠邑之孔道也。按,《传》襄公十四年,楚子为庸浦之役,师于棠,以伐吴。余窃料今所谓'左安城'者,未必不为全楚时战守之地,惜史氏不得悉书。然祠之神甚灵,一遇水旱,祷必获应,旁近乡民归奉之地云。"

王子建为元城(今河北大名)人,《道光志》卷三十八《人物志》记载："治平中,(王子建)为胡彦膺撰记,(记载)其为石梁及浚义井、济道上渴事。"可见,北宋治平年间(1064—1067),王子建就在真州,虽然职官表上没有查到他,但他应该是在真州生活的文人。

根据王子建的记载,北宋治平年间,左安城确实是有城池遗迹存在的,是一个"崇丘",理解为高墩子。王子建观察城基及周围地形,发现该城位于真州通往棠邑的孔道上。他翻阅史书典籍,没有找到左安城的记载,也没有发现左安城王的线索。但他觉得,《左传》记载的鲁襄公十四年(前559)的那场"皋舟之战",应该就发生在这里。

《左传·鲁襄公十四年》：

秋,楚子为庸浦之役故,子囊师于棠,以伐吴,吴不出而还。子囊殿,以吴为不能而弗儆。吴人自皋舟之隘要而击之,楚人不能相救。吴人败之,获楚公子宜谷。

这段信息,记述的就是"皋舟之战"。

鲁襄公十四年(周灵王十三年,前559),楚康王为扩大庸浦(无为)之役的战果(上年楚共王病死,吴国乘机伐楚,双方在庸浦激战,楚胜),派令尹子囊率军伐吴。子囊驻军在棠邑(六合),吴军坚守不出,楚军不得已只好撤军。子囊殿后,以为吴军不敢出战,所以放松戒备,不料吴军在要隘"皋舟"设了埋伏,楚军大败,公子宜谷被俘。

王子建认为,左安城很可能就是皋舟之战中,吴军坚守的城池。

朱志泊《扬州上下三千年》也谈到了"皋舟之战"。他认为,此时古邗国已经灭亡,原来的地盘已为吴国所有,仪征城尚未诞生,吴国军队必须有城池据守才能"不出",他把这个城称为"邗邑"。

如果王子建的推论成立,那么左安城在鲁襄公十四年(前559)就已经存在,是仪征境内最早的古城。

南京博物院研究员张敏在《破山口青铜器三题》一文中说:

在仪征县城西面约3公里的地方,有一座古城址,据《仪征县志》的记载,这座城在汉代叫作"佐安城",现在这里是佐安村,可见这一地名至今犹存。1982年笔者曾在佐安城作过调查,其年代大致为春秋时期。这可能不是邗国的故城而应是吴国的故城,但是值得注意的是这座城叫作"佐安",那么佐安城很可能沿用了邗城的名称。我们知道,古代的读音与现在的读音是有一定的区别和差异的,邗的古音应读作"干"(gan),而佐安两字连读在一起疾读应读作"丹"(dan)。在古音中,干是见母,丹是端母,声近韵同,可以互通,即两者声同韵转,古代的读音是相同或相近的。因此,"佐安"应为"丹"(邗)的音转,佐安城即应是"邗城",尽管这不是邗国的故城,但邗国的政治中心应在此附近,或就在佐安城城址之下也不是没有可能的,至少这里原属于邗国是显而易见的。

张敏认为佐安城是春秋时期吴国的故城,古音读作邗城,原先属于邗国。

左安城王庙始建于北宋英宗治平四年(1067),位于县西二十里,左安城侧。城和庙今已不存,但还有"佐安村"的地名和建制,原属胥浦乡,今属真州镇(图3-11)。《真州镇志》第二十七章《行政村·佐安村》记载:

(佐安)村部旧址有一个大的土墩,土墩东面为十东组,土墩西面为十西组。

图 3-11 佐安村

左安城王作为后世供奉的神灵,"神甚灵异"。其主要功能是"一遇水旱,祷必获应",至于左安城王庙中祭祀的这位神灵是谁,已无法考证。

少宰奉祠永庆寺

仪征市区真州镇有永庆村建制(图 3-12),其地名来源于北宋永庆寺。

图 3-12 永庆村

永庆寺全名崇因永庆寺,始建于宋钦宗靖康元年(1126),创建者为少宰吴敏,延请歇了禅师为首任住持(开山祖),吴敏去世后葬在永庆寺。

永庆寺又叫北山寺,位于仪征北山,原供电局一带。

永庆寺曾在南宋时迁往东翼城内,元大德年间(1297—1307)迁回原址。至顺年间(1330—1333)湘潭居士应道海捐钱二万五千缗重修大殿,修成后居士去世,葬在寺东"盘山庵"侧。至正年间(1341—1370),他儿子应发贵携家上坟时,捐钱一万五千缗以饰佛像。明洪武年间(1368—1398)重建,清顺治、乾隆、嘉庆、道光年间皆有重修。

永庆寺僧人还管理漏泽园(无家者公墓)。漏泽园原在胥浦西,绍熙三年(1192)运判赵师择于北山东城子山,创东、西二阡,东阡葬士人、西阡葬民庶。没有棺材的,官家置办。还建了"普慈庵",以北山寺僧主其事,钱米来源于官家的常平仓,榜曰"北山阡"。

道光二十年(1840),永庆寺僧人捐出寺后山地一所,作为普济局义冢。

永庆寺还是运河河道变迁的见证。县志云:

> 唐兴元中,淮南节度使杜亚,自江都西,循蜀江之左,引渠入漕,以通大舟。至今传云:北山寺旁,旧有运河纤路。

永庆寺所在的北山,名胜古迹众多,真州八景之一的"北山红叶"(图3-13),就是北山的风景。

《道光志》记载了文人吟咏永庆寺的诗文。

宋王令《北山寺》诗:

> 上人合动山间兴,吾恨衰迟学谢安。约屐操筇那有限?吹云落雨谩无端。先凭报信春枝动,预想分题雪阁寒。林下不谙人世苦,笑将双鬓与君看。

明倪霦《游北山寺》诗:

> 度竹穿云到水湄,郊原风物尽宜诗。霏霏空翠沾衣湿,点点苔青进屐迟。僧住恰当山好处,客来正及雨晴时。酒酣胜欲留吾偈,问著禅关总不知。

清魏卫《北山怀古》诗《序》云:

> 寺门有石碑仆草间,首行有"北山"数字,余尽磨灭。寺后,昔有池,深莫测,相传为龙湫,今则一洼矣。西南又有白莲泡,花开时,香遍北郊,人谓之"香国"。今已堙。

元朝的余廷俊有《重修崇因永庆寺记》,记载了永庆寺吴敏创建、歇了开山、移至翼城、元朝迁回及应氏父子重修庙宇的功德,还记载了吴敏功德刻石内容。作者感叹:"宋朝已经灭亡了,吴敏因建永庆寺,祠堂和坟墓得以保全,这是他当时的恩泽啊。"

永庆寺内曾有"宰相井",是吴敏所凿,此井又名"功德井"。阮元《广陵诗事》卷六有"北山丞相泉"的记载:

> 北山丞相泉,宋少宰吴敏所凿,在北山寺西山麓,岁久湮没。张抑高求得之,作《北山丞相泉》诗。

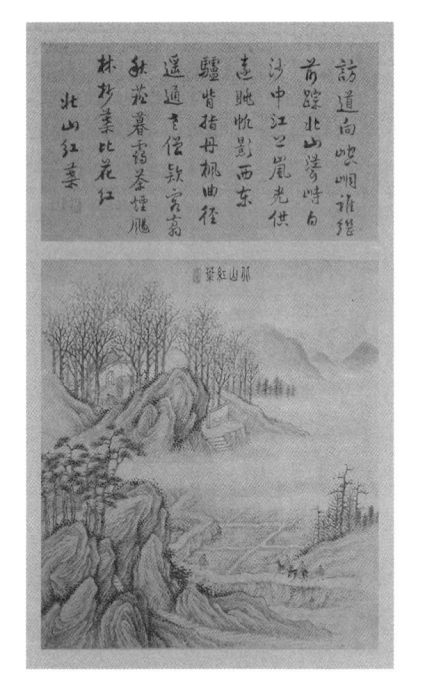

图3-13 真州八景之北山红叶

吴敏的墓就在永庆寺,宋朝有规定:"位两府者,得以己资建寺奉祠。"两府指东府中书门下、西府枢密院,吴敏曾任"知枢密院事,拜少宰",有资格用自己的钱建寺奉祠。永庆寺就是吴敏的功德院,同时也是他选好的归葬之地。

《宋史》卷二十四、卷三百五十二,《永乐大典残卷·绍熙真州志》卷一万三千四百九十六,《三朝北盟会编》卷五十四和《道光志》卷三十都有吴敏信息的记录,邓桂安《仪征历史名人》亦有相关考证,综合如下:

吴敏(1089—1132),字元中(《绍熙志》作符忠,《道光志》作符中),号中桥居士,真州人,"妙龄秀发",长得帅。大观二年(1108),他在京师太学(辟雍)的私试中获得首选,政和初年(1111)"上庠释褐"(上等生,脱去布衣而换穿官服),可以当官了(《道光志·选举志》有"大观二年戊子王俣榜四甲",邓桂安考证,大观二年没有开科,王俣也不是状元,所以吴敏并没有中进士)。

当朝宰相蔡京,看到吴敏文章好、人帅气,准备把女儿嫁给他,吴敏没有答应。被授职浙东学事司干官,不久任秘书省校书郎,蔡京推荐他"充馆职",中书侍郎刘正夫不同意,说吴敏资历不够,蔡京就请徽宗皇帝御笔特召吴敏上殿,任命吴敏为"右司郎官"(从五品)。

从此"御笔特召"成了一条升官的途径,谁敢否定皇帝的意见就是"大不恭",于是权贵幸臣们"争请御笔",也没有人敢提不同意见了。

吴敏升中书舍人(正五品),"同修国史,记注西掖"。西掖就是中书省,吴敏的文章"制词温雅,人多诵之",此时吴敏二十七岁,已是众人羡慕的对象。

吴敏不久任给事中(正四品),"后以言事落职",罢官回家,"退居惟扬,遂归白沙,数年不以一事干人"。回乡后的吴敏向侨居真州的滁州人吴正仲学习、切磋骈文,文章大进。乡绅们对吴敏不以显贵身份自高、低调向别人学习的行为都很钦佩。

宣和五年(1123),吴敏官复原职(给事中),兼直禁林(学士院),他写的文章"制词温厚",大家争相诵读。此时的宰相是郑居中,对吴敏的几次失言有意见,找了个机会,将其贬为右文殿修撰、提举南京(商丘)鸿庆宫。不久,吴敏又复职为给事中,权直学士院,兼侍讲。

徽宗萌生了退意,想禅位给太子,蔡攸(蔡京长子,时为太保)得知消息后,把吴敏找来商量。第二天上朝时,吴敏上前奏事:"金国违背盟约,举兵来犯,陛下有何对策?"徽宗皱着眉头说:"没啥好办法!"其实这时候徽宗已决定"东幸",命户部尚书李棁先出守金陵。

吴敏在退朝后对都堂(尚书省)说:"朝廷想放弃京师,这是什么道理?这样的决策如果发布,死也不能奉诏!"宰执同意吴敏的意见,李棁出守金陵未能成行,太子出任开封府尹。

宣和七年(1125)冬,徽宗去意已决,李纲与吴敏商量。李纲说:"皇上的意思,是委托太子留守吧?现在敌情危急,非传位给太子不可!"吴敏说:"请太子监国,可以吗?"李纲说:"唐肃宗灵武之事可以借鉴!"

徽宗召见的时候,吴敏用李纲的话应对,并推荐李纲。李纲也刺臂血上疏说:"皇太子不能按常理做监国,应该继皇帝位,这样才能守宗社、保天下。"他也向徽宗推荐了吴敏。

徽宗终于下决心禅位。第二天早朝后,留下李邦彦(少宰),跟他讲了吴敏的话,于是,任命吴敏为直学士院,加中大夫、门下侍郎,辅佐太子。吴敏大吃一惊说:"我提出这个建议,就应当跟随陛下巡幸,您决心传位,我却受到提拔,怎么敢当?"徽宗说:"想不到爱卿这么敢说话。"于是命吴敏起草诏书,传位给太子。

钦宗即位后,徽宗做了太上皇,退居龙德宫,吴敏与蔡攸同为龙德宫副使。不久诏为通议大夫,迁知枢密院事,拜少宰。

吴敏上任后,要求三省密院(两府)要依祖宗法行事;请褒赠司马光、范纯仁、张商英,罢元祐学术禁,以示好恶;又奏曰:"唐李德裕有言:'宰相无能,可亟罢,必不可使政令不归中书。'臣虽然已在相位,如果无能,请您立刻罢免我。"

吴敏还上奏说:"苏轼说过,祖宗重台谏,以察大臣之奸。我大宋制度,天下之权萃于宰相,所以设立台谏监察之。臣虽任相事,愿开言路,以通下情。"

吴敏建议钦宗:"陛下要效法艺祖,以武定天下,现在更需要持之以久,以克服目前的巨大困难。自从蔡京、王黼坏了文治,高俅、童贯坏了武功,朝廷纪纲大乱,这个祸根已经酿成很久,唯有陛下克宽圣心,不求速达,则大业可成。"

吴敏还说:"汉文帝用惇厚长者,天下安富;汉武帝用奇才能人,天下多事。本朝仁宗恭俭宽仁,所用皆厚重;神宗励精政事,王安石急功利,风俗遂坏。这些都是重要的案例。艺祖、仁宗,是陛下所要效仿的榜样。天下之事只能唯一,近年来,皇帝用钱有御钱、朝廷钱、有司钱;用人方面也是这样,不按程序提拔,有的是皇帝亲擢,有的是大臣荐引,把天下之事作为自家的事情办,这就使得规矩大坏。最终导致君臣相疑,朝令夕改。臣愿陛下,把天下之事作为唯一,那么国家就能长治久安了。"

吴敏还建议立《春秋》学官,三岁贡举,遂以取士。他说:"王安石废《春秋》,这是不对的。建议您下明诏,立《春秋》学官,以贡举取士,共讲圣人之经,以辅世教。"

吴敏主和,与太宰徐处仁在"和与战"的问题上意见对立,在钦宗面前争辩,徐处仁愤怒地将笔掷于吴敏脸上,弄得吴敏额头、眼眶都是墨汁。御史中丞李回弹劾他们,两人都被罢免。吴敏被贬为观文殿大学士、醴泉观使。接着,有人弹劾吴敏包庇蔡京父子,于是吴敏出任扬州知州,再贬崇信军节度副使,在涪州安置。

南宋建立后的建炎初年,诏:"以靖康大臣主和误国,责李邦彦为建宁军节度副使、浔州安置,徙吴敏柳州,蔡懋英州。"在宰相范宗尹的推荐下,吴敏被起用为潭州知州,他推辞不就,改任提举洞霄宫。绍兴元年(1131),恢复观文殿大学士,八月任广西、湖南宣抚使,绍兴二年(1132)卒于官。

吴敏遗有《吴丞相手录》一卷和《吴丞相奏议》。蔡京罢相时,吴敏有联:"於戏!再图揆路之勤,本予德意;三告师臣之老,乃尔令名。"人多传诵的有:"桑麻千里,皆祖宗涵养之休;忠义百年,亦父老训诲之力。""大田在望,将观牟麦之秋;南风既薰,且解里闾之愠。"县志还记载,吴敏为县北八十里六合山(即定山,有六峰相接)作《游定山白鼋泉达磨观音两崖序》,有"岩壑之秀,殆非淮南有"之句。

《宋会要辑稿》选举三十二《悯恤旧族》有以下文字:

(绍兴三年)六月十六日,故资政殿学士、左太中大夫吴敏祖母韩氏状:"有孙叙系儒林郎,于宣和八年蒙除南京敦宗院教授,未赴任间,舍俗为僧。今来韩氏年老,别无人侍养,囊橐一空,流寓异乡,不能自活。欲望乞令叙归家侍养,给还旧官,陶铸一岳庙差遣。"诏特依所乞,吴叙与给还旧官,岳庙令本家恩例陈乞。

吴敏的祖母韩氏,还有一个孙子叫吴叙(吴敏的亲弟或堂弟),宣和八年(1126)任南京敦宗院教授,但他没去当官,而是出家为僧了。绍兴三年(1133)吴敏已经去世,韩氏向朝廷请求让吴叙还俗,回家侍奉养老,获朝廷批准。

宣和八年就是靖康元年,南京敦宗院位于河南商丘,负责外居宗室的事务,估计兵荒马乱的,南京敦宗院已作鸟兽散,吴叙哪里还能去当什么教授。从上述信息可知,吴敏绍兴三年(1133)之前已经去世。

仪征城里,有"吴丞相第"和宰相坊,可惜位置已不可考;县学的明伦堂内有"宋丞相吴敏额",名宦祠内有吴敏之位。

吴敏是仪征人的骄傲,古代仪征人官至宰相的,仅他一人。清代阮元官至体仁阁大学士、太傅,相当于副国级。

太祖赐葬文彬师

地藏寺始建于南宋建炎年间(1127—1130),由僧人肇淮、肇海创建,位于新城汉河北(汉河即珠金沙河,汉河北即新城运河与珠金沙河交界处的卧虎闸以北,原新城粮站处)。明朝洪武年间(1368—1398),中都(凤阳)大龙兴寺僧善世文彬派他的徒弟重建,时间一长寺倾圮了。天启年间(1621—1627),中书(六部的秘书)汪镰重修。清朝顺治初年,摄操江(负责江防的官名)李栖凤复修。康熙年间(1662—1722),邑人李怀阳重建。

《道光志》卷二十《祠祀志》和卷四十一《人物志》记载了明太祖朱元璋来仪真的故事,故事是这样说的:

元朝末年,有一位在凤阳皇觉寺的僧人,法名叫文彬,与太祖出家时的师父高彬是"同衣兄弟"(《诗经·秦风·无衣》:"岂曰无衣?与子同袍。")。太祖刚刚出家,对庙里的很多规矩不适应,有时候犯些错误,被老和尚责罚,文彬经常给他求情,保护他。

天下大乱、群雄蜂起,太祖去参加义军,(元朝)朝廷派人到庙里问罪,此时高彬已经去世,庙里的僧人们怕惹事,一哄而散,文彬也"携钵出游"了。

太祖定鼎金陵后,想起文彬当初在庙里对自己的"调护之恩",降诏寻找文彬,终于在仪真的地藏寺找到了。太祖给他下了几次文书请他出山,文彬推说自己身体不好,不肯出来。后来太祖下诏扩建地藏禅寺,让文彬在寺中养老,寺成后,太祖亲临,赐文彬紫衣、金钵。

文彬去世后,太祖给他"赐地以葬",还颁发了谕祭祭文。

关于地藏寺,还有两首诗,并录如下:

吕夔[字祖邦,江西永丰人,弘治十五年(1502)进士,南京工部分司主事]《憩地藏寺》诗:

郭外停桡问上方,水清通径入青苍。翻林日出秋蝉咽,近刹风生晚荖香。论梵拟因公事了,煮茶真遣老僧忙。清江浩渺乡山隔,极目清明思欲狂。

蒋山卿[1486—1548,仪真人,正德九年(1514)进士,官至广西参政]《过地藏寺》诗:

野寺荒凉客倦登,水烟山霭暮层层。月明犹记留禅榻,日落空怜见佛灯。院里栖松无老鹤,门前扫叶有闲僧。所嗟幻境今如此,人世茫茫那可凭!

看了《道光志》里关于文彬和地藏寺的记载,我产生了疑惑。第一,文彬到底是凤阳皇觉寺的,还是凤阳龙兴寺的?第二,洪武年间太祖定鼎后诏文彬出山,他到底去没去?

带着这些疑问,我查阅了《明太祖实录》,其中说道:

甲子年(洪武十七年),凤阳大龙兴寺建成了,这座庙就是从前的於皇寺,宋代就有了,后毁于宋金战争。元代时,法名"宣"的僧人重新创建了该寺,宣去世后,德祝、高彬先后继承,元朝末年寺庙又毁,去年(洪武十六年)四月朔太祖下诏重建,如今落成。(由于旧址离皇陵建筑太近)新建的寺庙距从前的於皇寺旧址有十五里,太祖赐名"大龙兴寺",并亲自给寺庙撰写了碑记。佛殿、法堂、僧舍等建筑有三百八十一间,计工时二万五千,花费工匠、士卒工钱二十五万三百多两。太祖诏令,大龙兴寺由善杞、文彬主持,亲赐二僧法号,善杞为"显密法师"、文彬为"善世法师"。善杞是德祝的弟子,文彬来自扬州地藏寺。他俩应诏前来,是年高且有戒行的和尚。

从太祖实录这一段表述可知文彬是洪武十六年(1383)之前,从地藏寺去了龙兴寺做主持。

那么,《道光志》里文彬元末所在的皇觉寺(太祖出家之寺)与《明太祖实录》里说的於皇寺,又是什么关系?

查《(光绪)凤阳府志》卷十五《古迹考》,有"皇觉寺"词条,解释是:

皇觉寺在县城东南三十里,《凤阳新书》记载,元朝於皇后出生时,遇兵乱遭弃,被凤皇山碧云庵的道人收留,并送到附近村民家养大,长大成人后被召入宫中,成了皇后。后来下诏建皇觉寺,供奉自己的先祖,并感恩此地的僧众和村民,所以皇觉寺又称於皇寺。

为了弄清楚文彬与凤阳皇觉寺(於皇寺)、仪真地藏寺、凤阳大龙兴寺的关系,我费尽周折,在《(光绪)凤阳府志》卷十五《古迹考》中找到了明太祖为大龙兴寺亲自撰写的碑文,经研读,发现了较为详细的信息,有助于理顺事情发展的脉络。

太祖在《御制龙兴寺碑》中说道:

朕少年时期,跟着高彬师父,在於皇寺生活了四年。刚刚进来时,恰逢蝗灾和旱灾并发,庙里也没了饭食。朕那时十七岁,才来做"行童"五十天,教规不熟悉,也不知道如何化缘,师父也没有好办法。父亲、母亲、长兄在二十天内接连去世,家中一贫如洗,没人帮助朕,只好出去做游方僧,跑遍了庐、六、光、汝、颍等地,三年后才回到於皇寺,后来在寺里生活了四年。

此时天下已大乱,朕加入了义军,征战滁州、和州,继而东渡大江,立足金陵,与群雄争夺,十四年后剪灭了群雄,登上了帝位,统一了天下。

十六年后,天下大定,朕下诏召询过去的僧侣,曾因种种原因已经还俗、愿意回来的,准许他们重新为僧。於皇寺从前的住持德祝的座下弟子善杞,听到消息后,剃去胡须头发,应召来到京师。朕与他商议恢复於皇寺的事,考虑到原来的於皇寺离皇陵太近,进香、祭祀、修建等都不方便,于是重新选择了地址建寺。建成以后,大臣入奏,朕就下旨将新寺更名为龙兴寺,并任命善杞为开山住持。

此时,天下僧侣受旷日持久的战争影响,没有心思认真学习,佛学没了传承,平日里做佛事的仪轨,讹谬甚多,极不规范。朕特意诏仪真地藏寺的高僧文彬到京师来讲授瑜伽法事、仪轨真言。文彬有很深的造诣,深通显、密之教,朕特意派了翰林,与文彬一起整理佛经,将社会上平时所用的繁复啰唆、混乱不堪的词语尽行删去,保留符合社会安定的语句,去除妖言惑众的内容,制定科仪标准,两个多月编成了"显密之教轨范科仪"。

当时专业的僧人很少,江东那些后辈小僧听说文彬将要奉敕去管龙兴寺,纷纷要求去做他的座下弟子,有四十多人前往。

朕于洪武十六年(1383)秋八月,授善杞为显密法师、文彬为善世法师,要求他们向天下所有的修行之人,大力阐述和宣扬钦定的瑜伽显密之教。

碑文中还有其他内容,如建寺的目的,并非自己求佛积福,而是畅通慎终追远之道,百姓、朝廷俱安。

从上述龙兴寺碑文,结合《明太祖实录》和《道光志》里的信息,可以勾勒出文彬的大致历程:

文彬是明太祖朱元璋元末在於皇寺(皇觉寺)出家时师父高彬的师弟,太祖出家七年(外三内四),在庙中有时候被罚,文彬保护过他。太祖参加义军,连带寺庙遭责,众僧四散,文彬来到了仪真地藏寺。

太祖定鼎金陵后,加强意识形态建设,诏天下已还俗的僧人自愿回庙,寻访到了正在仪真地藏寺的文彬,特诏请高僧文彬前往京师,文彬起初以身体不好为由不去,后来还是应诏了。他与翰林院学士一起,制定佛教轨范科仪,编制完成后,太祖派遣文彬到新落成的大龙兴寺,为各地前来学习深造的僧众,讲解"显密之教轨范科仪",并授予文彬"善世法师"的法号。

文彬在大龙兴寺讲学期间,太祖下诏重修仪真地藏寺,文彬派徒弟到仪真完成寺庙重修工作。

文彬后来回到仪真地藏寺,太祖曾亲临看望(时间应是洪武十六年之后),并赐他紫衣、金钵。

文彬去世后,太祖给他"赐地以葬",并且还颁发了谕祭祭文。

在新城卫生院南边,是新建的"新城康乐生态体育公园",这是继承了古"康乐园"的名字。《道光志》卷六《舆地志》记载:

康乐园,在新城镇,元扬子县故地。有左公池,其大数亩,莫知名义。前为安遗堂,后为延芳亭。为张絮先世旧墅也。张絮有诗:

地僻心偏静,村幽客到疏。水流琴韵远,月在竹窗虚。不比扬雄宅,还同诸葛庐。年来悲道丧,颇觉厌虫书。

张絮是明代仪真文人,嘉靖甲午科(嘉靖十三年)举人,南京兵部右侍郎黄瓒(仪真人)的外孙,中国第一部两淮盐法志——《(嘉靖)两淮盐法志》两位主撰之一。康乐园是张絮家的,如今古园已不见踪影,新城镇在原粮站的旧址上重建了康乐园(图 3-14)。

图 3-14 康乐园

康乐园的西侧,隔着一条南北向的路,是新建的"东郡华府"楼盘。这条路的两侧,就是从前地藏寺的旧址,三大殿都在路西侧、靠近路的这几栋楼的位置;而路的东侧,则是地藏寺的辅助用房。地藏寺的大门朝南,门前就是流淌千年的大运河。20 世纪 50 年代初,新城区部住地藏寺办公,1958 年利用寺里房屋开办油米加工厂、粮站,现在则成了公园和楼盘。

地藏寺门前即为大运河,《道光志》卷三《舆地志》记载:

新城镇在县东十里,土人喜植桃,春花最盛。

晚清画家诸乃方《真州八景图》有"新城桃坞"一景(图 3-15)。《仪征市志》记曰:晚清及民国时期,东门桃坞有成片桃园 1300 多亩。如今东门外已经看不到十里连片的桃花

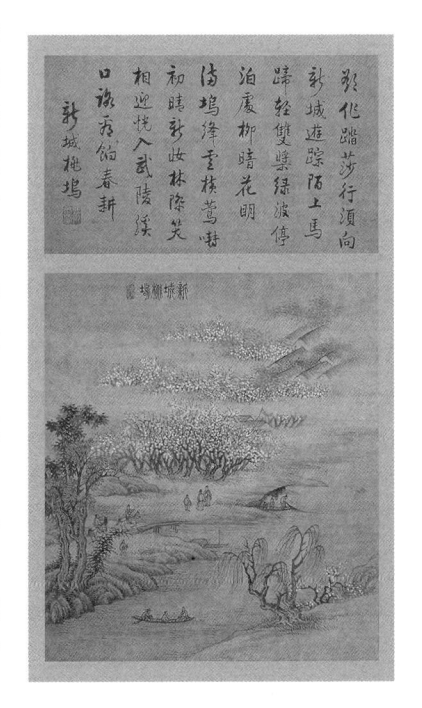

图 3-15 真州八景之新城桃坞

了,但却留下了"桃坞"的地名,这就是新城镇桃坞村。

祷雨有应白龙庙

《隆庆志》卷十二《祠祀考》记载:

白龙庙,在腊山上。

《隆庆志》卷二《山川考》记载:

腊山,在县北三十里,上有天井池,其水冬夏不竭。又有白龙庙,宋郡守王大昌于此祷雨,有应。

诗曰:踞鞍未晓出城扃,已觉霏霏等露零。默祷白龙泽三日,乞飞丹凤表千灵。但知历涧占犁雨,不记微躯是使星。宁敢贪天为己力,端由宵旰诞扬庭。

查《道光志》卷二十四《秩官表》,王大昌是在南宋嘉定年间(1208—1224)任真州知州的,具体是哪一年,因无传,需要查证。王大昌的前任是李道传,《道光志》卷一《建置志·城池》有历任地方官修建城池的记载,其中记载李道传于嘉定七年(1214)离任,嘉定八年(1215)续修东翼城的知州是丰有俊。李、丰二人中间夹着王大昌、龚维藩两位知州,估计这两位在任都只有几个月的时间。王大昌任职时间应为嘉定七年、八年。

真州知州王大昌曾在腊山白龙庙祷雨,可见白龙庙在王大昌到任前就已经存在,即白龙庙始建时间早于嘉定七年。

白龙庙的地址明确——在腊山上。腊山是仪征北界的制高点,王大昌前来向白龙求雨,这次祷雨圆满成功,王大昌写《祷雨》诗为记。

《道光志》卷四《舆地志·山川》记载:

陆《志》引魏卫《游腊山记》云:"真州四境之山多培塿,最北而高者为腊山,邑之望也。为堪舆之说者,曰:'城中气脉,实基乎此。'顾腊所由名,无传焉。余意山之高者,能出云雨,以泽斯民。岁终蜡祭,享报群神于斯,故谓之'腊'欤?丁巳秋,余以获稻北田,重九登焉。自麓至巅,约二里许,蜿蜒无峻绝处。山起二顶:西顶皆乱石;东顶突出于土,一石发竖,苔华古秀可爱。坐而观焉,山之四麓分数支,回旋磅礴,如相顾然。惟南支,势更奔腾。意向者堪舆之言,殆指此也。山半有石崖,夹两巅中,高二丈许。石理皆坚,攒叠为一,手可扪而数也。色青而墨,水泉滴沥不绝。缘崖而上,挟道数十步,有石罅大小十余,浸浸皆有水,是泉之始出也。天欲雨,则两巅云气上达,顶隐不见。盖下伏有池,水常不竭,俗谓'龙池'。昔尝祈水于是,辄应,岂非能泽斯民之一验欤？后之君子,知兹山为一邑之望,能考所以名山之义,举而秩诸祀典,时其报祀,而雨旸犹不时,土物犹未阜,吾知山之灵必任咎矣,故为之记。若夫登览之旷,东极白洋,西尽灵岩,石帆、峨眉,罗列横亘,城郭田庐,隐显于云烟苍莽间者,固不待言。"

魏卫这篇《游腊山记》解读如下：

真州境内的山,都不太高,北界最高的是腊山(《仪征市志》：大铜山最高,海拔 149.5 米,捺山海拔 146 米,乌山海拔 84.3 米,峨眉山、桃花山海拔在 62～95 米之间),是真州的一处景致。会看风水的专家说："真州城里的气脉,是从这里来的。"

腊山之名从何而来的呢？史料上没有记载,我(魏卫)觉得,山高到一定程度,就能吸收、汇聚云雾,化作雨水,用以润泽在山周围生活的老百姓。老百姓是懂得感恩的,每年腊月,都要来祭祀山神,所以腊山之名,也许是这样来的。

丁巳(康熙十六年,1677)秋天,我从已经收获了稻子的北田上山,作重阳登高,从山下到登顶,大概二里多路,山路蜿蜒而上,没有绝壁陡峭之处。此山其实有两个山顶,西边的顶上都是乱石,东边的顶上有一块石头从土中突出竖起,石头上有青苔,看上去古秀可爱。坐在山顶向四面望去,都有山脉伸展出去,各山脉弯曲回旋、气势磅礴,就像相互呼应一样。向南的那一支气势更盛,估计风水专家说的连接城中气脉的,就是这一支了。

半山腰有个石崖,夹在两座山头之中,高二丈多,石质非常坚硬,一块块石头整齐地叠加在一起,可以用手摸着一块块地数。石头是青而发黑的色泽,有泉水从石缝中滴沥不绝。沿着石崖攀缘而上,几十步范围内,有大小十多条石缝,每个石缝里都浸润有水,这就是山泉的源头了。

天要下雨了,只见两个山顶都有云雾上升弥散,一会儿山顶就看不见了。这是因为下面有水池,泉水常年不竭,这个水池就是俗称的龙池。从前先贤们经常在腊山祈祷求雨,总是很灵,这个不就是腊山神灵能润泽百姓的验证吗？后来的明白人也知道这座山对仪征全县的重要性,知道腊山之名的意义,能够有计划地安排,到了时节就及时祭祀。如果不能及时下雨,农作物的收成就会受到影响,这也是山神在责怪我们啊。所以我特意写下这篇记。

站在腊山之巅瞭望,东边是白洋山,西边是灵岩山、石帆山、峨眉山,这些山峦横亘绵延,在这些山峦的庇护下,城镇、乡村、田园、农舍,在云烟苍莽间若隐若现,百姓安居乐业,那种美好,用不着我再多说了。

在这篇《游腊山记》中,魏卫提出,此山系仪征地脉之源,地方官在此腊祭,故得名腊山。

腊祭,是中国古代一种祭祀祖先和神灵的重要祭典。《礼记·月令》记载孟冬之月,天子向上天为来年祈福,用猎取的禽兽来祭祀先祖及五祀。"天子乃祈来年于天宗,大割祠于公社及门间,腊先祖五祀,劳农以休息之。"

最晚到春秋时期,腊祭就已经是国家大典的一部分了。

"先祖"好理解,那"五祀"又是什么呢?早期的《左传·昭公二十九年》《孔子家语·五帝》等文献中提到的"五祀",是指金、木、水、火、土五行之神。到了两汉间,认为"五祀"就是《礼记·月令》中提到的春天三个月所祀的"户"、夏天三个月所祀的"灶"、季夏(六月)所祀的"中霤(liù)"(宅)、秋天三个月所祀的"门"和冬天三个月所祀的"行"(通"井")这五种事物,这个观点逐渐占了上风。

"户、灶、宅、门、井"这五神是守护住宅内外的神灵,跟人们的日常生活关联更加密切,所以也被更多的人接受。后来对灶神的祭祀单独分离了出去,直到今天,腊月二十三这一天,人们都要进行隆重的祭灶仪式。

腊祭还有写成蜡祭的,一般认为两者相通,其实两者是有差别的,尤其是汉代之前。蜡祭是祭祀八位与农耕有密切关系的神灵的活动,八位神灵是先啬神(神农)、司啬神(后稷)、农神(田官)、邮表畷(zhuì)神(田舍、开路、划疆界)、猫虎神、坊神(堤防)、水庸神(水沟)、昆虫神,祭祀主题是感谢神灵的恩赐、祈求来年的丰收。《礼记·效特牲》云:"天子大蜡八。"也是一个由天子亲自参与的重大祭祀活动,由于时间也在腊月,故汉代以后,两祭合二为一。

形成于东汉末年的道教,将腊月初八定义为"王侯腊",家家要煮果粥;南北朝以后,随着佛教的盛行,腊月初八被附会为释迦牟尼成佛日,佛家将此日定义为"腊八节",寺庙煮腊八粥广为布施。

《游腊山记》作者魏卫(1626—1687),字廊功,原籍山西柏乡,是清初仪征的诗人。《道光志》卷三十六《人物志·文学》有魏卫的介绍。他少年时父母双亡,但他十分好学,一生以教书为业,没有功名。他写的诗意境澄淡,尤其擅长五言诗。卒年六十二,著有《西陴诗稿》六卷。

《道光志》卷十九《祠祀志》还记载:

白龙庙,陆《志》云:宋郡守王大昌于此祷雨,有应。今移建于白洋山。

陆《志》是康熙五十七年(1718)知县陆师所修县志,可见最迟在康熙五十七年,白龙庙已经移建到了白洋山。

白龙庙所在的腊山,清代及以前的文献上一直叫腊山,但民国时期的地图已经标注为捺山,仪征方言"腊"和"捺"是不分的。《仪征农林志》记载,自1957年10月建立捺山茶场,11月引入宜兴群体种试种,经过多年发展,已成为扬州地区最大的茶叶生产加工基地。

今天的捺山,已经建成地质公园,以普及火山、火成岩等自然科学为主题(图 3-16)。

图 3-16 捺山

传承有序隆觉寺

隆觉寺是仪征古代三大寺之一,位于朴席镇运河北,今已不存。在朴席中心幼儿园还有一些隆觉寺的石栏、舍利塔的残件。

《道光志》卷二十《祠祀志》记载:"隆觉寺在县东三十里,朴树湾运河北。"南宋淳祐年间(1241—1252),由僧大惠建立,后废于元末之乱;明朝洪武年间(1368—1398),由僧德全重建;景泰初年进行了修缮,都御史张楷撰《记》;康熙五十六年,邑人王复衡重修;雍正年间(1723—1735),由僧冶牧与徒弟实悦募十方重修;乾隆四十年(1776),僧秀虡等相继兴修。

《道光志》卷四十一《人物志》介绍了雍正年间重修隆觉寺的冶牧和尚。他是河南夏邑冯氏的儿子。母亲怀孕时,即不能吃荤。生了他才三日,母亲梦见儿子对他说:"我投错了胎,误入您家了,今天我就走。"母亲梦中急切留他,因而惊醒。当天,孩子果然不肯吃奶了,母亲向观音大士祈祷,许诺让儿子长大后出家,孩子即恢复吃奶。冶牧长到七岁时,入本乡洪福寺披剃出家;20 岁时,上宝华山学律,学成之后,从宝华山到仪征任隆觉寺方丈。冶牧刚到的时候,隆觉寺仅剩几间房子,他以德行感人,很快就赢得了信众支持,向隆觉寺捐田的施主接踵而来。冶牧有了资金后,重修山门、增建殿宇,使隆觉寺成为远近闻名的丛林。冶牧年过80后坐化,葬在隆觉寺之东。他的继任者是敷和和尚,敷和的继任者是岫雯和尚,他们均能守持戒律,去世后分葬于冶牧之左、右。如今隆觉寺内巍然并峙于旁屋的三石塔,就是冶牧、敷和及岫雯的安葬地。

仪征市博物馆收藏的隆觉寺碑(图3-17),是民国三年(1914)杨焕文等25人捐资修建庙宇落成的纪念碑。从碑文得知,隆觉寺于咸丰三年(1853)毁于太平天国战争,战乱结束后有僧人回来重建,但规模很小,仅几间房子,几亩薄田,乡亲们商定重修庙宇,到九华

图3-17 隆觉寺碑

山请来了明圣老和尚,老和尚集腋成裘,筹集到了巨款,盖造了几十间瓦屋、赎回了几百亩庙田,由于积劳成疾,明圣传位给了性山老和尚,后又增加了圩田80多亩。两位和尚去世后,人们又从金山寺请来了根心和尚主持了五年,建起了韦驮前殿,然后根心和尚又择贤让位于普会和尚。在普会和尚的主持下,隆觉寺承购了水田30余亩,赎回了资产一千余金,几年后重建大雄宝殿,再修丈六金身。普会和尚还监造周孝妇祠,兼管仪征城东宝坊寺。恰逢大雄宝殿落成和根心老和尚受戒纪念日,杨文焕等人举办了仪式,立碑纪念。

除上述史料提及的大惠、德全、冶牧、实悦、敷和、岫雯、秀度、明圣、性山、根心、普会等住持,朴席地方文史爱好者胡传裕在他的《朴树湾古隆觉寺》中援引《仪征文史资料》(第三辑)养廉口述、沈捷整理的《隆觉寺及其历代高僧》一文,续记了民国三年之后的几位住持,分别是默元、浦仁、明度、养廉。

《仪征市志》记载,仪征古代规模较大的佛教庙宇有三座,分别是天宁寺、资福寺、隆觉寺。位于朴树湾的隆觉寺,初建于南宋淳祐元年(1241),明清时多次修葺,有弥勒殿、天王殿、大殿、后殿及藏经楼、钟板堂、云水堂、禅房、斋房等建筑,寺僧最多时有160人,寺产有良田600亩、芦洲3000亩。20世纪50年代,隆觉寺住持养廉被推选为县政协常务委员。

养廉口述、沈捷整理的《隆觉寺及其历代高僧》一文记载：

在遭受兵火之劫前，隆觉寺具有相当规模。全寺占地近30亩，殿屋四进。山门上方有江宁传胪汪家棠所书"古隆觉寺"金字匾额；进山门后为弥勒殿，供奉弥勒及护法神韦驮；二进为天王殿，有四大金刚、哼哈二将的高大站像；三进为主殿，即大雄宝殿，正中是释迦牟尼金身坐像，两旁为十八阿罗汉；四进为后殿，有藏经楼、钟板堂、云水堂等建筑；最后是戒台；另有僧众宿舍、仓库、炊事用房等。四周遍植树木，松柏挺立，修竹婆娑，乌塔沟流水潺潺，环境清幽。全寺有住僧160人，并有芦洲3000多亩，良田近600亩等产，收入用于日常开支。

民间传说，隆觉寺是因为乾隆皇帝下江南时，在里面睡过一觉而得名的。我认真查找《清高宗实录》得知，乾隆六次南巡，每次过江，来回皆走瓜洲，未走朴席。

顺便说一句，查《清圣祖实录》，康熙皇帝六次南巡，只有第一次（康熙二十三年，1684）是从仪真往返的，也确实住在仪真（御舟泊仪真江干）。原因是他准备先去南京，后来因风向问题，去了镇江。后面五次他都是从瓜洲过江，先去苏杭，再去南京，回到镇江，再过江到扬州。仪征民间传说康熙曾驻跸城东宝坊寺，宝坊寺也确实建有皇恩亭，但我未查到康熙驻跸宝坊寺的记载。

皇华接诏山光寺

仪征古代建于运河沿岸的寺庙很多，山光寺就是其中之一，位于新城镇东升村唐庄组。《道光志》卷二十《祠祀志》记载：

山光寺，在东南十五里。宋淳祐间，僧祖穹创建，圮于兵火。洪武中，僧善应重建，后废。永乐初，复兴。岁久不修，仅存正殿。居民移建于分司署址，卒未成。

西方寺，旧在县东二十里。淳祐初，僧祖义创建，兵乱而废。洪武初，僧玄茂复建，后与山光同并地藏。永乐初，复之。后没于江。崇祯间，太学生汪钺于新城镇东二里，建屋六间，仍以"西方"名之。

明皇华亭，厂东，山光寺东北。明末，靖国公黄得功接弘光帝诏于此。今废。

上述三条信息表明，山光寺始建于南宋淳祐年间，是由僧人祖穹创建的，后来毁于兵火。明代洪武年间（1368—1398），僧人善应重建，永乐初年又一次复建。时间一长，又要重修，曾经将山光寺移建到东门外工部分司附近，也没有成功。

山光寺曾经和西方寺一起，并入地藏寺，在永乐初年又分开了。

在山光寺的东北，曾建有"明皇华亭"，明末靖国公黄得功在这里接过弘光皇帝的诏书。"皇华"为《诗经·小雅》中《皇皇者华》篇的省称，为赞颂奉命出使者的典故。

黄得功是明末江北四镇将领之一，是唯一没有降清的，铮铮铁骨。他战死之后，葬在仪真方山（今属六合）。

黄得功因拥立福王有功，由靖南伯晋靖南侯。《明史》卷二百六十八记载：

江南初立，王诏书指挥，多出群小。得功得诏纸或对使骂裂之。

这是说黄得功脾气暴躁，由于弘光朝初立，新班子起草的诏书有些不对路，黄得功接诏后有时会大骂使者，甚至撕碎诏书。

我觉得黄得功再粗鲁，也是深明大义之人，不到忍无可忍，不会做出大骂使者和撕碎诏书等出格的事情。那么，他为什么会发那么大的脾气呢？

查《明史》卷二百六十八，有一段记载很契合：

在江北督师的史可法，担心高杰跋扈不好节制，就让黄得功驻扎在仪真，暗中牵制。登莱总兵黄蜚与黄得功同姓，两人互称兄弟，关系很好。他不肯投降李自成，带兵来归顺弘光朝。黄得功很高兴，亲自带300人前往迎接。高杰侦知，既担心黄来抢地盘，又觉得这是排除竞争对手的好机会，就在土桥设下了伏兵。

黄得功到土桥后正在埋锅造饭，忽然伏兵四起，猝不及防，赶忙上马挥舞铁鞭迎战。对方箭如雨下，黄得功战马倒毙，换马再战，左手抓住对方的枪，右手挥鞭击之，杀了对方数十人，退到颓垣中，哮声如雷，追者不敢进，终于逃回仪真，捡回一条命。在土桥截杀黄得功的同时，高杰还派兵来夺仪真，虽未攻克，但黄得功损兵折将，带往土桥的300亲兵无一幸免。

黄得功上书朝廷，欲与高杰决一死战。南京朝廷派太监卢九德、扬州督师史可法派监军万元吉，到仪真来劝和，黄得功不同意，这口气咽不下去。此时，黄得功母亲去世，史可法乘机来仪真吊唁，劝黄得功："土桥这一仗，不论问谁，都说高杰无理，您为了国家大业，捐弃前嫌一致抗敌，才是高风亮节之举，这样做，您的大名将扬播天下啊。"黄得功听了气色稍和，同意不再发兵，但自己人马损失，这笔账还是要算的。史可法和稀泥，让高杰赔黄得功的马，又出了一千两，作为黄母的吊唁费用。

推测就是在这种情形下，卢九德、万元吉带弘光帝诏书到山光寺劝和黄得功，黄得功在气头上，正准备前往瓜洲找高杰算账，哪里听得进劝？大骂万元吉、撕碎诏书也在情理之中。

当然,作为拥立重臣,黄得功接诏肯定不止一次,在山光寺接诏也不一定就是撕碎诏书的那一次。山光寺建有"明皇华亭",是为了纪念黄得功在这里接过弘光皇帝的诏书,至于是哪年哪月接的诏、诏书的内容是什么?为什么会在山光寺接诏?骂使者撕诏书是不是在山光寺的这一次?还有待进一步挖掘史料证实。

《仪征文史资料》第十四辑启瑞《抗战时期仪征地下党的斗争》记载,1943年6月,为方便工作,上级决定,将十二圩地下党支部由东南县委划出,交由甘泉县委领导。甘泉县委敌工部部长李唯知,赶到新城运河以南的山光寺,参加了"圩支"的支部会议。他在会上指出,圩支成员执行的是特殊的钻心任务,演假戏、装敌人,决不可露出半点破绽;以敌人的面目出现,该拿的钱要拿,这样既不会暴露身份,又不会做"清官"为敌伪树碑立传;要克服装敌人"不正派""不光彩"的思想,认清地下工作有时比武装部队作用更大的特殊意义;地下工作在政治上会付出代价,甚至会牺牲生命,这包括被敌人杀害和为自家人误解,要有做无名英雄的思想准备。

山光寺在中华人民共和国成立后改建为光明小学,今学校已废弃(图3-18)。在十二圩的中国两淮盐运博物馆里,收藏有山光寺的石柱础和功德碑残件。

图 3-18 废弃的光明小学

五老峰人师通真

通真万寿宫又称通真观,位于县东南十五里,即新城卧虎闸南半里,是元朝大德年间(1297—1307)五老峰人雷希复创建的。

雷希复是通真观的创建者,《道光志》卷四十一《人物志》有传,全文如下:

雷希复,九江人。得其师之道法,施教仪真,人皆德之。至大间,即孚惠先生祠,创通真观于白沙江浒。会武宗于扬州建元妙观,降玺书护持,诏希复为提点,赐号"凝和冲妙崇正法师"。

雷希复是九江人,元朝至大年间(1308—1311),他在师父孚惠先生祠兴建了通真观。后来元武宗在扬州建元妙观,调他去做住持,任命他为提点,并赐号"凝和冲妙崇正法师"。

《道光志》卷四十一《人物志》有雷希复的师父孚惠先生的传:

孚惠先生,寓仪真,不知何许人,亦不知其姓氏。有传其自浔阳寿圣观来者,然不可考也。尝自谓,得真牧先生道术。时宋末,仪数被兵,人多染疫疠。先生以所传道法治之,无不验。士民敬慕,共建祠宇祀之。其徒雷希复,传其道。《府志》作"元时人"。

《隆庆志》卷十四《艺文考》有《孚惠先生治疫》,全文如下:

先生不知何许人,元季自浔阳寿圣观来游仪真。时邑多疫疠,先生以道术治之,辄投效。民甚德先生,后因建通真万寿宫为祠事。其徒雷希复传其道法,号凝和冲妙崇正法师,并葺观宇,提点玄教,多利济于人。先是,有李道纯者,都梁人,号莹蟾子,一曰清庵,住长生观。世传其得道飞升,号其所居观曰飞仙。今观虽废,然尝有鹤翔其处,盖不可知也。

孚惠先生,不知是哪里人,宋朝末年从浔阳寿圣观来到仪真。宋末仪真兵燹过后,发生大疫,孚惠先生用所学真牧先生的道术给民众治病,非常有效,百姓敬慕他,为他建了祠宇。他的徒弟雷希复,在祠宇基础上创建了通真观。

张燕霞《明清扬州都天信仰研究》一文考证:

孚惠其实是有名有姓的,他叫杨权,嘉靖《九江府志》记载:宋庆元间道士杨权,在府城西建寿圣观,咸熙年间封"通慧孚惠真人"。

雍正、乾隆两部《江都县志》都记载:"孚惠殁葬仪之新城,后人即其墓所立庙。"

《道光志》援引了元朝翰林承旨程巨夫的《通真观记》,原文:

道家无为，又曰无不为，犹之水焉：无为者，其止；无不为者，其流也。昔之人由其说，以之佐天下，以之全身，以之致时。载之当年，颂之后世。予郢人也。郢中父老为言：有真牧先生者，持老氏之教，绝江而东，兴瑞庆宫于九宫山。孚惠先生其徒也。又兴寿圣观于浔阳，于今弥昌。予闻而识之。既而驰驱王事，往往道出江淮间。见所善洞渊法师雷君，又兴通真观于白沙之江浒，曰："此吾先师故祠也。"盖孚惠昔尝治疫有功，民德而祠之，且百年而毁矣。本江海故地，泥沙斥卤。君春土辇石，峙板干而基之。由至元甲申，迄大德丁酉，积十四年而殿堂、门庑、房室、庖库、园田、仓庾罔不毕备，与九宫浔阳相高盛矣！……呜呼！学无大小，咸欲其传也，久而益非其宗至，或自畔所受。予每窃唶焉。今若雷君，体无为而用无不为，真老氏之徒与！君名希复，号凝和。冲妙崇正法师，为通真第一代祖云。

真牧先生在九宫山兴建了瑞庆宫；孚惠先生是他的徒弟，在浔阳兴建了寿圣观；雷希复是孚惠先生的徒弟，在白沙（仪真）江浒孚惠先生故祠兴建了通真观。通真观工程开工于至元二十一年（1284），竣工于大德元年（1297），历十四年告成。通真观殿堂、门庑、房室、庖库、园田、仓庾，一应俱全，与九宫山瑞庆宫、浔阳寿圣观相比，毫不逊色。

程巨夫《通真观记》明确记载了通真观的开工、竣工时间，分别为至元二十一年（1284）、大德元年（1297），而《隆庆志》卷十二《祠祀考》所载"元大德间"和《道光志》卷四十一《人物志》所记"至大间"皆不准确。通真观应建成于大德元年（1297）。

雷希复的道号为"凝和"，元武宗赐号"冲妙崇正法师"，为通真观第一代祖师。

《道光志》卷二十《祠祀志》收录了邑人陶鉴（字镜堂，邑诸生，曾参与雍正《仪征县志》编撰）记录的乾隆三十九年（1774）春王正月所记的《通真观记》，内容有：

真州旧江口通真观，昉自汉、唐，由来久矣。里有卜翁者，实始基之。兴废不一。元至元间，五老峰人雷希复，高行道流也，访师江上。时孚惠先生寓居新城，去观里许。希复卜以栖真，大兴土木，葺观门，缮玉皇殿，洎道祖堂，左右构丹房，一切庖湢、寝室悉具。外建道房若干间，以憩云水行脚者。顾观中地多闲旷，溪水横流，石桥直跨，余则种玄都之桃，豢青城之鹤。门外江山拱秀。积十余年，而观宇落成，易名通真万寿宫。一时羽流云集，石坛鱼磬，殿阁虚声，俨然一太清都若，与九宫之瑞庆、浔阳之寿圣，鼎峙而三矣。会希复以提点扬州去，观势渐衰。

明洪武间，尚书单安仁退老珠金里，准道会路通玄之请，捐金修造，而邑之玄妙观并入焉。无何，靖难兵起，由真渡江，军士毁之，只留老君殿并前殿桓楹，其余尽归劫火。迨弘治初，观尚依然。后江潮大泛，观基坍没，从前碑记，悉付阳侯。只存老君金像，漂至近村树下。

时有济宁尚书王公，命仆购木江南，数以万计。至像所，牵挽不动。仆归告主。尚书已先得兆，见一老翁，谓之曰："君能构吾殿宇，将佑君子，一如君官。"公尽以所构之木，重建此观，盖又极一时之盛云。

万历末年，江水复涨，观宇尽没。余叔高祖、文学嘉瑞公与同庠高公椿年，相地冈下，得都司王君维京旧业，鸠金买为观址。会汪公钺重建，庀材命匠，构殿塑像，悉如前规。观前又置园田数十亩，以供香火。则是至今所存之观，即中书姜公士望所记天启重建之观也。乾隆三十九年春王正月记。

王正月的《通真观记》除记述了通真观建设缘由、过程和规模，还记录了通真观几次较大的修缮。

明初洪武年间（1368—1398），兵部尚书单安仁退休后在仪真养老，在城里和珠金里（即通真观所在里坊）都有住宅，他同意道会路通玄道长的重修请求，再次开展了集资修造通真观的工程，将仪真城里的玄妙观也并入其中。

到了建文年间（1399—1402），靖难兵起，燕军从这里渡江，通真观被毁，只留下老君殿和前殿的大柱子，其余的建筑尽归劫火。直到弘治初年，还是这个样子。后来江潮大泛，老君殿倒了，前殿的柱子也没了，从前的碑记石刻等物，统统都淹没在滔滔江水之中，只有可怜的老君金像，漂到了附近的村庄树下。

当时有一位济宁尚书王公[王杲，济宁府汶上县人，正德九年（1514）进士，嘉靖年间（1522—1566）任户部尚书]，让手下人前往江南购买了数以万计的木料，运送到老君像附近时，怎么拖拽牵挽都移动不了，手下人赶紧向王公报告。巧的是王公前一晚做了个梦，梦见一位老翁对他说："你如果能把我的殿宇建起来，我将保佑你一生平安、仕途顺利。"这位王公就将自己所购买的木料全部拿出来重建通真观。通真观重新繁盛了起来。

到了万历末年，江水再次泛滥，观宇建筑又都淹没了。我（王正月）的叔高祖、文学嘉瑞公与他的同庠高椿年，重新勘察地势，看中了都司王维京[仪真人，崇祯三年（1630）封荫都司经历]家的旧业，就花钱买下作为新的通真观观址，会同汪钺[崇祯十二年（1639）封荫武英殿中书]重建。他们采购建材、遴选工匠，建造大殿、塑造金像，按照从前的规制再造。在观前又购置了数十亩田地，用以解决通真观的日常运作开销。这就是今天尚存的通真观，也就是明朝姜士望中书所记的、天启年间（1621—1627）重建的通真观。

王正月在《通真观记》中说的"中书姜公士望所记天启重建之观"，《道光志》卷二十《祠祀志》有记载：

颜《志》云:"文选郎姜士望撰《记》,钱并勒石于壁。国朝乾隆己丑,羽士李复耘募修,重塑道祖,瘗旧像于山门前冈,勒石志敬。"

明朝文选郎姜士望[字宗林,仪真人,万历四十四年(1616)进士]也有一篇通真观记(县志未选此文),被刻成石碑置于通真观内墙壁。清朝乾隆三十四年(1769),道士李复耘募集资金再次修缮通真观,重塑道祖之像,将原来的旧像埋葬在山门前的土冈,并且勒石志敬。

《道光志》关于通真观还有以下记载:

放水桥,在通真观北。歙人汪喜起重修。

留云亭,在通真观。

明兵部尚书单安仁墓,申《志》云:"在旧江口,通真观东隅。"

解读是:通真观在放水桥的南面;通真观里面有个"留云亭";通真观在旧江口,其东侧有单安仁的墓。

王正月在《通真观记》中也提到"尚书单安仁",他批准道会路通玄道长的请求,通真观得以重修。单安仁是明初在仪真致仕养老的前兵部尚书,他主持兴建了仪征城南天池五坝、玉带河、大码头等设施,对运河入江水道有再造之功。

《道光志》收录了明代南京兵部侍郎、邑人黄瓒《游通真观》诗:

闭门春色有无中,明发招寻杖寓公。花近銮江怜蓓蕾,人于丹观觅崆峒。郊原久渴锄犁雨,樵牧新瞻旌旆风。我亦旧人回白首,十年修竹漫西东。

1958年,21岁的仪征县友爱扬剧团指导员兼团长戴仁怀,根据通真观的民间传说,以笔名"吾墨"执笔编著了《卢宣盗令》剧本并排练公演,数演不衰。该剧目在1960年春扬州专区专业剧团新创剧目调演中,荣获剧目创作和演出二等奖。

这个故事出自清嘉庆初年竹溪山人的十卷八十回白话文小说《粉妆楼》,其第五十二回"众英雄报义订交,一俊杰开怀畅饮"、第五十三回"打五虎罗灿招灾,走三关卢宣定计"、第五十四回"盗令箭巧卖阴阳法,救英豪暗赠雌雄剑"、第五十五回"行假令调出罗公子,说真情救转粉金刚",叙述了唐朝的一段故事,情节曲折动人,简述如下:

卢宣原是长安府知府,因奸相沈谦专权,弃官不做,云游四海,在仪征新城卧虎山通真观里修身养性,人称"赛果老"。越国公罗成的玄孙、敕封镇守边关大元帅罗增的大公子罗灿(绰号"粉脸金刚"),被奸相迫害,逃难到仪征,落脚通真观。在东岳庙附近胡家糕店,路见不平,打死新城卧虎山赵家四个儿子(四虎),被捕。卢宣到金陵设计,利用为总督儿子治病的机会,盗走令箭,从仪征县牢中救出罗灿。

扬剧团于同时期还排演过《二度梅》，题材出自清代惜阴堂主人的四十回同名小说，也是以唐朝仪征为背景，该剧反响也很好，武汉电影制片厂还将其拍成了电影。

我曾亲往新城卧虎闸南，探访通真观及单安仁墓遗址，遗憾二者皆已不存。中华人民共和国成立后通真观还在，曾做过越江大队的大队部，旧有建筑大约是20世纪五六十年代被拆毁的。位置可以确认，就在越江村常庄组。当地农户向我展示了通真观的瓦当。仪征收藏家厉俊，还藏有光绪十七年（1891）仪征名人张丙炎［1826—1905，字午桥，号药农，一号榕园，咸丰九年（1859）进士，官至肇庆知府。父亲张安保为《（道光）重修仪征县志》总纂］为悟阳子重建通真观而题写的石额（图 3-19）。这个石额说明，至少在光绪十七年（1891），通真观里的道长悟阳子还在发起重建的工作并且成功建成，修葺一新的通真观还延请仪征著名人士张丙炎题写了观额。

图 3-19　通真观石额

中和集出长生观

李道纯在真州创建了长生观，并在长生观中著书立说，最后在此飞升。

《隆庆志》卷十二《祠祀考》：

长生观，在县东十里，河北。按，井道泉《记》略云：我元皇庆间，道流李道从刘道远贸地经营，乃作殿二，曰玄元，曰全真。堂庑整肃，为一方云水都会。复为通仙庵,比居窦、焦二山之巅,茂林美樾,下瞰巨野。两城亭台之丽,长江舳舻之盛,晨烟夕霞,波光山色,皆几案中物矣。夫道,言乎无言,事乎无事,故以文为华,名为醨,惟醇实是务。今道人方且尚辞要誉,是弃实而华,舍醇而醨,不其悖乎?然有以也。夫进处有时,消长有数,故不可为而强为,与可为而不为,君子耻之。今观长生之作,得其数之可为者乎?是可纪。

此处点明长生观创建者为"李道",《道光志》在校正时认为:"李道,《隆庆志》同,据文意,疑当作李道纯。"

李道纯于元朝皇庆年间(1312—1313)在仪真当地人刘道远处买下地皮,建长生观,先建了两座殿——玄元殿和全真殿,后又建了通仙庵,庵观分别在窦家山和焦家山之巅。两山茂林美樾,向南望去,真州和新城(扬子县城)两座城市的亭台屋宇、袅袅升起的炊烟、长江上争流的百舸、落日余晖的晚霞、江水的波光、江南连绵的群山,这些美景就像在案头一样,映入眼帘。

《道光志》卷二十《祠祀志》援引陆《志》云:

有莹蟾子李道纯住观中,世传其得道飞升,故号其观曰"升仙"。今废。

李道纯道号莹蟾子,晚年就常住在长生观,因他在此得道飞升,所以长生观又得名"升仙观"。

《道光志》卷四十一《人物志》有李道纯的传,全文如下:

元,李道纯,字元素,都梁人,号莹蟾子,亦曰清庵。住长生观。遇异人指授,得道飞升,故又号其观曰"升仙"。所著有《中和集》六卷,《道德经注》一卷。号所居曰"中和庵",作《中和图说》。《府志》仍载有《三天易髓》一卷,《道德会元》一卷,其门人柴元皋撰次《莹蟾子语录》六卷。元皋号嘿庵,尝在兴化西城水边踞坐,朗吟曰:"少干施主少抄提,野鹤孤云自在飞。有水有山还著我,莫教尘土污霞衣。"

《隆庆志》卷二《山川考》:

焦家山,在县东北五里,上有三将军庙,语在祠祀志,林壑葱秀,亦可登眺。

窦家山,在县东北八里。

《道光志》卷四《舆地志》援引陆《志》:

窦家山,旧《志》云:昔有窦姓者居之,今俗名破山。

《隆庆志》卷十二《祠祀考》说长生观在县东十里,窦、焦二山之巅;卷二《山川考》说焦家山在县东北五里,有三将军庙;窦家山在县东北八里,俗名破山。

三将军庙(焦家山)和破山(窦家山),我都曾实地探访过,这两座山实际位置在今天的125省道与仪征市联众路交会处,路口东为窦家山(破山),现已推平,为上汽大众第五工厂厂房北预备用地;路口西为焦家山,三将花苑小区、三将军庙和部队,都在焦家山上。

原建于胥浦河边的南宋三将军庙,由于岁久浸废,明朝成化十八年(1482)三月,北京锦衣卫官卓茂将其迁建到焦家山,"有羽流奉祀"。这说明成化年间(1465—1487)焦家山上还有观宇和道士,推测很可能就是已经式微的长生观。

根据《中国道教》2013年02期载王彤江《李道纯籍贯及年谱考》,大德三年(1299)纯阳诞日(四月十四),李道纯在銮江中和庵撰写《金丹妙诀》。可见,长生观始建时间不应如井道泉《记》略云"我元皇庆间"(1312—1313),而当在大德三年(1299)之前。

李道纯是中国道教史上著名的思想家,内丹中派创始人,一代宗师。

李道纯作为南宗传人常兼修北宗丹法,融南北二宗丹法为一体,亦被称为中派丹法之祖。李道纯的理论特色在于,他并非泛泛而谈南北二宗的性命双修之法,而是对先秦以来的易学和老学进行创造性的阐述,兼收并蓄宋代理学、佛教特别是禅宗的心性之学,从而成就以"中和"为本的内丹心性学说。借助"中和"的观念,李道纯从本体论和修养论的层面上对儒道释三教的义理做了系统性的、深层次的和合,从而促进了元、明、清以来三教由对抗到进一步走向融合的趋势,客观上也激发了元明理学及心学在心性学说上的深入争论和发展。

丁孝明《李道纯丹道思想的理论与特色》记述:

李道纯著述颇丰,有《三天易髓》《全真集玄秘要》《中和集》《清静经注》《道德会元》等。

门人柴元皋辑其语录编为《莹蟾子语录》六卷。

其《道德会元》今存《正统道藏》洞神部玉诀类,乃专为注释老子《道德经》而作,目的是要"俾诸后学密探熟味,随其所解而入,庶不堕于偏枯,会至道以归元也"。

其《中和集》收录于《正统道藏》洞真部方法类,共计六卷。

卷一:《玄门宗旨》《太极图颂》《颂二十五章》《画前密意:一至十六》;

卷二:《金丹妙诀》《金丹内外二药图说》《三五指南图局说》《玄关一窍》《试金石》《傍门九品》《渐法三乘》《最上一乘》;

卷三:《问答语录》《赵定庵问答》《金丹或问》《全真活法》;

卷四:《性命论》《挂象论》《死生说》《动静说》《原道歌》《炼虚歌》《破惑歌》《玄理歌》《性理歌》《火候歌》《龙虎歌》《无一歌》《抱一歌》《慧剑歌》《挽邪归正歌》;

卷五:《诗部(录42首)》;

卷六:《词部(录58首)》《教外名言》《绝学无忧篇并叙》。

"中和"之名,取自《礼记·中庸》中的"喜怒哀乐之未发,谓之中;发而皆中节,谓之和"。《中和集》以"中和"为核心精神阐述内丹修炼的要义。

长生观今已不存,原址建有三将军庙,详见本书《三将军胥浦喋血》。

孚惠变身都天神

元朝至大年间(1308—1311),九宫山瑞庆宫真牧大师的徒弟、浔阳寿圣观孚惠先生(杨权)云游到真州,用神符秘漤为百姓治疗瘟疫,疗效甚好,百姓感恩,在新城垒之南为他建祠以祀。孚惠先生的徒弟雷希复来到真州后,将该祠扩建为通真观。

孚惠先生安葬在通真观东二里。元末明初,雷希复的徒弟在孚惠先生墓旁,创建了都天司疫神祠(都天庙),祭祀都天菩萨(都天大帝、都天神),其原型就是孚惠先生。都天神的职能是控制瘟疫。

《隆庆志》卷十二《祠祀考》:

都天庙,在新城镇东二里。国初建,宣德间再葺,教谕王麟《记》。旧有三茅祠。

《道光志》卷十九《祠祀志》:

陆《志》云:"嘉靖间,重新。隆庆六年,邑人黄相等建石坊于临河。国朝康熙四十八年,歙郑肇新与众重修,改拓庙基,增于旧者十之三。又甓庙门之道,以属于坊。"

又载邑人李文《记》曰:

"《周礼》司救之官,'凡岁有天患民病,则以节巡国中及郊野,而以王命施惠。'盖听于人也。后世疫疠札瘥,或由道术治之,舍药物而亦愈,盖听于神也。夫天患民病,古今有之。司救则官勤其职,道术则神尸其功,故人官宅明,神官宅幽,其理一也。凡以王命施惠者,修国恤而务明道;术治之者,缘神道以设教。及其有惠于民,可以弭灾而燮患,君子必不因此而废彼矣。

吾真有都天司疫神祠,在新城里之东。尝考《晋史》,新城,本谢安出镇广陵时所筑垒也。隆阜蜿蜒,阻江险以为形势。安盖以会稽王道子专擅将变,筑此以备之。历六朝、唐、宋,几七百年,率未有神祠兴其间。逮元至大初,阖州大疫。维时有孚惠先生者,楚人也,得其师真牧公之学,绕浔阳东游于真,哀怜州甿之病,以神符秘漤饮之,疫皆勿药而愈。州人德之,始创道宫于新城垒之南,以奉先生。岁久且圮。其徒、五老峰人雷希复者,继增构之,为通真万寿观。未几,希复以提点扬州道教去,而通真故宫寻就颓毁。

国朝洪武初,希复之徒有受持孚惠之教者,于新城垒之北创为今祠,用祀司疫之神。其灵坛秘迹,迄今为邑人之依崇,有祷必应。宏济之功,有阴多于司救者。载观'周公作《时训》'数节,辨气定候七十有二。凡岁之有疫,盖候之乖、气之厉为之也,可谓之无神乎哉? 有其神,则有其祠矣。祠旧有坊,在河之干。嘉靖初,材朽且蠹。今年夏四月,邑人黄相等辈集祠下,佥为之谋,各捐资构材,易木以石,仍冠以祠额。落成请《记》,因论述祠祀之本末,载其岁月、名氏,以示悠久。嗟乎! 王政衰,司救之官废厥职也,久矣。天患民病,孰为切于其身? 乃至鄙谈道术,参吾说以胜之,如之何其弗思也耶?"

颜《志》云:"雍正三年,刘正实等建庙前石坊。乾隆四十年,众姓重修,为神楼、斗坛。五十三年,里人重修殿宇、石岸。五十九年,监掣同知邓谐捐修,邑人继葺。"按,道光二十年,盐务工人众姓重修。

都天庙始建于明朝洪武初年,创建者为通真观雷希复的徒弟。撰写《都天庙记》的作者为开化知县、《隆庆志》主要撰稿人、邑人李文。

有些资料说都天神的原型是唐代的御史中丞张巡。

张巡(708—757,《旧唐书》卷一百八十七载为蒲州河东人,《新唐书》卷二百十五载为邓州南阳人),开元二十九年(741)进士,任真源县令时,谯郡太守杨万石投降安禄山,张巡不从,起兵反抗,坚守雍丘、宁陵、睢阳,先后被朝廷授予河南节度副使、御史中丞。他死守睢阳时,大呼誓师、眦裂血流、齿牙皆碎、杀姬飨卒、知死不叛、保全江淮,死后被唐德宗追封为扬州大都督。《新唐书》卷二百十五《忠义传》载:

天子下诏,赠(张)巡扬州大都督,(许)远荆州大都督,(南)霁云开府仪同三司,再赠扬州大都督,并宠其子孙……皆立庙睢阳,岁时致祭。……大中时,图巡、远、霁云像于凌烟阁。睢阳至今祠享,号"双庙"云。

双庙又称"双忠庙",全国各地都有,韩愈曾撰写《张中丞传后叙》,赞扬张巡、许远、南霁云。韩愈后被贬为潮州刺史,因而潮汕、闽南、台湾的双忠祭祀尤甚,庙神称"文武尊王""保仪尊王""保仪大夫",而且祭祀巡游时必须将夫人(厒妈)排在尊王(张巡)前面,否则尊王会生气发火,云云。这恐怕是张巡对杀姬飨卒的一种补偿吧。

《清史稿》卷八十四《礼三》(历代帝王祭祀陵庙):

分献官四人祭两庑,庑祀风后、力牧、皋陶、夔、龙、伯益、伯夷、伊尹、傅说、周公旦、召公奭、太公望、召虎、方叔、张良、萧何、曹参、陈平、周勃、邓禹、冯异、诸葛亮、房玄龄、杜如晦、李靖、郭子仪、李晟、张巡、许远、耶律赫噜、曹彬、潘美、张浚、韩世忠、岳飞、尼玛哈、斡里雅布、穆呼哩、巴延、徐达、刘基,凡功臣四十一,祀以少牢。

张巡是清太庙列入祭祀的历代四十一位功臣之一(《明史》卷五十,功臣凡三十七人,无张巡、许远)。

张巡是以"忠义"立庙的,这与主管瘟疫的都天神有什么关系呢?

华中师范大学张燕霞的《明清扬州都天信仰研究》认为,这是地方信众为保护都天信仰不被认作淫祀而不断赋予其正统价值观,将国家认可的张巡赋予抗瘟疫的职能,使得都天神孚惠逐渐演变成了张巡。

在李文的《都天庙记》中,记载了都天庙系明朝洪武初年创建,祭祀的是司疫之神,是孚惠先生。根据张燕霞的考证,孚惠其实是有名有姓的,他叫杨权。嘉靖《九江府志》记载,宋庆元年间(1195—1200),道士杨权在府城西建寿圣观,宋度宗朝咸淳年间(1265—1274)封"通慧孚惠真人",元仁宗在此基础上追加二字,封其为"通慧孚惠仁佑真君"。

《大明会典》中对旧朝的敕封在一定程度上还是持认可态度的,都天神孚惠虽然没有遭到"淫祀"打击,但也没有被列入国家祭祀,在这种情况下,将都天神赋予正统意义,就显得很有必要。张巡是国家认可的正神,他除了忠义,在民间恰好还有"厉鬼"的一面。

张巡生前曾高呼:"生既无以报陛下,死当为厉鬼以杀贼。"(李翰《进张中丞传表》)这使他在民间发展出了"厉鬼"以及掌疫疠之鬼的说法,其形象变成了青面鬼状。

实际上,张巡不同于忠义的形象在宋代已经出现,南宋王象之记述了一则张巡民间传说的碑记,正好来自他的家乡婺州。该碑记叙述了张巡为祟,侵扰民众的情况。元末谢应芳过无锡时,看到当地民众"出郭迓神",所迎之神衣冠面具为"凶丑恶状"。民众告诉谢应芳,这是当地的主疫神祇张巡。可见,张巡作为瘟神疫鬼的形象已深入人心了。

张巡入主都天庙是个渐变的过程,而都天神灵的大发展、大普及,即都天神获得朝廷敕封的契机,出现在清乾隆年间(1736—1796)。

光绪《丹徒县志》记载,乾隆五十年(1785),"冬水归壑,运道阻浅",有五百多艘回空漕船搁浅。"巡漕管干贞同总漕毓奇肃祷于神",是日下午都天神显灵,江潮斗涨三尺,次日回空漕船顺利入河口。巡漕管干贞特立碑记事。而这样的情形再次发生在乾隆六十年(1795)。是年节气稍迟,瓜洲、仪征两地水浅难行,当时又是西风"耗潮顶渡",一百余艘重运漕船难以出口。得益于乾隆五十年的经验,升任总漕的管干贞于都天庙与江神庙斋宿祈祷,神祇及时显灵,西风转顺风,重运漕船得以出口。管干贞将都天神护佑漕运的灵迹上奉朝廷。乾隆帝特下旨,特发大藏香二十枝,令管干贞虔诚至祭,以答神贶;并在干贞奏疏中朱批"灵贶"二字,以为赐额,管干贞奉旨书庙额。

嘉庆中期,朝廷正式敕封都天神为"宁漕助顺安澜"之神,并派遣官员春秋祭祀。至此，都天信仰被正式纳入官方祀典。光绪《丹徒县志》："按，旧志，都天庙不在祀典，盖其时重修县志，在嘉庆初。而崇祀在其后也。"

清中后期江淮各地的都天神，官方认可是张巡，职能除了司疫，还有保佑漕运，这与全国各地的双忠庙完全不同，虽说都是祀张巡，职能却大相径庭，前者司疫，后者忠义。

我在泰州市姜堰区博物馆曾看到这样一段展词：江淮地区的都天庙均托名祭祀张巡，实祀张士诚。当年张士诚与朱元璋争夺天下，后兵败被视为寇，当初追随张士诚起义的江淮弟子的子孙们，不甘心自己的祖辈沦为寇匪，苏中地区四乡八镇纷纷建起都天庙，避人耳目。这个解释用在仪征都天庙也能说得过去，一是仪征都天庙创办时间是洪武初年，张士诚去世不久；二是都天庙只说是雷希复的徒弟创建，没有姓名，有可能是张士诚的拥趸。

仪征的都天庙还有一个独特之处，即庙中有都天王爷的墓椁。

《文化新城集》一书收录了王德钧《都天庙宇与都天庙会》和张传浩《我记忆中的都天墓诗与都天墓》，文中都提到都天庙里停放着"都天王爷的墓椁"。我在走访时多次听村民提及，好生奇怪，都天王爷的墓椁怎么会放在仪征的庙里？

仪征文人厉惕斋在《真州竹枝词》中，有《都天墓》诗：

昔从南北路经过，装点前贤古迹多。不谓神明在吾邑，一抔高冢也嵯峨。

厉惕斋注：

邑人乃曰："一书生夜遇厉鬼，散毒井中，自拼一死，以救万人，新城镇石墓，即当时投井处也。"余考其事，时时见于他说，或亦不诬。然谓即在新城镇，得毋后人附会欤！

是墓也，白石垒成，历久弥光，进香女士，必来庙后参谒，手拂拭石，谓可不黾，钱磨砺石，谓可避疫，大众摩挲，愈形润泽，岂神真降临此地耶？

厉惕斋记载的墓主人，是一位舍身为民的驱鬼书生，这位书生好像就是都天神，但显然既不是孚惠，也不是张巡。

雍正、乾隆两部《江都县志》都记载：

孚惠殁葬仪之新城，后人即其墓所立庙。

这就是说，在仪征新城都天庙中安放的墓椁，墓主人就是孚惠。

王德钧《都天庙宇与都天庙会》一文，介绍都天庙庙门向北开，有青石板甬道直通400多米外的仪扬运河。河边有石砌码头，庙前有两座石拱桥，门口有两尊石狮。庙内香烟缭绕，东侧是钱粮库，西侧有"瘟水井"，中间有两进大殿，前殿供奉红胡子紫脸都天王爷金身坐像，后殿供奉都天王爷行身木像。后殿东安放着都天王爷的墓椁，墓前牌坊上有联：墓门风卷灵旗千年庙貌，江郭潮喧赛鼓百姓恩波。落款是乙巳年(雍正三年,1725)清河月,新安刘正实、刘丰年敬题,这与县志上"雍正三年刘正实等建庙前石坊"对应(仪征市博物馆藏刘彬题"伍大夫仗剑渡碑",刘彬是刘正实的父亲)。

张传浩《我记忆中的都天墓诗与都天墓》则回忆说:"都天墓山脚下,确有一条贯穿南北的大路,从仪扬运河而来,一式青石板铺路(人们称其为神路),临近河边还有石牌坊,路延伸到都天庙前。一条小河(我们称其为小港)横亘,港上有拱形石桥两座,将都天庙与神路连在一起,这条路过石拱桥又一直沿都天庙东围墙向南,通向杨庄大路,一直延伸至桂庄。至于小港则蜿蜒西去,过通真观旁放生桥汇入旧江口。"

《文化新城集》还介绍了都天庙会的盛况。时间是每年的四月初一,大清早参会队伍就排成阵势,汇聚新城走街,队伍由六人鸣锣开道;四人手持"肃静""回避"出巡牌随后;六人拿着金瓜钺斧朝天荡旗紧跟;之后是八抬大轿抬着都天菩萨行身木像,左右有人执举大令,封"英齐王旻天大帝"和"万民伞";然后是戏乐班子、箫笙管笛;后面还有八个光头分别抬着大粽子、大葫芦。队列中有人领唱,众人齐和,和者每人手拿一矮凳半蹲半跳,伴随着歌声节奏,表演矮凳舞。矮凳上还安装有花瓶、响铃、木鱼、快板、竹条等响器,增加伴奏效果。装扮成十二生肖的骑马娃,骑在彩马上,不时做出逗人发笑的演姿。最少有四个舞龙队,在锣鼓声中狂舞劲吼;四个文静的姑娘,挑着花担舞扇轻摇。调皮的舯公荡着湖船,左拍右划;高跷队伍高人一等,装扮成生旦净末丑稳步前进。前圩、中圩、后圩和北圩四个堂会队伍不惜耗费钱财,添置各种装饰道具,罗致各类文艺人才,依次亮相、轮番表演、争奇斗胜,好不热闹!直至午后逐渐进入都天庙前广场,行一番仪式,到晚方散。

庙会这一天,新城充满了欢乐喜庆的气氛,方圆十几里万人空巷,男女老幼穿戴整齐从四面八方纷至沓来,几万人聚集在新城镇上,仪扬河两岸点烛焚香,都天庙广场商贩云集,商贾店铺早已备足货源,装修门面迎接全年生意最红火的一天。八方商贩熟知庙会需求,抢占地盘,竞相叫卖流行商品,有祖传秘方行医治病、身怀绝技杂耍卖艺、算命看相说唱逗趣,十分热闹。

中华人民共和国成立后,都天庙变成了小学,庙会还在办,1964年庙会改称农务交流会,交易额约4万元。1968年改称物资交流大会,由新城供销社主办,日期改为阳历五月一日。当年交易额12万元。1997年改由新城镇政府举办,交易额30万元。2001年,庙会3天,交易额300万元。可惜考虑到安全因素,庙会至2001年就停办了。

张燕霞《明清扬州都天信仰研究》一文中有明代仪真新城都天庙会赛龙舟的

记述：明朝万历年间(1573—1620)，莆田人姚旅，在其《露书》卷十三中记载，真州新城镇，当地居民信奉都天神，五月初五举办都天神朔龙舟，人们争相祈祷。舟事完毕的晚上，人们争相谢神。谢神完毕，则都须回家，不得相互询问交流，即便遗失物件也不得回取，否则将有病死之祸，非常灵验。

都天庙会自古就有，著名诗人袁枚《真州竹枝词》：

都天会起赛神忙，儿女沿堤尽点香。绝似嫦娥颁令甲，一齐月色着衣裳。

厉惕斋《村妇看会》：

沿街听得笑声喧，一队红裙店门前。为语会来天欲晓，女郎家住在何处。

《茶担》：

左手回环半扦腰，俏将右手扇轻摇。不劳十指承扶力，放在肩头款款挑。

都天庙位于仪征新城镇东二里，越江村曹庄组，遗迹尚在。我于2015年2月7日第一次探访都天庙时，这里已是被废弃的都天庙小学，还有一对石狮子和很多石构件，特别是看到那些一米多长的条石在台基下整齐砌成，严丝合缝，目测六到八层，非常震撼（图3-20）。

图 3-20　都天庙台基

正在施工的宁扬地铁在仪征有五站，其中有一站，工程名叫开发区站，就在都天庙遗址附近。我曾向市政协写社情民意，建议将此站更名为都天庙站。

第四章
慷慨悲歌

　　真州是运河入江口,地理位置十分重要。除了漕运、盐运带来的繁华,也有"兵家必争之地"带来的战事。由于迎銮镇(真州前身)在五代后周时期已经被世宗柴荣所平,所以北宋初年的灭南唐之战,真州已是宋军后方,并无战事。

　　南宋与金国进行了五次战争,真州地处交战前沿,在建炎南渡、兀术南侵、海陵伐宋及隆兴北伐、开禧北伐等四场战争中,均有表现(联蒙灭金除外)。

　　南宋与蒙古进行了三次战争,真州在端平入洛、灭宋之战等两次战争中,均有表现(四川之战除外)。

　　黄天荡之战,韩世忠以八千对十万,围堵兀术四十多天;大仪之战,为中兴十三处战功之首;胥浦桥之战,亦位列中兴十三处战功。端平初年,真州知州丘岳指挥的西门之战,射杀了窝阔台之子阔出,改变了蒙古大汗的传承体系;德祐初年,南宋灭亡时,江淮地区的孤军奋战,真州作为最后一座坚守的孤城,收留从元营逃脱的丞相文天祥;知州苗再成、宗室赵孟锦、军官冯都统等人的抗元事迹荡气回肠,慷慨悲壮。

　　为便于阅读、理解宋末江淮地区抗元战事脉络,我精心搜集资料,列出《蒙古大汗传系表》《宋末真州、扬州等地抗元事略表》。

黄天荡鏖战兀术

黄天荡是仪征历代志书上多次出现的地名，位于南京至仪征的长江某一段上，由于长江不断涨滩、坍江，黄天荡位置是有所变化的。宋代的记载是"大江过升州界，浸以深广，自老鹳嘴渡白沙，横阔三十余里，俗呼为皇天荡"（胡三省《资治通鉴音注》卷二百六十）。明代的记载是"矶山之东即黄天荡，江流至此甚险，舟人过之，鲜不乞灵者"（《隆庆志》卷二《山川考》）。起点略有不同，终点都在仪征。

黄天荡在古代是风大浪急的长江险段，南宋太常卿虞俦的《大横河记》有下列描述：

戊子之冬，余自合肥守移漕淮东，江行半月，始至仪真置司之所。至之前一日，舟师相谓：此去黄天荡不远，宜戒宜备。家人辈见其张皇事势，咸惊且忧。凡牲酒纸币，所以徼福于江神者，无所不至。既幸而过，合舟中之人，则喜且相贺。按，仪真之为州，大江经其南，实川、广、江东西、湖南北舟楫之冲也。而所号"黄天荡"者，盖江至此而愈阔，与天相际，无山可依。间遇风作，波涛汹涌，前既不可进，退亦无所止泊。覆溺之祸，悬于顷刻尔。平居暇日，每一念之，心犹悸惕。

可见，宋人每经过真州黄天荡时，都要牲酒纸币、徼福于江神。小心驶过后，整个船上的人都相互祝贺，庆幸平安。

使黄天荡名声大噪的，是南宋初年韩世忠与金兀术的黄天荡之战。

《宋史》卷三百六十四《韩世忠传》记载了黄天荡之战。

建炎三年（1129）冬，兀术（完颜宗弼）率金军分几路南下攻宋，各路宋军皆败，浙西制置使韩世忠也从镇江引军退守江阴。建康守将杜充降敌，兀术自广德破临安，宋高宗逃往浙东。韩世忠料金军孤军深入，难以久据，于是将其军分为三部分：前军驻通惠镇（今上海青浦北），中军驻江湾（今属上海），后军驻崇明（今属上海），准备截击金军归师。

建炎四年（1130）正月，韩世忠至秀州（今浙江嘉兴）过上元节，张灯结彩，高调亮相。随即悄悄率军急趋镇江，屯兵焦山寺。

韩世忠料定敌酋必然会登临金山庙，查看我军虚实，就在庙中设下伏兵百人，又安排百人埋伏在江边，约定听到鼓声，江岸伏兵先出，庙中伏兵合击。金兵到达镇江后，果然有五个当官的骑马来到金山庙，庙中伏兵大喜，忘了约定，先行发作,结果仅抓到两个,跑了三个,其中有一个穿绛袍、佩玉带、已坠落又骑上马逃走的,审问被俘者金将李选,方知这就是兀术。

兀术恼羞成怒,下了战书,双方展开大战,韩世忠的夫人梁氏亲自擂鼓助战,金兵不能渡江。

兀术提出尽数归还所掠人畜、财物,并献名马,以求借道渡江,被韩世忠严词拒绝。兀术急向远在潍州的左副元帅挞懒求援,挞懒派字菫(长官)太一率兵南下。兀术在江南,太一在江北,对宋军南北夹击,韩世忠在江中临危不乱,"与二酋相持黄天荡者四十八日"。

宋军的海船停泊在金山下,用铁链系着大铁钩,给骁健军士使用。金兵的船只来进攻,宋军海船即分两路,行驶至金兵船的侧背,绾下铁钩,将其掀翻。兀术技穷,又来求和,韩世忠说:"放回两位皇帝,交出所占疆土,可以考虑。"兀术顿时语塞。过了几日,兀术再次求会,交流时言语不逊,韩世忠拿起弓箭要射,兀术急忙快船逃走。

兀术在黄天荡被围月余,焦急万分,对诸将说:"南军使船,就像我们骑马一样灵活,怎么破解?"悬赏招募破海船之策。有个闽人王某前来献计:"把船上装载泥土(平稳),用平板铺上(防铁钩),在侧面船舷打洞,设置棹桨(无风也能行动),没风时出击,有风时不出。宋军的海船,只能靠风力驱动,如果没有风,是动弹不了的。"还有个人献计:"在宋军船队上游,开凿大渠,也能连接到长江。"

于是兀术依计而行,一夜之间,开凿通渠三十里,接通了江口。还听从方士的献计,宰杀白马、取出妇人心、割破自己的额头以祭天。第二天风停了,宋军海船无风不能动,金兵小船驶近,放火烧海船,箭如雨下。宋军将领孙世询、严永吉皆战死,兀术终于逃脱。韩世忠收拾残部,返回镇江。

黄天荡之战,兀术金兵号称十万,韩世忠军仅八千余人。战后,高宗皇帝六次下诏表彰,并提升韩世忠为检校少保、武成感德军节度使,并任命为神武左军都统制。

《金史》卷七十七《宗弼传》记载的黄天荡之战:

韩世忠的舟师扼守镇江江口,宗弼(兀术)的船小,手下契丹、汉军战死二百余人,北渡不成转而逆流向西,宋军来袭,金军夺得宋军大船十艘。于是,金军沿长江南岸行驶,宋军沿长江北岸追击,且战且行。

宋军的艨艟大舰数倍于金军,金军前后都是宋舰,船上操作之声和击柝之声,通宵达旦。韩世忠派轻舟来挑战,不断保持对金军的攻击。

宗弼退守黄天荡后,在老鹳河故道开三十里河道,一天一夜凿成,直通秦淮,金兵得以进入江宁。与此同时,挞懒派遣的移剌古援军从天长赶到,乌林答泰也要带兵来援,宋军形势不利。

宗弼见形势改观,决心渡江北归。他率军在东,移剌古在西,与宋军展开激战。韩世忠分兵迎战,左右掩击。宋军的海船都张开五䌽(双)大帆,宗弼命手下箭法好的,乘小船抵近,将火箭射向五䌽大帆,引燃船帆。海船起火,烟焰满江,宋军溃败,宗弼纵军直追七十里,宋军水师全军覆灭,韩世忠仅能自免。

《三朝北盟会编》卷一百三十八记载的黄天荡之战:

宋军海船在江上乘风使篷,往来如飞,兀术问诸将:"宋军使船如使马,怎么破?"韩常回答说:"他们看起来威武,遇见我,就只有逃跑的份儿。"兀术命韩常出战,韩常的水军大败,跑回来伏地向兀术请死。

建炎四年(1130)四月二十四日,韩世忠大败金军,捷报奏至朝廷,宋高宗将韩世忠由检校少师提拔为武成感德节度使。

兀术只好悬赏招募破海船之策。有个福州百姓姓王,侨居建康,开米铺为生,前来请赏献计:"把船装上棹桨,等无风时出击,有风不出,宋军海船无风就动不了,再用火箭射海船的帆篷,不攻自破。"

兀术依计而行,选择无风之日出战,宋军海船都不能动,而金军桨船则行动自如。宋军帆篷起火,船上既有水军,也有陆军,有士兵还有战马,士兵着作战全装,战马披铁面皮甲,还有军粮、辎重,起火后,人乱而呼、马惊而嘶,堕江者不可胜计,远望江中,层层皆火,火船蔽江而下,金军擂鼓,轻舟追袭,一时间金鼓之声震动天地,宋军溃散,孙世询、严永吉皆力战而死。

兀术想乘胜去建康府,从那里休整后再北归,但宋军残余海船仍坚持战斗,堵在江口。兀术又获得一计:"江水正在上涨,可以在芦阳地,开掘新河二十余里,从宋军海船的上游出江。"兀术一夜之间挖通新河,第二天从新江口出江,从而到达建康。韩世忠大吃一惊,但追击已晚。

当初,长芦崇福禅院的僧人普伦、普琏等,召集僧众和百姓千余人,分为三队,在杨家洲上自保守卫,韩世忠曾与之相约共击金兵,此时僧众和百姓千余人,头裹红巾,驾立红旗小船千余艘,前来策应,在长芦与宋军会合。韩世忠知道战机已失,于是在瓜埠江岸弃舟,率领残部到镇江集结人马,重新布防。

上述《宋史》《金史》《三朝北盟会编》记载略有不同,总体来看,黄天荡之战称不上大捷,宋军并未获胜,事实上是大败,但这是南宋在对金作战中取得阶段性胜利的第一次,打破了金兵不可战胜的神话,增强了南宋军民抵抗金军的勇气与信心。从此,宋金战线稳定在长江一带,终兀术一生,再也没能打过长江来。

宋高宗在《赐两浙制置使韩世忠诏》中说道:"卿比统率舟师,邀击敌寇,忠勇之节,远近所闻。相距大江,殆将两月,杀伤莫计,俘馘良多。兹捷奏之屡闻,嘉茂勋之鲜俪。岂谓济师之失援,致赜定乱之全功。然成败者天理难知,而胜负亦兵家之常事。"只有表彰,没有责备,宽慰他"胜负亦兵家之常事"。在嘉奖升官的《韩世忠起复检校少师武成感德军节度使制》中,赞扬韩世忠"挤劲敌于长江,如杵投臼。坐以中坚之整,成兹南纪之安",充分肯定了韩世忠此战的功绩。

南京文史专家刘宗意《黄天荡——南京附近史前文化遗址考察记》一文,对黄天荡地名有较为详细的考证。他指出,嘉奖韩世忠的诏书中,并未出现"黄天荡"地名,只说战场在长江;孙觌写于战后二十八年的《韩世忠墓志铭》:"是后,两淮交兵,伏尸流血,千有余里,而虏人卒不能饮一马于江者,系公扬子一战之捷也。"表述中,也没有出现"黄天荡",而是说"扬子一战";又过了十八年,即战后四十六年的淳熙三年(1176),宋孝宗追谥韩世忠"忠武",特命礼部尚书赵雄撰《中兴佐命定国元勋之碑》,即韩忠武王碑(现存苏州灵岩山韩墓),碑文中说:"王提海舰中流,南北接战,相持黄天荡四十有八日。"这是第一次出现"黄天荡"地名。

刘宗意引南宋《景定建康志》附图注释"老鹳嘴屯泊兵船(往)下四十里至下蜀"等资料,认为由于长江变幻不定,黄天荡的位置每个历史时期都有变化,而"黄天荡"之名,首次出现是在战后四十六年的《韩忠武王碑》碑文中,且这次战役波及从南京到镇江一百多里范围,因此黄天荡之战倒不如叫扬子江之战更为贴切。

我曾探访与黄天荡有关的小帆山(矾山)(图4-1)、瓜埠山、灵岩山、方山、龙袍洲等地,对"沧海桑田"一词颇有感悟,昔日风大浪急的黄天荡江面,已经涨出

图4-1 小帆山遗址

龙袍洲,进入黄天荡的标志小帆山,已远离长江,成了龙袍洲陆地包围的孤山。1991年《六合县志》记载:"1959年炸毁矾山矾,取其石建西沟电灌站。"小帆山已不复存在,变成了水塘,水塘边尚有少量残石。

在撰写《仪征运河》一书时,我更是对运河入江水道的历代变迁有深刻的体会。黄天荡的大致范围应是从南京六合区龙袍镇矾山起,到仪征市青山镇止,长约三十里。南宋时这里江面宽度达二十多里,兀术的船被堵在江南滩地内,韩世忠的船在江中心游弋,挞懒所派的孛堇(长官)太一援军则在真州江岸干着急。明代后期这里涨起了龙袍洲,现在江面宽度只有三里左右,早已不是风大浪急的险段,江面上百舸争流,一派繁忙景象。

韩世忠大仪大捷

在仪征市大仪镇镇区有韩世忠广场,广场中心有一尊抗金英雄韩世忠全身塑像(图4-2),这是仪征人民为纪念韩世忠大仪大捷而建的。

南宋李心传《建炎以来朝野杂记》卷十九记载了乾道二年(1166)孝宗朝评定"中兴十三处战功",其中仪征"大仪镇""胥浦桥"在列。大仪之战是韩世忠在大仪镇取得了胜利,胥浦桥之战被列入是因为迟滞和终止了金兵这次南侵。

《宋史》卷三百六十四《韩世忠传》记载的大仪之战:

绍兴四年(1134)十月,韩世忠任"建康、镇江、淮东宣抚使",驻扎在镇江。高宗写手札给韩世忠,言辞恳切。韩世忠激动地说:"皇上处境如此艰难,我这当臣子的怎能惜命!"

韩世忠部署御敌,兵分三路,以俾统制解

图4-2 韩世忠雕塑

元守高邮,迎战金国步兵;自己亲率骑兵驻扎在大仪,并且伐木为栅,自断归路;董旼也伏击金兵于天长鸦口。

金元帅左监军兀术率军五万,与刘豫伪齐军联合,自淮阳兵分两路南下攻宋。宋廷急遣工部侍郎魏良臣[1094—1162,宣城人,宣和三年(1121)进士,官至参知政事]等赴金乞和,并命淮东宣抚使韩世忠自镇江北上阻止金军渡江。

十二日,朝廷派魏良臣出使金国,使臣一行路过韩世忠防区,韩世忠故意让手下收拾炊具,告诉他们朝廷有令退守江南,待魏良臣走后,韩世忠立即命令中军:朝着我马鞭的指向前进!

韩世忠率军来到大仪,布下五个军阵,设伏二十余处。约定听到战鼓擂起,立即出击。

魏良臣到了金国军中,金人向他打听宋军动向,魏良臣倒也老实,将他所见所闻如实通报。金将万夫长聂儿孛堇从魏良臣口中得知韩世忠退守镇江,大喜,立即发兵前往江口(真州),来到了距离大仪五里的地方;金军部将挞孛也率领数百骑作为先锋,来到了韩世忠布下的五阵东。

韩世忠令手下擂鼓,伏兵四起,宋军旗帜与金军旗帜交织在一起,金军大乱,宋军突进。"背嵬军"各持长斧,上劈人胸,下砍马足,由于战场是大片沼泽,金兵披着重甲,人和马都陷于泥淖之中,伤亡惨重,大部被歼,金将挞孛也等二百余人被俘。

西路董旼也进展顺利,在天长鸦口大败金兵,俘敌四十余人。

东路解元遭遇劲敌,于是设水军夹河阵,与敌恶战十三日,不分胜负,双方进入相持阶段。韩世忠派成闵(字子琼,一字居仁,邢州人,官至淮北制置使)率骑兵增援,战局逆转,俘获金兵千户等人。韩世忠随后率大军赶到,追击至淮安,金兵全线溃败,相互践踏、溺水者甚众。

大仪捷报传到朝廷,群臣都来向高宗祝贺,高宗说:"韩世忠忠勇过人,朕就知道他肯定能成功!"沈与求[1086—1137,字必先,号龟溪,湖州德清人。政和五年(1115)进士,官至知枢密院事]说:"自从建炎以来,我军还未与金人正面迎战过,今天韩世忠连战皆捷,挫了金兵锐气,这个功劳不小啊!"高宗说:"要好好地奖赏他!"

朝廷对韩世忠以及立功的部将董旼、陈桷[1091—1154,字季壬,温州人,政和二年(1112)进士,官至广南东路经略安抚使]、解元、呼延通(淮阳人,官至防御使)等都有封赏。大家都认为,大仪之战是中兴第一战功。

南宋徐梦莘《三朝北盟会编》卷一百六十四记载的大仪之战,说韩世忠与呼延通率十余骑,在大仪镇外十数里遭遇金兵铁骑二百余,韩世忠迎战坠马,差点被金兵俘获,幸亏呼延通舍命相救,事后韩世忠上奏请功,呼延通获授吉州刺史。

清代赵翼有《大仪镇》诗:

韩蕲王败金兵处,当时谓中兴第一战功

拐子军来卷地空,小麾鸣鼓独横攻。地非南戒千重险,战是中兴第一功。减灶暗随朝使后,(魏良臣使金,过其军,蕲王赢师以示弱)张旗杂出敌兵中。(南军旗帜与金军错出)当时不是鏖争力,半壁谁支汴泗东?

清代林溥《扬州西山小志》亦有《大仪镇》诗:

大仪古镇郁寒云,谈史空思战伐勋。五阵却金遗垒在,何人不识背嵬军。

在本书《艺祖发迹銮江口》中已述,宋太祖征李重进时,驻跸大仪驿,后将大仪驿改建为建隆寺。另外,《(嘉庆)重修扬州府志》卷二十七《冢墓志》记载:"魏张辽墓,在城西北大仪乡。辽南伐,殁于军,因留葬此。《神僧传》云,在华林寺内。"当然,大仪乡并不等同于大仪镇,大仪乡的范围更大,扬州西北乡都曾是大仪乡的地界。

大仪被世人津津乐道的,还有"大仪牛市"。

林溥《扬州西山小志·市肆》记载:"鱼、草、鸡、猪,皆有牙人经纪之,然皆微利也。集中猪行较胜,若牛市以大仪为最,他集不尽有,有亦不及也。"并且还有一首诗:

鱼草猪鸡各有行,行行利息略相当。大仪牛市春秋季,经纪生涯此最强。

徐谦芳《扬州风土记略》亦载:"扬州西山产牛,多聚于大仪,每月逢集六次。他集不尽有,又亦不及也。"

仪征党史办《难忘的岁月——仪征人民革命斗争史事三》亦载:"日本人大批购买大仪集市上的牛,送扬州屠宰,一次要买几十条。我们根据送来的情报,在途中设伏袭击,缴获后,用低价卖给老百姓。"

大仪大捷是大仪镇及仪征市的闪亮名片,是爱国主义教育的生动教材,按说怎么宣传都不算过分,但有一种说法,我觉得非纠正不可。这种说法是:因为韩世忠取得大捷,在镇上搞了庆祝大会,所以古镇得名大仪。我一再强调,此说法不准确,"大仪"地名在唐代即已出现,北宋王禹偁《扬州建隆寺碑记》亦记载宋太祖征李重进就驻跸在大仪镇的大仪驿。

陈翰《异闻集校证》卷三十五《独孤穆传》(唐陈翰编,李小龙校证《异闻集校证》,中华书局 2019 年版,第 308 页):

唐贞元中,河南独孤穆者,客淮南,夜投大仪县宿。

《新唐书·艺文志》在"异闻集"条下注曰:"陈翰,唐末屯田员外郎。"赵钺、劳格考出他于乾符元年(874)为库部员外郎。文中所记大仪之名出现在贞元中,查唐德宗贞元年号共使用 21 年(785—805)。唐末的淮南即扬州,唐代的文献中出现了"大仪",说明唐代淮南已有"大仪"地名。

《大仪镇志》(江苏人民出版社,2023 年版,第 422 页):"唐贞观十年(636)设大仪驿站。"

因此,大仪之名并非来源于韩世忠的大仪大捷。

三将军胥浦喋血

南宋李心传《建炎以来朝野杂记》卷十九记载了乾道二年(1166)孝宗朝评定"中兴十三处战功",其中仪征"大仪镇""胥浦桥"在列。大仪之战是韩世忠在大仪镇取得了胜利,胥浦桥之战被列入是因为迟滞和终止了金兵的南侵。

综合《隆庆志》《建炎以来系年要录》《三朝北盟会编》等史料,胥浦桥之战简述如下:

南宋绍兴三十一年(1161)冬十一月,金兵分四路(陕西、江陵、江淮、沿海)南下,金帝完颜亮亲自率领江淮这一路大军。南宋指挥江淮战场的是抗金名将、江淮浙西制置使刘锜(1098—1162,字信叔,秦州人,官至威武军节度使)。当完颜亮带兵攻打真州、想切断刘锜军后路的时候,真州守备、步司统制官邵宏渊带兵在胥浦桥打退了金兵(图4-3)。

图 4-3　今日胥浦桥

十一月下旬,金兵再犯真州,因有两个月前刘锜皂角林大捷和月初胥浦桥的胜利,真州百姓对官军充满信心,没有逃跑。然而这次刘锜尚在清江(淮阴)御敌,分身不得,真州军抵挡不住,邵宏渊坐镇真州城中,一面组织民众紧急撤离,一面派部将元宗、梁渊、张昭率三分之一兵力(总数两千,三分之一也就是六七百人)出战御敌,作战意图是拆毁西门外胥浦桥,阻敌东进。

三位将军临危受命,梁渊在前、元宗在左、张昭在右,三队兵马火速赶到胥浦桥,然而金兵已至,来不及拆桥了。三将军毫无惧色,高呼杀敌冲入敌阵。元宗突入敌阵,杀死六七个金兵,但陷入重围,力穷战死。张昭也冲杀了几个来回,不幸中箭身亡。梁渊率众在胥浦桥上阻拒,他鼓励剩下的战士说:"我们多抵挡一阵,就能多救出老百姓,大丈夫为国立功,就在今日胥浦桥边!"他单枪匹马再入敌阵,活捉了一名敌将,正当他挟敌将返回时,被敌人砍断右臂,金兵正欲向前,只见梁渊猛然回头,大吼杀敌,金兵一时竟不敢靠近(犹如张飞在当阳桥)。后来梁渊力竭,挟敌将从桥上跳下,二人同归于尽。敌人丢了骁将,又得知真州城里还有部队,犹豫不敢前进,使得真州城中众多百姓得以逃生,也使得远在清江的刘锜主力军能够及时回防扬州。

指挥胥浦桥之战的邵宏渊,真州、扬州百姓为他建了生祠,但是据李心传《建炎以来系年要录》和徐梦莘《三朝北盟会编》记载,邵宏渊的表现不尽人意:

金兵自六合犯真州时,"邵宏渊方酒醉",闻报大惊,命将官三人拒于桥上,城中百姓纷纷逃往江边,还有胆大的登城观战,看到金兵一边与宋军争桥,一边载草掘土填河。邵宏渊见三位将军皆战死,金兵已填河得渡,就入城拒守,掩护老百姓渡江逃生。随后他撤离了真州城,退到扬子桥,金兵没有进真州城,而是沿山路进攻扬州去了。

老百姓不明真相,纷纷传说:"邵太尉在胥浦桥挡住番人啦!"扬州的百姓听说了也议论:"要不是邵太尉在真州力战,我们扬州人都要遭殃啦!"对邵宏渊的"英雄事迹"越传越神,说邵宏渊驰马入阵,四进四出,血污满体,于是他有了力战迎敌的美誉,两州百姓还为他立了生祠。

邵宏渊在接下来的隆兴北伐中,因与李显忠不和,未能积极配合,导致北伐失败,被追究责任,降阶官为武义大夫。次年,江西总管邵宏渊被贬为靖州团练副使、南安军安置。

《道光志》卷二十三《武备志》还记载了隆兴北伐真州战事:"隆兴二年,金扑散忠义攻真州。"因资料较少,不撰文另述。

胥浦桥之战之所以被列入"中兴十三处战功",是因为迟滞和终止了金兵的这次南侵。

此战带兵的是完颜亮(1122—1161),字元功,女真名迪古乃,他于皇统九年(1149)发动政变杀金熙宗,成为金朝第四位皇帝。正隆六年(即绍兴三十一年)九月,分兵四路攻宋。到达扬州时,翰林学士施宜生出使南宋归朝,将其所画的《临安图》献呈,完颜亮在画上题《南征至维扬望江左》(又名《题临安山水》)诗:

万里车书一混同,江南岂有别疆封?提兵百万西湖上,立马吴山第一峰。

十一月，完颜亮在采石矶遭遇虞允文抗击，败走真、扬，在胥浦桥又遭抵抗，驻扎瓜洲。与此同时，他的族弟完颜雍（1123—1189，女真名乌禄，金世宗，金朝第五位皇帝）发动兵变，于十一月二日称帝。完颜亮想等战争胜利了再回去争位，严督手下进兵，引起哗变，于十一月二十六日被叛军所杀，金兵全线退回。

绍熙年间（1190—1194），韩梴（蕲王韩世忠的孙子）以朝散大夫身份来任真州知州。得知三位将军的事迹后，感慨地说："唐朝张巡坚守睢阳以身殉国，保证了运河畅通和江淮安全，朝廷为他建庙立祀，至今为人景仰。如今我真州三位将军，没有坚城可守，兵少力寡，阻敌于州城之外，其功勋可比肩张巡，也应该为他们建庙！"于是，韩梴立即在胥浦河边三将军殉国处，动工兴建三将军庙，工程于嘉泰元年（1201）四月完工。竣工之日，"淮民翕然数百里，争走祠下"，拜谒三位英烈。

真州司法参军刘宰撰写了《三将军庙记》，其中说道："三将军以一身之死，易百万众之生。以胥浦跬步之地，为江淮数千里保障。吁！壮矣哉！"

南宋后期，在抗元战争中牺牲的冯都统，也曾列入该庙祭祀，时人称四将军。

三将军庙是建在胥浦河边的，后来由于胥浦河经常涨水，"岁久浸废"，庙宇也就不复存在了。

三将军庙是何时、何人迁建在焦家山的，并没有明确记载。《道光志》卷十九《祠祀志》载："三将军庙在城北甘露乡，俗名焦山庙。"可见，"焦山庙"之谓，古来有之。而县志明确记载，元代在焦家山建有长生观，著名道教思想家李道纯在此著书立说，并在此飞升。

明代礼部精膳司项乔于嘉靖十四年（1535）撰《三将军庙记》，从中可以看出大概。项乔（1493—1552），字子迁，号瓯东，永嘉人，嘉靖八年（1529）会试第二，曾在仪真任南京工部分司主事。记中说道：

成化十八年（1482）三月，北京锦衣卫官卓茂，修缮了此庙。

正德十年（1515）正月十日，仪征富商柳玠（曾在莲花堰东建灭渡桥，又名广济桥，在东关建小闸桥）夜梦三将军神。第二天他就拿出二十金，与会首侯于瑛、住持道士韩宏旸等人商量建庙。辽阳商人戴斌知道后也出资赞助，修建了大殿三楹，供奉水府神。

嘉靖十一年（1531）九月，仪真地方人等再次修缮此庙，而邑人柳玠、张圮是出资琢石者。

项乔记载的这三次修缮，并不是新建，可见焦家山的三将军庙当在成化十八年（1482）之前即已存在，推测即是元代留下的长生观。

康熙四十一年（1702）任仪真知县的许承澎（福建同安人），所撰《三将军庙记》记云：前二十余年，祖籍歙县歙西的汪森然修缮过。到康熙五十五年（1716），歙县籍的汪克孝又呼吁重修，出资"千余金"，重修殿宇，创建后楼。并将山后的老墓遗存重新培土加高，称之为"三将军冢"。后来还在山门前创建了"半山草亭"，作为游人的憩息之所，竖立功德碑，把捐资者的姓名刻在上面。

关于焦家山的位置，《道光志》卷四《舆地志》载："在县东北五里，上有三将军庙，语在祠祀志，林壑葱秀，亦可登眺。昔有焦姓者，居山下，故名。"可见，连绵蜀冈此处一段，又名焦家山。

《道光志》卷十九《祠祀志》："三将军庙迁建城东焦家山，有羽流奉祀，遂妄加利市之号。由是，世人多奔祀以徼福，而表忠之义荒焉。庙今尚存，有僧伽奉祀。"

解读是，三将军庙迁建到城东时，就有道教神仙一同在庙里奉祀（如项乔记载的水府神），道士们为了扩大影响，增祀为百姓祈福的神仙，搞得大家都冲着祈福而来，建庙表彰三将军忠义的初衷反而被逐渐淡忘了。如今庙虽尚存，但已成为僧人供奉释迦牟尼佛的庙宇。

由此可见，一庙多神自古就存在，不是一个宗教的神仙，请在一起祭祀也很常见，这叫合祀。

今天在焦家山，仍有一座三将军庙（图4-4），我在庙中看到，既有佛祖、菩萨，又有关公和三将军，多神共同接受香火祭拜，和谐共处。这并不奇怪，中国民间原本就有多神崇拜的宽容文化。

图4-4 三将军庙

我认为，三位将军英勇抗敌、不怕牺牲的事迹可歌可泣，是仪征爱国主义教育的优秀教材，对三将军庙应适当加以修缮，将宋、明、清三篇《三将军庙记》制成展板或碑刻，并增加三位将军的事迹解读，甚至增设三位将军的雕塑，这焦山庙不就是一处货真价实的爱国主义教育基地吗？

郭殿帅带汁诸葛

在本书《方信孺 使金口舌折强敌》中曾提及，方信孺出使金国，据理力争，他说："你们夸耀胥浦桥之胜，我方也有凤凰山大捷。"凤凰山在灵璧县城北，名将毕再遇在此大破金国追兵。而胥浦桥之战，则是开禧北伐中宋军系列惨败之一。

《道光志》卷二十三《武备志》：

开禧二年冬十月，以主管殿前司公事郭杲领兵驻真州。戊子，金人攻庐州，真州兵往援之。金人大败而还。十一月甲辰，金人攻真州，士民奔逃渡江者十余万。镇江守臣宇文绍节具舟以济，廪食之，边戍皆没。十二月，金人攻真州，郭倪遣前军统制郭僎救之，遇于胥浦桥，僎大败。

这里出现了三个郭姓人物：郭杲、郭倪、郭僎，他们来自郭氏家族，为郭浩子孙。《宋史》卷三百六十七《郭浩传》记载，郭浩（1087—1145），字充道，德顺军陇干（今甘肃静宁）人，名将郭成之子。建炎年间（1127—1130），他屡挫金军，累官至枢密院都统制。他出任金州知州兼金、房、开、达州经略安抚使，绍兴十四年（1144）拜检校少保。十五年（1145）卒，年五十九，谥号恭毅。

关于郭浩子孙，岳珂在《桯史》卷十四中记载："倪、倬、僎，皆棣、杲、果诸子，浩之孙"，"倬，盖招抚倪之弟也"；"倬之弟僎"。由此可见，郭倪、郭倬、郭僎乃为兄弟。又，《两朝纲目备要》卷六称郭倪为"杲侄"，故郭倪、郭僎均系郭棣之子。

与吴氏、吕氏相似，郭氏家族也是南宋重要的军事集团。郭浩死后约三十年，其子郭棣任镇江都统、升任殿前副都指挥使。去职后，其弟郭杲接任镇江武锋军都统，兼知扬州，殿前副都指挥使。宁宗登极后，郭杲以拥戴功，先后除武康军节度使、殿前都指挥使、太尉。

郭杲死后，其弟郭果授右卫郎将、管干殿前司职事；其侄郭倪时任殿前都虞候，嘉泰三年（1203）升任殿前副都指挥使。开禧元年（1205）八月，郭倪被派往淮东，"自殿前副都指挥使为镇江都统，兼知扬州"（《两朝纲目备要》卷八）、"淮东安抚使"（《宋会要辑稿》）。北伐事起，宁宗又下诏委任郭倪以方面之责（东路军总指挥)——"宁远军承宣使、镇江府驻扎御前都统制、兼知扬州、充淮南东路安抚使、马步军都总管郭倪兼山东、京东路招抚使"(《宋会要辑稿》)。

开禧北伐的开局还是不错的。开禧二年(1206)四月,殿帅郭倪派毕再遇、陈孝庆攻取泗州,接着又连下新息、褒信和虹县诸城,人心大振。然而中路和西路进展不理想,西路甚至出现了吴曦叛宋投金称王事件。金兵大举反击,宋军节节败退,东路金军十一月进攻真州,"士民奔逃渡江者十余万"。十二月,金兵再攻真州,郭倪派遣前军统制郭僎救援,两军在胥浦桥相遇,郭僎大败,郭倪放弃扬州逃跑。

《续资治通鉴》卷一百五十七对这一段记载稍详细些:

(十二月)己未,金赫舍哩子仁破真州。时真州兵数万保河桥,布萨揆遣子仁往攻之,分军涉浅,潜出其后。宋军大惊,不战而溃,斩首二万余级,骑将刘挺、常思敬、萧从德、莫子容并为所擒,真州遂陷。士民奔逃渡江者十余万,知镇江府宇文绍节亟具舟以济,又廪食之。

《道光志》卷二十三《武备志》有类似记载,但时间记为庆元二年,显然是开禧二年之误。

胥浦桥之战,郭倪派堂弟、前军统制郭僎救援,两军在胥浦桥相遇,郭僎大败而逃,宋军被斩首二万余级,四位将军被擒,真州城亦失陷,十余万士民奔逃渡江,幸亏镇江知府宇文绍准备了船只和食物,才救了众人的命。

郭氏兄弟在开禧北伐中的表现实在不尽人意,有带汁诸葛亮、射杀忠义军、绑送田俊迈等丑闻。

《续资治通鉴》卷一百五十七记载:

开禧二年冬十二月癸丑,金人去和州。甲寅,攻六合县,郭倪遣前军统制郭僎救之,遇于胥浦桥,大败,倪弃扬州走。倪性轻躁,素以诸葛亮自许。其出师也,陈景俊为随军漕,谓之曰:"木牛流马,则以烦公。"闻者匿笑。及屡败,自度不复振,对客泣数行,法曹彭法面讥之曰:"此带汁诸葛亮也。"寻谪南康军安置。

岳珂《桯史》卷十四中也记载了此事,稍详细些:

(郭倪)持扇题其上曰:三顾频烦天下计,两朝开济老臣心。盖意以孔明自许。……余至泗,正暑,见其坐上客扇,果有此两句,然后知所闻为不诬也。倪既溃于符离,僎又败于仪真,自度不复振,对客泣数行。时彭法传师为法曹,好谑,适在座,谓人曰:此带汁诸葛亮也。传者莫不抚掌。倪知而怒,将罪之,会罢去,遂止。

郭倪比较轻浮,曾以诸葛亮自许,自己的扇子上题着对联"三顾频烦天下计,两朝开济老臣心"。出师北伐时,他对粮草官陈景俊说:"木牛流马的事,就烦请你了!"众人都偷偷地笑。后来郭倪兵败符离,郭僎兵败真州,几场败仗打下来,他估计不能翻盘,不觉伤心落泪,法曹彭法当面讥笑他:"您是个带汁的诸葛亮啊。"这事儿传开,大家都拊掌大笑。郭倪心生恼怒,准备给彭治罪,然而朝廷贬谪郭倪到南康军安置的通知先到了。

岳珂《桯史》卷十四:

王师始度淮,李汝翼以骑帅,郭倬以池,田俊迈以濠,分三军并趋符离,环而围之。虏守实欲迎降。忠义敢死已肉薄而登矣,我军反嫉其功,自下射之,颠、陴者曰:"是一家人犹尔,我辈何以脱于戮?"始复为备。

郭倪的堂弟、池州副都统郭倬,领兵五万攻打宿州,本地忠义军得知王师到来,积极协助攻城。郭倪手下主管军马行司公事李汝翼,担心忠义军抢功,又认为宿州可以轻易拿下,便下令宋军射箭,阻止忠义军。

宋军未能攻下宿州,只能扎营,然而突降暴雨,淹了营地,宋军不战自溃,撤到蕲县时,被金兵赶上并包围。郭倬吓破了胆,遣使求和。金将仆散揆说:"可以放你们走,但要交出田俊迈。"田俊迈是马军司统制,宋军前锋,郭倬居然答应了金军的要求,将田俊迈绑送金军,使其遭到杀害。战后,郭倬出卖田俊迈的事情被揭发了出来。"八月丁卯,斩郭倬于镇江。""赐(田)俊迈谥,官其二子,赐宅一区。"

唐总辖决水却敌

唐总辖名叫唐璟,字用章,南宋开禧年间(1205—1207)任真州民兵总辖。

南宋开禧二年(1206),金兵南下,占了六合,来犯真州。唐璟率领民兵,"断桥填堰",破坏交通,因军情紧急,决心掘开陈公塘大堤,放水阻敌。

陈公塘是东汉广陵太守陈登所建的一个大水库,周圩九十余里,散为三十六汊,东南面筑有水库大坝,长八百九十余丈,并有斗门、石矶等水利设施。陈公塘不仅是周边农田的灌溉水源,更重要的是担负着为运河补水的使命。

陈公塘直属发运司管辖,没有发运司的命令私自放水,是死罪。唐璟手下的人说:"放水事关重大,咱得先请示一下发运司才行。"唐璟说:"敌情这么紧急,等你到发运司请到指示,再回来决堤,早就贻误战机了!管不了那么多了,现在就决堤,有责任我承担!"于是,挖开了陈公塘和句城塘(唐代所建另一个水库)的大堤。

不一日,从广陵城南到真州,蜀冈与运河之间,一片汪洋。金兵骑马登上焦家山顶眺望,进攻真州城的道路全没有了,只好望洋兴叹,撤军而去,真州城避免了一次兵灾。

唐璟的父亲叫唐霆,南宋绍兴年间(1131—1162)曾带领民兵御敌,获功补官。可见唐氏父子,忠孝节义,是有家风相传的。

真州以水为武器抗击金兵入侵,除唐璟外,至少还有三次。

南宋绍兴四年(1134),为防止金兵使用运河,朝廷诏令拆毁扬州湾头港口闸、泰州姜堰、通州白莆堰等闸堰,务必阻止敌船通过;又诏宣抚司毁拆真、扬堰闸及真州陈公塘,"无令走入运河,以资敌用"。

淳熙九年(1182),战事稍息,发运司判官钱冲之,组织实施陈公塘修复工程,设置了斗门、石碇各一座,还建议朝廷给扬子县县尉增加"兼主管陈公塘"职能。

嘉定十年(1217),发运司运判方信孺在北山东侧建北山塘,"人莫知其所为",州民不理解运判要干什么。当年金兵来犯,方信孺决北山塘水御敌,"城因获全,民免屠掠"。次年金兵再犯,真州知州袁申儒又一次决北山塘水,金兵在城外"睥睨两日,不敢进,遂遁"。嘉定十二年(1219),袁申儒在北山西侧建茆山塘。

民兵总辖唐璟冒死罪决堤,放陈公塘水御敌,发生在开禧二年(1206);发运司判官兼知州方信孺放北山塘水御敌,发生在嘉定十年(1217);知州袁申儒放北山塘水御敌,发生在嘉定十一年(1218)。

可见,唐璟决堤陈公塘,是给方信孺建北山塘、袁申儒建茆山塘,树立了一个榜样。在关键的时候,几个塘都成了对金作战的武器。正因为如此,嘉定年间(1208—1224)的发运司运判方信孺在陈公塘侧为唐璟建祠(唐总辖庙)。

为唐璟建庙立祀是嘉定十二年(1219),此时唐璟应该已经去世。

以上史实来源于明代《隆庆志》,清代所撰的县志对唐璟的事迹有一些补充,似乎是唐璟决陈公塘的后续。

康熙五十七年(1718)陆《志》记载:

州赖以免。郡守以上闻,将命之官。璟疾,不就。后权和州倅。金人屠城,遇害。事闻,赠官,录其子弟。

《(嘉庆)重修扬州府志》援引《宋史》,也记载了这么一条信息:

建炎二年,兀术犯州,昌祚与权倅唐璟皆死谯楼上,磔裂以徇。

这两条信息是说,唐璟在真州击退金兵后,受到上级表扬,提拔为和州副使,在和州保卫战中遇害,死后享受到赠官、录用其子弟的待遇。

我查阅《宋史》卷四百五十三《忠义八》,确实有以下信息:

宋昌祚,和州钤辖也。建炎三年,兀术犯和州,州人推昌祚权领军事,率众坚守,金人围之数匝。禁军左指挥使郑立亦拳勇忠愤,共激士卒,昼夜备御不少怠。阅数日,军士胡广发弩中兀术左臂,兀术大怒,飞炮雨集,径登弩发之地,城立破,金人入屠其城。昌祚与权倅唐璟、历阳令塞誉、司户徐犕、县尉邵元通及立、广皆死谯楼上,磔裂以徇。军士多不降,溃围西出,保麻湖水砦,推乡豪为统领。闻于朝,遂以赵霖为和州镇抚使,昌祚、璟、誉、犕、元通各赠官,录其子弟。

再查《(光绪)直隶和州志》卷十《武备志》,也有这条信息:

建炎三年十一月戊申,兀术犯和州,守城李俦以城降,通判唐璟死之。

可见,唐璟是建炎三年(1129)十一月在和州保卫战中牺牲的,同时牺牲的还有多人,很悲壮。

然而我对年号有些敏感,看出了问题。

唐璟掘开陈公塘是开禧二年,而和州保卫战是建炎三年,两者相差77年,且牺牲在前,决堤在后,这是不符合逻辑的。会不会是《宋史》和《(光绪)直隶和州志》都记错了时间? 从史料详情看,没有记错的可能。我试图在《(光绪)直隶和州志》上寻找唐璟是真州人或其籍贯的证据,可惜没有找到。

《隆庆志》并没有记载真州唐璟升官去和州,记载他去和州的是康熙五十七年陆《志》和《(嘉庆)重修扬州府志》,一定是这里出了问题。陆《志》作者陆师以为和州的唐璟就是真州的唐璟,府志认可了陆师的观点。我认为,其实和州的唐璟与真州的唐璟虽然都是抗金英雄,但并不是同一个人。

丘忠实强弩射王

丘岳,南宋端平初年任真州知州,因打退蒙古军,宋理宗赐御书"忠实"二字。《道光志》人物传里记载他是常熟人,古诗文网则记载他为丹徒人。

明陈邦瞻《宋史纪事本末》卷九十三记载的丘岳守真州胥浦桥之战,与《道光志》人物传记载基本相同,综合如下:

端平三年(1236)冬十二月,蒙古军将领察罕来攻真州。知州丘岳治军严明,防守严密,力挫攻城蒙古军,并乘胜出击,战于胥浦桥,以强弩射杀一将,蒙古军乱稍退。丘岳感觉蒙古兵力十倍于己,不能力胜,于是在西门外设三道伏兵,并在西城上置炮,等蒙古军再次进攻,炮石俱发,伏兵突起,将其击退。当晚丘岳又派遣勇士夜袭蒙古军营垒,焚其庐帐,蒙古军被迫退走。

丘岳胥浦桥之战,是"端平入洛"之后第一次宋蒙战争。

绍定二年(1229),成吉思汗之子窝阔台继承汗位,端平元年(1234)灭了金朝,随即北归休整,宋军乘机发兵收复三京(西京洛阳、东京开封、南京归德),史称"端平入洛"。

"端平入洛"给了窝阔台南侵的借口,蒙古军分两路攻宋,西路军由其二子阔端、都元帅达海绀卜等统率,进取四川;东路军由其三子阔出、别列古台儿子东道宗王猛将口温不花、木华黎之孙太师国王智帅塔思等统率,攻取江淮。

进攻真州的察罕,唐兀(党项)乌密氏人,在东路军统帅阔出的副手口温不花麾下。端平三年(1236)冬十二月,察罕军在真州被丘岳"以强弩射杀一将",继而退兵,网友"树叶天天要过河"认为,被射杀者很可能就是东路军统帅阔出。

"树叶天天要过河"在《蒙元一大谜案窝阔台大汗继承人阔出太子之死》一文中认为,丘岳用强弩射杀的可能就是阔出,史料时间对得上,而且最重要的是丘岳打败了十倍于他们兵力的蒙古军。那时蒙古兵的战斗力怎么会出现这样的结果,一定是主帅被宋军强弩射杀,出现了群龙无首、方寸大乱的情况。可能是阔出重伤没有立刻死去,蒙古军急于把他送到大帐疗伤,可是万万没有想到,丘岳竟然敢以一打十,派人夜袭,直接进攻蒙古军中军主帅的大帐,为了给阔出治伤争取时间,蒙古军丢弃了大帐退走。

上述推测,是有道理的。《元史》卷二记载:"(丙申)冬十月,阔端入成都。诏招谕秦、巩等二十余州,皆降。皇子阔出薨。张柔等攻郢州,拔之。襄阳府来附,以游显领襄阳、樊城事。"后面的记载已经是丁酉春。

从行文看,阔端入成都、二十余州皆降、阔出薨、张柔拔郢州等事件,应是在丙申(1236)冬十月后、丁酉春之前这段时间内,因此阔出薨于丙申冬十二月,时间吻合。

强弩是宋军使用的远距离杀伤武器。北宋《武经总要》记载,宋军制式床弩共有六种,其中最为强劲的是三弓床弩,需百余人绞轴张弦,箭矢"木干铁翎",长达两米,状如标枪,三片铁翎就像三把剑一样。《宋史》卷二百七十《魏丕传》:"旧床子弩射止七百步,令丕增造至千步。"魏丕是开宝年间(968—975)改进床子弩的,宋代一步合1.536米,千步有1536米,这是古代所能达到的最远射程。

强弩在改变历史进程中发挥作用的一个案例是景德元年(1004)秋,宋真宗御驾亲征,辽军主将萧挞凛在澶州城外被宋军威虎军头张瑰的强弩射中身亡,直接导致了"澶渊之盟"的订立,结束了宋辽之间长达二十五年的战争,换来了双方一百二十余年的和平,"生育繁息,牛羊被野,戴白之人,不识干戈"。

阔出的离世,改变了蒙古大汗传承的顺序。《元史》卷三记载:

岁戊申,定宗崩,朝廷久未立君,中外汹汹,咸属意于帝,而觊觎者众,议未决。诸王拔都、木哥、阿里不哥、唆亦哥秃、塔察儿,大将兀良合台、速你带、帖木迭儿、也速不花,咸会于阿剌脱忽剌兀之地,拔都首建议推戴。时定宗皇后海迷失所遣使者八剌在坐,曰:"昔太宗命以皇孙失烈门为嗣,诸王百官皆与闻之。今失烈门故在,而议欲他属,将置之何地耶?"木哥曰:"太宗有命,谁敢违之。然前议立定宗,由皇后脱列忽乃与汝辈为之,是则违太宗之命者,汝等也,今尚谁咎耶?"八剌语塞。兀良合台曰:"蒙哥聪明睿知,人咸知之,拔都之议良是。"拔都即申令于众,众悉应之,议遂定。

太宗窝阔台临终前,命以皇孙失烈门为嗣,失烈门是阔出的儿子,可见窝阔台原本想让阔出继位,但阔出先薨,故遗命以阔出的儿子失烈门继位。

然而皇后脱列忽乃(又译脱列哥那,即乃马真)先临朝称制五年,后让自己的长子贵由(定宗)即位。贵由去世后,由海迷失皇后临朝称制,汗位继承问题再次出现。在推举大汗的忽里台大会上,海迷失的代表八剌提出:"从前太宗(窝阔台)有遗命,以皇孙失烈门为嗣,大家都是听到过的,现在失烈门还在,应该由他继位。"木哥说:"太宗遗命哪个敢违?但是你们立了定宗(贵由),这是脱列忽乃和你等共谋的,是你们违背了太宗遗命。"

拔都推举蒙哥为大汗,兀良合台等纷纷赞同,于是,蒙哥继位,是为宪宗。蒙哥是成吉思汗四子拖雷的长子,蒙哥的四弟即元世祖忽必烈,也就是说,从此蒙古大汗就从窝阔台系转移到了拖雷系(图4-5)。

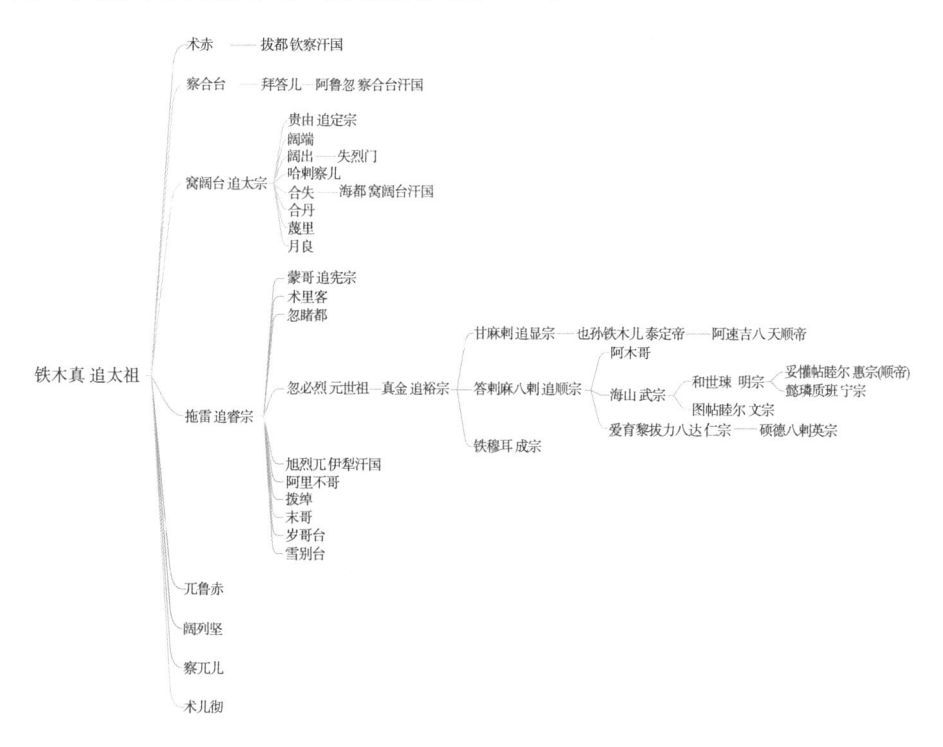

图 4-5 蒙古大汗传系图

蒙哥死后，忽必烈与其弟阿里不哥打了四年战争，夺得汗位，建立大元。这场战争导致了大蒙古国的分裂，钦察汗国、察合台汗国、窝阔台汗国、伊利汗国先后独立。可以说，丘岳这一箭，改变了世界历史的进程。

胥浦桥之战后，丘岳受到朝廷表彰，宋理宗赐御书"忠实"二字。他后来做过扬州、建康知州，后世仪征的名宦祠，有丘岳的牌位。

古诗文网也有丘岳的简介，比《道光志》详细些：

丘岳，字山甫，号煦山，镇江丹徒人。宁宗嘉定十年（1217）进士，理宗端平三年（1236）知真州。淳祐五年（1245），自江东转运判官知江州；六年，兼两淮屯田副使；八年，除兵部侍郎，依旧淮东抚制兼知扬州；九年，兼淮西制置使。以职事修举，诏除宝章阁直学士。宝祐二年（1254），以宝文阁学士知建康。兼具文武之才，誓死报国，理宗御书"忠实"二大字以赐，封东海侯。

古诗文网还收录了丘岳的一首诗：

自淮阃代归领累偕亲友游虎丘偶成数语以纪岁月时淳祐庚戌七月廿五日

一目四苍茫，突然见林丘。飞来灵鹫峰，幻出蓬莱洲。浮图高崒嵂，石径通深幽。生公讲经台，曾闻石点头。剑池杳无底，修绠汲寒流。千古诧奇传，兹事还是不。我来秋向深，良苗匝平畴。忧国愿年丰，一稔销百忧。

网友"飞雁影视"在《南宋建康府官员政绩》中写道：

丘岳早年出仕的时候，就受到丞相虞允文的赏识，曾当面阻止过权相韩侂胄所谓的"开禧北伐"，并且指出这次北伐的首倡者是"夸诞贪进之人"，如果不严加制止，"必误国矣"。可见，此人头脑清醒而且不畏强权，最后开禧北伐的结果正如其所料，大败而归。

《中华丘氏大宗谱·总谱·卷一·历代谱序卷》收录道光十七年（1837）"宜章曹家山敦睦堂裔孙邱重四"所撰《邱氏源流序》云：

传至宋，有邱岳公，字山甫，"忠实"尚书。妣刁氏，生三子：三四郎、三五郎、三六郎。兄弟三人于宋间遭兵燹，始迁福建宁化，继迁上杭紫林、胜运、来苏等处。以其始迁故，以三五郎为始祖。

可见，福建宁化、上杭等地邱姓所奉始祖"三五郎"，为丘岳的次子。

福建泉州有族谱史料云：

丘岳（也有称岳宗），字山甫，文武双才，南宋理宗时任真州太守，元人入侵真州，他誓死报国，以少胜多，屡克元兵，宋理宗端平三年（1236），帝御笔亲书"忠实"二字赐之。因此，他逝世后，同僚的挽联是："山甫忠实，宗乡伟人。"后来，丘氏族人除大门顶上的"河南衍派"的字匾外，另外一幅字匾是"忠实传芳"。

《道光志》上所载为"邱岳"，但大部分文献表述为"丘岳"。其实，古时是以

"丘"为姓的,为避孔子讳,西汉汉武帝时、金明昌三年(1192)都曾有要求,但影响最大、范围最广泛的是清雍正三年(1725),雍正帝诏令"丘"加邑("阝")为"邱",从此天下丘姓多改姓邱。

1912年,民国参议院议员丘逢甲[生于台湾苗栗县,祖籍广东海阳,系福建上杭丘氏后裔,光绪十五年(1889)进士]、丘复等,以姜太公子孙得姓于姜太公封国之国都营丘,早于孔丘,无先人避讳后人之理为由,在粤闽两地登报呼吁族人恢复祖先肇姓之丘。因此,闽粤台部分族人闻之响应。但多数族人因不知情,或因涉及法律、户籍等诸多问题,仍然使用邱姓。故今丘、邱通用。

台湾地区丘姓,在日本侵占台湾时曾被迫改姓冈本、冈林、冈田等日本姓,1945年抗战胜利后,奉令复为丘姓。1955年,《第一批异体字整理表》将"邱"作为"丘"之异体字予以淘汰。《现代汉语词典》(第7版)"邱"作为姓氏使用时为规范字。

挞扒店淮东抗元

《宋史》卷四十二《理宗二》有这么一段记载:

淳祐三年,八月丁卯,诏淮东先锋马军、邓淳、李海等扬州挞扒店之战,宣劳居多,各官两转,余推恩有差。

九月癸巳,诏:淮东忠勇军统领王温等二十四人战天长县东,众寡不敌,皆没于阵,赠温武翼大夫、吉州刺史,其子兴国补保义郎,更官其一子承信郎,厚赐其家。余人恤典有差。

翻译成白话文:

淳祐三年(1243)八月初四日,朝廷下诏,鉴于在扬州挞扒店之战中,淮东先锋马军、邓淳、李海三位将领表现出色,功劳居多,予以提拔,官升两级,其余部下人等各有奖赏。

同年九月三十日,朝廷下诏,淮东忠勇军的统领王温等二十四人,在天长县东与敌交战,不幸牺牲在战场上。现予以表彰,追赠王温为武翼大夫、吉州刺史。王温的儿子王兴国,授予保义郎,再授予王温另一个儿子为承信郎。对王温的家人给予优厚的抚恤;其他牺牲的部下也按照有关政策,给予抚恤慰问。

武翼大夫、保义郎、承信郎都是宋代武将的官衔。宋代武官分为五十二个等级,武翼大夫为正七品、二十二级,相当于现在的团长;保义郎为五十级,相当于现在的连、排长；承信郎为五十二级，相当于现在的排、班长。吉州刺史是虚衔，并不是吉州最高长官。

从《宋史》上述记载可知，"挞扒店"这个地名，南宋淳祐年间（1241—1252）已经存在。

《（嘉庆）重修扬州府志》记载：

达八店，在城西。宋淳祐初，元人入滁、和诸州，淮东将邓淳等战于扬州达八店，却之。

府志将此地名写成"达八店"。

在《扬州西山小志》上，此地名写成"挞扒店"。

在《民国甘泉县续志·地理考》中，有扬州西山十三集的记载，其中有一个地名叫"铁牌店"，其原文是：

陈家集东有二集，曰铁牌店、古井寺。铁牌店有丁公殿，相距甚近，土人合为一集，因名之曰"丁古集"，其东通胡家场，界于北善应乡。

《民国甘泉县续志·地理考》对"铁牌店"之得名也有交代：

铁牌店故名挞吧（元人名）店，土人呼为铁牌，为一音之转。

可见，今天的铁牌店是古代挞扒店（达八店）的讹音。

挞扒店读起来拗口，字面也看不出是什么意思，幸好《民国甘泉县续志·地理考》中有三个字的注解：元人名。这就是说，这个地名其实从前是个人名，还是个"元人"，即元朝的人，也可以理解为蒙古人或色目人。

《宋史》记载的挞扒店之战，时间为南宋淳祐三年，此时该地名已经存在。这位元人"挞吧"是来与南宋做生意的，还是带兵来攻打南宋的？推论"挞吧"应该是挞扒店之战之前就已经在此地活动或去世。

查《（嘉庆）重修扬州府志》，挞扒店之战之前，蒙古军进攻江淮有三次记载，都没有说到"挞吧"其人。

第一次是端平三年（1236）十一月，蒙古将察罕攻真州，知州丘岳部分严明，守具周悉，蒙古薄城辄败。岳乘胜出战胥浦桥，以强弩射致师者一人死，敌少却。岳曰："敌众十倍于我，不可力胜。"乃为三伏，设炮石待之于西城。敌至，伏起，炮发，杀其骁将，敌众大扰。岳选勇士袭敌营，焚其庐帐。越二日，乃引去。

第二次是淳祐二年（1242）秋七月，张柔渡淮攻扬州。

第三次就是挞扒店之战，府志记载与《宋史》基本相同，但多了两句，且时间记为淳祐二年。原文为：

八月丁卯，北兵侵真州，杜杲击败之。淮东先锋马军、邓淳、李海战于扬州挞扒店，宣劳居多，各转两官。

《道光志》对杜杲出击的记载是：

淳祐二年夏六月，蒙古侵真州。杜杲以舟师三千来援。蒙古兵至城下，见杲旗帜，夜遁去。

将上述信息综合起来理解，杜杲击退元兵是淳祐二年六月，挞扒店之战是淳祐三年八月。

事实上，在蒙古军端平三年进攻江淮之前，也存在蒙古军政人员到过挞扒店的可能性。《宋史》卷四百七十七《叛臣传》和《(嘉庆)重修扬州府志》卷六十八《事略志四》都记载，理宗宝庆元年(1225)三月甲午，李全反，焚楚州。

李全(1190—1231)，金朝潍州(潍坊)人，早年参加红袄军反金起义，后归附南宋，宝庆元年因与宋廷官吏发生矛盾，第二年孤守青州无援而降蒙古。宝庆三年(1227)，李全留在楚州的部队被南宋剿灭，哥哥、小妾被杀，李全从此死心塌地降元，"十月丙辰，全与大元张宣差并通事数人至楚州，服大元衣冠"，从此李全在江淮间，为虎作伥，直到绍定四年(1231)正月十五被剿灭。

《(嘉庆)重修扬州府志》卷二十五《祠祀志一》援引《新刻出像增补搜神记》，记载了南宋末年司徒庙茅将军报复李全的显灵之事，说李全进攻扬州时，曾在司徒庙求神，得了个"不吉"的结果。李全大怒，捣毁神像。三日后，李全兵败，在新塘被杀得肢体散落，就像被他捣毁的神像。此事《宋史》卷四百七十七《李全传》上也有记载：

葵使人瘗新塘骸骨，得左掌无一指，盖全支解也。先是，全乞灵茅司徒庙无应，全怒，断神像左臂。或梦神告曰："全伤我，全死亦当如我。"至是果然。

李全覆灭后，宋军寻找李全遗体，仅找到左掌，无一指，李全的尸体已经分解了。在此之前，李全曾经在茅司徒庙乞灵，没有得到回应，李全大怒，砍断了神像左臂。后来他梦见茅司徒对他说："李全，你今天伤了我，你死的时候，就像我这个样子！"事情果然如此。

李全游走在金、宋、蒙三股势力之间。《宋史》载："全岁贡于大元者不缺，故外恭顺于宋，以就钱粮；往往贸贷输大元，宋得少宽北顾之忧，遣饷不辍。"意思是李全对蒙古的贡献很多，他外表恭顺地接受宋朝领导，目的是接受宋朝的钱粮；他帮着蒙古做生意，套购物资运往蒙古；宋朝只要北方压力不大，就给李全发饷。

李全的军中有蒙古人，史料多次提到张宣差、宋宣差、李宣差，还有通事(翻译)数人，再加上他持续不断地帮蒙古人做生意，所以，仪征市刘集镇(原古井乡)铁牌村的这位"挞吧"，或许就是李全军中的蒙古人。当然，"挞扒店"这个地名也有可能是元朝建立后，为纪念在此做过贡献的"挞吧"而命名的。毕竟，《宋史》是元朝人写的。

"挞吧"还有一种可能性,即可能不是元人,而是金人,金人"挞孛也"。

《宋史》卷三百六十四《韩世忠传》,有这样的记载:

建炎四年(1130),韩世忠任建康、镇江、淮东宣抚使,驻军镇江。金军与伪齐刘豫合兵,分道入侵南宋。韩世忠派俾统制解元守高邮,迎战金军步兵;自己亲提骑兵驻大仪,迎战金军骑兵,排开五阵,设伏二十余所。金军有位别将叫"挞孛也",率领铁骑闯过五阵,陷入韩世忠设下的"二十余伏",战鼓擂起、伏兵四出,南宋的"背嵬军"各持长斧,上劈人胸、下斫马足。金军骑兵被赶入泥淖,人马俱毙,此役活捉挞孛也等二百余人。

"挞孛也"与"挞吧"的读音非常接近,大仪镇与铁牌店的距离仅6000米,元人与金人都是北方游牧民族,所以存在这样的可能性:挞扒店得名于"元人挞吧",或许就是"金人挞孛也"。

铁牌店,有时又被写作铁牌甸。

《仪征革命斗争史》记载,铁牌在抗战期间曾经设立过"铁牌乡",隶属我党领导的中共淮南路东区委湖西工委和湖西办事处,1943年撤销湖西、水南两个办事处,成立甘泉县,铁牌乡属甘泉县。

铁牌在抗战期间曾是我淮南抗日根据地甘泉县陈集区树立的开展"三三制"抗日民主政权建设的典型。1943年秋,铁牌伏击战,毙敌三,缴枪二;1944年9月又一次伏击,击毙日军小队长樱井。

中华人民共和国成立后,陈(集)大(仪)刘(集)地区划归仪征,铁牌也曾于1957年3月建乡,但很短暂,当年10月就被撤销了,并入古井乡。1981—2000年古井建乡时,铁牌是古井乡的行政村。现在铁牌是仪征市刘集镇的一个行政村。

宋末真扬抗元表

南宋德祐二年(1276)二月初五,宋恭帝赵㬎率百官在临安祥曦殿拜表,诏谕郡县投降,元军进入临安,恭帝被掳往北方。虽然后来又立端宗赵昰、少帝赵昺两个小皇帝,但事实上南宋朝廷在德祐二年(1276)就基本灭亡了。

在南宋朝廷大厦已倾、各地非破即降之际,真州军民在知州苗再成、宗室赵孟锦、军官冯都统等的带领下,坚持了顽强的抗元斗争。

为了理清宋亡之际真州、扬州等地抗元历史脉络,我在此将《宋史》卷四十七

《瀛国公》、卷四百二十一《李庭芝传》、卷四百五十一《姜才传》,《元史》卷八《世祖五》、卷九《世祖六》、卷一百二十八《阿术传》,《文山先生全集》及《(嘉庆)重修扬州府志》(表 4-1 中简称《府志》)卷六十八所引明王宗沐《宋元资治通鉴》、明邵弘毅《弘简录》中有关战事摘录,列为《宋末真州、扬州等地抗元事略表》(表 4-1)。

表 4-1 宋末真州、扬州等地抗元事略表

月份	事项	史料来源
至元十一年(咸淳十年,1274)		
六月庚申	问罪于宋,诏曰:朕即位之后,追忆是言,命郝经等奉书往聘,盖为生灵计也。而乃执之以致师出,连年死伤相藉,系累相属,皆彼宋自祸其民也	《元史》卷八
秋七月乙未	伯颜等陛辞,帝谕之曰:"古之善取江南者,唯曹彬一人。汝能不杀,是吾曹彬也。"	《元史》卷八
至元十二年(德祐元年,1275)		
二月辛酉	大军次丁家洲,战船蔽江而下,宋兵大溃。阿术等追杀百五十里,得船二千余艘,及军资器仗、督府图籍符印,(贾)似道东走扬州	《元史》卷八
二月庚午	大军次建康府,贾似道至扬州,始遣总管段佑送国信使郝经、刘人杰等来归。敕枢密院迎(郝)经等,由水路赴阙	《元史》卷八
三月辛丑	敕阿术分兵取扬州	《元史》卷八
四月	世祖以宋重兵皆驻扬州,临安倚之为重,四月,命阿术分兵围守扬州	《元史》卷一百二十八
四月庚申	似道兵溃芜湖,沿江诸郡或降或遁,无一人能守者。庭芝率所部郡县城守。有李虎者持招降榜入扬州,庭芝诛虎,焚其榜。总制张俊出战,持孟之缙书来招降,庭芝焚书,枭俊五人于市。而日调苗再成战其南,许文德战其北,姜才、施忠战其中。时出金帛牛酒燕犒将士,人人为之死斗。朝廷亦以督府金劳之,加庭芝参知政事。七月,以知枢密院事征入朝,徙夏贵知扬州,贵不至,事遂已	《宋史》卷四百二十一
四月庚申	(阿术)次真州,败宋兵于珠金沙,斩首二千余级	《元史》卷一百二十八
四月壬戌	大元兵攻真州,知州苗再成、宗子赵孟锦率兵大战于老鹳嘴,败绩	《宋史》卷四十七
四月癸亥	阿术师驻瓜洲,距扬州四十五里,宋淮东制置司尽焚城中庐舍,迁其居民而去。阿术创立楼橹战具以守之	《元史》卷八
四月庚午	大元兵至扬子桥,扬州都拨发官雷大震出战死	《宋史》卷四十七
四月	(阿术)既抵扬州,乃造楼橹战具于瓜洲,漕粟于真州,树栅以断其粮道。宋都统姜才领步骑二万来攻栅,敌军夹河为阵,阿术麾士渡河击之,战数合,坚不能却。众军佯北,才逐之,遂奋而回击,万矢雨集,才不能支,擒其副将张林,斩首万八千级	《元史》卷一百二十八
五月乙亥	加苗再成濠州团练使,赵孟锦扬州都统司计议官	《宋史》卷四十七

续表

月份	事项	史料来源
五月丁丑	阿术立木栅于扬子桥,断淮东粮道,且为瓜洲藩蔽	《元史》卷八
六月乙丑	以涟、海新附丁顺等括船千艘,送淮东都元帅府	《元史》卷八
六月丙寅	宋扬州都统姜才、副将张林步骑二万人,乘夜攻扬子桥木栅。守栅万户史弼来告急,阿术自瓜洲以兵赴之。诘旦至栅下,才军夹水为阵,阿术麾骑兵渡水击之,阵坚不动。阿术军引却,才军来逼,我军与力战,才军遂走。阿术步骑并进,大败之,才仅以身免,生擒张林,斩首万八千级	《元史》卷八
七月庚午	阿术集行省诸翼万户兵船于瓜洲,阿塔海、董文炳集行院诸翼万户兵船于西津渡,宋沿江制置使赵潜、枢密都承旨张世杰、知泰州孙虎臣等陈舟师于焦山南北。阿术分遣万户张弘范等,以拔都兵船千艘,西掠珠金沙	《元史》卷八
七月庚午	宋两淮镇将张世杰、孙虎臣以舟师万艘驻焦山东,每十船为一舫,联以铁锁,以示必死。阿术登石公山,望之,舳舻连接,旌旗蔽江,曰:"可烧而走也。"遂选强健善射者千人,载以巨舰,分两翼夹射,阿术居中,合势进击,继以火矢烧其蓬樯,烟焰蔽天。宋兵既碇舟死战,至是欲走不能,前军争赴水死,后军散走。追至圌山,获黄鹄白鹞船七百余艘,自是宋人不复能军矣	《元史》卷一百二十八
七月辛未	阿术、阿塔海登南岸石公山,指谕诸军水军万户刘琛循江南岸,东趣夹滩,绕出敌后;董文炳直抵焦山南麓,以掎其右;招讨使刘国杰趣其左;万户忽剌出捣其中;张弘范自上流继至,趣焦山之北。大战自辰至午,呼声震天地,乘风以火箭射其箬篷。宋师大败,世杰、虎臣等皆遁走。追至圌山,获黄鹄白鹞船数百艘。宋人自是不复能军	《元史》卷八
九月甲午	宋扬州都统姜才将步骑万五千人攻湾头堡,阿术、阿塔海击败之	《元史》卷八
九月丙午	大元兵至泰州,知州孙虎臣自杀,庚寅,赠太尉	《宋史》卷四十七
十月	(阿术)诏拜中书左丞相,仍谕之曰:"淮南重地,李庭芝狡诈,须卿守之。"时诸军进取临安,阿术驻兵瓜洲,以绝扬州之援。伯颜所以兵不血刃而平宋者,阿术控制之力为多	《元史》卷一百二十八
十月	阿术攻城久而无功,乃筑长围困之。城中食尽,死者枕藉满道,而李庭芝志益坚。会伯颜至湾头,遂议深入	《府志》引《宋元资治通鉴》
十月	已而大军筑长围,自扬子桥竟瓜洲,东北跨湾头至黄塘,西北至丁村,务欲以久困之,时德祐元年也	《宋史》卷四百五十一
十一月戊寅	阿剌罕破银树东坝,戍将赵淮死之	《府志》引《宋元资治通鉴》
十一月癸未	大元兵破兴化县,知县胡拱辰自杀	《宋史》卷四十七

至元十三年(德祐二年、景炎元年,1276)

月份	事项	史料来源
正月甲申	次皋亭山,阿剌罕以兵来会。宋主遣其保康军承宣使尹甫、和州防御使吉甫等,赍传国玉玺及降表诣军前,其辞曰(略)。伯颜既受降表、玉玺,复遣囊加带以赵尹甫、贾余庆等还临安,召宰相出议降事	《元史》卷九

续表

月份	事项	史料来源
正月戊子	宋主祖母谢氏遣其丞相吴坚、文天祥、枢密谢堂、安抚贾余庆、中贵邓惟善来见伯颜于明因寺。伯颜顾文天祥举动不常，疑有异志，遂令万户忙古带、宣抚唆都羁留军中	《元史》卷九
二月	五奉使及一阁门宣赞舍人持谢太后诏来谕降，才发弩射却之，复以兵击五奉使于召伯堡，大战而退	《宋史》卷四百五十一
二月六日	乃敌载奉使柳岳、洪雷震并辎重俱北，嵇家庄击其前，高邮击其腰，敌大丧败。柳岳死焉，洪雷震今在高邮。见说敌入江淮，惟此战我师大胜	《文山先生全集》
二月	夏贵举淮西诸城来附。阿术谓诸将曰："今宋已亡，独庭芝未下，以外助犹多故也。若绝其声援，塞彼粮道，尚恐东走通、泰，逃命江海。"乃栅扬之西北丁村，以扼其高邮、宝应之馈运；贮粟湾头堡，以备捍御；留屯新城，以逼泰州。又遣千户伯颜察儿率甲骑三百助湾头兵势，且戒之曰："庭芝水路既绝，必从陆出，宜谨备之。如丁村烽起，当首尾相应，断其归路。"	《元史》卷一百二十八
三月一日	一入真州，见中国衣冠，如流浪人乍归故乡，不意重观天日至此	《文山先生全集》
三月二日	苗守再成为予言，近有樵人破一树，树中有生成三字，曰"天下赵"。真州号迎銮镇，艺祖发迹于此，非在天之灵所为乎	《文山先生全集》
三月初三	是日上巳日也，非苗安抚意，乃制使欲杀丞相，安抚不忍加害，故遣某二人送行	《文山先生全集》
闰月	谢太后与帝随元兵北行，至瓜洲，李庭芝与姜才涕泣誓将士，出兵夺两宫，将士皆感泣。乃尽散金帛犒兵，以四万人夜捣瓜洲，战三时，众拥帝避去。才追至浦子市……苗再成亦谋夺驾，不克	《府志》引《宋元资治通鉴》
夏四月乙丑朔	阿术以宋高邮、宝应尝馈饷扬州，遣蒙古军将苫彻及史弼等守之，别遣都元帅孛鲁欢等攻泰州之新城	《元史》卷九
五月丙申	朝于上都。降封开府仪同三司、瀛国公。是月，陈宜中等立昰于福州，后二年四月，昰殂于碙洲，陆秀夫等复立卫王昺，后三年始平之	《宋史》卷四十七
五月乙巳	阿术遣总管陈杰攻拔泰州之新城，遣万户乌马儿守之，以逼泰州	《元史》卷九
五月丁未	宋扬州都统姜才攻湾头堡，阿里别击走之，杀其步骑四百人，右卫亲军千户董士元战死	《元史》卷九
五月戊申	宋冯都统等自真州率兵二千、战船百艘袭瓜洲，阿术遣万户昔里罕、阿塔赤等出战，大败之，追至珠金沙，得船七十七艘，冯都统等赴水死	《元史》卷九
六月甲戌	宋扬州姜才夜率步骑数千趋丁村堡，守将史弼、苫彻出战，斩首百余级，获马四十匹。诘旦，阿里、都督陈岩以湾头堡兵邀其后，伯颜察儿踵至，所将皆阿术麾下兵，姜才军遥望旗帜，亟走，遂大破之，获米五千余石。阿术又以宋人高邮水路不通，必由陆路馈运，千户也先忽都以千骑邀之，数日米运果来，杀负米卒数千，获米三千石	《元史》卷九

续表

月份	事项	史料来源
六月甲戌	姜才知高邮米运将至,果夜出步骑五千犯丁村栅。至晓,伯颜察儿来援,所将皆阿术牙下精兵,旗帜画双赤月。众军望其尘,连呼曰:"丞相来矣!"宋军识其旗,皆遁,才脱身走,追杀骑兵四百,步卒免者不满百人	《元史》卷一百二十八
六月壬辰	下诏招谕宋扬州制置李庭芝以次军官,及通、泰、真、滁、高邮大小官员等使降。李庭芝留朱焕守扬州,与姜才率步骑五千东走,阿术亲率百余骑驰去,督右丞阿里、万户刘国杰分道及泰州西,杀步卒千人,庭芝等仅得入,遂筑长围堑而守之,阿术独当东南面,断其走路	《元史》卷九
秋七月乙巳	朱焕以扬州降	《元史》卷九
七月乙卯	宋泰州守将孙良臣与李庭芝帐下卒刘发、郑俊开北门以降,执李庭芝、姜才,系扬州狱	《元史》卷九
七月丙辰	阿术以总管乌马儿等守泰州,其通、滁、高邮等处相继来附	《元史》卷九
八月乙亥	斩宋淮东制置使李庭芝、都统姜才于扬州市	《元史》卷九
八月	元军入真州。扬州既破,元兵攻真甚急,赵孟锦死焉。城陷,再成不屈死	《府志》引《宋元资治通鉴》
八月	元阿术入侵,孟锦每战辄当其锋。时阿术攻益急,以重舰驻江上,孟锦乘大雾袭之。顷之,日高雾霁,元人见其兵少,逐之。孟锦登舟,失足溺水死,城遂陷。再成不屈而死	《府志》引《弘简录》

冯都统折戟珠沙

冯都统,史料没有记载他的名字。

《元史》卷九《世祖六》记载:

至元十三年(德祐二年、景炎元年)五月戊申,宋冯都统等自真州率兵二千、战船百艘袭瓜洲,阿术遣万户昔里罕、阿塔赤等出战,大败之,追至珠金沙,得船七十七艘,冯都统等赴水死。

《道光志》卷二十六《职官志》载:

冯都统,失名。德祐二年夏五月,都统自真州率兵二千,舟百艘,袭阿术于瓜洲。元遣其将昔里罕、阿塔赤迎战,大败。至珠金沙特角,失利。都统力穷,赴水死。

冯都统去进攻瓜洲,瓜洲是元军统帅阿术驻扎的地方。阿术是元初名将,其祖父是成吉思汗"四獒"之一速不台,父亲是都元帅兀良合台。《元史》卷一百二十一、一百二十八分别有速不台、兀良合台和阿术祖孙三人的传。

冯都统于德祐二年(1276)五月份发起对瓜洲元军的进攻。自从二月份阿术对扬州实行围困战术以来,扬州城北湾头、西北丁村、东泰州新城、南扬子桥,皆被卡死,扬州城内粮食短缺的问题越来越严重。扬州都统姜才进攻湾头、丁村,真州冯都统进攻瓜洲,都是试图破解困局的尝试。

从上年二月的丁家洲之战、七月的焦山之战来看,宋军拥有战舰万艘,尚且一败涂地,冯都统仅率兵二千、战船百艘,居然进攻阿术大本营瓜洲,无异于以卵击石,成功的希望渺茫,然而他义无反顾,战败后慷慨赴死,在珠金沙投水殉国,不失英雄气概。

珠金沙位于仪征市新城镇(图 4-6),是运河入江的重要水道,春秋两汉邗沟—东晋欧阳埭—隋唐扬子津—宋元旧港,珠金沙河不断延伸着河道,上演着水道变迁的活剧,也经历着宋元战争的战火。

图 4-6 珠金沙河旧港闸

《隆庆志》云:"珠金沙,在珠金里。元将张弘范以兵船掠珠金沙,及宋将冯都统与阿术战处。文天祥诗'我作珠金沙上游'是也。"

张弘范是阿术手下万户(官名),易州定兴县人,汝南王张柔第九子。珠金沙之战三年后的至元十五年(1278),张弘范已是蒙古汉军都元帅,进军闽广,俘文天祥于海丰五坡岭;至元十六年(1279),他在广东新会崖山大败宋军,灭南宋小朝廷。

真州珠金沙至少发生过三次抗击元军的战斗。

《元史》卷一百二十八《阿术传》记载,至元十二年(德祐元年,1275)四月十九日,元军至真州,在珠金沙打败宋军,斩首二千余级。

《元史》卷八《世祖五》记载,至元十二年(德祐元年,1275)秋七月庚午朔,阿术在指挥焦山作战的同时,分遣万户张弘范等,以拔都兵船千艘,西掠珠金沙。

《元史》卷九《世祖六》记载,至元十三年(德祐二年,1276)五月份,冯都统率兵二千、战船百艘,发起对瓜洲元军的进攻。阿术派遣万户昔里罕、阿塔赤等出战,冯都统战败后退至珠金沙,赴水殉难。

上述记载表明,珠金沙运口(旧港)始终是宋、元双方争夺的焦点。第一次珠金沙之战后,元军乘胜占领瓜洲,造战船军械,并从真州运粮,可见真州虽未沦陷,但存储在珠金沙的粮食被元军掠走。事实上,扬州李庭芝所需粮草,需要运河沿线的真州、高邮、宝应供给,这也是阿术在扬子桥立栅、在湾头和丁村筑堡的动因,截断供给,李庭芝、姜才则不战自溃。

文天祥《真州杂赋·珠金沙》诗云:

我作珠金沙上游,诸君冠盖渡瓜洲。淮云一片不相隔,南北死生分路头。

文天祥于德祐二年三月一日从镇江元营逃脱,来到真州,途经宋军控制下的珠金沙,其他被押解去大都的宋臣,没有这么好的运气,只能到元军控制下的瓜洲。文天祥有感而发,作《真州杂赋》《出真州》等诗28首,此诗即其中之一。

珠金沙河河畔,宋代为珠金里。其旧港紫竹林,"坡公尝寓此";元朝大德年间(1297—1307),僧智兴在紫竹林创建观音庵,同时期道士五老峰人雷希复,在河畔建起通真观;著名道教理论家李道纯,在河北焦家山建起长生观,俯瞰真州、扬子"两城亭台之丽";明初的靖难之役,燕军从珠金沙渡江直驱高资港;明清两代,在河畔建有众多的园林、寺观;清末,挖通了旧港以南的普新洲,在江边建起了两淮盐务总栈,从而诞生了江上盐都——十二圩。

冯都统牺牲后,曾被增祀在三将军庙。三将军是南宋绍兴三十一年(1161)抗金"中兴十三处战功"胥浦桥之战中牺牲的元宗、梁渊、张昭。三将军庙增祀冯都统后,该庙一度被称为四将军庙。

赵孟锦乘雾出击

赵孟锦是宋朝宗室,但出自哪一支,没有详细资料。从"孟"字排行看,他与著名书法家、宗室赵孟頫是同辈,是宋太祖赵匡胤十一世孙。

《宋史》卷四十七《瀛国公》有赵孟锦的记载：

德祐元年四月壬戌，大元兵攻真州，知州苗再成、宗子赵孟锦率兵大战于老鹳嘴。

南宋《景定建康志》附图注释："老鹳嘴屯泊兵船（往）下四十里至下蜀。"老鹳嘴是宋代黄天荡的起点，距离下蜀四十里，约在小帆山与栖霞山相对的江中。德祐元年（1275）二月，元军在铜陵北丁家洲取得大胜，兵分两路乘势而下，一路直驱临安，另一路派遣阿术来取江淮，掩护大军顺利攻取临安。真州知州苗再成、宗室弟子赵孟锦，临危不惧，在真州老鹳嘴迎战元军，虽然没有打赢，但与江汉、淮西诸多郡县望风而降相比，无疑展示了真州军民的风骨。

《宋史》卷四十七《瀛国公》：

此战后，加封苗再成为濠州团练使，赵孟锦为扬州都统司计议官。

文天祥《文山先生全集》卷十三《指南录》记载：

德祐二年（1276）三月初二，文天祥在真州州衙清边堂，与知州苗再成共商抗元大计，苗再成说：

先约夏老，以兵出江边，如向建康之状，以牵制之；此则以通、泰军义打湾头；以高邮、淮安、宝应军义打扬子桥；以扬州大军向瓜洲；某与赵刺史孟锦以舟师直捣镇江。并同日举，北不能相救。湾头、扬子桥，皆沿江脆兵守之，且怨北，王师至即下，聚而攻瓜洲之三面，再成则自江中一面薄之，虽有智者，不能为之谋。此策既就，然后淮东军至京口，淮西军入金城，北（元军）在两浙，无路得出，虏师可生致也。

此处提到了赵孟锦，称他"赵刺史孟锦"，估计刺史只是虚职，从五品，类似老鹳嘴战后他被封的"扬州都统司计议官"，但赵孟锦无疑是苗再成所倚重的战将。

《（嘉庆）重修扬州府志》援引明朝邵弘毅《弘简录》，有赵孟锦的另一段记载，也是他壮烈殉国的事迹：

有宗室赵孟锦，为扬州都统司参议官，自少不羁。再成倚以为重。元阿术入侵，孟锦每战辄当其锋。时阿术攻益急，以重舰驻江上。孟锦乘大雾袭之。顷之，日高雾霁，元人见其兵少，逐之。孟锦登舟，失足溺水死。城遂陷，再成不屈而死。

赵孟锦少年时候就不喜欢被管束。真州知州苗再成很倚重他。元军阿术入侵以来，每一次战斗，赵孟锦都勇当先锋。德祐二年七月，扬州城已经沦陷，元军进攻真州没有了后顾之忧，将力量全部压到真州孤城。阿术的舰队就停泊在真州江上。赵孟锦献计说："江上有大雾，我带人乘雾去偷袭元军。"于是，他带兵出发了。不料天晴雾散，赵孟锦所带为数不多的战船暴露在元军面前，元军前来攻击。赵孟锦英勇无畏，试图登上敌舰，不幸失足落水而亡。元军乘势进攻真州城，城池失陷，知州苗再成不屈而死。

赵孟锦入祀仪征县学名宦祠，配祀大忠节祠（文天祥祠）。

苗再成孤城尽忠

苗再成是宋代真州最后一任知州。

德祐元年（1275）二月，元军在铜陵北丁家洲取得大胜，灭宋进入倒计时。他们兵分两路，一路由丞相伯颜率领，在江南直驱临安；另一路由阿术率领，顺江东下，围困江淮，阻止江淮军增援临安。

四月，阿术军到达真州老鹳嘴，知州苗再成与宗室赵孟锦率军出战。《宋史》卷四十七《瀛国公》记载：

德祐元年四月壬戌，大元兵攻真州，知州苗再成、宗子赵孟锦率兵大战于老鹳嘴。

南宋《景定建康志》附图注释："老鹳嘴屯泊兵船（往）下四十里至下蜀。"老鹳嘴是宋代黄天荡的起点，距离下蜀四十里，约在小帆山与栖霞山相对的江中。苗再成、赵孟锦临危不惧，在真州老鹳嘴迎战乘胜而下的元军，虽然没有打赢，但与江汉、淮西诸多郡县望风而降相比，无疑展示了真州军民的风骨。

《宋史》卷四十七《瀛国公》：

此战后，加封苗再成为濠州团练使，赵孟锦为扬州都统司计议官。

德祐二年（1276）三月初一，文天祥从镇江元营逃脱，来到真州，苗再成和大小将校都来迎接。第二天在州衙清边堂，苗再成与文天祥共商抗元大计。

苗再成与文天祥会面的情形，详见本书《文天祥　今朝骑马入真阳》。

闰三月，谢太后与宋恭帝被解往大都，途经瓜洲，李庭芝与姜才以四万人夜捣瓜洲，试图夺回两宫，未能成功；苗再成也曾试图夺驾，亦未成功。

五月份，阿术围困扬州愈紧，姜才四处出击，试图打通粮道，苗再成派冯都统率真州兵二千、战船百艘袭击瓜洲，配合扬州姜才作战。阿术派遣万户昔里罕、阿塔赤等迎战，冯都统兵败，退至珠金沙，被元兵追杀，元军缴获宋军战船七十七艘，冯都统等投水殉国。

扬州城被阿术"筑长围困之。冬，城中食尽，死者满道。明年二月，饥益甚，赴濠水死者日数百，道有死者，众争割啖之立尽"。"庭芝犹括民间粟以给兵，粟尽，令官人出粟，粟又尽，令将校出粟，杂牛皮、曲蘖以给之。兵有烹子而食者，犹日出苦战"。

此时，淮安知州许文德、盱眙知军张思聪、泗州知州刘兴祖都因粮尽而投元，但李庭芝坚决不降。七月，益王（即南宋小朝廷端宗赵昰）派人来扬州，加封李庭芝少保、左丞相，招他入朝赴任。李庭芝留朱焕守扬州，他与姜才带兵七千向东，试图走海路去南方,被阿术兵追上,围在泰州。

李庭芝前脚刚离开扬州,朱焕后脚立即开城降元,并将李庭芝和手下将士们的妻子和孩子,押到泰州城下劝降。泰州裨将孙贵、胡惟孝等(《元史》卷九《世祖六》还载李庭芝帐下卒刘发、郑俊)开门降元。李庭芝闻变,投莲池自尽,水浅未死,被抓回扬州,朱焕说:"李庭芝和姜才守扬州,弄得积骸满野,这种人不杀留着干什么?"于是,李庭芝、姜才被杀。"死之日,扬之民皆泣下。"

李庭芝在宝祐年间(1253—1258)做过真州知州,逝后入祀仪征名宦祠。

泰州知州孙虎臣,城破自杀。守将乃孙良臣,弟(孙舜臣)劝其降。孙良臣与泰州谘议官宋应龙商议,宋应龙极陈国家恩泽、君臣大义,要求杀孙舜臣"以戒持二心者"。孙良臣不得已,杀了亲弟。此番城破,孙良臣降,宋应龙夫妇自尽殉国。

提刑司谘议、高邮知军褚一正,在高邮城破时督战受伤,跳水殉国;兴化知县胡拱辰,城破殉国。

真州城是坚守到最后的江淮孤城。在淮安、盱眙、泗州、扬州、泰州、通州、滁州、高邮、兴化等地纷纷沦陷之际,真州城独木难支。八月,阿术大兵压境,舰队就停泊在真州江上。宗室赵孟锦乘大雾出击元军,不料天晴雾散,赵孟锦所带为数不多的战船暴露在元军面前,元军前来攻击,赵孟锦英勇无畏,试图登上敌舰,不幸失足落水而亡。元军乘势进攻真州城,城池失陷,知州苗再成不屈而死。

苗再成入祀仪征名宦祠,并与赵孟锦、姜才、王炎午(《生祭文丞相文》作者)一起,配祀大忠节祠(文天祥祠)。

大厦倾忠义难支

《元史》卷一百九十四《忠义二》记载,元朝末年官军与张士诚作战时,有两位真州官员殉职,他们是淮南江北行省参知政事赵琏和淮东宣慰司掾纳速剌丁。

元朝的时间并不长,从至元八年(1271)忽必烈定国号为大元开始,到至正二十八年(洪武元年,1368)大都被明军攻陷,历时98年。事实上,元朝建立时,南宋朝廷尚在,对应的年号是咸淳七年,八年之后的至元十六年(1279)崖山海战,南宋才完全灭亡,所以元朝对宋地的统治时间应为90年。

元朝统治真州的时间更短。《道光志》卷一《建置志》载:"端宗景炎元年,阿术寇真州珠金沙,知州苗再成、刺史赵孟锦死之,元兵遂陷真州。""至正十五年夏五月,明太祖遣将赵得胜取真州。十七年,元守臣以州降,命周之贵知州事。"这就是说,元朝统治真州的时间,仅为81年。

元朝末年,群雄蜂起,元廷行政区划随形势变化而频繁调整。

《元史》卷五十九《地理二》:至元十五年,置淮东道宣慰司,属河南省。

《元史》卷一百九十四《忠义二》:"是时河南兵起,湖广、荆襄皆陷,而两淮亦骚动。朝廷乃析河南地,立淮南江北行省于扬州,以琏参知政事。琏方病水肿,即舆疾而行。既至,分省镇淮安,又移镇真州。"新设立的淮南江北行省,省会在扬州,但迫于战争形势,参知政事赵琏曾移镇淮安,又曾移镇真州。

《元史》卷一百九十四《忠义二》:"纳速剌丁复辟掾淮东宣慰司……且召纳速剌丁还真州。""掾"是指下属官员,纳速剌丁作为淮东宣慰司的下属官员,统领水军作战,常驻真州。

《元史》卷一百九十四《忠义二》记载了赵琏的事迹:

赵琏,字伯器,是赵宏伟(官至福建道肃政廉访使,赠礼部尚书,追封天水郡侯,谥贞献)的孙子。至治元年(1321)进士,授嵩州判官、汴梁路祥符县尹、国子助教、湖广行省左右司郎中、杭州路总管。

杭州路是东南大路,地大人多,长官大多不太称职。赵琏为人刚毅开朗,精力过人,官吏都服他断决,有事不敢隐瞒。浙右百姓苦于徭役,百姓担任坊里正的,莫不弄得家庭破产。朝廷令行省召集八郡守集议便民之法。赵琏提出,八郡属县坊正为雇役,里正用田赋以均之,大家都说好。

有坏人与同伙持刀在市内强索金钱,市民只好按户摊钱给予,无人敢言。赵琏说:"此风不可长!"派兵将他们逮捕,并斩首示众。

次年,赵琏任吏部侍郎。杭州人十分怀念,将他的政绩刻碑。他又任中书省左司郎中、礼部尚书,调户部,拜参议中书省事、山北辽东道廉访使。

此时,河南爆发红巾军起义,湖广、荆襄都被攻陷,两淮也不太平了,于是朝廷将河南的部分地区析出,成立淮南江北行省,省会设在扬州,赵琏任参知政事。当时赵琏正患水肿病,他没有推辞,立即乘肩舆(坐轿子)兼程赴任。到了之后,先是在淮安坐镇,后又移镇真州。

江淮地区面临着处置张士诚起事的问题。此时,张士诚已经攻陷了泰州、兴化,淮南江北行省派官军征讨,吃了败仗,于是改变策略,派高邮知州李齐前往招抚。张士诚顺势接受招安,接受元廷任命的官职,表示愿意出兵攻打淮北红巾军。

于是赵琏亲自出马,移镇泰州,督促张士诚制备战船,进兵濠、泗。张士诚接受招安本就是权宜之计,现在逼他进兵,担心朝廷借刀杀人,又看到赵琏对他并不防备,于是决定复反。夜间四鼓,纵火登城。

赵琏见大事不好,赶紧佩刀上马,展开巷战。张士诚命人围住赵琏,传话说,邀请他上船,共同造反自立。赵琏斥责道:"你们造反罪在不赦,朝廷免除你们的诛戮之罪,给你们官爵,哪里对不起你们?还要既降复反!你们背信弃义,天道不容,灭亡就在眼前,我是执政大臣,怎可能投降你们这些贼辈!"于是继续纵马拼杀。

赵琏中枪坠地,被俘押送去张士诚的指挥船,赵琏怒目圆睁,骂声不绝,终被杀害。他的仆人扬儿,用身体挡着赵琏,也被杀死。事后,州民们收尸,将赵琏归葬到真州。

朝廷给予赵琏表彰,赐钞三百锭,给他的儿子赵锜封官。

赵琏的弟弟赵琬,字仲德,任台州路总管。至正二十七年(1367),方国瑛(方国珍之弟)将赵琬挟持到船上,带到黄岩。赵琬在白龙奥潜逃,藏在民家,看到元朝大势已去,开始绝食,别人劝他,他就闭目不理,七天之后,赵琬去世。

《元史》卷一百九十四《忠义二》记载的纳速拉丁事迹:

纳速剌丁,字士瞻,他的父亲是马合木,曾跟随蒙古大军参加过襄阳战役,因军功擢升为浚州(属大名路)达鲁花赤,因此安家在大名。

纳速剌丁是乡贡进士出身,任淮东廉访司书吏。母亲去世,丁忧守制三年期满后,任两浙盐运司的属吏,又被辟举为淮东宣慰司的属吏。

至正十年(1350),真州有人造反,纳速剌丁率民兵袭击,俘获四十二人。不久,泰州盐民起事,镇南王府宣慰司请纳速剌丁参议军事,纳速剌丁建议筑四城,立外寨,堵堤穿河,招募民勇以与之对抗。行省令他率战舰六十、海船十四,上下巡逻,以固守江面,且护送蒙古军五百前往江宁,路上与"贼"相遇,经过激战,斩首二百余、生擒十八人,将蒙古军送抵龙潭后,安全返回。

不久后,纳速剌丁在江上巡逻,突遭义军水军来袭,纳速剌丁射死三十余人,夺其放火的小船二百余,义军败走。接着义军占据龙潭口,被官军击退,追斩三百余人。纳速剌丁之子宝童擒义军首领陈亚虎等,缴获其号旗。捷报传到朝廷,赐以重赏,召纳速剌丁驻还真州。

义军攻芜湖,南行台派人来求援。纳速剌丁带兵赶到芜湖时,义军的船已接近江岸,纳速剌丁分战船为三队攻击前进,义军溃散,俘斩甚众。芜湖解围,多是纳速剌丁的功劳,纳速剌丁留守芜湖口。

泰州李二造反,行省调纳速剌丁进军高邮得胜湖。义军有船七十余艘,乘风而来,纳速剌丁率兵迎战,焚毁义军船二十余艘,义军溃退,李二孤立无援,便投降官军。

张士诚杀了李二,重举义旗,杀淮南江北行省参知政事赵琏,占据兴化,分水陆两路进攻高邮,屯兵东门,纳速剌丁率水师会同诸军前往征讨。在三垛镇遭遇大批义军,纳速剌丁率兵冲击,挫义军锋芒,义军并不退缩,反而呐喊迎战,官军发射火筒火镞,义军损失惨重,"死者蔽流而下"。

义军战船绕到官军背后,重新组织进攻。官军方面,见义军势盛,阿速卫军、真州、滁州的万户府等官员都逃跑了,只有纳速剌丁誓死抵抗。他知道此战必死,对三个儿子宝童、海鲁丁、西山驴说:"你们快脱身吧。"但三个儿子都不肯离父而去,于是父子四人都战死了。

事后,朝廷对纳速剌丁家里进行了抚恤,追赠他为淮西元帅府经历。

《元史》卷一百二十五记载了另一位纳速剌丁,是首任云南行省平章政事赛典赤赡思丁的长子。作为父亲的主要助手,纳速剌丁对稳定元初云南的局面做出了重要贡献。赛典赤赡思丁去世后,纳速剌丁受命担任云南行中书省左丞,不久升为右丞,至元二十一年(1284)任云南行省平章政事。二十八年(1291)调任陕西行省平章政事。次年病逝,追封延安王。

我曾在《江苏穆斯林》2020年第1期发表过《仪征清真寺探源》,其中的观点是:从"至正十年(1350)贼发真州"算起,到至正十三年(1353)张士诚复叛杀赵琏,纳速剌丁奉命参与镇压,在高邮三垛战死止,纳速剌丁在真州至少生活居住了三四年;三个儿子宝童、海鲁丁、西山驴与他一同战死,可知他们家族都生活在真州。由于其色目人的身份,我认为仪征清真寺至少起源于元末(图4-7)。

图 4-7　清真寺

仪征在元朝时是真州,运河入江口,漕运、盐运枢纽,大德年间(1297—1307)开始在真州设淮南批验盐引所。陈开俊等译《马可·波罗游记》第六十八章记载,著名的意大利旅行家马可·波罗就曾经指出:大城镇真州,从这里出口的盐,足够供应所有的邻近省份。大汗从这种海盐所收入的税款,数额之巨,简直令人不可相信。从这个意义上说,仪征的清真寺与扬州的仙鹤寺、泉州的清净寺一样,都是海上丝绸之路的见证点。

附录

乔维岳二斗门位置考

内容摘要：北宋初年乔维岳所建二斗门，被李约瑟《中国科技史》誉为"一切文化史上最早的厢闸"。由于文字记载简略，不同时期对二斗门位置有不同的理解。通过研究有关史料，了解运河水道变迁过程，考证二斗门的位置，对研究运河水道变迁、古代航运和船闸，具有积极意义。

关键词：乔维岳 二斗门 建安军 真州 运河

一、二斗门在里运河还是在沙河？

关于乔维岳二斗门的记载，主要有两处，由于略有差别，产生了歧义。

《宋史》卷三百七《乔维岳传》，原文如下：

归朝，为淮南转运副使，迁右补阙，进为使。淮河西流三十里曰山阳湾，水势湍悍，运舟多罹覆溺。维岳规度开故沙河，自末口至淮阴磨盘口，凡四十里。

又建安北至淮澨，总五堰，运舟所至，十经上下，其重载者皆卸粮而过，舟时坏失粮，纲卒缘此为奸，潜有侵盗。维岳始命创二斗门于西河第三堰，二门相距逾五十步，覆以厦屋，设悬门积水，俟潮平乃泄之。建横桥岸上，筑土累石，以牢其址。自是弊尽革，而运舟往来无滞矣。①

《续资治通鉴长编》，原文如下：

以右补阙乔维岳为淮南转运使。先是，淮河西流三十里曰山阳湾，水势湍悍，运舟多罹覆溺。维岳规度开故沙湖，自末口至淮阴磨般口，凡四十里。

又建安北至淮澨，总五堰，运舟十纲上下，其重载者皆卸粮而过，舟坏粮失，率常有之，纲卒傍缘为奸，多所侵盗。维岳乃命创二斗门于西河第三堰，二门相距逾五十步，覆以厦屋，设悬门蓄水，俟故沙湖平乃泄之。建横桥于岸，筑土累石，以固其址。自是，革尽其弊，而运舟往来无滞矣。②

上述两处记载，基本内容相同，都指二斗门位于"西河第三堰"。但"俟潮平乃泄之"和"俟故沙湖平乃泄之"有区别，前者可理解为"等潮水上涨与闸室水持平，可开闸放船通行"；后者可理解为"等沙湖水与闸室水持平，可开闸放船通

---

① （元）脱脱《宋史》卷三百七。
② （宋）李焘《续资治通鉴长编》卷二十五。

行"。但是,"潮"是长江潮还是淮河潮?第三堰所在的西河是里运河还是沙河?不同资料有不同的解释,这就产生了二斗门(西河第三堰)"是在里运河入江口,还是在沙河入淮口"的不同理解。

建安,即建安军,就是后来的真州、仪真、今天的仪征。仪征市区在唐朝时为扬子县白沙镇,五代杨吴时更名为迎銮镇,宋太祖建隆三年(962)升迎銮镇为建安军。[1] 建安军为里运河(建安军至淮澨)入江口。

末口为古邗沟(里运河)的入淮口。杜预注:"于邗沟筑城、穿沟,东北通射阳湖,西北至末口入淮。"[2]

建安军和末口是里运河的两端,是里运河江、淮连接点。

磨盘口是沙河在淮河上的入口,位于淮河与运河交汇的末口上游四十里。沙河是为绕行淮河山阳湾而开挖的,是与淮河平行的人工运河,但不是里运河(建安军至淮澨)的一部分。

淮澨,"澨,埤增水边土,人所止者也"。[3] "澨"就是堤岸的意思,淮澨,即淮河堤岸。

末口和磨盘口是沙河的两端,是沙河与淮河的两个连接点,已不在里运河上。

二斗门在里运河还是在沙河?

明代《仪征县志》记载:

宋太宗朝,淮南转运使乔维岳于建安军创斗门于西河,筑三堰,以通漕船,设悬门,积水,潮平乃泄之。[4]

顾炎武对这个问题的叙述是:

太宗时,发运使乔维岳于建安军创二斗门,筑三堰,设悬门积水,潮平,乃泄之,以便漕。[5]

刘文淇对这个问题的叙述是:

五堰未详其名,然上文云"自末口至淮阴磨盘口凡四十里",下云"建安北至淮澨,总五堰",则五堰在建安之北,淮澨之南。……北神堰在山阳,召伯堰在召伯,龙舟堰在扬子桥南,茱萸堰在茱萸湾,唯新兴堰未详所在,以龙舟、茱萸二堰例之,亦当在江都地。[6]

仪征县亦唐以前江都地。此篇论前代事多,故统系以江都,而甘泉、仪征运

---

[1] (宋)乐史《太平寰宇记》卷一百三十。
[2] (晋)杜预《春秋左传注疏》卷五十八。
[3] (汉)许慎《说文解字》卷十一上。
[4] (明)申嘉瑞《隆庆志》卷七。
[5] (清)顾炎武《天下郡国利病书》,上海:上海古籍出版社,2012年版,第1216页。
[6] (清)刘文淇《扬州水道记》,扬州:广陵书社,2011年版,第25页。

河附见焉。①

从《宋史》和《续资治通鉴长编》行文来看，先说末口至淮阴磨盘口的沙河，后说建安北至淮澨的里运河，层次是清楚的。原文明确讲述里运河上有五堰，漕船过堰有弊端，乔维岳二斗门在西河第三堰建成后，弊端尽革，因此二斗门显然位于里运河上。

有观点认为西河是东西向的，只能是东西向的沙河；里运河是南北向的，不好称为西河。殊不知里运河是分为两段的，从淮阴到扬州湾头是南北向，史称"湖漕"；从湾头到建安军是东西向，史称"江漕"。②沙河是淮阴之西，江漕是扬州之西，皆可称为西河。

因此，二斗门当建于里运河建安军段（江漕）。

二、里运河上的五堰

二斗门建成于乔维岳任职淮南转运使期间，查《宋史》，乔维岳于太平兴国三年（978）任泉州通判，参与平叛，归朝后任淮南转运副使，进转运使。③《（道光）重修仪征县志》卷二十六《职官志》有小传：乔维岳，字伯周，南顿人，太平兴国中，任淮南转运使，始创二斗门。④

太平兴国是太宗年号，共使用八年（976—984），乔维岳任职在太平兴国三年（978）之后，即二斗门建设时间为978—984年。

太平兴国之际，里运河上建有哪五座堰，并无确切记载。但据相关资料可以推论。

在淮阴末口附近，有北神堰。

显德五年，上欲引战舰自淮入江，阻北神堰，不能渡。（胡三省注：北神镇在楚州城北五里，吴王夫差沟通江、淮，后人于此立堰者，以淮水低，沟水高，防其泄也。舟行渡堰入淮。今号为平水堰）⑤

在邵伯镇附近，有召伯堰。

邵伯埭，有斗门，县东北四十里……盖安（谢安）新筑，即后人追思安德，比于邵伯，因以立名。⑥

---

① （清）刘文淇《扬州水道记》，扬州：广陵书社，2011年版，第1页。
② （清）张廷玉《明史》卷八十五。
③ （元）脱脱《宋史》卷三百七。
④ （清）刘文淇《（道光）重修仪征县志》，扬州：广陵书社，2013年版，卷二十六《职官志》，第467页。
⑤ （宋）司马光《资治通鉴》卷二百九十四。
⑥ （宋）乐史《太平寰宇记》卷一百二十三。

在湾头镇附近,有茱萸堰。

韩令坤奏:败扬州兵万余人于湾头堰(胡三省注:九域志,扬州江都县有湾头镇,在今扬州城北十五里)。①

湾头镇,即古茱萸湾,旧云唐之东塘。周韩令坤克扬州,守之,败南唐兵于湾头堰。②

在扬州府南,唐伊娄河与运河交汇处附近(扬子县境),有新兴堰。

开扬州古河,缭城南接运渠,毁龙舟、新兴、茱萸三堰,凿近堰漕路,以均水势。③

在建安军扬子县治,有龙舟堰。

开扬州古河,缭城南接运渠,毁龙舟、新兴、茱萸三堰,凿近堰漕路,以均水势。④

龙舟堰,府南二十里。《十道志》:魏文帝丕临江试龙舟于此,因名。⑤

在建安军江口,有灵潮堰(江口南堰)。

灵潮堰,旧志在(真州)城南外官河,西与新河接,大中祥符间,铸金像成,将迎之京,舟至此,潮已涸,而忽溢,遂名灵潮,即今清江闸前古漕河也。⑥

天圣四年十月,楚州北神堰并真州江口南堰各置造水闸。先是,监税三槐王乙上言,诏转运司度其事,且言其经久利济,省得纲运般剥、偷侵、住滞,故信从之,仍迁一秩。⑦

为直观表述,现将里运河各堰列下表:

堰名	位置	史载时间
北神堰	淮阴末口	显德五年(958)之前
召伯堰	江都邵伯	太平兴国(983)之前
茱萸堰	扬州湾头	显德四年(957)之前
新兴堰	扬子县境	天禧二年(1018)之前
龙舟堰	扬子县治	天禧二年(1018)之前
灵潮堰	建安江口	天圣四年(1026)之前

① (宋)司马光《资治通鉴》卷二百九十四。
② (清)阿克当阿《(嘉庆)重修扬州府志》卷十六。
③ (元)脱脱《宋史》卷九十六。
④ (元)脱脱《宋史》卷九十六。
⑤ (清)顾祖禹《读史方舆纪要》卷二十三。
⑥ (明)申嘉瑞《隆庆志》卷七。
⑦ 刘琳等点校《宋会要辑稿》,上海:上海古籍出版社,2014年版,第6168页。

上表已有六堰,其中灵潮堰位于建安军江口,即建安军之南,不在"建安北至淮壖"河段,上述河段有五堰,不虚。

三、运河入江水道的变迁

运河入江水道(江漕)有四次大的变迁。第一次是春秋(前486)吴王开邗沟,从邗城(江都故城)引江水,四十六里到扬州,河道为沿山河;第二次是东晋永和年间(345—356)开挖欧阳埭,放弃了春秋两汉邗沟(沿山河)旧河道,南移到新城古河,东北向六十里到广陵城;第三次是隋炀帝大业元年(605)大规模扩浚运河,将欧阳埭裁弯取直并拓宽,形成古河(引潮河)笔直的河道;第四次是北宋天禧三年(1019),发运使贾宗"开扬州古河,缭城南接运渠,毁龙舟、新兴、茱萸三堰,凿近堰漕路",放弃东北方向的古河河道,向东直至三汊河,与新开的扬州城南新河和瓜洲新河相连,形成了今天的(仪扬河)真州—新城—朴席—汊河—扬州南门—大水湾—大王庙—湾头的运河入江水道(江漕)走向。①

北宋初年的运河入江水道(江漕)是隋唐故道。晚唐淮南盐铁使王播,在扬州阊门外开七里港河,引江水济运,②此时的江漕即为今日之引潮河。龙舟堰、新兴堰就在这段河道上。

北宋真宗天禧三年(1019),运河入江水道(江漕)改道。

二年,江、淮发运使贾宗言:"诸路岁漕,自真、扬入淮、汴,历堰者五,粮载烦于剥卸,民力罢于牵挽,官私船舰,由此速坏。今议开扬州古河,缭城南接运渠,毁龙舟、新兴、茱萸三堰,凿近堰漕路,以均水势。岁省官费十数万,功利甚厚。"诏屯田郎中梁楚、阁门祗候李居中按视,以为当然。明年,役既成,而水注新河,与三堰平,漕船无阻,公私大便。③

这也是扬州南门—文峰塔—汊河—瓜洲的新河(今称古运河)开通之始。④

天禧二年(1018),发运使贾宗鉴于真扬运河(江漕)上漕船过堰,漕粮反复装卸,既浪费人力,又损坏船只,决心放弃原来的古河(引潮河)运道(三堰在此河上),在其附近(南侧)重新开河(凿近堰漕路),从扬州城南北上,绕过扬州城后,连接湾头。天禧三年(1019),工程完工,新河无堰,漕船无阻,无论是官船还是私家船,都得到了极大的方便。

"今议开扬州古河"令人费解,既是新开,为何称"古河"? 应理解成"在古河

---

① 巫晨《仪征运河》,南京:河海大学出版社,2022年版,第289页。
② (后晋)刘昫《旧唐书》卷一百四十六。
③ (元)脱脱《宋史》卷九十六。
④ (清)刘文淇《扬州水道记》,扬州:广陵书社,2011年版,第25页。

上开口子,将古河的水引到新开的运河里去"。这表明从前有一条水道(古河,即今引潮河),上面还筑了三堰,行船不便,贾宗在古河的近旁(南侧)重开一条与之基本平行的新河(凿近堰漕路),不设堰。新河开通后,将古河的水引入新河,与古河三堰水位持平,因新河未曾设堰,所以行船不用频繁翻坝,非常方便。

这次开河工程较大,对原有河道进行了彻底整治。

真州入江口水道,由老沟南移到了市河,扬州运河也改由城南去湾头;

真州至扬州运河主干段,放弃古河(引潮河),从新城向东经朴席到汊河镇;

开扬州城南新河,从汊河直接向北接扬州南城壕(文峰塔河段),抵达南门后折向东,在大水湾折向北,沿东城壕抵大王庙,折向东在禅智寺附近接旧运河,在湾头北上。

唐开元年间(713—741)开挖的伊娄河,原走向是从瓜洲向西北,二十五里连接扬子县境,在乌塔沟入运河;天禧后改为从瓜洲向正北,在汊河镇入运河。①

四、西河第三堰(龙舟堰)的位置

乔维岳二斗门建成于北宋太平兴国年间(976—984),此时扬州西河(江漕)尚未进行"天禧改道",而里运河五堰中,北神堰、邵伯堰在湖漕,灵潮堰在建安江口,此段河道是唐中期扬子津逐渐淤塞后,向西延伸到扬子县白沙镇的新入江水道,不在引潮河上(引潮河从仪征市新城镇到扬州七里港)。"天禧改道"废三堰,是指龙舟堰、新兴堰、茱萸堰,茱萸堰虽不在引潮河,但是在引潮河延伸线上,也是"天禧改道"废弃的对象。

从"毁龙舟、新兴、茱萸三堰"的表述中,可知扬州西河(江漕)上,从东往西计数,第一堰为茱萸堰、第二堰为新兴堰、第三堰为龙舟堰。二斗门所在位置,就在龙舟堰。

龙舟堰得名于魏文帝曹丕临江试龙舟。②

魏文帝于黄初六年(225)筑东巡台,临江观兵,由于运河结冰,船下不了江。③ 其所筑东巡台,位于仪征县北城子山。④

汉代的运河入江口,位于江都故城。"江都,有江水祠,渠水首受江,北至射阳入湖。"⑤

---

① 巫晨《仪征运河》,南京:河海大学出版社,2022年版,第116页。
② (清)顾祖禹《读史方舆纪要》卷二十三。
③ (西晋)陈寿《三国志》卷二。
④ (明)申嘉瑞《隆庆志》卷二。
⑤ (东汉)班固《汉书》卷二十八。

江都故城即西汉江都县的县治所在地。汉武帝元狩六年(前117),西汉广陵国设广陵、江都、高邮、平安四县,其中江都县县治的位置,"在县西南四十六里,城临江水"。①

关于江都故城"在县西南四十六里",刘文淇《扬州水道记》有专文考证,解读为:

乐史"江都故城在县西南四十六里"里的"县",指的是北宋的江都县城,与唐代的江都县城在同一个地方,而《新唐书·地理志》则指明:"江都县在雷塘西十一里。"这就明确了宋代江都县城的位置,事实上也就锁定了汉代江都县城的位置:在北宋江都县城西南四十六里。②

距离扬州唐代江都县治西南四十六里,位于蜀冈(从仪征青山到扬州平山堂的古江岸)以南冲积平原且靠近蜀冈的地方,在今天的仪征市新城镇镇区东北。《扬州古港史》第一幅图《长江镇扬河段历史变迁图》绘制了春秋战国、汉晋、唐、明清的江岸线,其汉代江故城的位置,即标注在蜀冈真州—新城段,龙河镇以南、龙河河道以西、新城镇区东北。③《扬州水利志》亦持相同观点(图1)。④

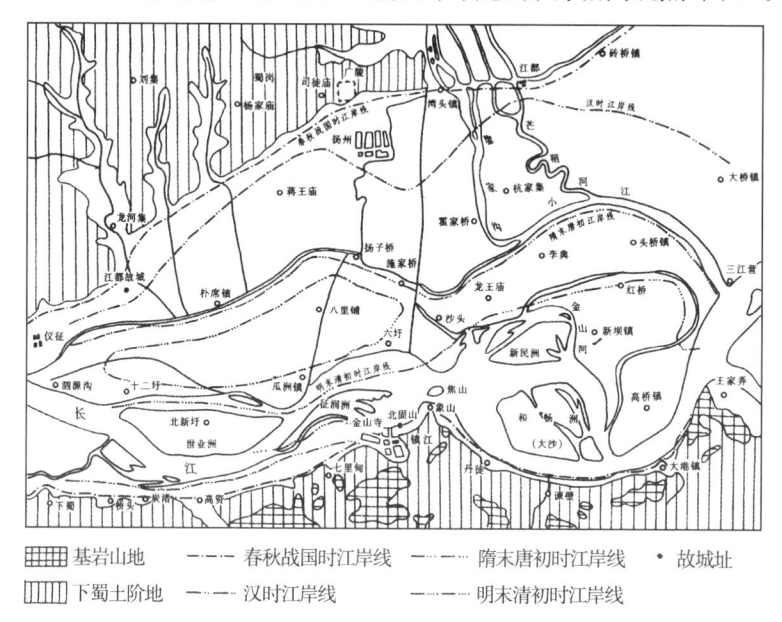

图1 《扬州水利志》之《长江镇扬河段春秋至明清岸线变迁图》

---

① (宋)乐史《太平寰宇记》卷一百二十三。
② (清)刘文淇《扬州水道记》,扬州:广陵书社,2011年版,第2页。
③ 吴家兴《扬州古港史》,北京:人民交通出版社,1988年版,第3页。
④ 扬州市水利史志编纂委员会《扬州水利志》,北京:中华书局,1999年版,第144页。

汉代的运河入江口是否设堰,没有史料记载,但运河四次大变迁之"永和改道"(东晋永和江都水断),新的入江口建有欧阳埭,是有明确记载的:"自永和中,江都水断,其水上承欧阳埭,引江入埭,六十里至广陵城。"①

与汉代运河入江口距离广陵城四十六里相比较,欧阳埭距离广陵城有六十里,即运河入江口延伸了十四里。

欧阳埭的位置很清楚,"仪征有欧阳戍,在(仪征)县东北十里"。② 欧阳戍是为保卫欧阳埭而建的小城,今为仪征市新城镇镇区。

魏文帝试龙舟,在汉代运河入江口,即今仪征市新城镇镇区东北;作为汉代运河入江口的延伸,欧阳埭是江口堰,直到唐中期扬子津逐渐淤塞后,运河入江水道向西延伸到扬子县白沙镇,才有建安军江口堰(灵潮堰),但并没有欧阳埭被废弃的记载。

因此,乔维岳二斗门所在的"西河第三堰",就是"天禧改道"前扬州西河(江漕)上的龙舟堰,其前身是东晋欧阳埭,位于今仪征市新城镇古河(引潮河)最西端(图2)。

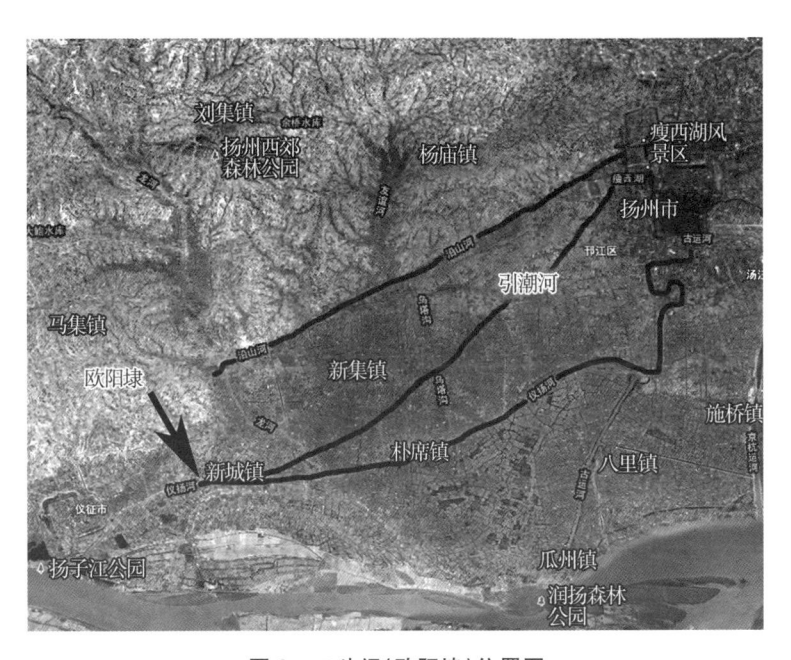

图2 二斗门(欧阳埭)位置图

---

① (北魏)郦道元《水经注》卷三十。
② (清)顾祖禹《读史方舆纪要》卷二十三。

五、结语

从太平兴国八年(983)乔维岳建成二斗门,到贾宗天禧三年(1019)废三堰,二斗门存在了36年。这期间,建安军于大中祥符六年(1013)升格成了真州。

"天禧改道"后的第六年,即宋仁宗天圣三年(1025),江淮发运司监真州排岸司、右侍禁陶鉴在真州江口堰新建了一座复式船闸——真州复闸。岁省冗卒五百人,杂费百二十五万。运舟旧法,舟载米不过三百石。闸成,始为四百石船。其后所载浸多,官船至七百石,私船受米八百余囊,囊二石。①

真州复闸建成后,不仅江漕上再无堰坝,而且湖漕上的北神堰、召伯堰也相继废革。天圣四年(1026),监楚州税王乙在北神堰建成船闸;②天圣七年(1029),发运使钟离瑾在召伯堰建成船闸。③

在乔维岳二斗门建成之前,有些运河上是有斗门的,但只是单闸(斗门、陡门、冲船闸)。《交通大辞典》定义,复式船闸要具备"厢形构筑物,由上、下游引航道与上、下游闸首连闸室组成。闸室是停泊船舶的厢形室,借助室内灌水或泄水来调整闸室中的水位,使船舶在上、下游水位之间作垂直的升降,从而通过集中的航道水位落差"。④ 对照这个定义,乔维岳二斗门具备了现代船闸的要素。

乔维岳所建的二斗门船闸,不仅为里运河"天禧改道"后大量兴建复闸做出了示范,而且成为世界航运史上的标志性事件。英国科学家、中国科学院外籍院士李约瑟(1900—1995)对二斗门有极高的评价:

最古老的中国厢闸或船闸的例子,可追溯到宋朝初年,它与乔维岳的名字有关。公元983年,乔维岳时任淮南副转运使(引述《宋史》卷三百七),这就是一切文化史上最早的厢闸。⑤

西方世界关于水闸或船闸的资料,最先出现的是冲船闸门,1065年荷兰的鹿特河(R. Rotte)证实有冲船闸门,而厢闸肯定最早的时期是在1373年,当时荷兰的弗雷斯韦克(Vreeswijk)从乌得勒支(Utrecht)连接莱克河(Lek)的运河上的一处修建了一个厢闸。⑥

乔维岳的二斗门,树立了科技史上的一座丰碑,这是世界上第一座厢式船

---

① (宋)沈括《梦溪笔谈》,扬州:江苏广陵古籍刻印社,1997年版,上册卷十二《官政》,第1页。
② (宋)李焘《续资治通鉴长编》卷一百四。
③ (清)顾祖禹《读史方舆纪要》卷二十三。
④ 《交通大辞典》编辑委员会《交通大辞典》,上海:上海交通大学出版社,2005年版,第481页。
⑤ (英)李约瑟《中国科学技术史》,北京:科学出版社,2008年版,第四卷第三分册,第393页。
⑥ (英)李约瑟《中国科学技术史》,北京:科学出版社,2008年版,第四卷第三分册,第399页。

闸,比荷兰运河上的厢闸早 390 年。

(此文发表在扬州市档案馆、扬州市地方志办公室《扬州史志》总第 155 期)

真州复闸位置考

内容摘要:真州复闸是史载最早的复式船闸之一,在世界航运史上占有重要地位。复闸所在地真州(今江苏仪征),地处运河入江口,是北宋漕运和盐运的枢纽,江淮荆湖两浙发运司就设在真州。发运司统管六路(省)漕粮调运,各路漕船在真州卸粮,回程装载淮盐,不使空载。由于年代久远,北宋运河入江口附近的地形早已发生了沧桑巨变,真州复闸遗迹全无。通过研究历代重建、维修史料和实地探访,确定真州复闸的位置,对研究运河入江口水道变迁、古代航运和船闸构成,具有积极意义。

关键词:真州复闸　仪征　运河　复式船闸

真州复闸是北宋沈括《梦溪笔谈》中记载的真州一座著名的水运设施。《梦溪笔谈》是具有世界性影响的科学著作,真州复闸因此名扬天下。复闸又叫厢闸、塘闸,区别于早期的单闸(斗门、陡门、冲船闸)。《交通大辞典》定义,船闸是"一厢形构筑物,由上、下游引航道与上、下游闸首连闸室组成。闸室是停泊船舶(或船队)的厢形室,借助室内灌水或泄水来调整闸室中的水位,使船舶在上、下游水位之间作垂直的升降,从而通过集中的航道水位落差。"[①]对照这个定义,真州复闸具备了现代船闸的要素。

为表述方便,本文中"县志"专指《(道光)重修仪征县志》。

一、关于真州复闸的描述

(1)《梦溪笔谈》中"真州复闸"的原文。

淮南漕渠筑埭以畜水,不知始于何时。旧传召伯埭谢公所为,按李翱《来南录》,唐时犹是流水,不应谢公时已作此埭。天圣中,监真州排岸司右侍禁陶鉴始议为复闸节水,以省舟船过埭之劳。是时工部郎中方仲荀、文思使张纶为发运使、副,表行之,始为真州闸。岁省冗卒五百人,杂费百二十五万。运舟旧法,舟载米不过三百石。闸成,始为四百石船。其后所载浸多,官船至七百石,私船受米八

[①] 《交通大辞典》编辑委员会《交通大辞典》,上海:上海交通大学出版社,2005 年版,第 481 页。

百余囊,囊二石。自后北神、召伯、龙舟、茱萸诸埭相次废革,至今为利。予元丰中过真州,江亭后粪壤中见一卧石,乃胡武平为《木闸记》,略叙其事而不甚详具。①

沈括在文中记载了真州复闸的建设时间(天圣年间,1023—1032)、建设者和支持者(监真州排岸司右侍禁陶鉴、工部郎中发运使方仲荀、文思使发运副使张纶)、单船载重量(始四百石;后官船至七百石,私船受米八百余囊,囊二石)、效益(岁省冗卒五百人、杂费百二十五万、废诸堰至今为利),但并没有述及真州复闸的位置。

沈括文中还提到了胡武平所撰的《通江木闸记》。

胡宿(995—1067),字武平,晋陵(常州)人,仁宗天圣二年(1024)进士,官至枢密副使,谥文恭。曾任扬子县尉,扬子县为真州附郭县。②

(2) 县志上录有胡宿的《通江木闸记》碑文,篇幅较长,摘录其要紧之处。

乾兴中,侍禁陶侯鉴,寅奉辟命,掌临岸局……经始二闸之谋……时制置发运使、工部方公仲荀,文思使张公纶,咸以硕望,注于上心……时太守都官曾公乾度、前倅职方王公汝能,咸秉心勤瘁,协志赞勤……

……扼其别浦,建为外闸。叠美石以甃其下,筑强堤以御其冲,横木周施,双柱特起,深如睡骊之窟,壮若登龙之津,引方舰而往来,随平潮而上下。巨防既备,盘涡内盈,珠岸浸而不枯,犀舟引而无滞。用力浸少,见功益多。即其北偏,别为内闸,凿河开奥,制水立防。……木门呀开,羽楫飞渡,不由旧地,便即中河。

……自天圣纪号,三年之冬,庀徒皆作。越明年孟夏,僝工大毕。③

胡宿的《通江木闸记》记载了通江木闸建设领导者有五人,他们是监真州排岸司右侍禁陶鉴、工部郎中发运使方仲荀、文思使发运副使张纶、真州知州曾乾度、真州通判王汝能。工程于天圣三年(1025)冬季开工,第二年(1026)孟夏(四月份)竣工。

该文对真州复闸的闸室、上下游闸门、调整闸室的水位、船舶在上下游水位之间做垂直升降等要素记载得非常清楚。真州复闸完全具备现代船闸的要素,这就奠定了真州复闸在世界航运史上的重要地位。然而该文也没有述及真州复闸的位置。

(3) 县志上还录了陶鉴四世孙陶恺于绍兴十四年(1144)请权真州知州张昌重刻《通江木闸记》时自撰的序,序文主要歌颂陶鉴的功德,说太常博士范道卿为陶鉴撰写的神道碑铭中,将陶鉴在真州易堰为闸、在信州活人数千,作为其在世

---

① (宋)沈括《梦溪笔谈》,扬州:江苏广陵古籍刻印社,1997年版,上册卷十二《官政》,第1页。
② (清)刘文淇《(道光)重修仪征县志》,扬州:广陵书社,2013年版,卷二十六《职官志》,第468页。
③ (清)刘文淇《(道光)重修仪征县志》,扬州:广陵书社,2013年版,卷十《河渠志》,第170页。

时的阴德之举,荫及子孙,所以家族兴旺。陶恺还说到,高祖当年建设真州复闸的事迹,"得胡公为之记、范公为神道之碑,又内翰沈公存中载其事于《笔谈》,足以信后世矣"。① 他很欣慰胡宿、范道卿、沈括都记载了陶鉴的这个事迹,但此文也没有述及真州复闸的位置。

二、真州复闸的后续重修

(1) 县志载:

嘉泰初,郡守张颢始易二木闸以石,其西通江涛,曰"潮闸",东曰"腰闸",相望凡百九十余丈。②

张颢,檇李人。嘉泰初,以朝请郎知真州。乾兴间,大将军陶鉴始使州,为木闸二,颢始易二木闸以石,以便漕事。为后世石闸之本。③

县志还录载了吏部尚书张伯垓为张颢石闸撰写的《记》[经查陆师康熙五十七年(1718)《仪真县志》,该文全名为《重修真扬闸记》],主要内容有:

……乾兴中,陶侯鉴始去堰而置闸焉,于是江河相入,舟楫无阻,人皆以为利。闸,木为之,阅岁久,日以朽腐。潮涨于外,颓决罔测;水潴于内,走泄弗留。补罅苴漏,从事一切,不暇为远虑。檇李张侯颢,作丞兹郡,目其敝而叹无其力,赍志久之。庆元六年,分符戾止,顾而喜曰:"吾其遂所欲为乎?"镇抚之暇,经理钱谷,损略燕馈,罢不急而客所出,郡计以饶。期年政成,发帑庚之羡而经营之,谓不如石之寿。乃凿他山之坚,悉更其旧。磨硔之初,铿然一声;甃砌之余,苍然一色。二柱特起,渴虹倒吸;两岸夹扶,劲翮旁舒。无峡之险,有墉之崇。波不可啮,蠹不可攻。其功利视昔,夐乎不同矣。门之广二丈,高丈有六尺。复为腰闸,相望一百九十五丈。规模高广,大略如之。始于嘉泰九月,成于明年孟冬,縻缗钱三万有奇,不匄费于朝,不加敛于民。屹然砥立,怳如地设。缙绅行都者,具能言石闸之状。张侯贻笺致图,属伯垓记之……今且代矣。其功名,当与是闸并传不朽云。嘉泰二年十一月记。④

从县志和张伯垓的《记》中可知,真州知州张颢重建的石闸颇为壮观,"缙绅行都者,具能言石闸之状",美名远播;闸门"二柱特起";门宽二丈,高一丈六尺;临江潮闸与闸室另一头的腰闸相距一百九十五丈;工程始建于嘉泰元年(1201)九月,建成于"明年孟冬"即嘉泰二年(1202);花费三万多缗。更为重要的

---

① (清)刘文淇《(道光)重修仪征县志》,扬州:广陵书社,2013年版,卷十《河渠志》,第172页。
② (清)刘文淇《(道光)重修仪征县志》,扬州:广陵书社,2013年版,卷十《河渠志》,第174页。
③ (清)刘文淇《(道光)重修仪征县志》,扬州:广陵书社,2013年版,卷二十六《职官志》,第473页。
④ (清)刘文淇《(道光)重修仪征县志》,扬州:广陵书社,2013年版,卷十《河渠志》,第174页。

是,张颉石闸是在陶鉴木闸原址上"易木以石"重建的,即张颉石闸的位置就是陶鉴木闸(真州复闸)的位置。

(2) 明洪武十六年(1383),晚年在仪真养老的原兵部尚书单安仁奏请在宋三闸故址重建清江闸、广惠桥腰闸、南门潮闸,以蓄泄水利,以分行漕舟。①

单安仁重建了三个闸,都是在南宋石闸基础上重建的。其中南门潮闸、广惠桥腰闸是南宋嘉泰二年(1202)张颉所建的石闸;另一座清江闸,是南宋嘉定年间(1208—1224)所建,建在运河入江口的延伸线上,是张颉石闸之后的另一座闸。明朝吏部尚书王儤《仪真复闸记》:"宋嘉定间,尝即州城之南,建清江闸,久而雍阏。"②

(3) 永乐十五年(1417),工部札令县丞陈孚先重修之。③

(4) 张榘的言论:"今临江四闸(明成化年间开凿于仪真外河)既通行,故清江、广惠二闸,漫不复用。南门里闸,余少犹及见,板桥其上。今实以土,民居其旁,并水关塞之。"④张榘,字范中,一字同埜,嘉靖十三年(1534)甲午科举人,仪真乡贤南京兵部侍郎黄瓒外孙,未仕,《(嘉靖)两淮盐法志》两位主撰人之一。

张颉石闸临江一侧的闸门叫潮闸,南宋时真州城南的城墙尚未封闭,明初城墙封闭后,潮闸被围进了南门内,所以张榘称之为"南门里闸"。广惠闸就是张颉石闸之"腰闸"。从张榘的这段话可知,真州复闸的两个闸门,在明朝中期时,都已经不再使用,潮闸的位置,在张榘年少时已经是板桥,他成年后这座桥以及南门水关都已经淤塞了,填满了土。

三、在真州复闸遗址上修建的桥梁

关于潮闸:

县志记载:"自清江诸闸废,内河淤淀。明万历元年,知县唐邦佐循河故址,重加开浚,环绕县学。"⑤"唐公桥,在南门内。即潮闸故处。万历中,知县唐邦佐建。国朝乾隆二十五年,县丞李元植重修,并立石碣。"⑥

唐邦佐浚通市河(即宋运河)后,在宋真州复闸的潮闸原址新建了唐公桥。

关于腰闸:

宋真州复闸之腰闸,即张榘所说之广惠腰闸,在县志上并没有明确记载,但

---

① (清)刘文淇《(道光)重修仪征县志》,扬州:广陵书社,2013年版,卷十《河渠志》,第175页。
② (清)刘文淇《(道光)重修仪征县志》,扬州:广陵书社,2013年版,卷十《河渠志》,第178页。
③④ (清)刘文淇《(道光)重修仪征县志》,扬州:广陵书社,2013年版,卷五《舆地志》,第111页。
⑤ (清)刘文淇《(道光)重修仪征县志》,扬州:广陵书社,2013年版,卷四《舆地志》,第101页。
⑥ (清)刘文淇《(道光)重修仪征县志》,扬州:广陵书社,2013年版,卷三《舆地志》,第86页。

有这条信息:"广惠桥,在城内东南。洪武初,贾彦良修。即今仓桥。"①

贾彦良是洪武二年(1369)真州降为仪真县时的首任知县,到洪武十三年(1380)知县已是谢文隆,②单安仁修建广惠腰闸的时间是洪武十六年(1383),先有广惠桥(仓桥),后有广惠腰闸,两者不是一回事,但可以推定,腰闸的位置与"广惠"有关。

仓桥是建在南北市河上的桥梁,此处为倒"丁"字形河道,南北市河与东西市河(宋运河)在这里交汇,南北市河的西岸为宋代州常平仓,东岸为广惠仓,③两仓都在宋运河北岸。仓桥连接常平仓和广惠仓,其地理位置明确,但是,仓桥与潮闸之间的距离只有300米,与张伯垓记载的"复为腰闸,相望一百九十五丈"(约608米)不符,所以,仓桥不应是腰闸的位置。

广惠桥(仓桥)得名于广惠仓,该仓建于宋代,北侧的大池是唐代的造船厂故地。"广惠仓,即故船场,在南楼及天宁寺后,中有大池,塔影浸其中。"④南楼即"南楼酒库",是嘉定年间(1208—1224)四任真州知州郭超建、袁申儒、吴机、上官癸酉等相继建设的,"为屋二十楹,榜后堂曰'围香',侧座曰'浮白'。上官癸酉尽撤其旧,为楼三楹,前对江山,下临阛阓,气象雄丽。楼后建堂二:曰'清晏',曰'醉红'。又建后门堂,为屋二十楹,与南楼通"。⑤

广惠仓、酒库都是漕运和榷货的重要物资仓库,南楼是官员们管理和雅聚的地方,整个建筑群范围较大。从地形可知,在广惠仓的西侧是南北市河,有仓桥与河西岸的常平仓相连;在广惠仓的东侧是运河"S"形拐弯处,也有一座桥与对岸相连,这座桥县志上没有给出名字,但确实是真实存在的。为了表述方便,这里将广惠仓西侧的仓桥称之为广惠一桥,将广惠仓东侧的称之为广惠二桥。

在百度卫星地图上测量,从潮闸到广惠二桥的水道距离是600米,而宋代"一百九十五丈"合为608米,⑥所以,单安仁重建的"广惠桥腰闸"位置应在广惠二桥。

四、真州复闸的定位

在《隆庆志》的《宋疆域图》上,有真州复闸之潮闸、腰闸的标注,然而古代地

---

① (清)刘文淇《(道光)重修仪征县志》,扬州:广陵书社,2013年版,卷三《舆地志》,第82页。
② (清)刘文淇《(道光)重修仪征县志》,扬州:广陵书社,2013年版,卷二十六《职官志》,第476页。
③ (清)刘文淇《(道光)重修仪征县志》,扬州:广陵书社,2013年版,卷二《建置志》,第57页。
④ (清)刘文淇《(道光)重修仪征县志》,扬州:广陵书社,2013年版,卷二《建置志》,第66页。
⑤ (清)刘文淇《(道光)重修仪征县志》,扬州:广陵书社,2013年版,卷二《建置志》,第58页。
⑥ 梁方仲《中国历代户口、田地、田赋统计》,上海:上海人民出版社,1980年版,第541页。

图的绘制方式重在示意,无法对应今天的位置。

太平天国战争以后,仪征县城损毁严重,但明清时期的基本布局仍在,河道走向依稀可辨。改革开放以后,大规模的基本建设使古代街巷河道翻天覆地,关键河道如南北市河、东西市河(宋运河)南门段和仓巷段都已不存在,所幸"天地图·江苏"网站提供了九幅从1966年到2018年的遥感影像地图,从中可以清楚地看到1966年河道的走向和有关桥梁的位置,可以在这些图上将真州复闸先行定位,然后再反映到今天的地图上。

从1966年仪征遥感影像地图可以看到,南门附近跨越市河的桥梁(唐公桥)是唯一的,就在南门街(今国庆路)与东西市河(宋运河)交界处,这就是唐公桥的位置,亦即真州复闸之潮闸的位置。由于国庆路是从南门东侧修建的,与古代南门街稍有偏离,所以潮闸的位置应在国庆路西侧路边(图3)。

图3 真州复闸位置图

图3中仓桥和广惠二桥(腰闸)的位置也是明确的。仓桥位于南北市河与仓巷、奎光巷的交界处(工农路与仓巷交界处);腰闸位于宋运河"S"形河湾南北段与奎光巷交界处。

对应1966年的地图,将两闸的位置标注到今天的百度地图上,可知:

潮闸位于国庆路边、活塞环厂宿舍区对面;

腰闸位于清真寺西、海德花园北,宋运河与奎光巷交界处。

五、考古发现的佐证

2012年5月,扬州文物考古研究所、仪征文体旅局、仪征博物馆在海德花园项目工地,发现明代古城墙和古河道遗址,其中古河道宽度约15米、深3米,并在河道两岸发现南北码头各一座,专家认为码头为清代遗存。[1] 这里正是宋运河的前身,且位于真州复闸闸室内。

2019年12月,扬州文物考古研究所、仪征文体旅局、仪征博物馆在仪征南门卫东新村拆迁工地,发现了两块有凹槽的柱型巨石(已断),两根断石柱分别长2.58米和2.95米,厚68厘米和58厘米,门槽面宽73厘米和75厘米;插槽深度一样,均为17厘米,宽为12厘米。[2] 此为石闸构件无疑,推测应为张颙石闸的关键石构件"闸门柱"(图4)。

发现巨型石闸构件的位置,正是本文所考真州复闸之潮闸的位置。

图4　本书作者与闸门柱

六、世界上最早的复式船闸

比真州复闸更早的复式船闸,是乔维岳的二斗门。

《宋史》卷三百七《乔维岳传》:"建安北至淮澨,总五堰,运舟所至,十经上下,其重载者皆卸粮而过,舟时坏失粮,纲卒缘此为奸,潜有侵盗。维岳始命创二斗

---

[1] 扬州文物考古研究所、仪征博物馆《真州城水系及水工遗迹考古工作报告》,《仪征文博》2014年第一期,第31页。

[2] 姜涛《柱形巨石现身,跟真州闸有关？应是目前扬州最大最古老运河水闸石件》,《扬州晚报》12月21日,A6版。

门于西河第三堰,二门相距逾五十步,覆以厦屋,设悬门积水,俟潮平乃泄之。建横桥岸上,筑土累石,以牢其址。自是弊尽革,而运舟往来无滞矣。"①

乔维岳(926—1001),字伯周,后周南顿(今项城)人,显德初年进士,官至知审官院,逝后赠兵部侍郎。乔维岳自太平兴国八年(983)起任江淮发运司副使。

乔维岳的二斗门建于太平兴国九年(984)。李约瑟认为,这是世界历史上第一座有明确记载的复式船闸。② 比陶鉴的通江木闸(真州复闸)早42年,比西方最早记载的荷兰厢闸(1373)早390年。

县志记载:"宋太宗朝,淮南转运使乔维岳于建安军创斗门二于西河,筑三堰,以通漕船。设悬门,积水。潮平乃泄之。"③

"建安军"是仪征在北宋初期的地名,从建安军到淮安即为"里运河",二斗门建在里运河上,其位置我有别文论证。因乔维岳二斗门先于真州复闸,所以真州复闸只能表述为"史载最早的复式船闸之一",比西方最早记载的荷兰厢闸早347年。④

乔维岳二斗门、陶鉴真州复闸、张颙石闸在真州的诞生不是偶然的,宋朝是中国漕运史上的高峰期,宋仁宗天圣年间(1023—1032)曾创下空前绝后的年漕800万石记录。⑤ 作为运河入江口,真州是名副其实的漕运咽喉,设在真州的江淮荆湖两浙发运司,"岁漕米六百万石,供亿京师",⑥巨大的运输量和频繁过坝的困难催生了"复闸"这个世界第一的高科技设施。

(此文发表在浙江省对外文化交流协会《文化交流》杂志总第269期)

运河园林文化比较研究——以北宋真州东园为例

内容提要:园林以其所有者一般划分为皇家园林、寺庙园林、私家园林,以此为研究对象的论文较多,但对三类之外的官办园林,还有进一步研究的空间。北宋时期由江淮发运司建设的真州东园,是官办园林的佼佼者,与大运河文化关系密切,总结真州东园的特点,对运河园林文化的研究,有一定意义。

---

① (元)脱脱《宋史》卷三百七。
②④ (英)李约瑟《中国科学技术史》,北京:科学出版社,2008年版,第四卷第三分册,第399页。
③ (清)刘文淇《(道光)重修仪征县志》,扬州:广陵书社,2013年版,卷十《河渠志》,第170页。
⑤ (元)脱脱《宋史》卷三百三十一。
⑥ (明)申嘉瑞《隆庆志》卷十四。

大运河沿线,文化资源众多,园林是大运河之树结出的文化硕果,在大运河世界遗产名录中就有个园、何园、清晏园等园林在列。世界第一部园林专著《园冶》,就诞生在入河入江口——明代的仪真(今仪征)。

长期以来,园林界在对园林类型进行划分时,按园林所有者,一般可划分为皇家园林、寺庙园林、私家园林,这三类构成了园林的主体,著名的苏州园林、扬州园林基本上都是私家园林。但还有三类之外、几乎被忽视的"小众"园林,那就是官办园林。

顾名思义,官办园林就是园林所有者为官府。相较于其他三类,官办园林的数量较少,一般的州府、县衙是没有园林的,但管理大运河的垂直系统衙门有机会建造园林。被列入世界运河遗产的淮安清晏园,就是由清代河道总督署所建。仪征(唐为扬子县、宋元为真州、明为仪真县、清为仪征县)地处大运河入江口,历代设有主管漕运、盐运的垂直管理衙门,这些衙门级别高于本地州县,资金比较宽裕,有能力建造园林。宋代江淮六路发运司、明代南京工部分司,都是设在仪征的垂直管理衙门,都建有园林。其中,宋代发运司所建的真州东园,知名度较高,具有一定的代表性。

一、江淮六路发运司

仪征由于地处运河入江口,是漕运、盐运重地,中央政府往往会在仪征设置"垂直管理单位",唐代的扬子院,宋代的江淮六路发运司,明代的南京工部分司,清代的察院、南掣厅、淮盐总栈,这些机构的级别都高于本地州县。

宋代真州是个"地级市",管辖扬子县、六合县,发运司的级别高于真州,南宋时由于漕运量减少,发运司往往不设发运使、副使,只设发运司判官,而运判通常兼任真州知州。

宋朝是中国漕运史上的高峰时代,宋仁宗时期曾创下了年漕 800 万石的峰值。[①] 世界上最早的复式船闸乔维岳二斗门[②]、陶鉴通江木闸(真州复闸)[③]、张颉石闸[④]都诞生在漕运繁忙的真州运河。著名的真州东园即为发运司所建。主管漕运的江淮六路发运司衙门就坐落在北宋真州城外的运河北岸。

发运司自唐代开始设置,是在扬子院的基础上设置的,宋朝初年,发运司设在汴京,后设在真州等三处。"发运司,唐广明初,高骈奏改扬子院为使。按,发

---

① (元)脱脱《宋史》卷三百三十一。
② (英)李约瑟《中国科学技术史》,北京:科学出版社,2008 年版,第四卷第三分册,第 399 页。
③ (宋)沈括《梦溪笔谈》,扬州:江苏广陵古籍刻印社,1997 年版,上册卷十二《官政》,第 1 页。
④ (明)申嘉瑞《隆庆志》卷七。

运有使,始于先天中;改院为使,始此。宋太平兴国八年,初置水陆发运司于京师,置司于真州,官一员,发运之权,比诸路为重矣。"①

"宋江淮制置发运司,在子城外东南隅,翼城内。又引旧《志》云:'太平兴国八年,初置水陆两路发运于京师,名曰江淮制置发运司。凡水陆舟车辇送,悉关报之。淳化三年,于真州置司。建炎以后,始废。'《玉海》云:'发运一司,其制始于淳化,而备于皇祐。权六路丰凶,而行平籴之法。一员在真州,督江浙等路粮运。'又云:'三发运之权,江、淮为重,治真州。'"②

全国共有三个发运司:一是京畿东路发运司,负责开封以东广济河漕运;二是陕府三门白波发运司,负责黄渭陕西前线军粮供应;三是江淮发运司,负责东南六路漕运。

三个发运司,以江淮发运司为最重。"本朝置发漕两处。最重者是江淮,至真州陆路转输之劳……三门白波之类,非大农仰给之所,惟是江淮最重。"③江淮六路发运司在北宋漕运中具有举足轻重的地位。

江淮六路发运司正式名称为"江淮两浙荆湖六路都大发运司",习惯上称江淮荆浙等路发运司、东南六路发运司、东南诸路发运司、江淮发运。其管辖范围,初置时为淮南、江南、两浙三路;景德二年(1005)增荆湖南、荆湖北两路,共五路;天禧四年(1020)分江南为江南东路、江南西路,共六路,故称发运使为"江淮等六路发运使",欧阳修《真州东园记》称发运使为"江淮两浙荆湖发运使";熙宁五年(1072)划淮南为东、西两路,发运司管辖已达七路,但习惯上仍称"六路"。

"平籴之法"是发运司行使职能的重要依据,即发运司每年以中价收购丰产区的稻米,存入官仓,一方面提高粮价,防止谷贱伤农;另一方面,保证随时有漕粮供应京师。"发运司常有六百余万石米、百余万缗之蓄。"④

发运使官员的职权:"发运使、副、判官。掌经度山泽财货之源,漕淮、浙、江、湖六路储廪以输中都,而兼制茶盐、泉宝之政,及专举刺官吏之事。熙宁初,辅臣陈升之、王安石领制置三司条例,建言:'发运使实总六路之出入,宜假以钱货,继其用之不给,使周知六路之有无而移用之。凡上供之物,皆得徙贵就贱,用近易远,令预知在京仓库之数所当办者,得以便宜蓄买以待上令,稍收轻重敛散之权归于公上,则国用可足,民财不匮矣。'从之。既又诏六路转运使弗协力者宜改择,且许发运使薛向自辟其属。又令举真、楚、泗守臣及兼提举九路坑冶、市舶之

---

① (清)刘文淇《(道光)重修仪征县志》,扬州:广陵书社,2013年版,卷二《建置志》,第56页。
② (清)刘文淇《(道光)重修仪征县志》,扬州:广陵书社,2013年版,卷二《建置志》,第65页。
③ (宋)吕祖谦《历代制度详说》卷四《漕运》。
④ (宋)陈均《九朝编年备要》卷二十七。

事。元祐中,诏发运使兼制置茶事。至崇宁三年,始别差官提举茶盐。"①

归纳起来,发运使官员的职权有两大项:一是行政。有刺举、对移、奏辟官吏之权,有维护治安、逐捕盗贼之责。二是经济。漕运、籴米、兑换、赈灾、修堤、浚河、茶盐、酒矾、坑冶。

担任发运使的官员一般以郎官充任,属中级官员,从四品到六品都有。任期三年,也有时间更长一些的,如北宋初年刘蟠,任职达15年。南宋时由于战乱,发运使时有时无,任期也不固定,有的时间非常短。宋理宗淳祐七年(1247),吴渊的任职时间甚至只有10天。

历任江淮发运使中不乏有名气者。比如二斗门的创建者乔维岳,淳化五年(994)任发运使;开扬州古河、缭城南接运渠、毁三堰、凿近堰漕路的贾宗,天禧二年(1018)任发运使;主持修建真州东园的施昌言,庆历年间(1041—1048)任发运使;制定轻重之术、远近相补、称钉定额的庆历名臣许元,皇祐元年(1049)任发运使;大奸臣蔡京,在进入中央代理户部尚书前,于元祐四年(1089)任发运使。

发运司下属有排岸、下卸、拨发、催纲等司,管理数以万计的使臣、艄公、兵士。发运司除了发运使、副使、判官等领导,还有其他官员,如监转般仓、干司籴籴、督造船场、监支盐仓、提辖纲运、相风旗、掌榷务、提举、干办等,如真州复闸建设者陶鉴,职务为发运司监真州排岸司右侍禁;书法家米芾,职务为发运司管勾文字。

根据《(嘉庆)重修扬州府志》的统计,宋代江淮发运司计有发运使73人,副使23人,判官32人。②

二、真州东园

真州东园始建于北宋庆历年间,倡建者为江淮六路发运司发运使施昌言、副使许元、判官马遵,建成之后,许元将东园图带到汴京,请欧阳修撰记。欧阳修于皇祐四年(1052)写成《真州东园记》,后世对真州东园的了解,基本上来自这篇文章。

《真州东园记》全文如下:

真为州,当东南之水会,故为江淮、两浙、荆湖发运使之治所。龙图阁直学士施君正臣、侍御史许君子春之为使也,得监察御史里行马君仲涂为其判官。三人者,乐其相得之欢,而因其暇日,得州之监军废营,以作东园,而日往游焉。

---

① (元)脱脱《宋史》卷一百六十七。
② (清)姚文田《(嘉庆)重修扬州府志》卷三十六《秩官志二》。

岁秋八月,子春以其职事走京师,图其所谓东园者,来以示予,曰:

"园之广百亩,而流水横其前,清池浸其右,高台起其北。台,吾望以拂云之亭;池,吾俯以澄虚之阁;水,吾泛以画舫之舟。敞其中,以为清宴之堂;辟其后,以为射宾之圃。

芙蕖芰荷之的历,幽兰白芷之芬芳,与夫佳花美木,列植而交阴,此前日之苍烟白露而荆棘也。

高甍巨桷,水光日影,动摇而下上。其宽闲深靓,可以答远响而生清风,此前日之颓垣断堑而荒墟也。

嘉时令节,州人士女,啸歌而管弦,此前日之晦冥风雨、鼪鼯鸟兽之嗥音也。吾于是信有力焉。

凡图之所载,盖其一二略之也。若乃升于高以望江山之远近,嬉于水而逐鱼鸟之浮沉,其物象意趣,登临之乐,览者各自得焉。凡工之所不能画者,吾亦不能言也。其为我书其大概焉。"又曰:"真,天下之冲也。四方之宾客往来者,吾与之共乐于此,岂独私吾三人者哉?然而池台日益以新,草树日益以茂,四方之士无日而不来,而吾三人者,有时而皆去也,岂不眷眷于是哉?不为之记,则后孰知其自吾三人者始也?"

予以谓三君子之材,贤足以相济,而又协于其职,知所先后,使上下给足,而东南六路之人,无辛苦愁怨之声,然后休其余闲,又与四方之贤士大夫共乐于此,是皆可嘉也。乃为之书。

庐陵欧阳修记。①

全文共分三个部分,第一部分简单介绍真州的地理位置、东园的来历;第二部分描写东园的景色;第三部分说明作者被东园建设者的建园动机和君子之风所感染,欣然写作。

三、真州东园的特点

真州东园区别于其他园林,有以下特点:

1. 面积较大

真州东园"园之广百亩",虽是个约数,但面积已然不小,除却皇家园林,一般的寺庙园林、私家园林鲜有面积超过百亩者。"苏州拙政园占地七十余亩,是江南园林占地最大、景色最开阔疏朗、艺术价值和文物价值最高的一座名园";②入

---

① (明)申嘉瑞《隆庆志》卷十四。
② 阮仪三《江南古典私家园林》,南京:译林出版社,2012年版,第3页。

选运河世界遗产的个园,面积2.3公顷(34.5亩);何园,面积1.4公顷(21亩)。①官办的真州东园之所以面积较大,正是因其"官办"身份。发运司级别高、权力大,调动资源的能力强,使用的是"州之监军废营",这原本就是公家的地皮。

当然,起初这块地并不十分适宜造园,监军废弃此地后,荆棘丛生、颓垣断堑、鼠兽奔窜。"此前日之苍烟白露而荆棘也","此前日之颓垣断堑而荒墟也","此前日之晦冥风雨、鼪鼯鸟兽之嗥音也",但是发运司取得此地后,精心规划、积极实施,建成了漂亮的园林。园内"流水横其前,清池浸其右,高台起其北",有拂云亭、澄虚阁、清宴堂、射圃等建筑,有芙蓉、幽兰、白芷等香花,有已经成荫的树木,登高可眺江南诸山、眼前可见鱼鸟浮沉,成为"嘉时令节,州人士女,啸歌而管弦"的好去处。

2. 文化深厚

发运司级别高,领导都有文人情怀。真州作为漕运重地,"四方之士无日而不来",来者都需要发运司领导陪同,所以建这个东园,并不是发运司三个领导自己享受的,还有接待运河上来来往往同僚的作用。许元对欧阳修说:"真,天下之冲也。四方之宾客往来者,吾与之共乐于此,岂独私吾三人者哉?然而池台日益以新,草树日益以茂,四方之士无日而不来,而吾三人者,有时而皆去也,岂不眷眷于是哉?"这一点很重要,他正是基于这个重要原因,才邀请欧阳修作记。这也是官办园林与其他园林的主要区别。

欧阳修的《真州东园记》,为真州东园打上了深深的文化烙印。

北宋大书法家蔡襄[1012—1067,字君谟,仙游人,天圣八年(1030)进士,官至端明殿学士,北宋"苏黄米蔡"四大家之一],应邀书写《真州东园记》全文,蔡襄尝语人曰:"吾用颜笔作褚体,故其字遒媚异常。"②这是蔡襄创新的一种笔法,他很爱惜自己的名声,书写后没有立名姓。后来将此文、此书镌刻在石碑上。"三绝碑,即发运司《东园记》也。欧阳永叔文,蔡君谟书,蔡君用颜笔而作褚体,故号'三绝'。"③此碑被誉为真州东园的"三绝碑"。

真州东园作为大运河上的名胜,自然少不了来往文人吟咏唱和,王安石、梅尧臣、苏东坡、黄庭坚、洪兴祖等众多文人都曾在真州东园赏游吟诗,南宋陆游在《入蜀记》中记载他到真州后寻访东园的情形,元代赵孟頫、明代蒋应芳、清代刘宝楠等都有凭吊东园诗。

---

① 阮仪三《江南古典私家园林》,南京:译林出版社,2012年版,第121页。
② (宋)王象之《舆地纪胜》卷三十八《真州·景物上》。
③ (宋)王象之《舆地纪胜》卷三十八《真州·碑记》。

关于真州东园的诗作很多,王安石《真州东园作》受到祝穆《方舆胜览》特别的推荐。下面是《钦定四库全书·别集类·王荆公诗注》卷四十七(李壁 撰)记载的王安石《真州东园作》全文,括号内是原文加注。

《真州东园作》(欧公尝为许元作记,即此处)

十年历遍人间事(《汉书·张良传》:愿弃人间事),却绕新花认故丛(杜诗:药残他日裹,花发去年丛)。南北此身知几日,山川长在泪痕中。

王安石(1021—1086),字介甫,号半山。抚州临川人,庆历二年(1042)进士,名列"唐宋八大家",诗词、文学造诣深厚。

王安石熙宁二年(1069)任参知政事,次年拜相,主持变法。因守旧派反对,熙宁七年(1074)罢相。一年后,宋神宗再次起用,旋又罢相,退居江宁。元祐元年(1086),保守派得势,新法皆废,王安石郁然病逝。

王安石近十五年变法,实现熙河开边两千里,国库充裕可供朝廷二十年财政支出,但得罪了既得利益者,所以被两次罢相。

王安石与真州有特别的关系,他的叔祖王贯之、叔父王师锡、妹婿沈季长,都葬在真州扬子县。

《隆庆志》记载,王安石除了撰有《真州东园作》,还有《寄沈道原》《入瓜步望扬州》《真州马上作》等与真州有关的诗,他还为尚书屯田郎中沈玉,龙图阁待制沈铢,尚书主客郎中知兴元府赠谏议大夫王贯之,王贯之子王师锡,尚书司封郎中孙锡,右领军卫将军王乙,荆湖北路转运判官、尚书屯田郎中刘牧,真州司法参军杜浃,海陵主簿许平,处士征集,秘书丞张某等真州人撰写了墓表或墓志铭。

祝穆认为:"真州东园,施正臣、许子春为发运使,作。欧阳永叔记,王介甫诗,蔡君谟书,时谓三绝。"[①]他觉得碑则三绝碑矣,但东园本身应该有三绝,为欧阳修的记、王安石的诗、蔡君谟的书。

吟咏东园的诗很多,不乏苏轼、黄庭坚、梅尧臣、洪兴祖等名人,祝穆将"王介甫诗"选为真州东园"三绝"之一,是赞赏其忧国忧民的情怀。

梅尧臣《真州东园》:

国赋有常计,计者岂不贤。日夜疲精神,自鉴膏火前。新春力有余,锄菜东郭偏。垒土以起榭,掘沼以秋莲。竹柏为冬荣,桃李为春妍。役使吴楚艘,来泊常留连。下江忘其险,入漕忘其邅。许公作此意,吾亦见其权。不独利于己,愿书棠树篇。

梅尧臣《依韵和许发运东园新成》:

[①] (宋)祝穆《方舆胜览》卷之四十五。

疏凿近东城,萧森万物荣。美花移旧本,黄鸟发新声。曲阁池傍起,长桥柳外横。河浑远波涨,雨急断虹明。云与危台接,风当广厦清。朱鬐看自跃,翠柏种初生。香草犹能识,山苗未得名。南峰及西岭,长共酒杯平。

梅尧臣《寄题朱表臣职方真州新园》:

青葱江上树,杳蔼宫前道。道侧有新园,园中无恶草。松陇方在望,茅屋闻已考。朝廷正急才,何得言归老。

苏轼《睡起闻米元章冒热到东园送麦门冬饮子》:

一枕清风值万钱,无人肯买北窗眠。开心暖胃门冬饮,知是东坡手自煎。

黄庭坚《次韵答斌老病起独游东园二首》:

其一

万事同一机,多虑乃禅病。排闷有新诗,忘蹄出兔径。莲花生淤泥,可见嗔喜性。小立近幽香,心与晚色静。

其二

主人心安乐,花竹有和气。时从物外赏,自益酒中味。麈枯蚁改穴,扫箨笋迸地。万籁寂中生,乃知风雨至。

洪兴祖《拂云亭》:

黄云收尽绿针齐,江北江南水拍堤。野老扶携相告语,儿童今始识锄犁。

彭汝砺《游真州东园惜其将废运使兵部子正近止因寄小诗》:

其一

欢声忽自满江淮,知是公车匪日来。霖雨会当苏岁旱,薰风正欲长民财。

其二

公才酬酢有余闲,六路从容指顾间。仁泽但令民共乐,不妨清赏遍江山。

其三

不见当年花木春,丹青台榭欲荆榛。簿书到日应无事,会与江山作主人。

其四

渌水荷花一片开,池塘终日少尘埃。鹍鹏鸂鶒无穷喜,总拟将迎画舫来。

北宋末年,东园毁于宋金战争,但历代多有复建,文人题咏众多,此处宋元明清各取一诗(文):

(南宋)杨万里《重建壮观亭记》:

仪真游,观登临之胜处有二:发运司之东园、北山之壮观亭是也。

(南宋)陆游《入蜀记》:

(七月)二日。见知州右朝奉郎王察。市邑官寺,比数年前颇盛。携统游东园。园在东门外里余,自建炎兵火后,废坏涤地,漕司租与民,岁入钱数千。昔之闳壮巨丽,复为荆棘荒墟之地者四十余年,乃更葺为园。以记考之,惟清宴堂、拂云亭、澄虚阁,粗复其旧,与右之清池、北之高台尚存。若所谓"流水横其前"者,湮塞仅如一带,而百亩之园,废为蔬畦者,尚过半也。可为太息。登台,望下蜀诸山,平远可爱,徘徊久之。

(元)赵孟頫《送缪秀才教授真州》:

鬓生别我将安适,言向真州作教官。但使清风生绛帐,何妨朝日照空槃。东园草木因人胜,北固江山隔岸看。才近中年已伤别,可堪南望送归鞍。

(明)王希曾《东园怀古》:

已曾北宋归风雨,独有东园半草莱。箫鼓地闲千亩月,年华松偃十寻苔。野香入袖溪元绿,秋色空庭菊自开。不是欧文横一石,吊吟谁复念亭台?

(清)刘宝楠《仪征寻东园遗址柬黄竹云张石樵(安保)》:

真州旧数东园好,永叔文章今尚存。岂有壶觞临白社,但留风月近黄昏。花间犬吠穿山路,竹里人呼隔水门。芳草天涯无限思,迟君石上倒清尊。[①]

除上述诗文,宋代张絜有《东园考》,明代申嘉瑞有《东园书院记》,清代汪文莱有《吴氏真州东园记》、屠倬有《文昌祠记》、僧实学有《文墩记》,此处略。(本节古诗文引自刘文淇《(道光)重修仪征县志》,不再赘记脚注)

3. 传承有序

真州地处运河要冲,兵家必争,真州东园命运多舛,屡遭兵火,然而基于其强大的文化影响力,历朝历代多次复建,且多以官方出面,这也是官办园林与其他园林的区别。

南宋靖康毁于兵火后,嘉定初年,发运司运判林拱辰、郡守潘友文再刻《真州东园记》,复建澄虚阁、清宴堂、共乐堂,并将苏轼《睡起闻米元章冒热到东园送麦门冬饮子》诗刻在共乐堂北窗上。

宝庆初年,权漕上官奂西复建拂云亭于翼城之上,"增土为台而鼎新之",制置使赵善湘还题了匾。

明代隆庆初年,知县申嘉瑞在宋东园故址新建"东园书院",有四合院、门房、池塘、木桥,后面还有小楼。

万历年间(1573—1620),欧阳修后裔(文忠裔孙)欧阳照来仪真做知县,得小教场圃地,建屋三楹,石刻"东园"二字于壁。

清代康熙年间(1662—1722),邑人吴照吉中翰,在城东复建东园。内有澄虚阁,额为两淮盐政曹寅书。阮元《广陵诗事》记载:"(东园)为山褐老人吴文垩别

---

① 中共仪征市委宣传部《仪征风雅》,扬州:广陵书社,2016年版,第189页。

墅,有休闲堂、拂云亭、澄虚阁、峡雨娇露沁肌处、酸风庵、青晓一山楼、万柳池,内多古木成荫,高耸摩霄,层榭窈窕,回接廊檐,几十曲始见。山基巘嵼,方池如鉴,万柳离披,北敞风棂,时送邻寺残钟,幽静移人情境。"

作为宋真州东园制高点的拂云亭故址,在明代万历元年(1573)建成了文昌祠。万历四十三年(1615)重修时,上了一块匾"文章天府",周围种了好多竹。在文昌祠下偏西处,建了个三开间的禅院,让僧人住在里面,好照应文昌祠。文昌祠亦历经多次修缮,其中清嘉庆二十年(1815)开工、次年竣工的一次大规模维修,因有县令屠倬的《记》而信息特别清晰。屠倬记载道:"新落成的文昌祠里,有戏台、魁星楼、朱衣神殿、山门、客堂,有庭阶石级,有东、西圈门,内、外围墙。"

文昌祠供奉的是文昌帝君,又叫梓潼帝君,所以文昌祠故址叫文墩,又叫梓潼墩。晚清仪征画家诸乃方所作《真州八景图》,其中就有一景叫"文墩积雪"。

因为文昌祠的缘故,历代复建的东园,并不都在宋东园原址。只要在城东,皆叫东园,都想再现曾经的辉煌。

(本节历次复建维修内容,引自刘文淇《(道光)重修仪征县志》,不再赘记脚注)

进入21世纪,仪征市政府再一次重建了东园。新的东园里复建了澄虚阁,由著名书法家尉天池题匾;在东园醒目位置,重刻了欧阳修《真州东园记》大型石碑。

从庆历到靖康,真州东园存世80多年。它是北宋漕运繁华的产物,是大运河管理机构——江淮六路发运司写在中国园林史上浓墨重彩的一笔。真州东园不仅是中国官办园林的代表,也是仪征的文化地标,其文化基因,将永远被仪征人民传承。

(此文发表在扬州市档案馆、扬州市地方志办公室《扬州史志》总第151期)

后 记

今天的仪征,是江苏省内的一个县级市,人口53.79万,全市总面积859平方千米。然而在宋代,仪征是真州,领扬子、六合两个县,由于地处运河入江口,漕运繁忙,人文鼎盛,被誉为"风物淮南第一州"。

2016年我退下来之后,就着手将历年来撰写的探访记,编成《仪征探古录》并出版,这些探访及读史活动,特别是在此基础上于2022年出版的《仪征运河》,使我对仪征历史发展的底层逻辑有了较深的认识,对宋代因漕运而繁盛的真州,赞叹不已。

《仪征运河》是描述大运河2500多年入江水道演变的,虽讲到了宋代运河,但重点是水道变迁;《仪征探古录》是针对古迹探访而写的,有遗迹才有探访记。

宋代真州史料丰富,但可寻遗迹有限,很多内容写不到探古录中去。在探古录已经完成百分之六十的工作量、宋代真州部分基本完成之际,我决心暂时停下探古录的撰写,先将辉煌的宋代真州介绍给读者。于是《真州梦华录》诞生了。

本书介绍的历史事件,都有相关史料的出处,为了减少篇幅,方便阅读,书中不设脚注、备注等引证,读者如有兴趣探讨,可直接与我联系,凡我书读者,包括我其他书籍的读者,我将问必有答,知无不言。

本书原起名《大宋真州》,后来觉得元代也是真州建制,赵孟𫖯、李道纯等人的故事丢掉实在可惜,遂改为《宋元真州》,继而觉得这个书名太普通,体现不出真州当年的繁华,遂参照《东京梦华录》《扬州画舫录》,最终定名为《真州梦华录》,窃以为这个书名更能体现千年真州的魅力。

宋、元真州的繁华,一般人并不了解。2022年6月18—21日,中央电视台导演滕忠彬(纪录片《中国通史》导演)、中山大学教授曹家齐(时任中国宋史研究会副会长)来仪征拍摄《大运河之歌》第三集《运河中心时代》,我全程陪同,他们对宋代真州历史的熟悉和认可,让我有遇到知音的感受,遂邀请两位对本书指正并获赐题序。仪征市委书记孙建年,打造仪征"三名三美"名片,举办龙山竹叙和盐运文化论坛,嘱刻欧公石碑,征联开放鼓楼,有文章太守之风,并为拙作《仪征运河》《真州梦华录》题词撰序。在此深表感谢!

2024 年 10 月 10 日于真扬运河畔